Klewitz, Schildmann, Wobbe (Hg.) · Frauenberufe — hausarbeitsnah?

Frauen in Geschichte und Gesellschaft

Herausgegeben von Annette Kuhn und Valentine Rothe

Band 12

Frauenberufe – hausarbeitsnah?

Zur Erziehungs-, Bildungs- und
Versorgungsarbeit von Frauen

herausgegeben von
Marion Klewitz, Ulrike Schildmann
und Theresa Wobbe

Centaurus-Verlagsgesellschaft
Pfaffenweiler 1989

Umschlagabbildung:
Carl Buchheister, *Komposition mit zerrissenen Formen*

CIP-Titelaufnahme der Deutschen Bibliothek
Frauenberufe — hausarbeitsnah?: zur Erziehungs-, Bildungs-
und Versorgungsarbeit von Frauen/Marion Klewitz... (Hrsg.).
— Pfaffenweiler: Centaurus-Verl.-Ges., 1989
    (Frauen in Geschichte und Gesellschaft; Bd. 12)
    ISBN 3-89085-325-0
NE: Klewitz, Marion [Hrsg.]; GT

ISSN 0933-0313

Satz: Der Schreibservice. Freiburg i. Br.
Druck: difo druck schmacht, Bamberg

Vorwort

Die vorliegenden Aufsätze sind aus dem Projekt "Geschichte und Soziologie von Frauenarbeit" hervorgegangen, das von der Ständigen Kommission für Forschung und wissenschaftlichen Nachwuchs der Freien Universität Berlin über drei Jahre gefördert wird. Die Mitarbeiterinnen des Projekts kommen aus unterschiedlichen Bereichen mit verschiedenen Voraussetzungen für das uns interessierende Thema der Hausarbeit und der beruflichen Erziehungsarbeit. Für unsere Zusammenarbeit bedeutete dies, uns gemeinsam auf die unverzichtbare und unüberwindliche Hausarbeit einzulassen. Ausgehend von den Debatten in der Frauenforschung über die Hausarbeitsnähe haben wir uns mit Ähnlichkeiten und Differenzen zwischen Hausarbeit und beruflicher Erziehungsarbeit beschäftigt. Wir haben dies aus der Perspektive der beruflich arbeitenden Frauen untersucht und dabei von der methodischen Vielfalt profitiert, die wir aus den jeweiligen Arbeitsbereichen mitbrachten.

Die Beiträge sind nicht einheitlich, obwohl sie alle gesellschaftliche Ansprüche an Frauenarbeit behandeln. Sie unterscheiden sich nach dem Material, dem untersuchten Beruf, der methodischen Orientierung. Zudem tragen sie die Handschrift ihrer Verfasserinnen, denn die persönliche Bewertung der Hausarbeit in der Berufsarbeit mußte und sollte jeder einzelnen von uns überlassen werden.

Die Herausgeberinnen   Dezember 1988

Inhalt

Einleitung

1. Frauenberufe

Wenn von Frauenarbeit die Rede ist, so ist zunächst einmal Frauenlohnarbeit oder Frauenerwerbsarbeit gemeint. Die Mitwirkung der Frau "im Arbeitsprozeß" ist das, was nach Segmenten der Erwerbstätigkeit statistisch erfaßt, unter Qualifikationsstandards eingeordnet und nach Einkommensanteilen bewertet werden kann. Wer sich als volkswirtschaftlich versiert und aufgeklärt versteht, spricht darüber hinaus von der in die offizielle Einkommens- und Erwerbstätigkeitsstatistik nicht eingehenden "Schattenwirtschaft". Ein erheblicher Teil davon findet im Haushalt statt und ist Frauenarbeit.

Zugleich transportiert die Bezeichnung "Frauenarbeit" einen Sachverhalt, der sich der Messung entzieht: Frauenerwerbsarbeit ist an Hausarbeit gebunden – ob nun Frauen beides in ihrer Person verbinden oder nicht. Frauen orientieren sich an Erfordernissen von Hausarbeit selbst dann, wenn sie sie möglichst weit zurückdrängen wollen; sie müssen begründen, warum sie weniger hausarbeiten wollen oder können; sie haben sich den Erwartungen und Ansprüchen zu stellen, nach denen sie als Geschlecht für Haushaltsarbeit hauptverantwortlich sind. Deutlich wird die soziale Tatsache, daß Frauenerwerbsarbeit an Hausarbeit gebunden ist, bei allen, die in ihrem täglichen Lebenszusammenhang Lohnarbeit und Haushalt zu bewältigen und vereinbaren haben, am deutlichsten bei denen, die soziale Berufe, z.B. Pflegen und Erziehen, ausüben. Aber selbst Industriearbeiterinnen leben in der Spannung von Hausarbeit und Erwerbsarbeit. So betonen es überzeugend Regina Becker-Schmidt, Gudrun-Axeli Knapp u.a. in ihren Studien über Industriearbeiterinnen. Nicht Produktivität und Stundenlöhne interessieren hier in erster Linie, sondern Betätigungen und Belastungen, Kosten und Gewinne, die täglich untereinander aufgerechnet werden müssen. Eine entscheidende Trennlinie zwischen beidem bildet das gesellschaftliche Oktroi der Bezahlung bzw. Nicht-Bezahlung. Es prägt nachhaltig das Eigenbild und das Selbstverständnis der erwerbstätigen Frauen, nicht nur der in der Industrie. Sie unterscheiden grundsätzlich zwischen entlohnter und nicht-entlohnter Arbeit, ohne zu übersehen, daß nicht alles entlohnt wird, was im Rahmen der Lohnarbeit getan wird. Unbestritten ist, daß vor allem Arbeitsfähigkeiten, die mit Hausarbeit zusammenhängen, unsichtbar gemacht werden. Mit der Klassifikation dieser Arbeitsfähigkeiten als "Natur" oder "Wesen" der Frau werden sie aus dem System der materiellen Bewertung ausgeschlossen.

So stark die Einigkeit dann ist, wenn es um Diskriminierung und Sexismus geht, so sehr differieren die Ansätze, die Bedingungen von Frauenerwerbsarbeit analytisch erfassen wollen. Bevor von dem umstrittenen Konzept des weiblichen Arbeitsvermögens die Rede ist, soll der statistische Ansatz beleuchtet werden, der Frauenarbeit als Erwerbsarbeit auf der Makroebene

1

verortet. Die statistischen Makroanalysen, die Angelika Willms-Herget vorgelegt hat, stellen den gegenwärtig umfassendsten Versuch dar, aus den Berufszählungen der letzten 100 Jahre (Deutsches Reich, Bundesrepublik Deutschland) Aussagen über Frauenarbeit als Erwerbsarbeit zu gewinnen. Danach gibt es langfristig gesehen überhaupt keine typischen Bereiche der Frauenerwerbsarbeit. Die hochgradige Segregation des Beschäftigungssystems in geschlechtsspezifische Teilarbeitsmärkte wird im Zuge strukturellen Wandels variiert und neu produziert; so spricht die Autorin vom Mythos der traditionellen Frauenarbeit[1].

Teil dieses Mythos ist die Vorstellung, die Frau habe Schritt für Schritt ihre Haushaltstätigkeiten – vom Spinnen und Weben bis zum Versorgen und Pflegen von Personen – in die Erwerbswelt verlegt, und die marktbezogene Arbeitsverfassung verwende diese Präferenz weiterhin. A. Willms-Herget überprüft dies, indem sie das statistische Material zur Erwerbstätigkeit der Jahre 1925 bis1982 unter dem Kriterium der Hausarbeitsnähe zusammenfaßt. Sie definiert vier "der Hausarbeit verwandte" Tätigkeitsfelder: 1. Berufe in der Haus- und Landwirtschaft, 2. Dienstleistungsberufe für fremde Haushalte, 3. soziale Berufe (einschließlich Lehrer und Ärzte) und 4. die Berufe der industriellen Konsumgüterherstellung. Nach dieser Klassifikation haben Frauen im Jahre 1925 zu knapp 80 % der Hausarbeit verwandte Tätigkeiten ausgeübt, im Jahre 1982 hingegen arbeiteten hier nur noch knapp 40 % der Frauen. Entscheidend rückläufig sind die Gruppen Haus- und Landwirtschaft sowie Konsumgüterherstellung. Die stärkste expansive Untergruppe – mit 14,6 % (1982) – bilden die Frauen in sozialen Berufen (hier: Erziehung, Bildung, Sozialarbeit und Krankenpflege).[2] Das heißt, die öffentlich alimentierten sozialen Dienste sind in den Vordergrund getreten. Dieser Bereich bietet heute jeder siebten Frau einen Arbeitsplatz, während 1925 erst knapp 3 % dort zu finden waren. Krankenschwestern, Lehrerinnen und Sozialarbeiterinnen gehören heute zu den zehn größten Frauenberufen.[3]

Jedoch nicht nur Frauen wählen verstärkt Berufe im sozialen Bereich. Der Zustrom der Männer nahm seit der ersten bundesrepublikanischen Erhebung (1950) ebenfalls, wenn auch nicht so stark, kontinuierlich zu. Im Jahr 1982 arbeiteten im sozialen Bereich (Erziehung, Bildung, Sozialarbeit und Krankenpflege) 4,6 % der männlichen Erwerbstätigen.[4] Der hier festgestellte statistische Rückgang geschlechterspezifischer Segregation besagt allerdings nichts über Hierarchien, die mit dem Ausbau des sozialen Sektors und seiner zunehmenden männlichen Dominanz entstanden sind und neu geprägt werden. Der Kategorie der hausarbeitsverwandten Tätigkeitsfelder werden sowohl Lehrerin sowie Schulleiter, Krankenschwester als auch Arzt zugeordnet.

Die von uns behandelten Berufe sind der historischen Entwicklung und der statistischen Tendenz nach – mit unterschiedlichen Akzenten – "Frauenberufe". Dies mindert bekanntermaßen ihr gesellschaftliches Prestige. Festzuhalten ist indes, daß Frauen ebenso wie Männer bei fast gleichem Erwerbsanteil heute wie vor sechzig Jahren Tätigkeiten in Berufen nachgehen, in denen die Angehörigen des eigenen Geschlechts in der Minderheit sind. In

Berufen mit einem Frauenanteil von 80 % und mehr der Erwerbstätigen arbeiteten im Jahre 1925 gut 22 % und 1982 rund 28 % der Frauen. Indes konzentrierten sich männliche Erwerbstätige sogar zu 57 % (1925) bzw. 62 % (1982) in Männerberufen, d.h. hier in solchen Bereichen, in denen 80 % und mehr der Erwerbstätigen männlichen Geschlechts sind.[5] Obwohl auch der Wert ihrer Arbeitskraft mit der Konjunktur gewinnt und verliert, mit technologischer Modernisierung steht und fällt, unterliegen die weiblichen Arbeitskräfte in sozialen Berufen zusätzlicher Fremdbestimmung: Auflagen und Eingriffe in die Arbeitsgebiete und -bedingungen waren und sind abhängig davon, wie in der Gesellschaft und vom Staat über Versorgung, Erziehung, Bildung und Unterstützung für Hilfsbedüftige und Kranke entschieden wird. Dies ist nicht unabhängig davon, wie eine Gesellschaft die kostenlose Ressource Hausarbeit einschätzt, wie Arbeiten zwischen Berufsfrauen und Hausfrauen verteilt, organisiert, umverteilt und neu bewertet werden. So sind Frauen in den sozialen Tätigkeitsbereichen in ihrer Person zum einen den Gesetzen des Marktes und zum anderen den Mechanismen der "Hausfrauisierung" (Claudia v. Werlhof) unterworfen. Sie haben in ihrem unbezahlten Arbeitsanteil Veränderungen staatlicher Bildungs- und Sozialpolitik zu bewältigen und gleichzeitig im Beruf möglicherweise eine Dequalifizierung oder sogar den Verlust des Arbeitsplatzes hinzunehmen.[6]

Die strukturelle Verquickung von Hausarbeit und Beruf ist umso gravierender, als immer mehr erwerbstätige Frauen im sozialen Bereich für Familien und eigene Kinder verantwortlich sind. Vor gut zwei Generationen war dies die Ausnahme. Im Jahre 1925 waren von den Erzieherinnen (damals Kindergärtnerinnen) und Sozialbeamtinnen 1,5 % verheiratet, von den Lehrerinnen waren 3,1 % Ehefrauen. Für Kindergärtnerinnen war es damals noch immer unüblich, nach der Heirat berufstätig zu bleiben; den Sozialbeamtinnen und Lehrerinnen war dies grundsätzlich untersagt, bis der Gleichberechtigungsartikel der Weimarer Verfassung im Jahre 1919 das Zölibat wenigstens rechtlich beseitigte. Offenbar hält die Tendenz an, daß immer mehr verheiratete Frauen erwerbstätig bleiben. Von denen, die 1955 in der Bundesrepublik geheiratet haben, waren zehn Jahre danach 25-30 % erwerbstätig; von den 1960 heiratenden Frauen standen zehn Jahre später sogar 45-50 % weiterhin im Erwerbsverhältnis.[7] Wenn verheiratete Frauen − und vor allem solche mit Kindern − immer häufiger erwerbstätig sind, dann könnte die Vermutung naheliegen, daß die Verbindung von familialer und beruflicher Arbeit in zunehmendem Maße auch die berufliche Organisation und Inhalte von Frauenarbeit bestimmt. In der Tat versuchen Frauen heute sowohl in ihrem Alltag wie in der weiteren Lebensplanung Zeiten der Erwerbstätigkeit und Familienarbeit aufeinander abzustimmen. Ob aber Motivation, Qualifikation und Arbeitsinhalte dieser Logik folgen, ist höchst zweifelhaft. Die Ergebnisse unserer Fallstudien zumindest sprechen dagegen. Sie weisen auf das Interesse hin, die Sphären von Hausarbeit und berufsförmiger Arbeit, trotz verwandter Inhalte, deutlich zu trennen. Einer solchen dualen Logik entspricht auch die Beobachtung, daß Frauen in sozialen Berufen Müttern bzw. Eltern der betreuten Kinder und Jugendlichen eher distanziert gegenübertreten, Arbeitsabläufe nicht nach Hausarbeitsmustern interpretieren und ihre formalen Qualifikationen nutzen, um ihre berufliche Position zu bekräftigen.

Mit diesem Ergebnis unserer Einzelstudien verstärkt sich die Kritik an dem Konzept des weiblichen Arbeitsvermögens, das Elisabeth Beck-Gernsheim und Ilona Ostner in die Debatte über Frauenarbeit eingebracht haben. Interessant erschien uns das Konzept zunächst insofern, als es forschungsstrategisch von dem Verhältnis zwischen familialer und beruflicher Reproduktionsarbeit ausging, um Berufsarbeit zu erörtern. Beachtenswert ist das Konzept zudem, weil es berufsförmiges Arbeiten nicht vom Arbeitsmarktansatz, d.h. von Angebot und Nachfrage aus, anging, sondern die Verhaltensweisen und Orientierungen der berufsarbeitenden Frauen selbst in den Mittelpunkt rückte.

Als in der Berufssoziologie die Subjektorientierung als Ansatz entwickelt wurde, mischten sich Frauen rechtzeitig ein. So arbeiteten u.a. Elisabeth Beck-Gernsheim und Barbara Pieper in dem von 1972 bis 1986 bestehenden Sonderforschungsbereich der Deutschen Forschungsgemeinschaft "Theoretische Grundlagen sozialwissenschaftlicher Berufs- und Arbeitskräfteforschung" und untersuchten den Zusammenhang der Arbeitsformen in Familie und Beruf sowie weibliche Berufskarrieren. Die übergeordnete Fragestellung lautete, wie und wo Menschen die für die Erwerbsarbeit relevanten Qualifikationen erwerben, welcher Art diese Qualifikationen sind und wie sie auf gesellschaftliche Strukturelemente zurückwirken.[8] Aufmerksamkeit zogen dabei jene Befähigungen und Persönlichkeitsmerkmale auf sich, die in Berufsbildern nicht benannt und im Rahmen der Berufsausbildung nicht vermittelt werden. Sozialwissenschaftlerinnen stellten heraus, daß es bei weiblichen Erwerbstätigen in großem Maße Fähigkeiten und Fertigkeiten aus ihrer Hausarbeitsqualifikation sind, die sie in die berufliche Arbeit einbringen. Wurde in der Berufssoziologie zunächst scheinbar geschlechterunspezifisch vom Arbeitsvermögen gesprochen, wenn abstrakt und allgemein Qualifikationen und Orientierungen des Subjekts gemeint waren, so setzten sich Frauenforscherinnen davon ab, indem sie das weibliche Arbeitsvermögen – und seinen Hausarbeitsbezug – in den Blick nahmen.

Die Rede vom weiblichen Arbeitsvermögen wurde zu einem auffallend verbreiteten Versatzstück sowohl in Debatten bei Frauen als bei Männern. Wie selbstverständlich figuriert sie auch in neuen Darstellungen zu Frauenberufen.[9] Thesenartig zusammengefaßt erläuterte E. Beck-Gernsheim im Jahr 1976 den Grundgedanken des Konzepts folgendermaßen:

"Die Besonderheit des weiblichen Arbeitsvermögens liegt darin, daß Frauen – vermittelt über den geschlechtsspezifischen Sozialisationsprozeß, der seinerseits wiederum in der grundlegenden geschlechtsspezifischen Arbeitsteilung verankert ist – bestimmte, auf den 'weiblichen Lebenszusammenhang', die 'weibliche Kultur' bezogene Dispositionen entwickeln: nämlich mehr die für familiär-reproduktionsbezogene, weniger die für berufliche Arbeit erforderlichen Fähigkeiten, Orientierungen, Interessen.

Wenn aber derart das Arbeitsvermögen der Frau mehr der familiär-reproduktionsbezogenen Arbeit entspricht, dann folgt daraus ..., daß Frauen, die berufstätig sind, anders als berufstätige Männer bestimmten Konflikten ausgesetzt und durch sie belastet sind... Es stellt sich jetzt also die Frage, ob und wie die Elemente und Eigenarten der 'weiblichen Kultur', des mehr familiär-reproduktionsbezogenen Arbeitsvermögens die Situation der Frau im Beruf bestimmen".[10]

Von der Untersuchung des Krankenschwesterberufes ausgehend, betont Ilona Ostner bei der Reproduktionsbezogenheit von Frauenarbeit "die größere Naturgebundenheit weiblicher Existenz"[11], und sie räumt körperlicher Bedürftigkeit einerseits und der weiblichen Sozialisation andererseits einen bestimmenden Platz ein. Im Zentrum des weiblichen Lebenszusammenhanges stehe die "Notwendigkeit alltäglicher Sorge"[12] – eine Perspektive, die für die Hausarbeit wie für die berufliche Arbeit von grundlegender Bedeutung sei, und ein Motiv, das Mädchen veranlasse, reproduktionsnahe Berufe zu bevorzugen wie Kindergärtnerin, Lehrerin, Krankenschwester, Friseurin u.ä.[13] Auf die nicht nur gewohnheitsmäßige, sondern auch gesellschaftlich geforderte "Sorge"-Leistung hat jüngst erneut Barbara Pieper hingewiesen und betont, wie eng "berufliche und private Belange" ineinandergreifen: Erwerbstätige Frauen nähmen ihre Berufsarbeit wahr "vor dem Hintergrund ihrer Hausarbeit und interessanterweise ihre Hausarbeit auf der Folie ihrer Berufsarbeit".[14] Die Autorin spricht zwar nicht ausdrücklich vom weiblichen Arbeitsvermögen, gleichwohl sind ihre Aussagen dem zuzuordnen.

Problematik und Herausforderung des Konzepts liegen darin, daß es methodische Aussagen und inhaltliche Aussagen vereint und daß in den Feststellungen zur Frauenarbeit Aspekte der Zuschreibung, Fremdbestimmung und des Eigeninteresses nicht zu unterscheiden sind. Gudrun-Axeli Knapp kritisiert an dem Konzept des weiblichen Arbeitsvermögens die unzulässige "Abstraktion von Widerstandspotentialen und Veränderung"; sie sieht eine Renaissance von Weiblichkeitsstereotypen und spricht von "unbedachter Ideologisierung".[15] Die Vorwürfe lesen sich nicht nur als Angriff, sondern auch als Plädoyer für größere Konkretheit, für das Detail, für die – wenn auch vorläufige – Einzelaussage.

In dieser Blickrichtung beschäftigen sich die vorliegenden Einzelstudien speziell und konkret mit Arbeitsinhalten und Qualifikationen, der Stellung im Arbeitsprozeß sowie mit beruflichen Spielräumen, die Frauen zur Verfügung stehen und die sie nutzen. Die Nähe der beruflichen Arbeit zur Hausarbeit bildet einen roten Faden dieser Betrachtung. "Hausarbeitsnähe" stellt aber nicht ein Erklärungs- und Interpretationsmuster dar wie im Konzept des weiblichen Arbeitsvermögens. Zumal die Statistik die Frauenerwerbstätigkeit im sozialen Sektor über die Jahrzehnte als allein resistenten und sogar expandierenden Bereich der hausarbeitsnahen Berufe ausweist, lohnt es zu untersuchen, worin im einzelnen Haushaltsnähe manifest wird und wie Frauen sie im beruflichen Handeln registrieren, auf sie reagieren und sie umdeuten.

2. Hausarbeitsnähe

Im Rahmen des Projekts "Geschichte und Soziologie von Frauenarbeit" beschäftigten wir uns mit den gesellschaftlichen Ansprüchen an Reproduktionsarbeit sowie mit den Inhalten und Konstruktionen hausarbeitsnaher Berufe. Die Ausgangsprämisse für die Untersuchungen war, daß sich gesellschaftliche Ansprüche an Reproduktionsarbeit im Zuge relevanter politischer und ökonomischer Gesellschaftsentwicklungen verändern und dies die Hausarbeit und Berufsarbeit von Frauen unter verschiedenen Aspekten betrifft. Die Unterschiede und die Wechselbeziehungen zwischen den beiden Arbeitsbereichen waren unter dieser Prämisse zu benennen. In den Mittelpunkt der Untersuchungen rückte damit zum einen die Frage, wie die vormals privat geleistete und organisierte Reproduktionsarbeit sich in den öffentlich-institutionellen Sektor verschiebt. Zum anderen stellte sich die Frage, inwiefern die Ausdifferenzierung von Erziehungs- und Versorgungsarbeit zu einer Erhöhung von Qualitätsansprüchen an diese Arbeit beiträgt.

Wir haben diese Problemstellung anhand verschiedener Berufe in zwei unterschiedlichen historischen Phasen untersucht. Die ersten Beiträge (Teil A) beziehen sich unter dem Gesichtspunkt der Etablierung qualifizierter Berufsarbeit auf die Zeit zwischen 1880 und 1930 bzw. 1957. *Theresa Wobbe* zeigt an den politischen Debatten der Frauenbewegungen des Kaiserreichs, wie Frauenrechtlerinnen in ihren Konzepten Berufsarbeit vor dem Hintergrund von Hausarbeit diskutierten. *Marion Klewitz* und *Gertrud Pfister* stellen am Beispiel von Lehrerinnen dar, welche berufspolitischen Strategien Frauen entwickelten und wie sie dabei familiale Reproduktionsarbeit reflektierten. In der Untersuchung von *Marion Klewitz* zu den Oberlehrerinnen ist zunächst die Frage der formalen Qualifikation im Vergleich zu männlichen Lehrern zentral; selbst dort ist der Bezug zur Mütterarbeit ein leitendes Thema. In der Untersuchung von *Gertrud Pfister* über die Turnlehrerinnen zeigt sich, daß deren Verhältnis zur Mütterarbeit in der Familie vor dem Hintergrund von "Körper-Erziehung" für ihr berufliches Selbstverständnis ebenfalls durchgängig von Bedeutung ist. *Ruth Federspiel* beschäftigt sich auf der Grundlage von Heiratseintragungen in dem Zeitraum von 1905 bis 1957 mit der Frage, ob soziale Mobilität von Frauen eher durch Heirat oder durch berufliche Qualifikationen bestimmt wird.

Während diese vier Aufsätze den Schwerpunkt auf die Etablierung qualifizierter Berufsfelder und auf die Konstruktion von Berufen in historischer Dimension legen, untersuchen die sich daran anschließenden Beiträge (Teil B) exemplarisch die heutige Situation in erzieherischen Berufen. Hier stehen veränderte Qualitätsansprüche und die inhaltliche Ausdifferenzierung der Berufsarbeit im Vordergrund.

Heidrun Joop stellt in ihrem Beitrag dar, wie im Kontext der Debatten über Bildungsreform Mütterarbeit als defizitär klassifiziert wurde und wie sich in diesem Bezugsrahmen die Berufskonstruktion der Vorklassenleiterin entwickelte. *Ulrike Schildmann* untersucht die Frage, wie sich die Qualitätsansprüche an Erzieherinnen, die behinderte und nichtbehinderte Kinder gemeinsam erziehen, verändert haben, und zwar unter dem Gesichtspunkt, wie die Erzieherinnen diese Anforderungen selbst wahrnehmen. *Beate Andres* untersucht mit der Arbeit von Tagesmüttern ein Tätigkeitsfeld von Frauen, das zwischen der familialen und verberuflichten Reproduktionsarbeit anzusiedeln ist; damit rückt die Frage nach der Wechselwirkung zwischen diesen beiden Bereichen in den Mittelpunkt.

Gemeinhin werden alle diese Berufe als hausarbeitsnah bezeichnet und unter dieser Kategorie zusammengefaßt. Die soziale Hierarchisierung fordert jedoch dazu heraus, diese Zuschreibung, nämlich Nähe oder Distanz zur Hausarbeit, als ein Merkmal der gesellschaftlichen Bewertung näher zu bestimmen.

Bei den von uns untersuchten Berufen handelt es sich um Tätigkeiten, die sich auf die Arbeit mit Kindern beziehen. Für die Hierarchisierung dieser Arbeit ist sowohl das Alter der Kinder als auch die Qualifikation entscheidend. Beide Momente bestimmen die Nähe oder Distanz zur Mütterarbeit. Diese gesellschaftlich so definierte Hierarchisierung gibt die jeweilige Reichweite von Qualifizierung, Spezialisierung und Verberuflichung an. Für die Stellung in der Hierarchie – auch mit ihren Merkmalen der Entlohnung – ist generell ausschlaggebend, welche Nähe der jeweilige Beruf zur Hausarbeit bzw. welche Distanz er zur Mütterarbeit aufweist. An der Bewertung der Tätigkeit der Lehrerinnen einerseits und der Tagesmütter andererseits wird diese gesellschaftliche Skala der Klassifikationen deutlich.

Im Rahmen vorliegender Professionalisierungstheorien, die wir für unsere Fragestellung berücksichtigt haben, liegt eine Grundbedingung von Qualifizierung und Spezialisierung in der Entfernung von Hausarbeit.[16] Die Nichtzuständigkeit von Männern für Hausarbeit und Kinderarbeit bildet dabei die ungesagte Prämisse für Berufsmöglichkeiten und für den Zugang zu qualifizierten Berufspositionen. Professionalisierungstheorien orientieren sich an akademischen Abschlüssen und dementsprechenden Statusmöglichkeiten. Die von uns untersuchten Berufsfelder fallen unter dem Gesichtspunkt akademischer Abschlüsse, mit Ausnahme der Oberlehrerinnen, aus dem Erklärungsrahmen der Professionalisierungstheorien heraus, bzw. sie können in diesem Rahmen erst gar nicht erscheinen. Damit verwenden und bestärken Professionalisierungstheorien eine Bewertungsskala, die die sozialen Dienste wie etwa reproduktionsbezogene Frauenarbeit in ihrer Relevanz für die Gesellschaft nicht gewichtet und die Professionalisierungsprozesse in diesen Berufen nicht wahrnimmt.

Demgegenüber aber ist festzuhalten, daß in den reproduktionsbezogenen Berufen eine Ausdifferenzierung, Spezialisierung, eine formale Qualifikation und Institutionalisierung stattfinden, die eine entscheidende Bedingung dieser Tätigkeiten sowie ihres berufsförmigen Status im Unterschied zur Hausarbeit ausmachen. Für die Wechselwirkung zwischen Hausarbeit und Berufsarbeit läßt sich dies präzisieren. Je mehr ein reproduktionsbezogener Beruf seine Nähe zur Hausarbeit abstreift und je mehr die soziale Leistung vom Ort der

Hausarbeit abgekoppelt ist, um so größer ist die Wahrscheinlichkeit der Spezialisierung und Qualifizierung.

Auf diesem Hintergrund wäre es eine Herausforderung an Professionalisierungstheorien, berufliche Ausdifferenzierung unter dem Gesichtspunkt der Nähe oder Distanz zur Hausarbeit in den Blick zu rücken. Wie der Beitrag von *Ulrike Schildmann* zeigt, sprechen Erzieherinnen von behinderten und nichtbehinderten Kindern mit zunehmender Spezialisierung nicht über den Bezug zur Hausarbeit, insbesondere zur Mütterarbeit, und dies möglicherweise bewußt in ihrem professionellen Interesse. Gleichzeitig weist die Eingebundenheit dieses Berufs in bürokratische und institutionelle Zusammenhänge darauf hin, daß Erzieherinnen durch die Nähe ihrer Arbeit zur Hausarbeit an eine Grenze ihrer Professionalisierung stoßen. Durch Weiterbildung und Spezialisierung können sie das Berufsfeld nicht verändern. Dies scheint ein wichtiger Grund dafür zu sein, daß Erzieherinnen ihren Beruf verlassen und sich für Tätigkeiten qualifizieren, die der Hausarbeit ferner und dem Status nach höher angesiedelt sind. Die Untersuchung von *Beate Andres* zeigt, daß die einzelnen Tagesmütter ihre Tätigkeit in durchaus unterschiedlichem Maße als berufsförmige Arbeit wahrnehmen; dies richtet sich bei gleicher Tätigkeit nach dem jeweiligen Qualifikationshintergrund. Die Nähe zur Hausarbeit und zur familialen Umgebung führt bei den Tagesmüttern überwiegend zu der Einschätzung, zwar eine gesellschaftlich nützliche Erwerbsarbeit, jedoch keine Berufstätigkeit auszuüben.

Professionalisierungstheorien sind zwar geeignet, einen Untersuchungsrahmen für berufspolitische Strategien zu bieten. Sie erweisen sich jedoch dort als unzulänglich, wo das Bedingungsverhältnis von Professionalisierungsmöglichkeiten einerseits und dem ungleichen Zugang der Geschlechter andererseits als theoretisches Problem nicht aufgegriffen wird. *Marion Klewitz* macht am Beispiel der Lehrerinnen deutlich, daß sich diese Berufsgruppe auf ein Feld zu beziehen hatte, das nach formalen Qualifikationen, nach normativen Bildungsinhalten und nach bürokratisch-institutioneller Organisation durch Lehrer bestimmt war. Darüber hinaus trafen Lehrerinnen in der Debatte um die akademische Ausbildung für Mädchen und Frauen auch auf das akademische Bildungsmonopol ihrer männlichen Kollegen und damit auf eine Behinderung ihrer Professionalisierung. Schon dieses historische Beispiel verweist darauf, daß Professionalisierungstheorien das Geschlechterverhältnis sowie Frauenarbeit und Männerarbeit als gesellschaftlich relevante Bedingungen für Qualifizierung aufzunehmen hätten. Die Untersuchung von *Ruth Federspiel* über Aufstiegs- und Abstiegsmuster berufstätiger Frauen zur Zeit ihrer Eheschließung macht darauf aufmerksam, wie eng die Qualifizierungsmöglichkeiten von Frauen an geschlechterspezifische Muster sozialer Mobilität gebunden sind. Die Ergebnisse ihrer Auswertung zeigen, daß Frauen eine höhere Mobilität aufweisen als Männer, während ihre Verheiratung jedoch tendenziell in die Richtung des sozialen Abstiegs zeigt.

Unsere Untersuchungen ergaben, daß die begriffliche Konstruktion "hausarbeitsnahe Berufe" zu relativieren ist, nämlich hinsichtlich des unterschiedlichen Qualifikationshintergrundes dieser Berufe, aber auch hinsichtlich ihrer Differenz zur Hausarbeit. Die von uns ausgewählten Berufsfelder lassen sich darüber hinaus folgendermaßen präzisieren. Die Tätigkeit in diesen Berufen stellt eine Reaktion auf Mütterarbeit bzw. eine Ergänzung, Erweiterung und Korrektur von Mütterarbeit dar. Aus dieser Perspektive erscheint es uns auch unzureichend, im Zusammenhang der reproduktionsbezogenen Arbeit von Auslagerung bzw. Verlagerung der Hausarbeit und Mütterarbeit in den öffentlich-institutionellen Bereich zu sprechen. Die Qualifikationsansprüche an diese Berufe sowie deren institutionelle Bedingungen und normative Bedeutung signalisieren vielmehr, daß es sich hier um Arbeiten handelt, die nicht nur als verschobene Hausarbeit oder Mütterarbeit bestimmt werden können.

Wie *Heidrun Joop* für die Vorklassenleiterin zeigt, beschreibt die Reformdiskussion im Schul- und Bildungsbereich Mütterarbeit als defizitäre Arbeit. Die Vorklassenleiterinnen übernehmen nicht diese Mütterarbeit, sondern sie orientieren sich ebenso an neuen Ansprüchen und sie entwickeln neue Standards für Mütter. Erzieherinnen behinderter und nichtbehinderter Kinder wiederum ermöglichen nicht nur eine Ergänzung zur Mütterarbeit. Vielmehr werden von ihnen, wie *Ulrike Schildmann* darstellt, auch entscheidende Korrekturen gegenüber Müttern bzw. Eltern vorgebracht. Mit zunehmender Ausdifferenzierung von Arbeitsinhalten nimmt hier die Hausarbeitsnähe ab. So geht bei den Erzieherinnen deren Berufsverhalten nicht nur explizit über Hausarbeit hinaus. Zudem haben sie Aufgaben zu bewältigen, wie etwa die Beratung von Müttern und Vätern, die mit der materiellen Seite von Hausarbeit, aber auch mit emotionaler Dienstleistung an Ehemännern, Kindern und Verwandten nicht vergleichbar ist. Sogar bei Tagesmüttern, die nichtöffentlich im eigenen Haushalt arbeiten, erhält der alltägliche Ablauf von Hausarbeit Verschiebungen. Der Fluß von Hausarbeit wird unterbrochen, nach anderen Gesichtspunkten geplant oder nach verschiedenen Anteilen auseinandergehalten.

In der Untersuchung zu den Lehrerinnen läßt sich diese Tendenz einer Entfernung von Hausarbeit entsprechend dem Alter der Kinder sowie der Qualifikation bestimmen. *Marion Klewitz* verweist darauf, daß Volksschullehrerinnen Initiativen wie Mütterabende entwickelten, durch die sie einen größeren beratenden und kontrollierenden Einfluß auf die materielle sowie emotionale Seite von Mütterarbeit hatten. Bei den Oberlehrerinnen ist zu beobachten, daß parallel zu der größer werdenden Entfernung von Hausarbeit und Müttern ein Bildungskonzept entwickelt wurde, das für die Lehrerinnenausbildung und für die Ausbildung der Schülerinnen einen Kanon mit hoher intellektueller Qualifikation anstrebte. An der Berufsstrategie von Lehrerinnen kann gezeigt werden, wie sich das Interesse von der verberuflichten Mütterarbeit zunehmend zur normsetzenden Instanz verschiebt. So stellt *Gertrud Pfister* in ihrer Untersuchung dar, daß die Turnlehrerinnen dann, als sie in ihrem neuen Berufsfeld initiativ werden konnten, bei der Kritik an Mütterarbeit ansetzten. Sie kritisierten die körperliche Erziehung von Müttern und stellten höhere Ansprüche an Bewegung, Kleidung und Körperhygiene. Diese

Tendenz zu erhöhten Anforderungen und normativen Definitionen gegenüber Mütterarbeit wird .im gleichen historischen Zeitraum auch durch die Debatten der Frauenbewegungen bestätigt. Wie *Theresa Wobbe* darstellt, entwickelten Frauenrechtlerinnen im Zuge ihrer Reformforderungen nach Arbeiterinnen- und Mutterschutz Standards für die Wohnungshygiene, die Kinderernährung und die Kindererziehung. In dem Maße wie Frauenrechtlerinnen in der sozialpolitischen Debatte auf Mütterarbeit aufmerksam machten, produzierten sie auch neue Standards für die Qualität dieser Arbeit.

Unsere verschiedenen Beiträge zeigen, daß Frauen zwar an der Formulierung von Normen und Qualitätsansprüchen beteiligt sind, sie aber weitgehend keine relevanten Positionen als Normsetzende einnehmen. Die Debatte der Frauenbewegungen macht deutlich, daß spezifische Gruppen von Frauen normierende Definitionen über Hausarbeit und Mütterarbeit entwickelten. Sie rekurrierten dabei auf die wissenschaftlichen Standards männlicher Experten, die den Bezugsrahmen sozialpolitischer Konzepte beherrschten. Auf ähnliche Tendenzen und Konstellationen verweisen die Professionalisierungsversuche von Oberlehrerinnen und Turnlehrerinnen. Bei den Erzieherinnen behinderter und nichtbehinderter Kinder ist zu beobachten, daß Erzieherinnen in diesem spezialisierten Berufsfeld initiativ arbeiten sowie praktische Versuche überhaupt erst ermöglichen. Hinsichtlich ihrer Qualifikation sowie als Normeninstanz geraten sie aber an enge institutionelle und bürokratische Grenzen.

Unsere Einzelstudien haben ergeben, daß für die ausgewählten Berufe die Zuschreibung "Hausarbeitsnähe" nicht ausreicht. Durch die Verschiebung der vormals privat geleisteten Erziehungs- und Versorgungsarbeit in den öffentlich-institutionellen Bereich ändern sich die Ansprüche an diese Arbeit, ebenso wie von diesen Berufen veränderte Ansprüche an Mütterarbeit ausgehen. Die Frauen, die in diesen Berufen arbeiten, müssen sich zum einen im öffentlichen Bereich über die Distanz oder Nähe zur Hausarbeit definieren. Zum anderen treffen sie dabei auf normative Muster und institutionelle Strukturen, die sie für ihre Vorstellungen von beruflichen Standards aufzunehmen haben, um sich zu professionalisieren. Erziehungs- und Versorgungsarbeit, die in verberuflichter Form geleistet wird, kann nicht nur als erweiterte Mütterarbeit klassifiziert werden. Der Ausdifferenzierungsprozeß von Hausarbeit und Mütterarbeit findet vielmehr in einem Bezugshorizont statt, in dem verschiedene Momente die Berufsarbeit so strukturieren, daß sie wichtige Differenzen zur Hausarbeit aufweist und damit auch normativ auf Hausarbeit zurückwirkt. Die Beiträge in diesem Band versuchen, das Spektrum dieses Ausdifferenzierungsprozesses zu beleuchten. Nähe bzw. Distanz zur Hausarbeit bestimmen die Grenzen und Möglichkeiten der Qualifizierung sowie Professionalisierung beruflicher Erziehungs- und Versorgungsarbeit. Gleichzeitig entwickeln die in diesen Berufen arbeitenden Frauen eigenverantwortlich Interessen für ihren Arbeitsinhalt, und sie erbringen innovative Leistungen, die sich weder in Hausarbeit abbilden lassen noch mit den männlich vorgegebenen Standards identisch sind.

Anmerkungen

1 Angelika Willms-Herget: Frauenarbeit. Zur Integration der Frauen in den Arbeitsmarkt. Frankfurt M., New York 1985, S. 139.

2 A.a.O., S. 217 f.

3 A.a.O., S. 212 f. Ilona Ostner, Angelika Willms: Strukturelle Veränderungen der Frauenarbeit in Haushalt und Beruf? In: Joachim Matthes (Hg.): Krise der Arbeitsgesellschaft. Verhandlungen des 21. Deutschen Soziologentages in Bamberg 1982. Frankfurt M., New York 1983, S. 217.

4 Willms-Herget 1985, S. 217 f.

5 A.a.O., S. 222.

6 Helgard Kramer: Einleitung, in: Helgard Kramer, Christel Eckart, Ilka Riemann, Karin Walser: Grenzen der Frauenlohnarbeit. Frauenstrategien in Lohn- und Hausarbeit seit der Jahrhundertwende. Frankfurt M., New York 1986, S. 11 ff; Ursula Rabe-Kleberg: Frauenberufe – Zur Segmentierung der Berufswelt. Bielefeld 1987, S. 16.

7 Walter Müller: Frauenerwerbstätigkeit im Lebenslauf, in: Walter Müller, Angelika Willms, Johann Handl: Strukturwandel der Frauenarbeit 1880-1980. Frankfurt M., New York 1983, S. 68 f.

8 Karl Martin Bolte (Hg.): Mensch, Arbeit und Betrieb. Beiträge zur Berufs- und Arbeitskräfteforschung. Ergebnisse aus dem Sonderforschungsbereich "Theoretische Grundlagen sozialwissenschaftlicher Berufs- und Arbeitskräfteforschung" der Universität München. Weinheim 1988, S. 10; Karl Martin Bolte, Erhard Treutner (Hg.): Subjektorientierte Arbeits- und Berufssoziologie. Frankfurt M., New York 1983, Einleitung.

9 So u.a. Rabe-Kleberg 1986, S. 98 ff.

10 Elisabeth Beck-Gernsheim: Der geschlechtsspezifische Arbeitsmarkt. Zur Ideologie und Realität von Frauenberufen. Frankfurt M. 1976, S. 75.

11 Ilona Ostner: Beruf und Hausarbeit. Die Arbeit der Frau in unserer Gesellschaft. Frankfurt M., New York 1978, S. 192 f.

12 Ilona Ostner: Kapitalismus, Patriarchat und die Konstruktion der Besonderheit "Frau", in: Reinhard Kreckel (Hg.): Soziale Ungleichheiten. (Soziale Welt, Sonderbd. 2) Göttingen 1983, S. 291. Vgl. Ilona Ostner: Prekäre Subsidiarität und partielle Individualisierung – Zukünfte von Haushalt und Familie, in: Johannes Berger (Hg.): Kontinuitäten und Zäsuren. (Soziale Welt, Sonderbd. 4) Göttingen 1986, S. 250.

13 Beck-Gernsheim 1976, S. 77.

14 Barbara Pieper: Familie und Beruf – Zum Zusammenhang unterschiedlicher Arbeitsformen in unserer Gesellschaft, in: Karl Martin Bolte (Hg.): Mensch, Arbeit und Betrieb. Beiträge zur Berufs- und Arbeitskräfteforschung. Weinheim 1988, S. 97.

15 Gudrun-Axeli Knapp: Die vergessene Differenz, in: Feministische Studien 6 (1988), S. 13 f., 18.

16 Zur Professionalisierungsdebatte vgl. Dietrich Rüschemeyer: Professionalisierung. Theoretische Probleme für die vergleichende Geschichtsforschung, in: Geschichte und Gesellschaft 6 (1980), S. 311-325. Hannes Siegrist (Hg.): Bürgerliche Berufe. Göttingen 1988 (hier insbes. die Einleitung).

Grundlagenliteratur: Hausarbeit

Zur Konzeption des Projekts "Geschichte und Soziologie von Frauenarbeit"

Alternative 120/21: Der "andere Blick" – feministische Wissenschaft? Berlin 1978.

Arbeitsgruppe Tagesmütter: Das Modellprojekt Tagesmütter. Hrsg. vom Deutschen Jugendinstitut. München 1977.

Arbeitsgruppe Tagesmütter: Das Modellprojekt "Tagesmütter" – Abschlußbericht der wissenschaftlichen Begleitung. I.A. des Bundesministeriums für Jugend, Familie und Gesundheit. Stuttgart 1980.

Arbeitsgruppe "Zukunft der Frauenarbeit" (Hg.): Dokumentation Kongreß "Zukunft der Frauenarbeit", Universität Bielefeld, 4.-6. November 1983. Bielefeld 1985.

Autorinnenkollektiv: Reproduktionsarbeit der Frau und mitmenschliche Beziehungen, in: Dokumentationsgruppe der Sommeruniversität e.V. (Hg.): Frauen als bezahlte und unbezahlte Arbeitskräfte. Beiträge zur 2. Berliner Sommeruniversität für Frauen – Oktober 1977. Berlin 1978, S. 317-327.

Backes, Gertrud: Ehrenamt oder das "soziale Kapital" der Hausfrau? In: Walter H. Asam, Michael Heck (Hg.): Subsidiarität und Selbsthilfe. München 1985, S. 86-109.

Beck-Gernsheim, Elisabeth: Der geschlechtsspezifische Arbeitsmarkt. Zur Ideologie und Realität von Frauenberufen. Frankfurt M. 1976.

Beck-Gernsheim, Elisabeth: Das halbierte Leben. Männerwelt Beruf, Frauenwelt Familie. Frankfurt M. 1980.

Beck-Gernsheim, Elisabeth: Vom "Dasein für andere" zum Anspruch auf ein Stück "eigenes Leben". Individualisierungsprozesse im weiblichen Lebenszusammenhang, in: Soziale Welt 34 (1983), S. 307-340.

Beck-Gernsheim, Elisabeth: Vom Geburtenrückgang zur neuen Mütterlichkeit? Über private und politische Interessen am Kind. Frankfurt M. 1984.

Becker-Schmidt, Regina: Arbeiterkinder gestern – Arbeiterkinder heute. Erziehungsansprüche und -probleme von Arbeiterinnen im intergenerativen Vergleich. Bonn 1985.

Becker-Schmidt, Regina, Uta Brandes-Erlhoff, Mechthild Rumpf, Beate Schmidt: Arbeitsleben – Lebensarbeit. Konflikte und Erfahrungen von Fabrikarbeiterinnen. Bonn 1983.

Becker-Schmidt, Regina, Leona Siebenschön: Nicht wir haben die Minuten, die Minuten haben uns: Zeitprobleme und Zeiterfahrungen von Arbeitermüttern in Fabrik und Familie. Studie zum Projekt "Probleme lohnabhängiger Mütter". Bonn 1983.

Becker-Schmidt, Regina, Gudrun-Axeli Knapp, Beate Schmidt: Eines ist zu wenig – beides ist zuviel. Erfahrungen von Arbeiterfrauen zwischen Familie und Fabrik. Bonn 1984.

Beer, Ursula: Marxismus in Theorien der Frauenarbeit. Plädoyer für eine Erweiterung der Reproduktionsanalyse, in: Feministische Studien 2 (1983), H. 2, S. 136-147.

Beer, Ursula: Theorien geschlechtlicher Arbeitsteilung, Frankfurt M., New York 1984.

Beer, Ursula: Unentgeltliche Arbeit im Lebenszusammenhang von Frauen und deren Reflexion in den Sozialwissenschaften, in: Sektion Frauenforschung in den Sozialwissenschaften in der Deutschen Gesellschaft für Soziologie (Hg.): Frauenforschung. Beiträge zum 22. Deutschen Soziologentag, Dortmund 1984. Frankfurt M., New York 1985, S. 43-52.

Beer, Ursula (Hg.): Klasse Geschlecht. Feministische Gesellschaftsanalyse und Wissenschaftskritik. Bielefeld 1987.

Bennholdt-Thomsen, Veronika: Teile und herrsche: Zusammenhang, nicht Trennung von Haus- und Erwerbsarbeit (wider die Dualwirtschaft), in: Arbeitsgruppe "Zukunft der Frauenarbeit" (Hg.): Dokumentation Kongreß "Zukunft der Frauenarbeit", Universität Bielefeld, 4.-6. November 1983. Bielefeld 1985, S. 35-41.

Bericht über die Situation der Frauen in Berlin. I.A. des Senators für Gesundheit, Soziales und Familie. Berlin 1981.

Bericht über die Situation der Frauen in Berlin (Fortschreibung). I.A. der Senatorin für Jugend und Familie. Berlin 1987.

Block, Irene, Susanne Müller: "Das dritte Bein in der Schule", in: Päd. extra. Magazin für Erziehung, Wissenschaft und Politik 13 (1985), Nr. 1, S. 16-17.

Bock, Gisela, Barbara Duden: Arbeit aus Liebe – Liebe als Arbeit: Zur Entstehung der Hausarbeit im Kapitalismus, in: Gruppe Berliner Dozentinnen (Hg.): Frauen und Wissenschaft. Beiträge zur Berliner Sommeruniversität für Frauen. Juli 1976. Berlin 1977, S. 118-199.

Bolte, Karl Martin, Erhard Treutner (Hg.): Subjektorientierte Arbeits- und Berufssoziologie. Frankfurt M., New York 1983.

Bose, Christine E., Peter H. Rossi: Gender and jobs: prestige standings of occupations as affected by gender, in: American Sociological Review 48 (1983), S. 316-330.

Bussemer, Herrad-Ulrike, Sibylle Meyer, Barbara Orland, Eva Schulze: Zur technischen Entwicklung von Haushaltsgeräten, in: Gerda Tornieporth (Hg.): Arbeitsplatz Haushalt. Zur Theorie und Ökologie der Hausarbeit. Berlin 1988, S. 116-128.

Cramon-Daiber, Birgit, Sabine Hering-Zalfen, Helga Lancelle-Tullius, Birgit Schulte, Gisal Wnuk-Gette, Regine Wanck: Frauen und soziale Arbeit – weibliche Praxis und männliche Theorie und Politik? Berichte und Reflexionen zur Jahrestagung 1980 der Neuen Praxis und der Gilde Soziale Arbeit, in: Neue Praxis 11 (1981), S. 173-195.

Dahlke, Kerstin: Hausarbeit und politische Ökonomie, in: Dokumentation der Tagung Frauenforschung in den Sozialwissenschaften, München, Oktober 1978. München 1978.

Dalla Costa, Mariarosa, Selma James: Die Macht der Frauen und der Umsturz der Gesellschaft. Berlin 1973.

Deutsch-Heil, Gabriele, Carsten P. Malchow: Tagesmütter – Tageskinder. Theorie und praktische Erfahrung. Köln 1977.

Diezinger, Angelika: Die Arbeit der Frau in Betrieb und Familie, in: Wolfgang Littek, Werner Rammert, Günther Wachter (Hg.): Einführung in die Arbeits- und Industriesoziologie. Frankfurt M., New York 1982, S. 225-248.

Dokumentationsgruppe der Sommeruniversität e.V. (Hg.): Frauen als bezahlte und unbezahlte Arbeitskräfte. Beiträge zur 2. Berliner Sommeruniversität für Frauen – Oktober 1977. Berlin 1978.

Dörhöfer, Kerstin: Die Fußnote oder zum wissenschaftlichen Umgang mit der Frauenfrage in der Wohnungsversorgung und Stadtplanung. Beiträge zur feministischen Theorie und Praxis 4. München 1980, S. 30-38.

Duden, Barbara: Das schöne Eigentum. Zur Herausbildung des bürgerlichen Frauenbildes an der Wende vom 18. zum 19. Jahrhundert, in: Kursbuch, Bd. 47. Berlin 1977, S. 125-140.

Duden, Barbara, Karin Hausen: Gesellschaftliche Arbeit – geschlechtsspezifische Arbeitsteilung, in: Annette Kuhn, Gerhard Schneider (Hg.): Frauen in der Geschichte, Bd. 1. Düsseldorf, 2. Aufl. 1982, S. 11-33.

Eckart, Christel, Ursula Jaerisch, Helgard Kramer: Frauenarbeit in Familie und Fabrik. Eine Untersuchung von Bedingungen und Barrieren der Interessenwahrnehmung von Industriearbeiterinnen. Frankfurt M. 1979.

Eckert, Roland (Hg.): Geschlechtsrollen und Arbeitsteilung. Mann und Frau in soziologischer Sicht. München 1979.

Ein italienisches Kollektiv: ... ausgebeutet sein. München 1977.

Enders-Dragässer, Uta: Die schulische Sozialisation der Mütter und ihre Folgen, am Beispiel der Hausaufgaben. Basel 1981.

Enders-Dragässer, Uta: Hausaufgaben: Die unbezahlte Arbeit der Mütter für die Schule, in: Ilse Brehmer (Hg.): Sexismus in der Schule. Weinheim, Basel 1982, S. 23-33.

Erler, Gisela: Einige – vielleicht gar nicht "feministische" – Anmerkungen zur Familienpolitik in der Bundesrepublik, in: Beiträge zur feministischen Theorie und Praxis 2. München 1979, S. 11-37.

Franke, Marlis: Geschlecht und Klasse. Zur politischen Ökonomie des modernen Patriarchats, in: Dokumentationsgruppe der Sommeruniversität e.V. (Hg.): Frauen als bezahlte und unbezahlte Arbeitskräfte. Beiträge zur 2. Berliner Sommeruniversität für Frauen – Oktober 1977. Berlin 1978, S. 305-316.

Gerhard, Ute: Verhältnisse und Verhinderungen. Frauenarbeit, Familie und Rechte der Frauen im 19. Jahrhundert. Mit Dokumenten. Frankfurt M. 1978.

Gorz, André: Abschied vom Proletariat. Frankfurt M. 1980.

Hausen, Karin: Die Polarisierung der "Geschlechtscharaktere" – eine Spiegelung der Dissoziation von Erwerbs- und Familienleben, in: Werner Conze (Hg.): Sozialgeschichte der Familie in der Neuzeit Europas. Stuttgart 1976, S. 363-393.

Hentrich, Janni, Elke Schmid: Familienpolitik – Frauen zwischen Herd und Fließband, in: Informationsdienst Sozialarbeit 23. Offenbach 1979, S. 101-114.

Hilzenbecher, Manfred: Frauenerwerbstätigkeit, Familienzyklus und Zeitallokation. Spardorf 1984.

Hofbauer, Hans: Aus der Untersuchung des Instituts für Arbeitsmarkt- und Berufsforschung über Berufsverläufe bei Frauen. Zum Erwerbsverhalten verheirateter Frauen, in: Mitteilungen aus der Arbeitsmarkt- und Berufsforschung 12 (1979), S. 217-240.

Huber, Joseph: Die zwei Gesichter der Arbeit. Ungenutzte Möglichkeiten der Dualwirtschaft. Frankfurt M. 1984.

Jurczyk, Karin: Frauenarbeit und Frauenrolle. Zum Zusammenhang von Familienpolitik und Frauenerwerbstätigkeit in Deutschland von 1918-1975. Frankfurt M., München 1976.

Jurczyk, Karin: Familienpolitik – Strategien zur Erhaltung familialer Eigenstruktur, in: Ilona Ostner, Barbara Pieper (Hg.): Arbeitsbereich Familie. Umrisse einer Theorie der Privatheit. Frankfurt M., New York 1980, S. 171-207.

Jurczyk, Karin, Ilona Ostner (Hg.): Schwierigkeiten mit dem Arbeitsbegriff. Dokumentation einer Arbeitstagung am 25. September 1981 in München. München 1981.

Jurczyk, Karin, Carmen Tatschmurat: Leben und Arbeiten der Industriearbeiterinnen – Ein Stück Frauenforschungsgeschichte, in: Sektion Frauenforschung in den Sozialwissenschaften in der DGS (Hg.): Frauenforschung. Beiträge zum 22. Deutschen Soziologentag, Dortmund 1984. Frankfurt M., New York 1985, S. 43-52.

Karsten, Maria-Eleonora, Hans-Uwe Otto (Hg.): Die sozialpädagogische Ordnung der Familie. Weinheim, München 1987.

Kettschau, Irmhild: Wieviel Arbeit macht ein Familienhaushalt? – Zur Analyse von Inhalt, Umfang und Verteilung der Hausarbeit heute. Diss. Päd. Hochschule Dortmund, 1980.

Kettschau, Irmhild: Die heimliche Arbeitsplatzbeschreibung im Haushalt und ihre öffentlichen Seiten – Gedanken zur Anlage und Aussagefähigkeit empirischer Untersuchungen zum Zeitaufwand für Hausarbeit, in: Hauswirtschaft und Wissenschaft 31 (1983), S. 128-134.

Kickbusch, Ilona: Frauen im Reproduktionssektor: Hausarbeit/Konsumarbeit/Beziehungsarbeit, in: Wissenschaft und Zärtlichkeit 3. Frankfurt M. 1978, S. 52-61.

Kickbusch, Ilona: Sozialpolitik und weibliche Dienstleistungen, in: Wissenschaft und Zärtlichkeit 2. Frankfurt M. 1978, S. 1-9.

Kickbusch, Ilona: Weibliche Dienstleistungen: Was hat Hausarbeit mit Sozialarbeit zu tun? In: Dokumentationsgruppe der Sommeruniversität e.V. (Hg.): Frauen als bezahlte und unbezahlte Arbeitskräfte. Beiträge zur 2. Berliner Sommeruniversität für Frauen – Oktober 1977. Berlin 1978, S. 259-267.

Kickbusch, Ilona: Hausarbeit, in: Sozialwissenschaftliche Informationen für Unterricht und Studium 8 (1979), H. 1, S. 39-43.

Kickbusch, Ilona, Barbara Pieper (Hg.): Die armen Frauen. Frauen und Sozialpolitik. Frankfurt M. 1984.

Kittler, Gertraude: Hausarbeit. Zur Geschichte einer Naturressource. München 1980.

Knapp, Gudrun-Axeli: Die vergessene Differenz, in: Feministische Studien 6 (1988), H. 1, S. 12-31.

Knapp, Ulla: Frauenarbeit in Deutschland. 2 Bde. München 1984.

Kontos, Silvia, Karin Walser: Weil nur zählt, was Geld einbringt. Probleme der Hausfrauenarbeit. Gelnhausen 1979.

Kontos, Silvia, Karin Walser: Hausarbeit ist doch keine Wissenschaft, in: Beiträge zur feministischen Theorie und Praxis 1. München 1978, S. 66-80.

Kontos, Silvia, Karin Walser: Überlegungen zu einer feministischen Theorie der Hausarbeit, in: Alternative 120/21 (1978), S. 152-159.

Kramer, Helgard: Hausarbeit und taylorisierte Arbeit, in: Leviathan, Sonderheft 4/1981, S. 136-151.

Kramer, Helgard, Christel Eckart, Ilka Riemann, Karin Walser: Grenzen der Frauenlohnarbeit. Frauenstrategien in Lohn- und Hausarbeit seit der Jahrhundertwende. Frankfurt M., New York 1986.

Krell, Gertraude: Das Bild der Frau in der Arbeitswissenschaft. Frankfurt M., New York 1984.

Malos, Ellen (Hg.): The politics of housework. London 1980.

Matthes, Joachim (Hg.): Krise der Arbeitsgesellschaft? Verhandlungen des 21. Deutschen Soziologentages 1982, Bamberg. Frankfurt M., New York 1983.

Medick, Hans, David Sabean (Hg.): Emotionen und materielle Interessen. Sozialanthropologische und historische Beiträge zur Familienforschung. Göttingen 1984.

Meier, Marion, Monika Oubaid: Mütter – die besseren Frauen. Über den Zusammenhang von § 218 und Hausarbeit. Braunschweig 1987.

Mies, Maria: Gesellschaftliche Ursprünge der geschlechtlichen Arbeitsteilung, in: Beiträge zur feministischen Theorie und Praxis 3. München 1980, S. 61-76.

Mies, Maria: Patriarchy and accumulation on a world scale. Women in the international division of labour. London 1986.

Morton, Peggy: Women's work is never done, in: Ellen Malos (Hg.): The politics of housework. London 1980, S. 130-157.

Müller, Susanne: Verelendung der Mütter durch ihre Funktion als Hilfspolizistin – am Beispiel Schularbeiten; dazu: Berichte aus der an der Sommeruniversität entstandenen Arbeitsgruppe zum Thema: Schularbeiten von Christiane Chakrabarti, Irene Block, Uta Enders-Dragässer, Hannelore Werschy, in: 3. Sommeruniversität für Frauen 1978 e.V. (Hg.): Frauen und Mütter. Beiträge zur 3. Sommeruniversität von und für Frauen – 1978. Berlin 1979, S. 239-252.

Müller, Walter: Frauenerwerbstätigkeit im Lebenslauf, in: Walter Müller, Angelika Willms, Johann Handl: Strukturwandel der Frauenarbeit 1880-1980. Frankfurt M., New York 1983, S. 55-106.

Münz, Rainer: Haus – Frauen – Arbeit. Anmerkungen zur geschlechtsspezifischen Arbeitsteilung im Reproduktionsbereich, in: Österreichische Zeitschrift für Soziologie 5 (1980) H. 2/3, S. 66-74.

Notz, Gisela: Frauenarbeit zum Nulltarif: die ehrenamtliche Arbeit von Frauen im sozialen Bereich aus arbeitsmarkt- und sozialpolitischer Sicht, in: Frauenforschung 4 (1986), H. 4, S. 51-65.

Novarra, Virginia, Elke Martin: Die Geringschätzung der weiblichen Arbeitskraft. Von der Verschwendung der Talente. Reinbek 1982.

Nutzinger, Hans G. (Hg.): Konsum und Produktion. Neuere Entwicklungen im Verbraucherverhalten, in memoriam Andreas Schuke. Heidelberg 1983.

Oakley, Ann: Soziologie der Hausarbeit. (Übers.) Frankfurt M. 1978.

Oakley, Ann: House wife. High value – low cost. London 1979.

Oakley, Ann: Women confined. Towards a sociology of childbirth. Oxford 1980.

Oakley, Ann: Subject women. Oxford 1981.

Orendi, Bennina, Dorothee Rückert: Nichterwerbstätige Frauen. Ihre Arbeitssituation und Lebenssituation, in: Gisela Mohr, Martina Rummel, Dorothee Rückert (Hg.): Frauen: psychologische Beiträge zur Arbeits- und Lebenssituation. München 1982, S. 38-54.

Orland, Barbara: Technik und Kleinfamilie. Ein unbedeutendes Kapitel des technischen Fortschritts, in: Eckart Hildebrandt, Eberhard Schmidt, Hans-Joachim Sperling (Hg.): High-Tech-Down: Kritisches Gewerkschaftsjahrbuch 1986/87. Berlin 1986, S. 127-136.

Ostner, Ilona: Beruf und Hausarbeit. Die Arbeit der Frau in unserer Gesellschaft. Frankfurt M., New York 1978.

Ostner, Ilona: Berufsform und berufliche Sozialisation von Frauen, in: Karl Martin Bolte, Erhard Treutner (Hg.): Subjektorientierte Arbeits- und Berufssoziologie. Frankfurt M., New York 1983, S. 110-140.

Ostner, Ilona: Kapitalismus, Patriarchat und die Konstruktion der Besonderheit "Frau", in: Reinhard Kreckel (Hg.): Soziale Ungleichheiten. (Soziale Welt, Sonderbd. 2). Göttingen 1983, S. 277-297.

Ostner, Ilona: Prekäre Subsidiarität und partielle Individualisierung – Zukünfte von Haushalt und Familie, in: Johannes Berger (Hg.): Kontinuitäten und Zäsuren. (Soziale Welt, Sonderbd. 4). Göttingen 1986, S. 235-259.

Ostner, Ilona, Barbara Pieper (Hg.): Arbeitsbereich Familie. Umrisse einer Theorie der Privatheit. Frankfurt M., New York 1980.

Ostner, Ilona, Angelika Willms: Strukturelle Veränderungen der Frauenarbeit in Haushalt und Beruf? In: Joachim Matthes (Hg.): Krise der Arbeitsgesellschaft? Verhandlungen des 21. Deutschen Soziologentages, Bamberg 1982. Frankfurt M., New York 1983, S. 206-227.

Pieper, Barbara: Familie im Urteil ihrer Therapeuten. Bausteine einer Theorie familialer Arbeit. Frankfurt M., New York 1986.

Projekt: Zur Situation der Hausarbeit heute (Carol Hagemann-White), in: Gruppe Berliner Dozentinnen (Hg.): Frauen und Wissenschaft. Beiträge zur Berliner Sommeruniversität für Frauen – Juli 1976. Berlin 1977, S. 200-206.

Prokop, Ulrike: Weiblicher Lebenszusammenhang. Von der Beschränktheit der Strategien und der Unangemessenheit der Wünsche. Frankfurt M. 1976.

Pross, Helge: Die Wirklichkeit der Hausfrau. 2 Bde. Hamburg 1975.

Pross, Helge, Rosemarie v. Schweitzer: Die Familienhaushalte im wirtschaftlichen Strukturwandel. Göttingen 1976.

Pust, Carola, Petra Reichert, Anne Wenzel u.a.: Frauen in der BRD. Beruf, Familie, Gewerkschaften, Frauenbewegung. Hamburg 1983.

Rogers, Barbara: The domestication of women. London, New York 1980.

Rosenbaum, Heidi: Formen der Familie. Frankfurt M. 1982.

Ross, Heather, Isabel v. Sawhill: Time of transition. The growth of families headed by women. Washington 1975.

Rummel, Martina: Frauenarbeit. Merkmale, Auswirkungen, in: Gisela Mohr, Martina Rummel, Dorothee Rückert (Hg.): Frauen: psychologische Beiträge zur Arbeits- und Lebenssituation. München 1982, S. 55-77.

Sachße, Christoph: Mütterlichkeit als Beruf. Sozialarbeit, Sozialreform und Frauenbewegung 1871-1929. Frankfurt M. 1986.

Senghaas-Knobloch, Eva: Weibliche Arbeitskraft und gesellschaftliche Reproduktion. Eine Problemskizze, in: Leviathan 4 (1976), S. 543-558.

Schröder, Hannelore: Unbezahlte Hausarbeit, Leichtlohnarbeit, Doppelarbeit. Zusammenhänge und Folgen, in: Dokumentationsgruppe der Sommeruniversität e.V. (Hg.): Frauen als bezahlte und unbezahlte Arbeitskräfte. Beiträge zur 2. Berliner Sommeruniversität für Frauen – Oktober 1977. Berlin 1978, S. 108-118.

Schultz, Dagmar: "Hausaufgaben sind Hausarbeit sind Mütterarbeit!" in: Päd. extra. Magazin für Erziehung, Wissenschaft und Politik 10 (1982), Nr. 7/8, S. 13-14.

Sozialarbeiterinnengruppe Frankfurt: Die weiblichsten Frauen der Nation: Sozialarbeiterinnen. Gefühlsarbeit, in: Sozialmagazin 3 (1978), H. 9, S. 22-32.

Strümpel, Burkhard, Wolfgang Prenzel, Joachim Scholz, Andreas Hoff: Teilzeitarbeitende Männer und Hausmänner. Motive und Konsequenzen einer eingeschränkten Erwerbstätigkeit von Männern. Berlin 1988.

Weber-Kellermann, Ingeborg: Frauenleben im 19. Jahrhundert. München 1983.

Werlhof, Claudia v.: Frauenarbeit: Der blinde Fleck in der politischen Ökonomie, in: Beiträge zur feministischen Theorie und Praxis 1. München 1978, S. 18-32.

Werlhof, Claudia v.: Die Krise – Hausfrauisierung der Arbeit, in: Courage 7 (1982), H. 3, S. 34-43.

Werlhof, Claudia v.: Der Proletarier ist tot. Es lebe die Hausfrau? In: Claudia v. Werlhof, Maria Mies, Veronika Bennholdt-Thomsen: Frauen, die letzte Kolonie. Zur Hausfrauisierung der Arbeit. Reinbek 1983, S. 113-136.

Westphal-Georgi, Ursula: Auswirkungen staatlicher Arbeitsmarktstrategien und Haushaltseinsparungen auf Frauenarbeit, in: Hans-Hermann Hartwich, Deutsche Vereinigung für politische Wissenschaft (Hg.): Gesellschaftliche Probleme als Anstoß und Folge von Politik: Wissenschaftlicher Kongreß der DVPW 4.-7. Oktober 1982 in der Freien Universität Berlin; Tagungsbericht. Opladen 1983, S. 57-65.

Wiegmann, Barbelies: Ende der Hausfrauenehe: Plädoyer gegen eine trügerische Existenzgrundlage. Reinbek 1980.

Willms, Angelika: Zur historischen Entwicklung von Haushaltsstruktur und Frauenarbeit, in: Werner Schulte (Hg.): Soziologie in der Gesellschaft. Referate aus den Veranstaltungen der Sektionen der Deutschen Gesellschaft für Soziologie, der ad-hoc-Gruppen und des Berufsverbandes Deutscher Soziologen beim 20. Deutschen Soziologentag, Bremen 1980. Universität Bremen 1981.

Willms, Angelika: Grundzüge der Entwicklung der Frauenarbeit von 1880-1980, in: Walter Müller, Angelika Willms, Johann Handl: Strukturwandel der Frauenarbeit 1880-1980. Frankfurt M., New York 1983, S. 25-54.

Willms, Angelika: Segregation auf Dauer? Zur Entwicklung des Verhältnisses von Frauenarbeit und Männerarbeit in Deutschland, 1882-1980, in: Walter Müller, Angelika Willms, Johann Handl: Strukturwandel der Frauenarbeit 1880-1980. Frankfurt M., New York 1983, S. 107-181.

Willms-Herget, Angelika: Frauenarbeit. Zur Integration der Frauen in den Arbeitsmarkt. Frankfurt M., New York 1985.

Wolf-Graaf, Anke: Die verborgene Geschichte der Frauenarbeit. Eine Bildchronik. Weinheim, Basel 1983.

Teil A

Frauenberufsarbeit in historischer Perspektive

Hausarbeit und Berufsarbeit um die Jahrhundertwende

Die Debatte der Frauenbewegungen im Deutschen Kaiserreich

Theresa Wobbe

Vorbemerkung

Deutsche Frauenrechtlerinnen entwickelten von der Jahrhundertwende bis zum Ersten Weltkrieg vielfältige Strategien zur rechtlichen, sozialen und politischen Veränderung der Situation von Frauen. Im Mittelpunkt ihrer Überlegungen und Konzepte stand die Bewertung von Frauenarbeit. Das Verständnis von 'moderner Frauenfrage' selbst war ebenso durch die Diagnose von Frauenarbeit bestimmt wie das jeweilige Verständnis von Frauenbewegung immer auch das Verhältnis von Hausarbeit und Erwerbsarbeit zum Gegenstand hatte. Wenn Frauenrechtlerinnen den Ausschluß von Frauen aus Berufspositionen oder die Mehrfacharbeit lohnarbeitender Mütter kritisierten, thematisierten sie eine sozial-ökonomische Entwicklung, die für die Geschlechter unterschiedliche Probleme aufwarf. Trotz der politisch-ideologisch zu unterscheidenden sozialistischen, bürgerlich-liberalen oder bürgerlich-konfessionellen Positionen bezogen sich Frauenrechtlerinnen bei diesen Themen auf eine gleiche Problemlage, nämlich die 'soziale Frage' als Frauenfrage. Frauenrechtlerinnen erweiterten den Horizont sozialpolitischer Debatten, indem sie die geschlechterbestimmte Dimension der 'sozialen Frage' überhaupt zur Sprache brachten. So diskutierten sie z.B. die Bedingungen von Lohnarbeit im Kontext der Mütterarbeit und sie problematisierten die ungleichen Einkommens- und Berufsmöglichkeiten der Geschlechter im Rahmen von nichtbezahlter Hausarbeit.[1]

Frauenrechtlerinnen agierten in dieser historischen Phase (1890-1914) im Schnittpunkt von beginnender staatlicher Sozialpolitik (Sozialversicherungsreform, Ausbau des öffentlichen Gesundheitswesens, Wohnungsreform) einerseits und moderner Umstrukturierung von Hausarbeit (Rationalisierung der Produktionsmittel im Haushalt, zweckrationaler Standardisierung der Erziehungsarbeit und der Wohnraumversorgung) andererseits. Der Prozeß dieser Ausdifferenzierung zwischen Familie und Betrieb ist als eine zunehmende Verwissenschaftlichung zu kennzeichnen, die sozialpolitisch engagierte Berufsgruppen wie Mediziner, Biologen, Pädagogen usf. definierten. Mit ihren Konzepten schufen diese wissenschaftlichen Experten neue Klassifikationen für Frauenarbeit, wie etwa mit ihren Vorschlägen zur 'sozialen Hygiene', die für die Wohnungsreform, für die Kindererziehung, die Ernährung oder eine staatliche Gebärkontrolle relevant waren. Mit dem Rekurs auf ein naturwissenschaftlich-medizinisches Wissen über Frauenkörper und Gesellschaftskörper stellten Mediziner, Biologen usf. neue Qualitätsansprüche an die Effektivität von Hausarbeit und vor allem von Mütterarbeit. Sprachen Frauenrechtlerinnen beispielsweise als Mütter, wenn sie gegen die ungleiche Bewertung von Frauenarbeit und Männerarbeit Einspruch erhoben, so bezog sich die Rede bei fortschrittlichen wissenschaftlichen Experten zunehmend auf 'gesunde' oder 'kranke' Gebärmütter. Wenn die Frage untersucht werden soll, ob und wie Frauenrechtlerinnen im Kaiserreich in ihren Debatten über Frauenarbeit die Qualitätsansprüche gegenüber Hausarbeit erhöhten, muß nicht nur dieser Prozeß der Ausdifferenzierung mitgedacht werden. Vielmehr ist es auch notwendig, den Bezugsrahmen sozialpolitischer Debatten zu berücksichtigen, der normsetzend von Konzeptionen und Diskursen wissenschaftlicher Experten bestimmt war.[2]

Im folgenden werden im ersten Teil exemplarisch zwei Positionen aus der bürgerlichen und sozialdemokratischen Frauenbewegung zur Situierung von Frauenarbeit im Kontext von 'moderner Frauenfrage' und Frauenbewegung vorgestellt. Im zweiten Teil stehen die Debatten um Arbeiterinnen- und Mutterschutz im Mittelpunkt, und zwar unter dem Aspekt, welche Gewichtung und Zuschreibung von Frauenarbeit in diese sozialpolitischen Vorschläge der Frauenbewegungen einging. Der dritte Teil beschäftigt sich mit der Ausdifferenzierung von Positionen in der Debatte über Hausarbeit. Dabei ist die Frage von Bedeutung, inwieweit die Forderung nach sozialer Anerkennung von Hausarbeit bei Frauenrechtlerinnen mit einer normativen Zuschreibung und Qualitätserhöhung dieser Arbeit verbunden war. Abschließend im vierten Teil wird exemplarisch an der Debatte über die Entkriminalisierung der Abtreibung (1908) dargestellt, inwieweit Frauenrechtlerinnen durch zunehmende Normierung von Gebärarbeit und Mütterarbeit Klassifikationen wissenschaftlicher Experten übernahmen.

1. Frauenarbeit und 'moderne Frauenfrage'

Clara Zetkin und Helene Lange werden aufgrund der Tatsache, daß die eine Protagonistin der sozialdemokratischen und die andere Protagonistin der bürgerlich-liberalen Frauenbewegung war, vorwiegend unter dem Gesichtspunkt ihrer politischen Differenzen rezipiert. Im Gegensatz dazu wird hier ein anderer Blickwinkel gewählt. Es geht nicht primär um die politisch-ideologischen Unterschiede, sondern darum, wie beide Frauenrechtlerinnen eine gemeinsame Thematik, nämlich das Verhältnis von Hausarbeit und Erwerbsarbeit, reflektierten.

1.1 Der 'Mutterberuf'

Helene Lange beschäftigte sich 1893 unter dem programmatischen Titel "Was wir wollen" in der ersten Nummer ihrer neuen Zeitschrift 'Die Frau' mit der sozioökonomischen Bedingungskonstellation von 'moderner Frauenfrage' und Frauenbewegung: "Eine rauhe Hand hat den häuslichen Herd gestreift und Millionen von Frauen hinausgewiesen in die Welt ... zu derselben Zeit ... wo dem Mann sich neue lohnende Felder der Thätigkeit erschlossen, das Sausen der Maschine begann, die Werkstatt erzeugte, was emsige Frauenhand bisher im Hause geschaffen."[3] Helene Lange sprach hier eine sozialökonomische Entwicklung im 19. Jahrhundert an, die durch die industrielle und gewerbliche Lohnarbeit die soziale Zuweisung und Arbeitsteilung der Geschlechter veränderte. Die moderne industrielle Entwicklung ermöglichte die Herstellung von Gütern, die zuvor im Haushalt produziert worden waren, und entzog damit der Frauenarbeit im Hause deren materielle Basis.

Während aber die Arbeit von Frauen in Haushalt und Familie der 'Natur' des weiblichen Geschlechts zugeschrieben und so als gesellschaftlich notwendige Arbeit verdeckt wurde, hatten Frauen im Unterschied zu Männern nur begrenzten Zugang zu bezahlten Erwerbspositionen. Helene Lange betrachtete dies als eine Bedingungskonstellation der 'modernen Frauenfrage'. Ihr Interesse galt dabei den Töchtern der Mittelschichten, denen geringe Ausbildungs- und Berufspositionen zur Verfügung standen, um ihre materielle Existenz zu sichern. Unter diesem Gesichtspunkt erklärte Helene Lange gegenüber der modernen industriellen Entwicklung: "Denn unerschütterlich steht eines auch in der neuen Zeit: der Gedanke, daß der *höchste* Beruf der Frau der *Mutter*beruf ist, insofern er den Beruf der Erzieherin des heranwachsenden Geschlechts in sich schließt."[4] Angesichts einer sozioökonomischen Entwicklung, die die traditionelle Frauenarbeit im Hause zunehmend überflüssig machte, aber die neue Hausarbeit dem 'Wesen' des weiblichen Geschlechts zuschrieb und den Zugang zu Berufspositionen für Frauen mit den entsprechenden Argumentationen erschwerte, setzte Helene Lange den Hauptakzent auf die Erziehungs- und Ausbildungsarbeit. Die Verbindung von Mutterschaft und Mütterarbeit einerseits und bezahlter beruflicher Erziehungsarbeit andererseits stellte Helene Lange der gesellschaftlichen Ausgrenzung sowie Entwertung von Frauenarbeit gegenüber.

Die Denkfigur des 'Mutterberufs' verweist dabei auf den geschlechterspezifischen und klassenspezifischen Aspekt sowie auf berufspolitische Interessen. Die Forderung nach Ausbildungspositionen und Berufsfeldern im Erziehungsbereich[5] bezieht sich insbesondere auf Töchter der Mittelschichten, bei denen durch die Veränderung der traditionellen Hauswirtschaft "unfreiwillige Muße und *geistige* Not ihren Einzug" hielten.[6] Neben dem Aspekt, daß Töchter der Mittelschichten einen Zugang zum eigenen Gelderwerb erhalten sollten, impliziert der 'Mutterberuf' auch eine normative Dimension von Frauenarbeit. Denn nach Helene Lange sollten die "bisher gering oder garnicht vertretenen Eigenschaften" von Frauen "der Kulturmenschheit dienstbar" gemacht werden.[7] Ausgehend von dem sozialen Faktum, daß Frauen als Mütter und Nicht-Mütter für die Erziehung von Kindern und die materielle wie emotionale Versorgung der Familie zuständig waren, erhielt Frauenarbeit bei Helene Lange eine Zuschreibung durch soziale und kulturelle Werte, die als 'Mutterberuf' auch bezahlt in außerfamiliäre Bereiche übertragen werden sollten. Andernfalls sei "das Menschheitsleben so öde, kalt und gemütslos" wie "das Leben in einem Hause, dem die Mutter fehlt".[8] Dieses Verständnis von Frauenarbeit als soziale, kulturelle und ethische Auffassung reproduktionsbezogener Arbeit, im politischen Konzept 'Mütterlichkeit' genannt, basierte auf einer spezifischen Diagnose der Gesellschaft und des Geschlechterverhältnisses. "Die Gestaltung der äußeren Welt ist zu einem gewissen Abschluß gediehen; die Technik, des Mannes Werk, feiert überall Triumphe."[9] Technik als Signatur moderner industrieller Entwicklung wurde von Helene Lange Männern und deren Arbeit zugeordnet. Auf dem Hintergrund eines Polaritätsmodells betrachtete sie diese Entwicklung als eine notwendige, aber ergänzungsbedürftige. Ergänzungsbedürftig deshalb, weil die "Einbuße an allgemeiner persönlicher Kultur, mit der unsere mächtige äußere Welt erkauft worden ist", bisher einseitig, d.h. durch Männer, bestimmt worden sei.[10] Frauenarbeit und Männerarbeit werden bei Helene Lange nicht nur mit 'persönlicher Kultur' und 'Technik' metaphorisiert, vielmehr werden Frauenarbeit und Männerarbeit entlang dieser Bereiche bzw. Werte überhaupt erst klassifiziert; sie gehen eine Entsprechung zueinander ein. Angesichts der "äußeren" Welt des "Mannes" käme Frauen demzufolge die Aufgabe zu, "der Mütterlichkeit ihren Platz in der Kulturwelt zu sichern".[11]

Helene Lange nimmt eine Strukturierung vor, in der sowohl die Geschlechter als auch Frauen in ihrer Arbeit ergänzend aufeinander zu beziehen sind. Während Mütter Kinder aufziehen und die Familie versorgen, sind Lehrerinnen, Erzieherinnen, Sozialarbeiterinnen diejenigen, die in bezahlter Arbeit den 'Mutterberuf' professionell in den öffentlichen Sektoren der Gesellschaft praktizieren. Frauen sollten damit innerhalb und außerhalb der Familie einen gesellschaftlich wirksamen sozialen Gegenpol zu Männern bilden, die durch ihre Arbeit zum technischen Fortschritt, aber auch zur Auflösung 'persönlicher Kultur' beitrugen. Die Konzeption des 'Mutterberufs' als bezahlte Berufsarbeit knüpfte an Arbeitserfahrungen von Frauen als Mütter und Hausarbeitende an und war auf Berufspositionen gerichtet, die Frauen aus den Mittelschichten eine standesgemäße materielle Existenz sichern sollten, und fügte sie im Konzept der Mütterlichkeit zusammen.

1.2 Die kapitalistische Ausbeutung der Frauenarbeit

Auch bei der Sozialdemokratin Clara Zetkin war es die "Maschine", die die 'moderne Frauenfrage' hervorgebracht hatte. Denn "die moderne Produktionsweise grub" im 19. Jahrhundert "nach und nach der eigenen Produktion im Haushalt den Boden ab, und nicht nur für Tausende, sondern für Millionen von Frauen entstand nun die Frage: wo nehmen wir den Lebensunterhalt her, wo nehmen wir einen ernsten Lebensinhalt, eine Bethätigung auch nach der Gemütsseite?"[12] Im Unterschied zu Helene Lange aber reflektierte Clara Zetkin die Problematik von 'moderner Frauenfrage' und Frauenarbeit mit dem Blick auf die Klassengesellschaft. Für Clara Zetkin stellte sich die 'Frauenfrage' im Kontext des Widerspruchs von Lohnarbeit und Kapital, das heißt als Produkt des kapitalistischen Produktionsprozesses sowie seiner Arbeitsteilung, in der Frauen die ungelernten und am schlechtesten bezahlten Arbeiten zu verrichten hatten. Aus dieser Perspektive stellte Frauenarbeit, nämlich weibliche Lohnarbeit, ebenso das irreversible Moment kapitalistischer Entwicklung dar wie auch den einzigen Weg zur Gleichberechtigung von Männern und Frauen. Die "industrielle Arbeit der Frau führt durch die Wüste der kapitalistischen Ausbeutung hindurch zu der wirtschaftlichen Selbständigkeit des Weibs".[13]

Clara Zetkin hatte jedoch keineswegs ein optimistisches Verständnis von der 'wirthschaftlichen Selbständigkeit' der Frauen über den Weg der Lohnarbeit. Aber "wahrhaftig", stellte sie dazu lakonisch fest, die Frau habe diese Selbständigkeit "teuer erkauft" und habe "praktisch nichts dabei gewonnen".[14] Clara Zetkin sah den ökonomischen Zwang, aufgrund dessen proletarische Frauen zum Gelderwerb schlechter bezahlte Arbeiten verrichteten als Männer, und sie sah ebenfalls, daß lohnarbeitende Frauen neben der Erwerbsarbeit für die Arbeit im Hause zuständig waren. Trotzdem lag für Clara Zetkin die einzige Möglichkeit der Emanzipation von Frauen im Bereich der Lohnarbeit, da der kapitalistische Produktionsprozeß ihre frühere soziale Position im Hause aufgelöst habe. Nach Clara Zetkin waren es die "Umwälzungen des Wirthschaftslebens", nämlich die Ausdifferenzierung kapitalistischer Arbeitsteilung, die die Familie "aus einer *produzierenden*" in "eine *bloß noch konsumierende Einheit*" verwandelt hatten. Frauen befanden sich unter diesem Gesichtspunkt kapitalistisch-industrieller Entwicklung in einer sozialen Situation, die den ökonomischen Zwang zum Gelderwerb über Lohnarbeit hervorbrachte. Schließlich könnten Frauen "nicht mehr gleichsam als der Universalhandwerker im Hause wirken".[15]

Frauenarbeit war für Clara Zetkin primär die Arbeit, die auch Männer verrichteten, nämlich Lohnarbeit. Gleichzeitig wies sie auf die unterschiedlichen Arbeitsbedingungen für Frauen hin, denn für "ihre Aufgabe als Gattin, als Mutter bleiben ihr nur die Brosamen, die die kapitalistische Produktion ihr vom Tisch fallen läßt".[16] Bei Clara Zetkin stellte nicht das Faktum der Erwerbsarbeit die soziale Problematik der 'modernen Frauenfrage' dar, sondern die Strukturierung dieser Arbeit durch den kapitalistischen Produktionsprozeß, und zwar eine Strukturierung, die auch die Hausarbeit von Frauen bestimmte: "An den Arbeitstag für das liebe Brot reiht sich deshalb für sie oft die Arbeitsnacht im Haus."[17] Das Nebeneinander von Lohnarbeit und Hausarbeit, die Überlastung proletarischer Frauen, betrachtete Clara Zetkin vor allem unter dem Aspekt der Folgen für Männer und Kinder. Danach verwandelte die kapitalistische Produktionsweise erwerbssuchende und erwerbstätige Frauen in eine 'Schmutzkonkurrentin' und 'Lohndrückerin' gegenüber den Männern. Zudem sei mit der weiblichen Lohnarbeit "eine größere Not in die proletarische Familie" eingezogen, da die Mütter "ihren Kindern zum großen Teil entrissen" worden seien.[18]

Eine Änderung dieser Situation sah Clara Zetkin in dem Kampf proletarischer Frauen "mit dem Mann ihrer Klasse gegen die Kapitalistenklasse".[19] Sie forderte Arbeiterinnenschutz und Koalitionsrechte zur Verbesserung der Situation von Lohnarbeiterinnen. Dabei setzte sie den Hauptakzent auf die parteiliche und gewerkschaftliche Organisation von Frauen. Denn die Frauenerwerbsarbeit und die "Einbeziehung der großen Masse der proletarischen Frauen in den Befreiungskampf des Proletariats" seien "die Vorbedingungen" für den "Ausbau der sozialistischen Gesellschaft".[20] Die strukturellen Konflikte, mit denen im Kapitalismus die Erwerbstätigkeit von Frauen verbunden war, könnten erst im Sozialismus gelöst werden.

Das problematische Nebeneinander von Lohnarbeit und Hausarbeit hat Clara Zetkin nicht vernachlässigt. Sie war es, die an die Männer der Partei appellierte, "es darf auch unmöglich die Aufgabe der sozialistischen Frauenagitation sein, die proletarische Frau ihren Pflichten als Mutter und Gattin zu entfremden, im Gegenteil, sie muß darauf wirken, daß sie diese Aufgaben besser erfüllt als bisher".[21] Clara Zetkin forderte die Männer der Partei auf, die Bedeutung von Hausarbeit und Mütterarbeit genauso hoch zu veranschlagen wie die organisatorische Tätigkeit von Genossinnen. Diese Anerkennung forderte sie unter dem Gesichtspunkt der häuslichen Erziehung als Instanz für den Klassenkampf, "im Interesse der Befreiung des Proletariats".[22]

Das Verhältnis von Hausarbeit und Erwerbsarbeit bildet bei Clara Zetkin und Helene Lange ein zentrales Thema für ihre Überlegungen zur 'modernen Frauenfrage'. Entsprechend ihres unterschiedlichen Blicks auf Gesellschaft situieren sie Frauenarbeit unterschiedlich; beide sind jedoch dazu herausgefordert, Hausarbeit und Erwerbsarbeit zu analysieren und zu gewichten. Denn im Unterschied zu Männerarbeit, die als Erwerbsarbeit auf der Nichtzuständigkeit für Hausarbeit basiert, kann Frauenarbeit nicht nur als Erwerbsarbeit reflektiert werden.

Unter diesem Gesichtspunkt betrachtet Clara Zetkin Frauenarbeit mit dem Blick auf den kapitalistischen Produktionsprozeß und seine ökonomischen Zwänge für proletarische Frauen. Bei der Sozialdemokratin erhält die Emanzipation über Lohnarbeit, und damit die industrielle Produktionssphäre, sowohl politisch als auch sozialökonomisch die Priorität. In dieser Perspektive werden Mütterarbeit und Hausarbeit relevant für den Klassenkampf. Demgegenüber ist es bei der bürgerlich-liberalen Frauenrechtlerin für das Verständnis von Frauenarbeit der Blick auf die Erziehungs-, Versorgungs- und Bildungsarbeit ausschlaggebend, die Frauen im Unterschied zu Männern verrichten. Dabei sind nicht die Sphären des industriellen Produktionsprozesses richtungweisend, sondern es sind die verschiedenen Sphären reproduktionsbezogener Arbeit. Bestimmend für ihr Verständnis von Frauenarbeit ist die soziale Situation von Frauen der Mittelschichten. Während Helene Lange den 'Mutterberuf' innerhalb und außerhalb der Familie als Ergänzung zur Männerarbeit setzt, stellt bei Clara Zetkin die Arbeit von Müttern ein wichtiges Moment des Klassenkampfes dar.

Beide Überlegungen zur Frauenarbeit implizieren normative Zuschreibungen. Bei Clara Zetkin erhalten Mütterarbeit und Frauenarbeit ihre gesellschaftliche Relevanz erst aus der Perspektive des Klassenkampfes und werden durch diesen normativ bestimmt. Helene Lange bestimmt bezahlte und unbezahlte Frauenarbeit unter anderen Gesichtspunkten. Mütterarbeit und Hausarbeit sowie die Berufsarbeit von Frauen im Erziehungs- und Bildungsbereich wie auch in der Sozialarbeit sind durch eine normative Zuschreibung des 'Mutterberufs' bestimmt.

Trotz dieser hier skizzierten Unterschiede in den Überlegungen von Helene Lange und Clara Zetkin läßt sich eine bemerkenswerte Gemeinsamkeit bei ihnen feststellen. Beide Frauenrechtlerinnen beziehen sich auf eine ähnliche Problemlage. Ihr Nachdenken über Frauenarbeit reflektiert eine geschlechtliche Arbeitsteilung, in der Männer im Unterschied zu Frauen Zugang zu bezahlten Berufspositionen haben, die ihnen ökonomische, soziale, rechtliche und politische Unabhängigkeit ermöglichen. Und obwohl Clara Zetkin den Schwerpunkt auf die industrielle Produktionssphäre legt, und dadurch Frauenarbeit und Männerarbeit vergleichbar machen kann, muß auch sie die unbezahlte Reproduktionsarbeit von Frauen berücksichtigen.

2. Arbeiterinnenschutz und Kinderschutz

Deutsche Frauenrechtlerinnen aller politischen Richtungen waren sich im Unterschied zur englischen oder französischen Frauenbewegung darüber einig, für lohnarbeitende Frauen Schutzgarantien und sozialpolitische Eingriffe zu fordern. An ihren Überlegungen zum Arbeiterinnen- und Mutterschutz soll nun dargestellt werden, unter welchen Prämissen und mit welchen Zielen bürgerlich-liberale und sozialdemokratische Frauenrechtlerinnen weibliche Lohnarbeit auf dem Hintergrund von Hausarbeit diskutierten.

In der zeitgenössischen sozialpolitischen Debatte nahm die Frage der Säuglingssterblichkeit einen großen Raum ein. Mit dieser Frage wurde die Situation lohnarbeitender Mütter in der Fabrik und in der Familie aufgeworfen, und es war eine Diskussion, die auf ein neues Phänomen, nämlich den Geburtenrückgang, reagierte. Die Berichte der deutschen Gewerbeaufsichtsbeamten von 1899 über die Fabrikarbeit unverheirateter Frauen boten ausführliche Angaben über die Arbeitsbedingungen von Frauen in verschiedenen Industriezweigen. Zudem wiesen auch die Statistiken der Krankenkassen auf den Zusammenhang von Säuglingssterblichkeit, Fehl- und Totgeburten einerseits und Arbeitsbedingungen von Lohnarbeiterinnen andererseits hin. Die Informationen in diesen Untersuchungen über die Arbeitszeit, die Arbeitsplatzsituation und die damit verbundenen gesundheitlichen Schädigungen gaben

den Debatten über Arbeiterinnen- und Mutterschutz um die Jahrhundertwende wichtige Impulse.[23] Aus dem Kreis der Frauenbewegungen waren
schon seit Mitte der 90er Jahre Forderungen und Initiativen laut geworden.
Die Resolution des Gothaer Parteitages der SPD 1896 zur Frauenfrage forderte zur Verbesserung des Arbeiterinnenschutzes die Einführung des Achtstundentages, die Anstellung weiblicher Fabrikinspektoren sowie aktives und
passives Wahlrecht für Arbeiterinnen zu den Gewerbegerichten und Koali-
tionsfreiheit. Auf dem Internationalen Frauenkongreß in Berlin 1896 debat-
tierten bürgerliche Frauenrechtlerinnen wie Jeannette Schwerin und Minna
Cauer mit sozialdemokratischen Frauenrechtlerinnen über gemeinsame Initiativen zum Arbeiterinnenschutz. Zwei Jahre später bildete der 'Bund Deutscher Frauenvereine' (BDF) auf Antrag von Jeannette Schwerin eine Kommission zum Arbeiterinnenschutz.[24]

Einig waren sich Frauenrechtlerinnen verschiedener politischer Richtungen auch in ihrer Kritik an den Positionen der englischen, französischen und
belgischen Frauenbewegungen zum Arbeiterinnenschutz. Denn diese erblick-
ten in den Schutzvorschriften für Arbeiterinnen ein 'Vorrecht' von Frauen
gegenüber Männern. Helene Simon warnte ihre deutschen Schwestern, sich
"vor solchen Mißgriffen, die unter einem illusorischen Gleichheitsbegriff der
trübsten Art des Wassers reden",[25] zu hüten. Gegen eine Gleichheitsvorstel-
lung, die die Verschiedenheit von Frauenarbeit und Männerarbeit verdeckte,
lautete für sie die Frage, "wie kann der Frau, vor allem der *Mutter*, Schutz und
Stärkung in ihrem Erwerbsleben zu Theil werden", und zwar "bei voller Wertung ihrer natürlichen Aufgaben".[26]

Alice Salomon wandte sich ebenfalls gegen Argumentationen, wonach der
Arbeiterinnenschutz eine Ungleichheit zwischen den Geschlechtern, nämlich
Privilegien für Frauen hervorbringe. Für Alice Salomon arbeiteten Frauen
unter anderen Bedingungen als Männer, da "*Frauen in ihrer Eigenschaft als
'Frau', als Mütter des kommenden Geschlechts*" zu schützen seien.[27] Mit diesem
Blick auf Erwerbsarbeit und Mütterarbeit kam Alice Salomon zu der Forde-
rung: "Einer *besonderen Leistung der Frau* soll ein *besonderer Schutz* gegen-
überstehen."[28]

Auch in der sozialdemokratischen Frauenzeitschrift 'Die Gleichheit' wurde
die "orthodoxe Frauenrechtlerei"[29], nämlich die strikte Ablehnung der Schutzgesetze für Frauen, kritisiert. Die kapitalistische Produktion nehme keine
Rücksicht "auf die geringere Kraft, die Besonderheiten des weiblichen Organismus"; sie treibe vielmehr "Raubbau" an der Kraft von Müttern.[30] Aus diesem Grunde seien Schutzvorschriften für Arbeiterinnen geradezu dringend
notwendig, um der kapitalistischen Ausbeutung eine Grenze zu setzen. Erst
durch gesetzliche Regelungen könnten die Bedingungen dafür geschaffen
werden, daß Frauen "als gesunde, starke Persönlichkeit in der Familie und in
der Welt gebend und empfangend ihren Teil Kulturarbeit leisten".[31] Lily
Braun, die als eine der ersten Frauenrechtlerinnen in Deutschland die Notwendigkeit einer Mutterschaftsversicherung propagierte, forderte: "Die Müt-

ter des Volkes haben ein heiliges Recht darauf, daß sie zu der Zeit, wo sie einem künftigen Bürger das Leben geben, verpflegt und gewartet werden."[32]

Deutsche Frauenrechtlerinnen waren sich grundsätzlich darüber einig, daß durch eine Veränderung der Gewerbeordnung und der Krankenversicherungsgesetze, bzw. durch eine eigenständige Mutterschaftsversicherung, ein angemessener gesetzlicher Schutz für lohnarbeitende Frauen anzustreben sei. Gemeinsam war ihnen auch, daß in ihren Überlegungen Frauen als Gebärende und Erziehende der 'kommenden Generation' im Mittelpunkt standen. Lily Braun hat 1901 in ihrem Standardwerk 'Die Frauenfrage' diesen Bezugsrahmen treffend angegeben:

> "Nur soweit die Frau die Verantwortung für die Existenz und die Gesundheit eines anderen Menschen, ihres Kindes trägt, hat sie Anspruch auf besonderen Schutz, der sich, seiner inneren Bedeutung nach, weniger als Arbeiterinnen-, denn als Kinderschutz charakterisiert."[33]

Durch diese Unterscheidung zwischen Arbeiterinnen- und Kinderschutz wird der Hintergrund der Forderungen deutlich. Brachten die zeitgenössischen Diskussionen über Fabrikarbeit die katastrophale soziale Situation proletarischer Frauen an die Öffentlichkeit, so wurden gesetzliche Regelungen zunehmend mit dem Hinweis begründet, welche Folgen die Überlastung proletarischer Frauen für Kinder und Ehemänner habe. Unter diesem Gesichtspunkt sollen im folgenden zwei Fragestellungen diskutiert werden. Einmal geht es darum, welche unterschiedlichen Prämissen über Frauenarbeit die Argumentationen für den gesetzlichen Arbeiterinnen- und Mutterschutz in der Frauenbewegung bestimmten. Zum anderen stellt sich die Frage, inwieweit die Plädoyers für diese gesetzlichen Neuregelungen zunehmend an Kindern und Ehemännern ausgerichtet waren.

2.1 Die Reproduzierung des künftigen Arbeiters

Die 'Gleichheit' begründete die Forderung des Achtstundentages für Frauen einmal damit, daß der weibliche Körper "gesundheitsschädigenden Einflüssen gegenüber weniger widerstandsfähig ist als der männliche Organismus". Darüber hinaus wurde auf die Hausarbeit von Frauen hingewiesen: "Thatsache ist ferner, daß die Frau in der Familie Pflichten zu erfüllen hat, von denen der Mann befreit ist." Unter diesen beiden Aspekten, der Gesundheitsgefährdung durch Lohnarbeit und der sozialen Faktizität der Frauenarbeit im Hause, sollte die Einführung des Achtstundentages "mit der Arbeiterin, die Mutter ist oder Mutter wird, das Kind" schützen. Denn nur so werde die Fähigkeit der Mutter erhalten, "einem kräftigen Nachwuchs das Leben zu schenken".[34] Bei der Forderung des gesetzlichen Arbeiterinnenschutzes hoben Sozialdemokratinnen hervor, daß die Kräfte der Arbeiterinnen durch "Berufsarbeit" und "Hausarbeit" überlastet und erschöpft seien.[35] Unter diesen Gesichtspunkten müsse der Arbeitstag verkürzt werden, denn "kränkliche, sieche Mütter" könnten "nicht gesunde Kinder gebären".[36] Darüber hinaus verbanden Sozialdemokratinnen mit einer Verkürzung der Arbeitszeit und der Verbesserung der Arbeitsplatzsituation das Ziel, daß proletarische Frauen im politischen und gewerkschaftlichen Bereich "gleich widerstandsfähig und wehrtüchtig wie der Proletarier" werden könnten.[37]

Einen wichtigen Aspekt der sozialdemokratischen Argumentation für den Arbeiterinnenschutz bildete die Forderung, daß Frauen als Gebärende und Mütter mehr Arbeitszeit in der Familie zur Verfügung stehen müsse. Denn nicht nur infolge mangelnder Zeit für die Kinder verwahrloste in ihren Augen die proletarische Familie. Vielmehr verfügten proletarische Mütter auch über zu geringe Kenntnisse der Kinderaufzucht und -ernährung. Sozialdemokratische Frauenrechtlerinnen sprachen hier in einem Denkhorizont, der in der zeitgenössischen sozialpolitischen Debatte mit den Themen wie Säuglingssterblichkeit, Stillnot, Wohnungsreform, Ernährungsvorschriften und Erziehungspraktiken auf verschiedenen Ebenen die ökonomischen Zwänge, aber auch die Defizite von Mütterarbeit thematisierte. Die Diskussionen über Arbeiterinnen- und Mutterschutz bezogen sich innerhalb und außerhalb der Frauenbewegung um 1900 immer auf verschiedene Aspekte dieser Problematik. Die gesundheitliche Schädigung von Müttern durch industrielle Lohnarbeit war die Grundlage aller Forderungen für den Arbeiterinnen- und Mutterschutz; die Berichte der Gewerbeaufsichtsbeamten wie auch die Untersuchungen und Statistiken der Krankenkassen stellten für diese Forderungen die empirische Basis dar. Zugleich eröffneten diese Diskussionen einen Einblick in Bedingungen von Frauenarbeit. Unter dem Gesichtspunkt der Gebärfähigkeit und der Kindererziehung wurde von sozialpolitischen Experten wie auch von Frauenrechtlerinnen ebenfalls auf die Defizite der Mütterarbeit – mit verschiedenen normativen Prämissen – hingewiesen. Während beispielsweise Ärzte die Bedeutung der Frauenkrankheiten und der Stillnot für den Geburtenrückgang betonten, legten sozialdemokratische Frauenrechtlerinnen den Akzent auf die Reproduktion der Arbeiterklasse. Die Begründung für einen Arbeiterinnen- und Mutterschutz wurde in der 'Gleichheit' zunehmend mit den Interessen der Arbeiterklasse verbunden, die "ein Lebensinteresse daran" habe, "daß ein proletarisches Geschlecht heranwächst, stark und gesund an Leib und Seele".[38] Die Forderungen für den Arbeiterinnen- und Mutterschutz wurden von den Interessen der Mütter am Abbau ihrer Überlastung durch Hausarbeit und Lohnarbeit auf die Arbeiterklasse übertragen. Diese Instrumentalisierung von Müttern und ihrer Arbeit für die Kämpfe der Arbeiterklasse ist ein Argumentationsmuster, das in der Debatte um den 'Gebärstreik' proletarischer Frauen 1913 ausdifferenziert wurde. Auch hier sollten nicht mehr die Bedingungen von Frauenarbeit sowie die Interessen von Frauen im Mittelpunkt stehen, sondern die relevantere Instanz der Arbeiterklasse bzw. des proletarischen Klassenkampfes. Die Forderungen der sozialdemokratischen Frauenrechtlerinnen für einen Arbeiterinnen- und Mutterschutz bildeten ein Konglomerat aus konkreten sozialpolitischen Reformen einerseits und Klassenkampfpositionen andererseits. In den grundsätzlichen

Forderungen unterschieden sich sozialdemokratische Frauenrechtlerinnen nicht von ihren bürgerlichen Schwestern. Wie auch diese forderten sie eine Erweiterung der Arbeiterschutzgesetzgebung für Frauen, einen Ausbau der Krankenversicherung mit garantierter Wöchnerinnenunterstützung sowie die Einrichtung von Entbindungsanstalten, Hauspflege für Wöchnerinnen durch die Gemeinde und obligatorischen hauswirtschaftlichen Fortbildungsunterricht für Mädchen. Diese Forderungen verknüpften sie aber im Unterschied zur bürgerlichen Frauenbewegung mit den Interessen der Arbeiterklasse. Luise Zietz hat 1909 in der 'Gleichheit' den Kontext von Gebärarbeit und Klassenkampf exemplarisch zusammengefaßt. Durch

"die *Erfüllung ihrer Mutterpflichten leisten die Frauen der Gesellschaft einen höchst zu bewertenden Dienst*, denn diese Pflichten gelten der Fortpflanzung, der Erhaltung der Art, gelten der Reproduzierung des lebendigen Menschen und *zukünftigen Arbeiters*."[39]

Und Luise Zietz wies ausdrücklich darauf hin: "*Das Ideal* einer Mutter- und Säuglingsfürsorge wird auch nimmer unter dem Kapitalismus erreicht werden, sondern erst im *Sozialismus*."[40]

2.2 Frauenarbeit und die 'freie Persönlichkeit'

Helene Simon, gemeinsam mit Alice Salomon Streiterin für Arbeiterinnenschutz im Spektrum der bürgerlichen Frauenbewegung, diskutierte diese Forderung mit dem Ziel, daß die Position proletarischer Frauen für die Lohnarbeit und für die Familienarbeit gestärkt werden sollte: "Sollen der Frau Waffen für den Lebenskampf geschmiedet werden, so muß sie vor Ueberbürdung, vor Untergrabung ihrer Körperkraft gewahrt werden, muß ohne Beeinträchtigung ihrer Erwerbschancen ihr Kind gesund zur Welt bringen können." Helene Simon ging davon aus, daß die neuen Schutzbestimmungen für Arbeiterinnen "allmählich ein System der Arbeitsteilung bewirken, bei dem die Frau nicht mehr um ihrer Billigkeit, Fügsamkeit, ihrer Ohnmacht willen, sondern wegen ihrer besseren Leistungen Beschäftigung findet".[41] Wie auch sozialdemokratische Frauenrechtlerinnen rückte Helene Simon Frauen als Mütter in den Mittelpunkt ihres Plädoyers für Schutzgesetze. Im Unterschied zu den Positionen der englischen oder französischen Frauenbewegungen verband sie mit Schutzgesetzen nicht die Gefahr, daß sich die Arbeitsmarktmöglichkeiten für Lohnarbeiterinnen durch Schutzgesetze verschlechterten. Sie betrachtete gesetzliche Regelungen vielmehr als eine Chance, daß sich der gesundheitliche Zustand von Frauen verbesserte und sich damit auch der Wert ihrer Arbeitskraft erhöhte.

Alice Salomon wies stärker als Helene Simon darauf hin, daß der Arbeiterinnenschutz "im Interesse der Volksgesundheit" notwendig sei.[42] Sie betonte in diesem Zusammenhang, daß es sich bei der Forderung nach Arbeiterinnenschutz nicht "einseitig" um Fraueninteressen handele, "sondern vor allem

im *Interesse des Staates*, der Gesundheit und des Wohlstandes der Nation"
seien lohnarbeitende Mütter gesetzlich zu schützen.[43] Schutzgesetze betrachtete sie unter diesem Gesichtspunkt als eine Aufgabe des Staates, der ökonomischen und körperlichen Ausbeutung der weiblichen Arbeitskraft entge-
genzutreten, um das Interesse an 'Volksgesundheit' gesetzlich zu gewährleisten. Andernfalls werde dem Staat durch die 'Unternehmer' "eine gesunde
und leistungsfähige Generation verloren" gehen.[44] Neben diesen national-
staatlichen Interessen verband Alice Salomon die Forderungen nach Arbeiterinnenschutz mit einem zentralen Ziel der bürgerlich-liberalen Frauenbewegung, nämlich "der Ausbildung und Sicherung der freien Persönlichkeit".[45]

Bürgerliche Frauenrechtlerinnen stellten ihre Forderungen für den Arbei-
terinnen- und Mutterschutz auch explizit in den Zusammenhang ihres Verständnisses von Frauenarbeit und Männerarbeit. So betonte Helene Lange
beispielsweise, der Arbeiterinnenschutz müsse "die Frau aus der ungeheuren
Tretmühle der Industrie für ihren Mutterberuf" zurückgewinnen. Andernfalls
sei der Verlust eines "Stück weiblichen Einflusses" zu verzeichnen, der "an
keiner anderen Stelle zu ersetzen" sei.[46] Angesichts der sozialen Faktizität,
daß ein großer Teil von Frauen aufgrund ökonomischer Zwänge Erwerbsarbeit und Hausarbeit zu verrichten hatte, beschrieb Helene Lange die Situation dieser Frauen als Exempel für die 'moderne Frauenfrage':

> "Im Schicksal der Frau steigert sich der Gegensatz zwischen Familieninteresse
> und Produktionsinteresse heute zur grellsten Dissonanz; ihr Leben wird der
> Schauplatz des schärfsten Zusammenstoßes zwischen diesen beiden Tendenzen
> unserer Kulturentwicklung, wird wirklich 'zweier Zeiten Schlachtfeld'."[47]

Nach Helene Lange drückte sich in der Situation lohnarbeitender Mütter am
stärksten der Unterschied von Frauenarbeit und Männerarbeit aus; im Leben
dieser Frauen prallten verschiedene Arbeitsbereiche aufeinander, die sie in
ihrem Alltag, ihrer Person zu bewältigen hatten. Unter diesem Gesichtspunkt
kam der Forderung nach Arbeiterinnen- und Mutterschutz für das Konzept
der Mütterlichkeit eine strategische Bedeutung zu. Wenn es nationalökono-
misch nicht möglich war, daß alle Frauen bezahlt oder unbezahlt im 'Mutterberuf' arbeiteten, so sollten doch zumindest die Bedingungen für lohnarbeitende Mütter verändert werden. Denn für Helene Lange war die Frau diejenige, "die den letzten, den nach unserer Überzeugung unveräußerlichen Kern
der Institution der Familie gegen die seelenlosen Gewalten der technischen
Entwicklung mit Leib und Seele zu schützen hat".[48] Die Forderung nach Ar-
beiterinnen- und Mutterschutz war hier Teil einer Diagnose der modernen
Industriegesellschaft, in der Frauen und Mütter als Gegenpol zur 'technischen
Entwicklung' die wichtigsten Garanten einer 'persönlichen Kultur' waren. Sie
waren es, die durch ihre Hausarbeit und Kinderarbeit den Ort der Familie gegenüber dem 'seelenlosen Industrialismus' zu schützen hatten.

Damit ging für bürgerlich-liberale Frauenrechtlerinnen die Forderung
nach Arbeiterinnen- und Mutterschutz weit über den sozialpolitischen Rahmen hinaus; sie war Teil einer Gesellschaftsdiagnose, in der Frauen die Auf-

gabe zukam, durch ihre Arbeit in der Familie einen Gegenpol zur 'seelenlosen Welt' des Mannes zu schaffen. Die partielle Entlastung, die durch sozialpolitische Reformen für Mütter erreicht werden sollte, stand in diesem normativen Bezugsrahmen. Während sozialdemokratische Frauenrechtlerinnen
den gesetzlichen Arbeiterinnenschutz sowie den Stellenwert von Mütterarbeit
im Horizont des Klassenkampfes diskutierten, legten bürgerlich-liberale
Frauenrechtlerinnen den Schwerpunkt auf die kulturelle Bedeutung des 'Mutterberufs' als Gegenpol zur modernen Industriegesellschaft.

Werbeanzeige in:
Zeitschrift für Soziale Medizin, Säuglingsfürsorge und Krankenhauswesen so-
wie die übrigen Grenzgebiete der Medizin und Volkswirtschaft, 4. Bd., 1909,
S. 145.

3. Die Hausarbeitsdebatte in der Frauenbewegung

In den Diskussionen über die Folgen der Erwerbsarbeit verheirateter Frauen für die Hausarbeit und Mütterarbeit verdichtete sich die Frage, wie beide Arbeitsbereiche von Frauen zu bewältigen seien. In der Hausarbeitsdebatte der Frauenbewegung stand dabei die Frage im Mittelpunkt, welchen Stellenwert Hausarbeit und Erwerbsarbeit haben sollten und ob Hausarbeit durch sozialpolitische Maßnahmen zu entlasten oder durch Bezahlung zu entlohnen sei. Neben den Vorschlägen zum Arbeiterinnen- und Mutterschutz wurde die Diskussion über Hausarbeit nun auch durch zeitgenössische Debatten über Ehereform und Sexualreform bestimmt. Sie erhielt weitere Impulse durch sozialpolitische Initiativen für nichteheliche Mütter und Kinder sowie durch geburtenpolitische Diskussionen über Säuglingssterblichkeit und Geburtenrückgang.

Für bürgerliche Frauenrechtlerinnen wurden in dieser Debatte strategische Fragen verhandelt. Angesichts eines Verständnisses von 'Mutterberuf' und 'Mütterlichkeit' als kultureller Leistung, trat nun das Problem auf, ob die 'weibliche Eigenart' denn in Geld zu entlohnen sei; damit war die Frage angesprochen, ob die Frauenarbeit im Hause auch materiell in Form von Geld der Männerarbeit bzw. Erwerbsarbeit als Wert gleichzusetzen sei. Die Frage war zudem brisant, weil mit dem Gedanken der bezahlten Hausarbeit das Verhältnis zwischen Ehefrauen und Ehemännern und somit die Institution der Ehe zur Diskussion stand. Für sozialdemokratische Frauenrechtlerinnen bildete die Hausarbeitsdebatte unter einem anderen Gesichtspunkt eine Herausforderung. Trotz einer gesellschaftlichen Diagnose, die mit der zunehmenden Rationalisierung und Zentralisierung des kapitalistischen Produktionsprozesses Hausarbeit als eine verschwindende Restgröße betrachtete, wiesen die Untersuchungen über die soziale Situation proletarischer Frauen auf das Gegenteil hin. So stellte sich die Frage, wie und ob Hausarbeit und Mütterarbeit durch soziale Institutionen zu entlasten sei.

Für die Darstellung dieser Debatten in der Sozialdemokratie ist die Kontroverse zwischen Clara Zetkin und Lily Braun (1901) ausgewählt worden; das Positionsspektrum in der bürgerlichen Frauenbewegung wird anhand der Konzepte von Maria Lischnewska, Käthe Schirmacher und Marianne Weber (ab 1905) dargestellt.

3.1 Hausarbeit als Restgröße

Die Sozialdemokratin Lily Braun trat in ihrer Schrift 'Frauenarbeit und Hauswirthschaft'[49] für eine genossenschaftliche Organisierung der Hausarbeit ein. Die Form der 'Wirthschaftsgenossenschaft' sollte ein Gebäudekomplex von etwa 50-60 Wohnungen mit einer zentralen Küchen-, Wasch- und Heizversorgung sowie weiteren kollektiv genutzten Räumen sein; die Hausarbeit sollte von bezahlten Wirtschafterinnen, Dienstboten und Erzieherinnen erledigt werden.[50] Lily Braun ging bei diesem Vorschlag der 'Wirthschaftsgenossenschaften' von der Annahme aus, daß weder "der vorhandene noch der angestrebte Arbeitsschutz" proletarische Frauen "vollkommen entlasten" könne.[51] Die Begründungen allerdings für diese genossenschaftliche Organisation unterstellten mit der Veränderung der traditionellen Hauswirtschaft auch ein Verschwinden von Hausarbeit. Es war ein reduzierter Blick auf Hausarbeit, da hier nur der hauswirtschaftliche Teil von Hausarbeit angesprochen wurde.

Lily Braun betrachtete die Hauswirtschaft wie einen "Spiegel", der in der Kulturgeschichte "alle Bilder des Außenlebens wiedergibt".[52] Retrospektiv entwarf sie eine historische Entwicklung, in der durch zunehmende Industrialisierung und Technisierung eine Schrumpfung der Hauswirtschaft stattgefunden hatte. Auch das Bedingungsverhältnis von Hausarbeit und weiblicher Lohnarbeit sah sie in diesem Horizont: "Die Entwicklung der Frauenarbeit hat mit der Entwicklung von der ausgedehnten Hauswirthschaft bis zu ihrem Rest, dem Kochherd, gleichen Schritt gehalten."[53] Hausarbeit war danach auf eine Restgröße reduziert worden, während die 'Maschine' und die 'Fabrik' für Frauen den ökonomischen Zwang zur Erwerbsarbeit hervorgebracht hatten.

Lily Braun diskutierte Hausarbeit aus der Perspektive der Erwerbsarbeit, nämlich unter dem Gesichtspunkt, welchen Effekt diese auf die Frauenarbeit im Hause habe. Im Zentrum stand dabei nicht die körperliche und psychische Überlastung von proletarischen Frauen, sondern die Folgen dieser Überlastung für Kinder und Ehemänner; Schmutz, schlechte Ernährung, ungenügende Kinderaufsicht, Verwahrlosung von Kindern und Ehemännern. So sei "die Ueberlastung der Mutter zum Fluch für die Kinder und die Gesellschaft" geworden, und auch der Mann habe "unter der Erwerbsarbeit seines Weibes zu leiden". Denn dieser suche "verärgert, von der unordentlichen Wirthschaft und dem schlechten Essen angewidert", nun "seine Zuflucht mehr und mehr in der Kneipe und im Alkoholgenuß". Oder der Mann unterwerfe sich dem Einfluß der Ehefrau und trenne sich dann "von seinen Arbeitsgenossen" und von der "Arbeiterbewegung". Dies führe wiederum zu einer Ehe, "die das größte Hindernis für Aufklärung und Fortschritt ist".[54] Lily Braun wies also vor dem Hintergrund der Arbeitsüberlastung proletarischer Frauen vor allem auf die defizitären Aspekte der Hausarbeit sowie auf deren negative Auswirkungen für die Arbeiterbewegung hin. Zur Veränderung dieser Situation hielt sie Arbeiterinnenschutzgesetze, den gesetzlichen Achtstundentag und kommunale Kindergärten für notwendig, aber nicht für ausreichend. Und so forderte sie, die Einrichtung von 'Wirthschaftsgenossenschaften', die sowohl für proletarische als auch für erwerbstätige bürgerliche Frauen eine Entlastung der Hausarbeit ermöglichten.[55]

Anknüpfend an die genossenschaftliche Bewegung schlug Lily Braun vor, daß diese 'Wirthschaftsgenossenschaften' als Baugenossenschaften, nämlich auf der Grundlage gemeinsamen Besitzes und gemeinsamer Verwaltung realisiert werden sollten.

Lily Braun versprach sich von der 'hauswirthschaftlichen Reform' zuerst einmal eine Qualitätsverbesserung der Versorgung und Ernährung in der proletarischen Familie; jenem "schädlichen Dilettantismus in der Küche – in nichts Anderem besteht die mit so viel Aufwand an Sentimentalität festgehaltene Thätigkeit der Hausfrau oder der Köchin – würde ein Ende bereitet".[56] Für die Frauen aber bedeute die genossenschaftliche Organisation der Hausarbeit "eine der Grundlagen ihrer Befreiung", da ihnen erst mit der Entlastung von Hausarbeit die persönlichen und politischen Möglichkeiten offenstehen könnten, über die Männer verfügten.[57] Darüber hinaus verband Lily Braun mit dem Konzept der 'Wirthschaftsgenossenschaften' auch eine "Lösung der Dienstbotenfrage". Denn im Unterschied zum jetzigen Privathaushalt wäre in der 'Wirthschaftsgenossenschaft' endlich ein geregeltes und kontrolliertes Arbeitsverhältnis im Interesse der Dienstboten möglich. Lily Braun bekräftigte schließlich ihren Vorschlag der 'Wirthschaftsgenossenschaften' mit der ökonomischen Entwicklung. Danach sei "die Hauswirthschaft unter dem Einfluß wirthschaftlicher Verhältnisse und technischer Fortschritte einer steten Umwandlung unterworfen" gewesen, "bis sie zu dem jetzigen Rest zusammenschrumpfte". Wenn dann "an Stelle des innerlich schon überwundenen Einzelhaushalts der genossenschaftliche Haushalt tritt, so liegt das im nothwendigen Gang der Entwicklung."[58]

Im Evolutionshorizont des Fortschritts, das heißt in einer kontinuierlichen Aufwärtskurve von Technisierung und Rationalisierung, sah Lily Braun die faktische Hausarbeit im Unterschied zur Erwerbsarbeit als ein rückständiges Moment. In der Perspektive des industriellen Produktionsbereiches sowie industrieller Lohnarbeit sei Hausarbeit in einer modernen Arbeitsteilung zu organisieren. Ausgehend von einer gesellschaftlichen Diagnose, derzufolge die zunehmende Rationalisierung und Zentralisierung des kapitalistischen Produktionsprozesses erhöhte Möglichkeiten für sozial-ökonomische und sozialrevolutionäre Umwälzungen bot, übertrug sie diese Logik auf den Bereich der Hausarbeit. Ebenso wie diesem wurde den Hausarbeitenden 'Rückständigkeit' zugeschrieben, die überwunden werden sollte, und zwar im Interesse der Arbeiterklasse. Darüber hinaus wies Lily Braun unter diesem Gesichtspunkt auf die Interessen der männlichen Arbeiterschaft an 'Wirthschaftsgenossenschaften' hin. Denn der Augenblick könne kommen, wo die Arbeiter "die rasch zunehmende Masse der weiblichen Arbeiter mit all ihrer geistigen Rückständigkeit wie eine Kette an ihrem Fuß empfinden werden." Um aber eben dies zu verhindern, "um die Frauen aus dem bleiernen Schlaf zu erwecken, der auf ihnen lastet, gilt es, sie auch von der Sklaverei des Hauses zu befreien".[59]

Clara Zetkin äußerte sich in vier Leitartikeln in der "Gleichheit" kritisch zu den Vorschlägen Lily Brauns. Ihre polemische Kritik richtete sich dabei nicht gegen die Forderung, proletarische Frauen in der Hausarbeit zu unterstützen. Auch sie plädierte für die "Entlastung von hauswirthschaftlichen Geschäften" und wies darauf hin: "Die Familie stellt heute an die Gattin, die Mutter höhere, vielseitigere, weitfassendere geistige und sittliche Verpflichtungen als früher."[60] Und sie gestand zu, daß Arbeiterinnenschutzgesetze nicht ausreichten, um Lohnarbeiterinnen zu schützen, vielmehr seien auch Teile der Hausarbeit von der Gesellschaft zu übernehmen. Clara Zetkin polemisierte also nicht gegen diese Vorstellungen. Für sie stand die Frage im Mittelpunkt, wie die Vorschläge von Lily Braun für große Teile der Arbeiterklasse durchführbar seien. Die Grundlage für eine Genossenschaft sei "ein festes, sicheres, regelmäßiges Einkommen", von dieser Annahme könne man aber bei einem großen Teil der Arbeiterklasse nicht ausgehen.[61] Darüber hinaus warf sie Lily Braun vor, daß diese bei ihren Vorschlägen "an den Thatsachen des realen Lebens vorbeigegangen" sei, so etwa bei ihren Berechnungen für die Anzahl von Dienstboten und Kindererzieherinnen.[62] Lily Braun hatte beispielsweise für die Versorgung von 50-60 Arbeiterfamilien und von deren Kindern eine Wirtschafterin, zwei Kindergärtnerinnen und einige Dienstbotinnen vorgeschlagen; hieran wird deutlich, wie sehr Lily Braun die materielle und emotionale Versorgung unterschätzte, die Frauen durch Hausarbeit zu leisten hatten.

Der Hauptpunkt ihrer Kritik betraf die Frage, welcher Teil der Arbeiterklasse finanziell überhaupt dazu in der Lage sei, eine Genossenschaft zu gründen. Lily Braun hatte in ihrer Schrift angemerkt, daß dies zuerst einmal auf 'besser gestellte' Kreise der Arbeiter zutreffen würde. Clara Zetkin aber machte darauf aufmerksam, "daß in der nur einigermaßen gut gestellten Arbeiterfamilie die Frau gewöhnlich nicht berufsthätig ist". Ganz im Gegenteil, diese Arbeiter setzten "ihren Stolz darein, ihre Frauen daheim zu halten, damit sie sich dem Hauswesen und den mütterlichen Pflichten widmen".[63] Mit diesem Einwand traf Clara Zetkin einen schwachen Punkt in den Vorschlägen Lily Brauns. Denn zu Recht wies sie darauf hin, daß materiell lediglich diejenigen Arbeiterfamilien für das Konzept der 'Wirthschaftsgenossenschaften' in Frage kämen, die von ihrem Selbstverständnis kein Interesse daran hätten. Dieser kleine Kreis "der proletarischen 'Aristokraten'" zeige vielmehr "ein konservatives Festhalten an den überkommenen Formen, Anschauungen und Lebensmöglichkeiten, ein Zurückschrecken vor der Preisgabe des Einzelhauswesens mit seinem individuellen Zuschnitt".[64] Mit dem Argument, daß die Facharbeiterschaft in ihrer Orientierung an bürgerlichen Normen von Familie und Intimität kein Interesse an einer genossenschaftlichen Organisation der Hausarbeit haben könne, widerlegte Clara Zetkin eine wichtige, aber ungesagte Annahme des Konzepts der 'Wirthschaftsgenossenschaften', das heißt die Bereitschaft zu einer kollektiven Organisation der Hausarbeit sowie der Familienversorgung. Auch nach der "Eroberung der politischen Macht durch das Proletariat", gab sie zudem zu bedenken, werde die "radikale Umwälzung der individualistischen Empfindungs- und Denkweise" noch ein langer Prozeß sein.[65]

Clara Zetkin konnte mit diesen Einwänden die Vorschläge Lily Brauns als "Kräfteverschleuderung"[66] bezeichnen und als ein Konzept, das von den relevanten Problemen – dem politischen Kampf gegen die Kapitalistenklasse – ablenke. Mit diesen Gegenargumenten entzog sie sich der Notwendigkeit, sich mit der Entlastung von Hausarbeit auseinanderzusetzen. Dennoch thematisierte sie in ihrer Polemik gegen Lily Braun mit dem Stichwort des 'Individualismus' eine unübersehbare Schwierigkeit, Hausarbeit im Unterschied zu Erwerbsarbeit arbeitsteilig zu organisieren.[67]

3.2 Die Postkutsche von gestern und der Kochtopf von heute

Die Hausarbeitsdebatte in der bürgerlichen Frauenbewegung begann 1905. Wie bei sozialdemokratischen Frauenrechtlerinnen war auch hier die Kontroverse über Hausarbeit durch die Diskussionen über weibliche Erwerbsarbeit bestimmt. Neben den Vorschlägen zum Arbeiterinnen- und Mutterschutz waren ebenfalls Fragen der Ehereform und Sexualreform ausschlaggebend. Einen Kristallisationspunkt der Debatten im Spektrum der bürgerlich-liberalen Frauenbewegung bildeten die Positionen von Maria Lischnewska und Käthe Schirmacher. Maria Lischnewska plädierte in ihrer Schrift für eine Zentralisierung und Rationalisierung der Hausarbeit. Nicht nur die materielle Versorgung des Haushalts, sondern auch die Kindererziehung sollten in die "Hand der Volksgemeinschaft" gelegt werden.[68] Dieses Plädoyer ergab sich für Maria Lischnewska aus der veränderten sozialen Position von Frauen und deren Arbeit in der Familie.

> "Die Ehefrau muß die verlorene und entwertete Position verlassen, sie muß, genau wie der Mann, in den Strom der Volkswirtschaft eintreten, wirtschaftliche Werte erwerben wie er und als Ernährerin der Familie ihm zur Seite stehen."[69]

Maria Lischnewskas Vorstellungen hinsichtlich der Vergesellschaftung von Hausarbeit gingen von einer ähnlichen Einschätzung aus wie die sozialdemokratischer Frauenrechtlerinnen. Die industrielle Entwicklung und die damit zusammenhängende Umstrukturierung der Hausarbeit im 19. Jahrhundert hatten demnach dazu geführt, daß die Frauenarbeit im Hause keine produktive Arbeit mehr war: "Die Hausfrau produziert keine wirtschaftlichen Werte mehr. Sie ist zur 'Nur-Konsumentin' geworden".[70] Ebenso wie für Maria Lischnewska die Hausfrau zur 'Konsumentin' und 'Versorgten' geworden war, blieb auch der Haushalt hinter der modernen gesellschaftlichen Entwicklung zurück. Im Unterschied zur modernen Arbeitsteilung und Rationalisierung des Arbeitsplatzes wie Arbeitsprozesses stellte der Haushalt für sie die "völlige Rückständigkeit des Familienbetriebes" dar, nämlich einen "Zwergbetrieb".[71] Hausarbeit war nach dieser Logik weder eine produzierende Tätigkeit, noch war sie nach rationellen Gesichtspunkten auf der Höhe technischer und industrieller Entwicklung. Hausarbeit war vielmehr im Vergleich zur Erwerbsarbeit keine Arbeit, und diejenige Tätigkeit, die Hausfrauen verrichteten, war unter verschiedenen Aspekten defizitär.

Einerseits forderte Maria Lischnewska eine Rationalisierung der Wohnungsversorgung für Arbeiterwohnungen durch Zentralheizung, Zentralbeleuchtung und Volkswaschanstalten. Andererseits sollte die genossenschaftliche Organisation der Hausarbeit nach modernen Standards erfolgen:

"Meiner Ansicht nach aber würde die Volksernährung, wenn sie dem engen Kreise des Hauses entzogen, nach wissenschaftlich-hygienischen Grundsätzen geleitet, durch Großeinkauf geregelt wird, sich zu dem Kochtopf von heute verhalten, wie die Eisenbahn zum Postwagen vergangener Tage."[72]

Wie die Eisenbahn zum Postwagen verhielt sich nach Maria Lischnewska auch die bezahlte Erzieherin zur Mutter. Im "primitiven Kulturzustande" konnte die Hausfrau noch viele Tätigkeiten verrichten, "weil sie jede einzelne in primitiver Weise betrieb und keine von ihnen eine höhere Entwicklung verlangt hatte". Mit der Herausbildung von 'Fachwissen' und 'Können' aber sei die frühere Mütterarbeit für andere Frauen zum 'Beruf' geworden. Aus dieser Ausdifferenzierung von unbezahlter und bezahlter Kinderarbeit folgerte Maria Lischnewska, daß die bezahlten Erzieherinnen "aus der ursprünglichen primitiven Muttertätigkeit" nun eine "Wissenschaft" gemacht hatten und damit den Müttern überlegen seien.[73]

Dieser Klassifizierung von Hausarbeit und Berufsarbeit lag ein Denken über die gesellschaftliche Entwicklung zugrunde, das im Evolutionshorizont des Fortschritts mit zunehmender Technisierung Frauenarbeit in der Familie zur Nicht-Arbeit erklärte. Die Frauenarbeit im Hause erzeugte dieser Auffassung nach im Unterschied zur Erwerbsarbeit keine Produkte, und sie war auf einem zurückgebliebenen technischen Niveau. Somit war Hausarbeit, die Erhaltung und Versorgung von Familie und Wohnraum, die Erziehung und Ernährung von Kindern, durch Berufsarbeit zu ersetzen. Während die Frauenarbeit im Hause den Stempel einer vergangenen Zeit trug, erhielt der bezahlte Erzieherinnenberuf die Zuschreibung des 'Modernen' und des qualifizierten Wissens. Die 'Rückständigkeit' von Hausfrauen resultierte nach dieser Zuordnung aus deren 'Konsumentenstatus', hier verstanden als Dasein ohne Arbeit, aus einer Existenz ohne gesellschaftliche Relevanz. Nichterwerbstätige Ehefrauen und Mütter konnten so nicht als Ernährerinnen der Familie gelten; der Ernährerstatus ergab sich hierbei erst über den Erwerbsstatus. Maria Lischnewska pointierte ihre Bewertung in dem Satz: "Wer nicht erwirbt, verliert auch den Sinn für die Bedeutung der Arbeit." Im Unterschied dazu hatten für sie erwerbstätige Frauen einen Status bzw. einen Beruf, der "die Schulung des Charakters, die den entwickelten Menschen macht", überhaupt erst gewährleiste.[74] Maria Lischnewska stellte die erwerbstätige Frau der Hausfrau gegenüber, und sie erklärte die bezahlte Erzieherin zur qualifizierten Instanz für die Reproduktionsarbeit. Vor diesem Hintergrund sollten möglichst alle Ehefrauen und Mütter erwerbstätig sein, um zur Ernährung der Familie beizutragen. Mütterarbeit und Hausarbeit sollten durch genossenschaftliche Organisation und bezahlte Reproduktionsarbeit übernommen werden.

Käthe Schirmacher sprach im Unterschied zu Maria Lischnewska über die Vielfalt von Hausarbeit und widerlegte damit die moderne Behauptung, mit der industriellen Produktion und der Auflösung der traditionellen Hauswirtschaft sei auch die Hausarbeit verschwunden:

"Die Frauenarbeit im Hause wird meist mit einer kurzen Analyse abgetan, die den *nicht produktiven Charakter* der häuslichen Frauenarbeit betont. Die Frau im Hause, heißt es, konsumiert Werte, verteilt Werte, schafft aber keine Werte. Ich beeile mich hinzuzufügen, daß letzteres unrichtig ist."[75]

Käthe Schirmacher beschrieb Hausarbeit und Mütterarbeit mit dem Blick auf die vielfältigen Formen eines Arbeitstages, mit denen Frauen die materielle und emotionale Versorgung der Familie gewährleisteten. Ihre Prämisse lautete: "Unter 'häuslicher Frauenarbeit' verstehe ich daher die *Gesamttätigkeit der Hausfrau und Mutter.*"[76] Im Unterschied zu einer sozialen Definition, die Frauen erst einen Status über das Muster männlicher Repräsentation zuwies, eröffnete Käthe Schirmacher mit ihrer Beschreibung von Hausarbeit einen Blick auf alle Frauen. Mütter und Hausfrauen waren in ihren Augen "nicht nur standesamtlich oder kirchlich Getraute", nämlich "mit einem 'gesetzlichen Vertreter' versehene Frauen." Käthe Schirmacher klassifizierte Hausarbeitende nicht primär nach ihrer Zuordnung zu Männern oder zu Erwerbsarbeit, sondern über die Arbeit, die sie im Hause leisteten. "Jede Frau, sei sie ledig oder verwitwet, Gattin oder Geliebte – sobald sie einen Haushalt führt, ist sie eine Hausfrau. Ebenso wie jede Frau, die ein Kind hat, sei sie gesetzlich verheiratet oder nicht, eine Mutter ist."[77]

Im Gegensatz zu Maria Lischnewska, für die Hausarbeit rückständig und undifferenziert war, wies Käthe Schirmacher auf die Komplexität dieser Arbeit hin. Frauen verrichteten "10-12 verschiedene Tätigkeiten" ohne Bezahlung, die im Erwerbsleben "anerkannt und gegen klingenden Lohn ausgeübt werden".[78] Käthe Schirmacher orientierte sich in ihren Überlegungen ebensowenig normativ an dem Paradigma der Erwerbsarbeit als einziger wertschaffender Arbeit wie an dem Stand industrieller Arbeitsteilung und technischer Rationalisierung, um daran Hausarbeit und Mütterarbeit zu messen. Sie beschrieb vielmehr die Komplexität dieser Arbeit und lenkte die Aufmerksamkeit auf die Frage, welche gleichen oder ähnlichen Arbeiten als Hausarbeit unbezahlt waren, als Erwerbsarbeit jedoch bezahlt wurden. In ihrer Analyse der Arbeit von Hausfrauen gelangte sie dann auch zu einer anderen Bewertung der Hausarbeit und Mütterarbeit als die meisten zeitgenössischen Frauenrechtlerinnen. Käthe Schirmacher bezeichnete Hausfrauen als "die Intendanz" der gesellschaftlichen Arbeit: Hausfrauen seien es, die "das materielle Dasein der Menschheit" organisierten, und ohne "sie würde die materielle Existenz aller Völker stocken."[79] Käthe Schirmacher betrachtete also die Frauenarbeit im Hause als diejenige Arbeit, die die Produktion und Reproduktion der Gesellschaft überhaupt ermöglichte und damit die materielle Basis für alle weiteren Arbeiten gewährleistete. Dieses Verständnis von Frauenarbeit führte sie zu einer Behauptung, die sowohl das Klassenmodell als auch die bürgerlich-liberale Konstruktion der Geschlechterergänzung sprengte, denn "die häusliche Frauenarbeit ist die conditio sine qua non der außerhäuslichen Berufsarbeit des Mannes".[80]

Die These von der Hausarbeit als strukturierendem Prinzip männlicher Erwerbsarbeit durchkreuzte das Konzept sozialdemokratischer Frauenrechtlerinnen, wonach die Lohnarbeit der gesellschaftsverändernde und relevante Arbeitsbereich von Frauen sei. Käthe Schirmacher unterlief mit ihrem Ansatz von Frauenarbeit aber auch das Konzept der 'Mütterlichkeit' ihrer bürgerlichen Schwestern, ein Konzept, in dem Frauenarbeit erst durch ihre normative Unterscheidung zur Männerarbeit eine kulturelle Relevanz erhielt. Käthe Schirmacher definierte Hausarbeit und Mütterarbeit nicht nach instrumentellen Gesichtspunkten etwa im Bezugsrahmen des Klassenkampfes; im Unterschied zu den meisten bürgerlich-liberalen Frauenrechtlerinnen klassifizierte sie den 'Mutterberuf' nicht primär nach kulturell-normativen Kriterien.

Frauenrechtlerinnen wie Gertrud Bäumer und Marianne Weber kritisierten das moderne Konzept der Überlastung durch Hausarbeit und Erwerbsarbeit vor allem mit dem Argument, daß Frauen für die Ehe, Mutterschaft und Kindererziehung möglichst viel verfügbare Zeit haben sollten. Käthe Schirmacher wandte sich ebenfalls gegen die Mehrarbeit von Frauen. Hausfrauen und Mütter sollten "sich zu ihrer bisherigen Arbeit weder neue Lasten" aufladen "noch gleichzeitig zwei Berufe ausüben". Mit der Frauenarbeit im Hause ergaben sich für Käthe Schirmacher jedoch im Unterschied zu anderen Frauenrechtlerinnen Rechtsansprüche aus der Arbeit, die Frauen hier leisteten. "So müssen heute nicht die Dienste, sondern ihre Schätzung muß vergrößert werden."[81] Zur 'Schätzung' dieser Arbeit schlug sie zwei Wege vor: "Es gibt zwei Arten der Entlohnung für Arbeit: die pekuniäre Entlohnung durch Geld, die soziale Entlohnung durch Rechte, Achtung etc."[82]

Marianne Weber war eine derjenigen bürgerlich-liberalen Frauenrechtlerinnen, die sich theoretisch und politisch ausführlich mit der Forderung nach Bezahlung von Hausarbeit beschäftigten. Für sie leisteten Frauen als Hausarbeitende und als Mütter eine gesellschaftlich und kulturell unverzichtbare wie auch unersetzbare Arbeit. Nach Marianne Weber war es die Arbeit und die Aufgabe von Frauen, durch ihre "Vertiefung in das Persönliche", durch "Verstehen alles dessen, was 'menschlich' ist", durch ihren "besonderen Genius" diese ihre Fähigkeiten in der "Welt des Mannes und der Objekte zur Geltung und Macht" zu bringen.[83] Im Unterschied zu Käthe Schirmacher betrachtete sie die Institution der Ehe und der Familie vor allem als eine ethische Institution, "die an Ausschließlichkeit und Dauer glaubt und welche die Verantwortlichkeit für den anderen und die gemeinsamen Kinder tragen will".[84] Aus einem sozial-ethischen Verständnis war es daher für Marianne Weber ein anzustrebendes Ziel, daß die Positionen von Ehefrauen und Müttern durch sozialpolitische und rechtspolitische Reformen zu stärken seien; in diesem Sinne trat sie für eine 'ethische', 'soziale' und 'rechtliche Neubewertung' der Frauenarbeit im Hause ein.[85] Marianne Weber wandte sich außerdem gegen die Forderung von Käthe Schirmacher nach Bezahlung der Hausarbeit. Denn die Entlohnung gerate in Widerspruch "zu der sonst uns vertretenen Auffassung der Ehe als eines auf Kameradschaftlichkeit gegründeten Bundes zweier gleichgeordneter Lebensgefährten"; und "nach Analogie des Geschäftslebens" könne "die Hausfrau nicht zugleich vollberechtigte Teilhaberin der ehelichen Gemeinschaft und besoldete Angestellte des Mannes sein".[86]

Zudem erklärte sich Marianne Weber noch aus einem weiteren Grund gegen die Position Käthe Schirmachers. Mit ihrem ethischen Verständnis des "Hausmutterberufes" wandte sie sich "gegen die ziffernmäßige Abtaxierung von Leistungen, die nun mal keine Marktware sind und als 'Liebestätigkeit' zum großen Teil durchaus zu den Imponderabilien im eigentlichsten Wortsinne gehören".[87]

Die Argumentation von Marianne Weber gegen die Entlohnung von Hausarbeit ist paradigmatisch für die Mehrheit der bürgerlich-liberalen Frauenrechtlerinnen. Sie wollten Hausarbeit und Mütterarbeit ethisch, sozial und rechtlich bewertet wissen, und sie sahen in der Frauenarbeit einen gewichtigen kulturellen Gegenpol zur Männerarbeit. Doch eine Entlohnung dieser Arbeit stand sowohl im Widerspruch zu ihrem ethischen Verständnis vom 'Mutterberuf' als auch zu ihrer sozialethischen Vorstellung von Ehe und Familie.[88]

Mehr noch als an diesen wird an den Positionen von Käthe Schirmacher und Maria Lischnewska deutlich, wie weit die Gewichtungen von Hausarbeit und Erwerbsarbeit auseinandergingen. Während Maria Lischnewska mit zunehmender industrieller Entwicklung den Fortschritt auch für Frauen mit Erwerbsarbeitspositionen verband, stellte Käthe Schirmacher die Arbeit von Hausfrauen und Müttern als komplexe und ausdifferenzierte Tätigkeiten dar, die die Grundlage männlicher Erwerbsarbeit bildeten.

Mit der Annahme, daß die Hausarbeit durch die technisch-industrielle Entwicklung verschwinde, weist die Position Maria Lischnewskas die größte Nähe zu der von Lily Braun auf; gemeinsam ist beiden auch, daß sie einen reduzierten Blick auf Hausarbeit warfen, indem sie nur den hauswirtschaftlichen Aspekt einbezogen. In den Überlegungen Clara Zetkins stellte Hausarbeit zwar auch ein rückständiges Moment dar, doch Mütterarbeit erhielt immerhin Bedeutung als Sozialisationsinstanz für den Klassenkampf. Obwohl Clara Zetkin die soziale und politische Priorität im industriellen Produktionsprozeß, in der Lohnarbeit und im Klassenkampf sah, vertrat sie mit ihrer sozialen Aufwertung der Mütterarbeit für den Klassenkampf im Unterschied zu Lily Braun und Maria Lischnewska eine weniger 'moderne' Position; stand doch in den Konzepten dieser beiden Frauenrechtlerinnen der defizitäre Aspekt von Mütterarbeit und die Verberuflichung dieser Arbeit im Mittelpunkt, während Clara Zetkin die Relevanz dieser Arbeit betonte.

Trotz der unterschiedlichen Situierung und Bewertung von Hausarbeit bei sozialdemokratischen und bürgerlichen Frauenrechtlerinnen kann eine Gemeinsamkeit festgehalten werden: Mit der Debatte über Hausarbeit und Erwerbsarbeit um die Jahrhundertwende wurde bei Frauenrechtlerinnen wie auch durch sozialpolitische Experten eine Entwicklung eingeleitet, die Hausarbeit und Mütterarbeit unter verschiedenen Gesichtspunkten überhaupt definierte und normierte, und zwar unabhängig davon, ob sie Hausarbeit als Arbeit oder Nicht-Arbeit betrachteten. Mit der sozial-ethischen Zuschreibung von Hausarbeit in der Denkfigur des 'Mutterberufs' und der 'Mütterlichkeit' wurde Frauenarbeit ebenso normativ bestimmt wie mit einer Diagnose, die

Hausarbeit als eine defizitäre Restgröße oder unter instrumentellen Gesichtspunkten für den Klassenkampf betrachtete. Käthe Schirmacher scheint die einzige Frauenrechtlerin gewesen zu sein, die Hausarbeit aus der Perspektive beschrieb, wie Frauen sie verrichteten, ohne sie normativ zu definieren, d.h. nach Qualitätsansprüchen auszudifferenzieren.

4. Debatten über Gebärarbeit

Die Diskussionen über die Auswirkungen der Erwerbsarbeit auf die Hausarbeit von Frauen bezogen sich unmittelbar nach der Jahrhundertwende in der zeitgenössischen sozialpolitischen Debatte auch zunehmend unter dem Aspekt des Geburtenrückgangs auf die Gebärfähigkeit. Gründe für den Rückgang der Geburten wurden – neben der Arbeitsüberlastung proletarischer Frauen – zudem in dem Anstieg der Geschlechtskrankheiten sowie in der quantitativ unterschiedlichen Fortpflanzung von Menschen gesehen, die als 'minderwertig' oder 'wertvoll' definiert wurden.[89] Im Kontext einer Reform des Strafrechts, die im Reichstag diskutiert wurde, erhielt die Frage nach einer staatlichen Gebärkontrolle einen aktuellen Stellenwert, und zwar unter dem Aspekt, ob und wie Fruchtabtreibung gesetzlich zu verbieten bzw. zu gestatten sei. In den Debatten über die Entkriminalisierung der Fruchtabtreibung ging es um die Frage, ob Frauen selbst über das Ob und Wie einer Mutterschaft bestimmen durften oder ob medizinischen und juristischen Experten die Entscheidung übertragen werden sollte. Am Beispiel der Generalversammlung des 'Bundes Deutscher Frauenvereine' (BDF) 1908 in Breslau soll im folgenden exemplarisch dargestellt werden, wie Frauenrechtlerinnen über die Entkriminalisierung der Fruchtabtreibung diskutierten und welche Vorstellungen von Frauenarbeit darin eingingen.

Die Rechtskommission des BDF plädierte in dieser Debatte für die 'ersatzlose Streichung' des § 218 Reichs Strafgesetzbuch (RStGB) unter liberal-individualistischen Gesichtspunkten, weil sie die Strafandrohung gegenüber abtreibenden Frauen für einen illegitimen Eingriff in deren Verfügungsmöglichkeit über den eigenen Körper betrachtete.[90] Ebenso lehnte die Rechtskommission ein Reformkonzept ab, das beamteten Ärzten die Befugnis geben sollte, über einen Schwangerschaftsabbruch zu entscheiden. Camilla Jellinek, die in ihrem Referat für die Entkriminalisierung der Abtreibung eintrat, ging davon aus, daß der "Embryo keine Rechtsperson" sei und daß "das Verbot der Abtreibung unter die zu mißbilligenden Negationen des Rechts über sich selbst falle".[91]

Die Gegenposition zum Plädoyer für die Nichtbestrafung abtreibender Frauen vertrat die Ärztin Agnes Bluhm. Aufgrund ihrer rassenhygienischen Sicht vertrat sie die Auffassung, daß die Frage einer Fruchtabtreibung nicht in das Ermessen der einzelnen Frau gestellt werden dürfe; vielmehr habe ein Ärztekollegium nach rassenhygienischen Gesichtspunkten darüber zu ent-

ZEITSCHRIFT

FÜR

SOZIALE MEDIZIN

MEDIZINALSTATISTIK, ARBEITERVERSICHERUNG,

SOZIALE HYGIENE UND DIE GRENZFRAGEN DER

MEDIZIN UND VOLKSWIRTSCHAFT.

HERAUSGEGEBEN VON

A. GROTJAHN UND F. KRIEGEL
Dr. med. Dr. phil.

ERSTER BAND.

LEIPZIG.
VERLAG VON F. C. W. VOGEL.
1906.

Dr. med Alfred Grotjahn und Dr. phil. Friedrich Kriegel gaben seit 1900 den "Jahresbericht über Soziale Hygiene, Demographie Medizinalstatistik und alle Zweige des Versicherungswesens" heraus. Zudem gehörten beide zu den Gründungsmitgliedern der "Gesellschaft für Soziale Medizin, Hygiene und Medizinalstatistik".

scheiden, ob eine Frau abtreiben dürfe, abtreiben müsse oder ob ihr die Abtreibung zu verbieten sei.[92] Die Mehrheit des BDF teilte weder die liberal-individualistische Position der Rechtskommission noch den rassenhygienischen Standpunkt von Agnes Bluhm. Dennoch kam die Generalversammlung in ihrer Abstimmung zu dem Ergebnis, daß der § 218 beizubehalten sei in Verbindung mit einem Indikationsmodell; dies besagte, daß die Fruchtabtreibung bei 'medizinischer' und 'eugenischer' Indikation straffrei sei; das Gutachten zur Indikation sollte durch Ärzte bzw. Juristen erstellt werden.[93]

In der Petition des BDF zur Strafrechtsreform, die die Beschlüsse der Breslauer Generalversammlung offiziell an Reichstag und Bundesrat richtete, werden die Normierungen von Frauenarbeit hinsichtlich der Gebärfrage deutlich. So war in der Petition nur noch von bestimmten Frauengruppen in Verbindung mit Abtreibung die Rede: zunächst von den "Täterinnen", die durch "Leichtsinn und schlechte Erziehung zu Falle gekommen" seien und bei denen die "genügende Einsicht zur Erkenntnis des kriminellen Charakters der Handlung nicht vorhanden" sei.[94] Waren hier vor allem junge, nicht-verheiratete Frauen angesprochen, so bezog sich der "Standpunkt einer fortgeschrittenen Humanität", nämlich das Plädoyer für die medizinische Indikation, auf proletarische Frauen. Die Straffreiheit der Fruchtabtreibung wurde nicht mit dem Blick auf proletarische Mütter um ihrer selbst willen begründet, sondern aus dem Interesse an "der mütterlichen Arbeitskraft und Gesundheit für die Familie".[95] Nur in dieser Hinsicht sollte "die sozial so wertvolle Lebenskraft einer Mutter höher bewertet" werden "als das Leben eines ungeborenen Kindes".[96] Als weitere Gruppe benannte die Petition vergewaltigte Frauen, bei denen es sich "in den meisten Fällen" um "junge Mädchen" handeln würde. Für diese Frauen wurde die Straffreiheit der Abtreibung gefordert, jedoch nicht ohne "sichere Garantien". Denn die "einfache Behauptung von Seiten der Mutter genügt natürlich nicht", vielmehr müsse ein Strafantrag wegen Vergewaltigung gestellt werden und vom Gericht auch anerkannt werden.[97] Neben der "auf die Fortschritte naturwissenschaftlicher Erkenntnis gegründeten Rechtsauffassung" sowie mit dem Hinweis auf die notwendige "Schranke gegen die Verrohung und Entartung des natürlichen mütterlichen Gefühls" sollte die prinzipielle Bestrafung abtreibender Frauen der "Stärkung und Entwicklung des sittlichen Verantwortungsgefühls auf dem Gebiete des Geschlechtslebens für Männer und Frauen" dienen.[98]

Diese Auffassungen bürgerlicher Frauenrechtlerinnen zur Gebärfrage und zur Entkriminalisierung der Abtreibung können aus mehreren Gründen als normative Wende gekennzeichnet werden. War das bisherige Konzept der 'Mütterlichkeit' in verallgemeinernder Absicht von einer Gleichwertigkeit zwischen Frauen ausgegangen, so setzte sich hier eine unterschiedliche Bewertung durch. Denn mit dem Indikationsmodell plädierten Frauenrechtlerinnen dafür, daß Ärzte und Juristen über den unterschiedlichen "Wert" von Frauen entscheiden konnten, während den Frauen Selbstbestimmungsrecht über ihre Körperlichkeit nicht zugestanden wurde. Das Plädoyer für das Indikationsmodell basierte auf der modernen wissenschaftlichen Annahme, daß die Leibesfrucht eine 'eigenständige Rechtsperson' sei und daß Frauen wie Männer nach einem medizinisch definierten 'Wert' unterschiedlich zu klassifizieren seien.

Darüber hinaus implizierten diese Kriterien neue Muster sozialer Abweichung. So war nicht mehr von allen Frauen die Rede, vielmehr schien das Problem von ungewollter oder nicht erwünschter Schwangerschaft nur noch das bestimmter Gruppen zu sein, nämlich junger und nicht-verheirateter Frauen, verheirateter proletarischer Frauen sowie solcher, die als nicht 'gesund' bezeichnet wurden. Diese Konstruktion von Mustern sozialer Abweichung korrespondierte mit einer neuen Definition von Müttern, bzw. des 'natürlichen mütterlichen Gefühls' oder 'mütterlichen Instinktes'. Mütter in diesem ethisch positiven Sinne waren nur noch diejenigen Frauen, die nicht den oben angesprochenen sozialen Gruppen angehörten. Damit wurden im Kontext der Gebärdebatte neue Kriterien, Standards und Klassifikationsmuster über Frauen und Mütter produziert.

Es waren jedoch nicht nur Frauenrechtlerinnen aus dem bürgerlich-liberalen Spektrum, die Mütterarbeit normativ bestimmten. Wie Anneliese Bergmann in ihrer Untersuchung über die 'Gebärstreikdebatte der SPD im Jahre 1913' dargestellt hat, standen selbst in der sozialdemokratischen Debatte über Gebären oder Verhüten nicht die Interessen von proletarischen Frauen im Mittelpunkt, sondern die Interessen der Arbeiterklasse.[99] Gegenüber dem Gebärstreik proletarischer Frauen Berlins wandte beispielsweise Clara Zetkin ein: "Die Arbeiterklasse dürfe nicht vergessen, daß für ihren Befreiungskampf die große *Masse* von ausschlaggebender Bedeutung sei. Ein Blick in die Geschichte zeige, daß die aufstrebenden Klassen *nicht durch ihre Qualität, sondern durch ihre Masse* gesiegt hätten. Es sei der Kinderreichtum ein gesunder Reichtum gewesen."[100]

Nicht nur im Kreis der bürgerlich-liberalen und sozialdemokratischen Frauenbewegung wurde die Gebärarbeit weitgehend unter normativen Aspekten diskutiert, die Mehrarbeit und höhere Anforderungen an Frauen implizierte. Frauenrechtlerinnen agierten und sprachen vielmehr in einem Bezugsrahmen sozialpolitischer Debatten, in dem Frauenarbeit als Gebärarbeit und Mütterarbeit zunehmend mit höheren Qualitätsansprüchen definiert wurde. Ob es Vertreter der 'Rassenhygiene', der 'Sozialen Hygiene' oder der 'Sexualreform' waren, die sich in sozialpolitische Debatten involvierten und sozialpolitische Modelle entwickelten – sie sprachen alle in einem gemeinsamen Horizont über die 'soziale Frage': Sie rekurrierten trotz unterschiedlicher politischer Positionierungen auf ein naturwissenschaftlich-medizinisches Wissen, wenn sie soziale Probleme zwischen den Geschlechtern – wie etwa Geschlechtskrankheiten, Vergewaltigung, Geburtenrückgang oder Hausarbeit – verhandelten.[101]

5. Gesellschaftliche Anerkennung und soziale Kontrolle

Die Ausbreitung der Frauenbewegungen um die Jahrhundertwende fiel zeitlich zusammen mit dem Ausbau des modernen Wohlfahrtsstaates. Frauen waren nicht nur als Adressatinnen von diesem Prozeß der Ausdifferenzierung zwischen Familie und Betrieb betroffen. Vielmehr beteiligten sie sich an der Gestaltung dieses Prozesses, indem sie Arbeiterinnen- und Mutterschutz sowie die soziale Anerkennung von Hausarbeit oder die Professionalisierung von Erziehungsarbeit beanspruchten.[102] Diese Bedeutung der Frauenbewegungen wird in Untersuchungen zur Entwicklung des modernen Wohlfahrtsstaates ebenso außer acht gelassen wie die unterschiedliche Relevanz sozialpolitischer Konzepte für die Geschlechter.[103]

Wenn wir von der Prämisse ausgehen, daß moderne Sozialpolitik einerseits die Rechtsansprüche auf soziale Leistungen erst gesetzlich garantiert und die Kontrollmöglichkeiten gegenüber gesellschaftlichen Gruppen damit andererseits erhöht, stellt sich abschließend die Frage, welche Bedeutung dieser Bedingungszusammenhang für Frauenrechtlerinnen um die Jahrhundertwende hatte.

Die Überlegungen zur Frauenarbeit bei Helene Lange und Clara Zetkin haben gezeigt, daß Frauenrechtlerinnen trotz verschiedener politisch-ideologischer Positionen die Gewichtung von Hausarbeit und Erwerbsarbeit als zentrale Problematik reflektierten. Für die politischen Konzepte und das Selbstverständnis der Frauenbewegungen wiederum war Frauenarbeit entscheidend und wurde mit normativen und instrumentellen Prämissen verbunden.

An den Diskussionen über Gebärarbeit und Mutterschaft wurde deutlich, daß Frauenrechtlerinnen in ihrem Plädoyer für die Beibehaltung des § 218 wissenschaftliche Standards übernahmen wie etwa in ihrer Annahme, daß es sich bei der Leibesfrucht um eine 'eigenständige Rechtsperson' handele oder in der Klassifikation von Frauen nach dem medizinischen 'Wert'. Hiermit trugen sie nicht nur zu neuen sozialen Definitionen über Mütter bei. Mit ihrem Votum für das Indikationsmodell unterstützten sie auch einen Ausdifferenzierungsprozeß zwischen privat geleisteter Frauenarbeit und sozialer Kontrolle dieser Arbeit durch gesellschaftliche und staatliche Instanzen.

Vor diesem Hintergrund stellt sich die Frage, ob die gesellschaftliche Anerkennung von Hausarbeit überhaupt zu erreichen ist, ohne damit zwangsläufig den Bereich und die Organisation dieser Arbeit auszudifferenzieren, neu zu definieren und sie der Kontrolle sozialer Institutionen zu unterstellen. Die Beiträge zur Professionalisierungsstrategie von Lehrerinnen weisen darauf hin, daß Mütter in dem Prozeß der Ausdifferenzierung zwischen Familie und Betrieb als 'Verliererinnen' zu bezeichnen wären.[104] Ihre Arbeit wurde als unzureichend und defizitär klassifiziert und gleichzeitig mit erhöhten Qualitätsansprüchen versehen. Die Debatten der Frauenbewegungen über Frauenarbeit zeigen, wie eng die Verberuflichung von Mütterarbeit mit sozialpolitischen Konzeptionen verknüpft war. Die Wahrnehmung der Arbeitsüberlastung proletarischer Mütter führte neben der Beanspruchung gesetzlicher

Schutzbestimmungen ebenfalls dazu, daß Mütter zweckrationaler kochen, putzen, waschen und erziehen sollten, bzw. daß Mütterarbeit durch bezahlte Erziehungsarbeit zu ersetzen sei. Es war zudem ein Rahmen, der an die zeitgenössischen Diskurse über Frauenarbeit anknüpfte. Dies zeigt nicht nur die Debatte der bürgerlich-liberalen Frauenbewegung über Gebärarbeit und Mutterschaft. Auch im Spektrum der sozialdemokratischen Frauenbewegung fanden zweckrationale Normierungen von Mütterarbeit statt, die durchaus mit instrumentellen Gesichtspunkten hinsichtlich dieser Arbeit als Sozialisationsinstanz für den Klassenkampf verbunden wurden.[105]

Frauenrechtlerinnen bewegten sich in ihren Debatten in einem Spannungsverhältnis zwischen gesellschaftlicher Anerkennung von Frauenarbeit einerseits und Qualitätserhöhung dieser Arbeit andererseits. Dieser Widerspruch geht jedoch nicht nur in den jeweiligen intentionalen Auffassungen von Frauenrechtlerinnen auf. Vielmehr müßte für weitere Untersuchungen über die Frauenbewegungen des Kaiserreichs und über Professionalisierungsstrategien von Frauen in reproduktionsbezogenen Bereichen das hier skizzierte Spannungsverhältnis präzisiert werden. Dafür bieten sich verschiedene konzeptionelle Fragestellungen an, wie etwa die nach den Konzepten wissenschaftlicher Experten im zeitgenössischen Diskurs. Zudem wäre die Aufmerksamkeit auf das Problem zu lenken, ob Frauen für ihre Professionalisierungsinteressen in reproduktionsbezogenen Berufen Legitimationsmuster zur Verfügung stehen, die nicht auf eine Qualitätserhöhung an Mütterarbeit abzielen. Beide Fragen könnten sich mit der Wahrnehmung einer vernachlässigten Problematik beschäftigen, nämlich welche gesellschaftlichen Gruppen bestimmten um die Jahrhundertwende mit ihren sozialen Machtpositionen, diskursiven Strategien sowie politischen Optionen normativ und institutionell einen Ausdifferenzierungsprozeß, in dem Hausarbeit professionalisiert wurde, ohne die Arbeit von Hausfrauen und Müttern zu entlasten.

Anmerkungen

1 Für die erste Organisationsphase der bürgerlichen Frauenbewegung vgl. Herrad Ulrike Bussemer: Frauenfrage, Frauenbewegung und Frauenberufstätigkeit in Deutschland 1865-1875, 3 Bde. Diss.Phil. Freie Universität Berlin, 1984; für das Kaiserreich vgl. Richard J. Evans: Sozialdemokratie und Frauenemanzipation im deutschen Kaiserreich. Berlin 1976; Barbara Greven-Aschoff: Die bürgerliche Frauenbewegung in Deutschland 1894-1933. Göttingen 1981; Irene Stoehr: "Organisierte Mütterlichkeit". Zur Politik der deutschen Frauenbewegung um 1900, in: Karin Hausen (Hg.): Frauen suchen ihre Geschichte. Historische Studien zum 19. und 20. Jahrhundert. München 1983, S. 221-249; Ute Gerhard: "Bis an die Wurzeln des Übels". Rechtskämpfe und Rechtskritik der Radikalen, in: Feministische Studien 3 (1984), S. 77-79.

2 Vgl. für diese Konzepte und Diskurse exemplarisch Alfred Ploetz: Grundlinien der Rassenhygiene. Teil II. Die Tüchtigkeit der Rasse und der Schutz der Schwachen. Berlin 1895; Auguste Forel: Die sexuelle Frage. Eine naturwissenschaftliche, psychologische, hygienische und soziologische Studie für Gebildete. München 1905; Iwan Bloch: Das Sexualleben unserer Zeit in seinen Beziehungen zur modernen Kultur. Berlin 1919 (1. Aufl. 1906); Rudolf Goldscheid: Höherentwicklung und Menschenökonomie. Grundlegung der Sozialbiologie. Leipzig 1911.

3 Helene Lange: Was wir wollen. Einführung in die Monatszeitschrift Die Frau, in: Die Frau 1 (1893/94), S. 1.

4 A.a.O., S. 2.

5 Vgl. hierzu den Aufsatz von Marion Klewitz über die Oberlehrerinnen in diesem Band.

6 Lange 1893/94, S. 1.

7 Helene Lange: Altes und Neues zur Frauenfrage I, in: Die Frau 2 (1895/96), S. 538.

8 Helene Lange: Altes und Neues zur Frauenfrage II, in: Die Frau 2 (1895/96), S. 586.

9 Helene Lange: Pietätswerte (1899), in: Helene Lange: Kampfzeiten. Aufsätze und Reden aus vier Jahrzehnten, Bd. 1. Berlin 1928, S. 307; zum Konzept der "Mütterlichkeit s. Stoehr 1983; Barbara Brick: Die Mütter der Nation - Zu Helene Langes Begründung einer "weiblichen Kultur", in: Annette Kuhn (Hg.): Frauen in der Geschichte. Bd. 4. Düsseldorf 1983, S. 99-132; Theresa Wobbe: "Die Frauenbewegung ist keine Parteiensache". Politische Positionen der Gemäßigten und Fortschrittlichen der bürgerlichen Frauenbewegung im Kaiserreich, in: Feministische Studien 5 (1986), S. 50-65.

10 Helene Lange: Das Endziel der Frauenbewegung (1904), in: Lange 1928, S. 307.

11 Lange 1899, S. 240; dieses polaritätsbezogene Modell von Frauenarbeit und Männerarbeit bzw. von Frauen und Männern, Weiblichkeit und Männlichkeit in der Gesellschaft war ein relevantes Denkmuster vieler bürgerlicher Frauenrechtlerinnen und bestimmend für die Diagnose von Gesellschaft; vgl. exemplarisch dafür Gertrud Bäumer: Die Frau in der Krisis der Kultur. Berlin 1930.

12 Clara Zetkin: Nur mit der proletarischen Frau wird der Sozialismus siegen. Rede auf dem Parteitag der Sozialdemokratischen Partei Deutschlands zu Gotha 16.10.1896, in: Clara Zetkin: Ausgewählte Reden und Schriften. Bd. 1. Berlin 1957, S. 96.

13 Clara Zetkin: Unaufhaltsamer "Umsturz", in: Die Gleichheit 7 (1897), S. 122.

14 Zetkin 1896, S. 102.

15 (o.V.): Kann das Verbot der Fabrikarbeit verheirateter Frauen die Proletarierin dem Heim und den Kindern zurückgeben? In: Die Gleichheit 7 (1897), S. 17.

16 Zetkin 1896, S. 102.

17 Zetkin 1897, S. 121

18 Zetkin 1896, S. 101.

19 A.a.O., S. 102.

20 A.a.O., S. 110.

21 A.a.O., S. 108.

22 A.a.O.

23 Vgl. Die Beschäftigung verheirateter Frauen in Fabriken. Nach den Jahresberichten der Gewerbeaufsichtsbeamten für das Jahr 1899, bearb. im Reichsamt des Innern. Berlin 1901; Die Arbeitszeit der Fabrikarbeiterinnen. Nach Berichten der Gewerbeaufsichtsbeamten, bearb. im Reichsamt des Innern. Berlin 1905.

24 Vgl. Resolution des Parteitages betreffend die Frauenfrage, in: Die Gleichheit 6 (1896), S. 172; (o.V.): Arbeiterinnenschutz und hausindustrielle Frauenarbeit, in: Die Gleichheit 6 (1896), S. 17 f.; vgl. Der Internationale Kongreß für Frauenwerke und Frauenbestrebungen in Berlin. 19. bis 28. September 1896. Eine Sammlung der auf dem Kongreß gehaltenen Vorträge und Ansprachen. Hrsg. von der Redaktionskommission, Rosalie Schöenflies, Lina Morgenstern, Minna Cauer, Jeannette Schwerin, Marie Raschke. Berlin 1897, S. 393 ff.

25 Helene Simon: Arbeiterinnenschutz und bürgerliche Frauenbewegung, in: Soziale Praxis 10 (1900/01), S. 822.

26 A.a.O.

27 Alice Salomon: Die deutschen Arbeiterinnenschutzgesetze, in: Sozialer Fortschritt Bd. 77 (1906), S. 8.

28 A.a.O., S. 12.

29 (o.V.): Der gesetzliche Arbeiterinnenschutz - eine Vorbedingung für die höhere Entwicklung und die Befreiung der Proletarierin, in: Die Gleichheit 9 (1899), S. 185.

30 Zetkin, 1897, S. 121 f.

31 (o.V.): Der gesetzliche Arbeiterinnenschutz 1899, S. 185.

32 Lily Braun: Mutterpflichten und Wahlkampf, in: Die Gleichheit 8 (1898), S. 82.

33 Lily Braun: Die Frauenfrage, ihre geschichtliche Entwicklung und wirtschaftliche Seite. Leipzig 1901, S. 537.

34 (o.V.): Warum fordern wir den Achtstundentag? In: Die Gleichheit 11 (1901), S. 67.

35 (o.V.): Arbeiterinnenschutz und Frauenfreiheit, in: Die Gleichheit 7 (1897), S. 138.

36 Zetkin 1897, S. 122.

37 (o.V.): Arbeiterinnenschutz und Frauenfreiheit 1897, S. 139.

38 (o.V.): Schutz gegen die kapitalistische Ausbeutung, nicht Verbot der Frauenarbeit, in: Die Gleichheit 9 (1899), S. 10.

39 Luise Zietz: Der Mutterschutz in der Krankenversicherung der Reichskrankenversicherungsordnung, in: Die Gleichheit 19 (1909), S. 273.

40 A.a.O.

41 Simon 1900/01, S. 822: vgl. auch Helene Simon: Der Anteil der Frau an der deutschen Industrie nach den Ergebnissen der Berufszählung von 1907. Jena 1910; Rose Otto: Über Fabrikarbeit verheirateter Frauen. Stuttgart, Berlin 1910.

42 Alice Salomon: Für und gegen den Arbeiterinnenschutz, in: Soziale Praxis 14 (1904/05), S. 94.

43 Salomon 1906, S. 12; vgl. auch Alice Salomon: Mutterschutz und Mutterschaftsversicherung, in: Schriften des deutschen Vereins für Armenpflege und Wohltätigkeit. Heft 84. Leipzig 1908.

44 A.a.O., S. 14.

45 Salomon 1904/05, S. 95.

46 Lange 1904, S. 305.

47 Helene Lange: Die Frauenbewegung in ihren modernen Problemen. Leipzig 1908, S. 11.

48 A.a.O., S. 12.

49 Lily Braun: Frauenarbeit und Hauswirtschaft. Berlin 1901.

50 A.a.O., S. 17 ff.
51 A.a.O., S. 17.
52 A.a.O., S. 7.
53 A.a.O., S. 10.
54 A.a.O., S. 13 f.
55 Zum genaueren Konzept der Organisation der Wirthschaftsgenossenschaften vgl. a.a.O., S. 21 f.
56 A.a.O., S. 26.
57 A.a.O., S. 27.
58 A.a.O., S. 28.
59 A.a.O., S. 31.
60 Clara Zetkin: Die Wirthschaftsgenossenschaft I, in: Die Gleichheit 11 (1901), S. 97.
61 Clara Zetkin: Die Wirthschaftsgenossenschaft II, in: Die Gleichheit 11 (1901), S. 105.
62 Clara Zetkin: Die Wirthschaftsgenossenschaft III, in: Die Gleichheit 11 (1901), S. 114.
63 Clara Zetkin: Die Wirthschaftsgenossenschaft IV, in: Die Gleichheit 11 (1901), S. 121,
64 A.a.O.
65 A.a.O., S. 122.
66 A.a.O.
67 Vgl. hierzu Frieda Wulff: Zur Frage der Wirthschaftsgenossenschaften, in: Die Gleichheit, 11 (1901), S. 155: "Als Kleinstädterin bin ich überhaupt nicht für das Zusammenwohnen vieler Familien in einem großen Hause, und noch weniger schön stelle ich es mir vor, wenn so viele Familien in einem gemeinsamen Haushalt zusammen leben sollen." Lily Braun nahm in der "Gleichheit" Stellung zur Kritik von Clara Zetkin, vgl. Lily Braun: Die Wirthschaftsgenossenschaft. Eine Entgegnung zur Antwort, in: Die Gleichheit 11 (1901), S. 142-144.
68 Maria Lischnewska: Die wirtschaftliche Reform der Ehe, in: Mutterschutz 2 (1906), S. 234.
69 A.a.O., S. 220 f.
70 A.a.O., S. 218. S. hier sozialdemokratische Positionen.
71 A.a.O., S. 227.
72 A.a.O., S. 226.
73 A.a.O., S. 234.
74 A.a.O., S. 219.
75 Käthe Schirmacher: Die Frauenarbeit im Hause, ihre ökonomische, rechtliche und soziale Wertung. Leipzig 1912 (1. Aufl. 1905); vgl. Christine Egerland: Käthe Schirmacher. Ein Beispiel für die Tendenzen innerhalb der Frauenbewegung in Deutschland 1893-1930. Magisterarbeit Freie Universität Berlin, 1981; zu Hausarbeit und Erwerbsarbeit in historischer Perspektive s. Gisela Bock: Scholars' Wives, textile Workers and female Scholars' Work. Historical Perspectives on working Women's Lives (European University Institute working Papers). Florenz 1986.
76 Schirmacher, 1912, S. 4.
77 A.a.O.
78 A.a.O., S. 7.
79 A.a.O.
80 A.a.O.
81 A.a.O., S. 18.
82 A.a.O., S. 10.

83 Marianne Weber: Beruf und Ehe (1905), in: Marianne Weber: Frauenfragen und Frauen-gedanken. Ges. Aufsätze. Tübingen 1919, S. 26.

84 Marianne Weber: Sexual-ethische Prinzipienfragen (1907), in: Weber 1919, S. 44.

85 Vgl. Marianne Weber: Zur Frage der Bewertung der Hausfrauenarbeit (1912), in: Weber 1919, S. 88.

86 A.a.O., S. 89.

87 A.a.O.

88 Vgl. auch Gertrud Bäumer: Was bedeutet in der deutschen Frauenbewegung "jüngere" und "ältere" Richtung? in: Die Frau 12 (1905/06), S. 323 ff.

89 Für die verschiedenen Begründungsansätze zur Erklärung des Geburtenrückgangs vgl. Julius Wolf: Die Rationalisierung des Geschlechtslebens unserer Zeit. Jena 1912; für die Relevanz der Geschlechtskrankheiten und der rassenhygienischen Positionen in dieser Debatte vgl. Theresa Wobbe: Gleichheit und Differenz. Politische Strategien der Frauen-bewegungen im Deutschen Kaiserreich. Diss.Phil. Freie Universität Berlin, 1988 (Veröf-fentlichung Herbst 1989).

90 Vgl. Frauenforderungen zur Strafrechtsreform. Kritik und Reformvorschläge. Nach den Beschlüssen der Rechtskommission des Bundes Deutscher Frauenvereine. Zusammenge-stellt und bearbeitet von Julie Eichholz. Mannheim 1908, S. 29.

91 Camilla Jellinek: Die Strafrechtsreform und die §§ 218 und 219 StGB. Heidelberg 1909, S. 15.

92 Vgl. Agnes Bluhm: Die Strafbarkeit der Vernichtung keimenden Lebens vom Standpunkt des Mediziners, in: Der Abolitionist 8 (1909), S. 1 ff.

93 Für die ausführliche Darstellung der BDF-Debatte vgl. Wobbe 1988.

94 Petition des Bundes Deutscher Frauenvereine zur Reform des Strafgesetzbuches und der Strafprozeßordnung. Mannheim 1909, S. 48.

95 A.a.O., S. 49.

96 A.a.O.

97 A.a.O., S. 50 f.

98 A.a.O., S. 47.

99 Anneliese Bergmann: Frauen, Männer, Sexualität und Geburtenkontrolle. Die Gebär-streikdebatte der SPD im Jahre 1913, in: Hausen 1983, S. 81-108.

100 "Vorwärts" vom 24. August 1913, zitiert nach Bergmann 1983, S. 94.

101 Vgl. Forel 1905; Bloch 1919; exemplarisch für die Debatten in der "Zeitschrift für Soziale Medizin" Wilhelm Schallmayer: Was ist von unserem sozialen Versicherungssystem für die Erbqualitäten der Bevölkerung zu erwarten? In: Zeitschrift für Soziale Medizin 3 (1908), S. 27-65; Agnes Bluhm: Die Stillungsnot, ihre Ursachen und die Vorschläge zu ih-rer Bekämpfung, in: Zeitschrift für Soziale Medizin 3 (1908), S. 72-78, 160-172, 261-270, 357-392.

102 Für die berufspolitischen Konzeptionen und die Ansprüche auf Professionalisierung der Erziehungsarbeit vgl. die Beiträge von Marion Klewitz und Gertrud Pfister in diesem Band; für die Aspekte sozialer Mobilität von Frauen durch Beruf oder Heirat ab 1905 vgl. den Beitrag von Ruth Federspiel in diesem Band.

103 Vgl. exemplarisch Wolfgang J. Mommsen, Wolfgang Mock (Hg.): Die Entstehung des modernen Wohlfahrtsstaates in Großbritannien und in Deutschland 1850-1950. Stuttgart 1982; vgl. zur feministischen Kritik an Forschungsstrategien, die sich hinsichtlich von So-zialpolitik weitgehend auf männliche Arbeiter bzw. auf das Sozialversicherungssystem, kollektive Arbeitsrechte und damit auf Bereiche beziehen, die über Lohnarbeit und mo-netäre Leistungsströme vermittelt sind - Ilona Kickbusch, Barbara Riedmüller (Hg.): Die armen Frauen. Frauen und Sozialpolitik. Frankfurt m. 1984; dazu ebenfalls Helga Maria Hermes: Die zweigeteilte Sozialpolitik: eine Polemik, in: Karin Hausen, Helga Nowotny (Hg.): Wie männlich ist die Wissenschaft? Frankfurt m. 1984, S. 163-176.

104 Vgl. dazu die Beiträge von Marion Klewitz und Gertrud Pfister; vgl. auch den Beitrag von Heidrun Joop, in dem sie auf Argumentationen hinweist, die die Notwendigkeit der Vorklassenleiterin unter anderem mit dem Hinweis auf unzureichende Mütterarbeit bekräftigen.

105 Vgl. hierzu Beilage zur "Gleichheit": Für unsere Mütter und Hausfrauen. 1908-1912.

Zwischen Oberlehrern und Müttern

Professionalisierung im Lehrerinnenberuf (1870-1920)

Marion Klewitz

1. Einleitung

Beinahe selbstverständlich gilt der Beruf der Lehrerin als "Frauenberuf" –
ungeachtet der Tatsache, daß Lehrerinnen im allgemeinbildenden Schulwesen erst nach langen Kämpfen annähernd gleichberechtigt Fuß fassen konnten. Lehrer und Schulpolitiker arbeiteten seit Beginn des 19. Jahrhunderts
darauf hin, die außerhäusliche Erziehung als eine männliche Domäne auszu-
bauen, obwohl das Erziehen eine spezifische Zuschreibung für Frauen war.
Nur in Randzonen der Schule durften Frauen arbeiten: in Bereichen, die
hausarbeitsnah waren, wie Handarbeit (später Turnen) sowie im ersten
Schreib- und Leseunterricht vorzugsweise der Mädchen, seltener der Jungen.
Den Unterricht älterer Jungen und Mädchen behielten sich Lehrer vor, in der
Überzeugung, allein sie seien für Bildungsprozesse zuständig und könnten
Disziplin, nämlich Ordnung und geistige Zucht, wirkungsvoll handhaben.

Diese Ideologie mit ihren Entsprechungen in der Entlohnung, bei der Stel-
lenbesetzung und in der Schulhierarchie war jenen Frauen ein Dorn im Auge,
die für eine eigenständige Berufsausübung kämpften. "Das Recht der Frauen
auf Erwerb" – so der programmatische Titel des Buches, das Louise Otto-Pe-
ters 1866, also kurz nach der Gründung des Allgemeinen deutschen Frauenvereins (1865) veröffentlichte – meinte dreierlei: das Recht auf allgemeine
Bildung, auf Ausbildung und auf eine dem angemessene Teilhabe an bezahlter Arbeit. Die ersten Bemühungen in der Frauenbewegung konzentrierten
sich auf Bildung und Ausbildung. Lehrerinnen kam dabei eine führende Aufgabe zu. Sie erteilten Unterricht und zugleich waren sie – in negativem Sinn
– Betroffene, erfuhren sie doch in ihrer Person den Teufelskreis von unzu-
länglicher Qualifikation und den Auswirkungen restriktiver Berufspolitik der
Männer. Der frauenrechtlerische Impuls sprach deshalb Lehrerinnen stärker
als andere Gruppen erwerbstätiger Frauen an, ungeachtet der Differenzen
untereinander.

Die Bezeichnung Lehrerin konnte sehr Unterschiedliches meinen. Es gab
Ehefrauen von Lehrern, die ohne formelle Ausbildung in der Schule ihres
Mannes den Handarbeitsunterricht erteilten, Kinder beaufsichtigten und Ver-
tretungsstunden übernahmen. Bei den formell Examinierten wurde in Preußen nach der Prüfungsordnung von 1874, die den vagen Anforderungskatalog
aus dem Jahre 1854 ersetzte, zwischen Lehrerinnen und Schulvorsteherinnen

unterschieden. Die geprüften Lehrerinnen teilten sich in die Gruppe der für die Volksschule Ausgewiesenen und derer, die außerdem die Berechtigung für den Unterricht in mittleren und höheren Mädchenschulen besaßen. Zu diesen Lehrerinnen kamen in den folgenden Jahrzehnten staatlich geprüfte Handarbeits- und Turnlehrerinnen hinzu. Als "technische Lehrerinnen" besaßen sie einen geringeren Status als die nach der Ordnung von 1854 bzw. 1874 geprüften sogenannten wissenschaftlichen Lehrerinnen. Bei diesen wiederum beeinflußten die Rahmenbedingungen der Schularten, an denen sie unterrichteten, die unterschiedlichen Ziele des Engagements. So kennzeichnete die Berufspolitik der Lehrerinnen an Volksschulen eine pragmatische Gleichstellungspolitik; aus ihr scherten nur die Katholikinnen aus, die ihre Glaubensüberzeugung gegen die berufliche Gleichstellung einnahm.[1]

Die folgenden Ausführungen beschäftigen sich mit einer Koalition von Lehrerinnen an höheren Mädchenschulen, die sich für die Zeit zwischen 1887 und 1908/13 (vgl. Kapitel 2 und 4) als Oberlehrerinnenbewegung bezeichnen läßt. Sie richtete sich gegen die Vorherrschaft der zumeist akademisch ausgebildeten "Oberlehrer" (einige von diesen bevorzugten den Begriff "Mädchenschulphilologe"). Ziel der Oberlehrerinnenbewegung war es, den Mittel- und Oberstufenunterricht für Mädchen in ihre Hand zu bekommen und Ausbildungsinstitutionen zu schaffen, die einen dem Oberlehrer entsprechenden beruflichen Status auch für Lehrerinnen ermöglichten.

Von der Qualifikation her war diese Bewegung nicht homogen. Die meisten Frauen verfügten über die Ausbildung für mittlere und höhere Mädchenschulen. Oberlehrerinnen – dem offiziellen Terminus nach – waren nur jene, die ein Zusatzexamen gemäß der Prüfungsordnung von 1894, der revidierten Ordnung aus dem Jahre 1900 bzw. dann nach der Prüfungsordnung für Oberlehrer abgelegt hatten (1905/08).[2] Für alle Oberlehrerinnen galt ab 1920 die Bezeichnung Studienrätin.

Angesichts der Orientierung am Status des Oberlehrers handelt es sich bei der Oberlehrerinnenbewegung um eine Facette des Themas Frauen in einem Männerberuf – allerdings mit der entscheidenden Einschränkung, daß die männliche Berufskonstruktion nur bedingt übernommen werden konnte. Denn die Oberlehrerposition gründete sich nicht zuletzt auf das tradierte Geschlechterverhältnis, das Frauen eine höhere Allgemein- und Berufsbildung versagte. Bildungswege und die Teilhabe an den Wissenschaften waren darüber hinaus institutionell limitiert; Lehrerinnen, Ärztinnen, Juristinnen standen vor derselben Sperre der Vollimmatrikulation und der Zulassung zu staatlichen Prüfungen.[3] Jede dieser Gruppen der ersten Akademikerinnengeneration entwickelte berufsspezifische Argumente, um die professionellen Interessen von Frauen zur Geltung zu bringen. Sie verdienen, jeweils gesondert analysiert zu werden.

In der Oberlehrerinnenbewegung verknüpften sich frauenrechtlerische Positionen und tradierte Bildungsvorstellungen. In diesem Kontext soll im folgenden gefragt werden: Welche Qualifizierungsforderungen vertraten die Lehrerinnen mit dem Anspruch der Selbsterziehung und der Erziehung der heranwachsenden Mädchen, in welchen Formen artikulierten sie ihre Politik und welche Vorteile erzielten sie dabei für die eigene berufliche und gesellschaftliche Stellung?[4] Wie ein roter Faden ziehen sich Überlegungen zu den pädagogischen Argumenten der Frauen durch die Darstellung. Erneut untersucht wird dabei auch die Leitvorstellung der geistigen Mütterlichkeit, die in der Frauenbewegung als konzeptuelle Verbindung von Hausarbeit und Berufsarbeit vertreten wurde. Gegen dieses Konzept erhob sich in der Forschung wiederholt der ideologiekritische Einwand, daß es gesellschaftspolitisch unangemessen sei, Berufe eigens für Frauen zu definieren, denn die Annahme von weiblicher und männlicher "Eigenart" bestätige nur die patriarchale Kultur.[5] Die organisierten Lehrerinnen, so heißt es bei Barbara Greven-Aschoff, hätten zur "Instrumentalisierung traditioneller Attribute weiblicher Erziehung" Zuflucht genommen; ihre Forderung, Mädchen seien durch Frauen zu erziehen, habe dazu dienen sollen, eine geschlechtsspezifische Arbeitsteilung durchzusetzen und "Berufsreservate zu schaffen", um männliche Konkurrenz abzuwehren.[6] Es wird zu überprüfen sein, ob das Motiv der Konkurrenzabwehr in dieser Form aufrecht zu erhalten ist (s. 2. Kap.).

Ute Frevert gesteht dem Konzept der geistigen Mütterlichkeit und des weiblichen Kultureinflusses zu, daß es eine "nüchterne Bestandsaufnahme" der damaligen Knappheits-, Verteilungs- und Verfallserscheinungen enthalten habe, nennt es indes ein "antimodernistisches Wunschbild".[7] Antimodern war aber die Zuwendung der Lehrerinnen zu Beruf und Wissenschaft keineswegs. James Albisetti beurteilt die schwer zu vereinbarenden Äußerungen der Lehrerinnen im Rahmen eines Entwicklungsprozesses: Die Überzeugung von der Geschlechterdifferenz habe die bildungspolitischen Gleichstellungserfolge der Helene Lange und ihrer Mitstreiterinnen unterstützt, während spezifisch weibliche Erziehungswege – gleichsam in einem Lernen aus Versuch und Irrtum – aufgegeben worden seien.[8] Diese Überlegung soll aufgegriffen und es soll erörtert werden, wie sich der aus der "weiblichen Eigenart" abgeleitete Anspruch der Lehrerinnen mit der angestrebten Professionalisierung, die auf Gleichstellung hinauslief, vereinbaren ließ. Damit wird versucht, die Ebene des pädagogischen Konzepts und die der beruflichen Praxis in Beziehung zu setzen (s. 4. u. 5. Kap.).

Besonderer Begründung bedarf die Anlehnung an den professionalisierungstheoretischen Ansatz. Deutschsprachige Standarddarstellungen zur Professionalisierung der Lehrtätigkeit thematisieren das Geschlechterverhältnis nicht.[9] Auch in der von Heinz-Elmar Tenorth vorgelegten Analyse pädagogischer Diskurse des ausgehenden 19. Jahrhunderts, die erhellen soll, "wie die pädagogische Profession ... die Erziehung verstanden und sich in der Erziehung orientiert hat", bleibt der Aspekt des Geschlechts außen vor.[10] Dies liegt jedoch eher an der begrenzten Verwendung als in den Grundlagen des Modells, fordert es doch dazu auf, Erziehungsansprüche und ihre gesellschaftliche Verankerung, den Erwerb von Bildungspatenten und die Chancen beruflicher Autonomie im Zusammenhang zu sehen. Integriert werden muß allerdings die grundlegende Kategorie des Geschlechterverhältnisses. Das erfordert, prinzipiell auf Abgrenzung und Kooperation, Segregierung und Gleichstellung zu achten, um weibliches Expertentum und Formen beruflicher Autonomie in der Lehrerinnenarbeit angemessen gewichten zu können.

Die Anlehnung an den Professionalisierungsansatz ist des weiteren prekär, weil die Inhaber akademischer Berufe generell als Bildungsbürger betrachtet werden. Die Ausübung eines akademischen Berufs durch eine Frau etablierte sie aber keineswegs als Bildungsbürgerin. Der Beruf vermittelte für Frauen nicht annähernd die Partizipationsmöglichkeiten, die Männern offenstanden.[11] Dieses Problem wird (im 6. Kap.) von einer begrenzten Fragestellung aus angegangen: Der sozialen Plazierung zufolge, die Frauen, wenn nicht durch die Heirat, dann durch ihre Herkunft erfuhren, ist zu vermuten, daß die Oberlehrerinnenbewegung von ihrer sozialen Rekrutierung profitierte; das heißt, die Ungunst der Geschlechtszugehörigkeit wurde durch die soziale Herkunft abgemildert. Mit diesen Annahmen wird der schichtenspezifischen Herkunft jener nachgegangen, die die Opposition gegen die Oberlehrer wagten, die sich von ihren Kolleginnen in der Volksschule entfernten und eine intellektuelle wie moralische Avantgarde als Bildungsbürgerin zu sein beanspruchten.

Daraus ergibt sich abschließend die Frage nach dem Verhältnis zwischen Lehrerinnen und Müttern. Dem Konzept geistiger Mütterlichkeit nach waren berufstätige Frauen und die Mütter, die ausschließlich Hausarbeit erbrachten, prinzipiell Verbündete; ihre stärkste Gemeinsamkeit sollte sich in den verschiedensten Formen der Erziehungsarbeit innerhalb und außerhalb der Familie zeigen. War mit diesem Konzept jedoch eine Plattform für weibliche Solidarität gegeben; ergänzte die professionelle Erziehung die Mütterarbeit? Unter dieser Fragestellung soll – soweit quellenmäßig greifbar – die praktisch-pädagogische Arbeit der Oberlehrerinnen untersucht werden (s. 7. Kap.). Ein zentrales Moment bildet folgende Beobachtung: Die Lehrerinnen, die der höheren Mädchenschule ihren Stempel aufzudrücken suchten, waren darin "modern", daß sie den Wert von qualifizierter sowie institutionalisierter Bildung und Ausbildung für Mädchen propagierten. Sie machten dies zu einem neuen Verhandlungsgegenstand zwischen sich und den Müttern und vertraten die Bildungswerbung für Frauen nachdrücklich als ihre "weibliche Aufgabe" in der Pädagogik.[12]

Der folgenden Darstellung liegt eine Auswertung der Zeitschrift: Die Lehrerin in Schule und Haus 1 (1884/85) - 36 (1919/20) zugrunde (Abk. DL). Belege aus dieser Quelle beschränken sich auf exemplarische Zitierungen (Schreibweise normalisiert; Sperrungen des Originals weggelassen). Ebenfalls systematisch ausgewertet wurde die amtliche Publikation des preußischen Kultusministeriums: Zentralblatt für die gesamte Unterrichtsverwaltung in Preußen 1 (1859) ff. (Abk. ZB).

2. Die Wende der 1880er Jahre: Affront gegen die Oberlehrer

Die Expansion der Beschäftigungsverhältnisse von Lehrerinnen in der zweiten Hälfte des 19. und im frühen 20. Jahrhundert zeigt eine beachtliche Kontinuität. In Preußen hatte sich zwischen 1861 und 1891 die Zahl der Lehrerinnen an öffentlichen Volksschulen um das Siebenfache vermehrt, so daß nun 8.500 hier hauptamtlich unterrichteten. Zwanzig Jahre später waren es fast 25.000: Gut jede fünfte Lehrkraft an preußischen Volksschulen im Jahre 1911 war demnach weiblichen Geschlechts. Der Anteil von 21 % wuchs bis 1921 auf 26 % und blieb dort, um erst im 2. Weltkrieg weiter anzusteigen. Zahlenangaben für die mittleren und höheren Mädchenschulen müssen zudem die Verlagerung von der privaten zur öffentlichen Schule und die Ausdifferenzierung in niedere und höhere Lehranstalten (1908) berücksichtigen. Im Jahr 1884 unterrichteten in Preußen an öffentlichen höheren Mädchenschulen 926 Lehrerinnen. Eine Generation später (1901) waren es auch nur erst 1.057 Lehrerinnen (sowie 1.029 Lehrer), während an privaten höheren Mädchenschulen mehrheitlich Lehrerinnen (3.550) unterrichteten; die Geschlechterproportion betrug hier 1:17. In der Zeit der Weimarer Republik machte das weibliche Personal an öffentlichen höheren Lehranstalten für die weibliche Jugend rund 74 % aus. Gut jede zweite Lehrerin an diesen Lehranstalten wies inzwischen eine akademische Vorbildung auf.[13]

In dem Expansionsprozeß kommt den 1880er Jahren eine besondere Bedeutung zu: Lehrerinnen artikulierten erstmals in eigener Sache ein kollektives Engagement im Zuge dieses Wachstumsprozesses. Greifbar wird dies in der neuen Zeitschrift "Die Lehrerin in Schule und Haus" (1884), noch deutlicher bei der Petition an das Preußische Abgeordnetenhaus zugunsten der höheren Mädchenbildung (1887). Eine neue Qualität als Selbsthilfeeinrichtung kennzeichnete die Realkurse für Frauen (1889) in Berlin. Die Gründung des Allgemeinen Deutschen Lehrerinnenvereins (ADLV) im Jahre 1890 schließlich bündelte diese Aktivitäten, um sie als Berufsstrategie wie als Frauenbewegung zu stärken.

Charakteristisch für das neuartige Engagement war, daß es sich nicht allein gegen Ausbildungsbedingungen, Form der Anstellung und niedrige Besoldung richtete. Diskriminierungen wurden als äußere Anzeichen und als Anlaß der Kritik genommen. Das Pathos der Opposition war von der Überzeugung getragen, daß die Lehrerin eine gesellschaftlich wichtige Frauenarbeit für die nachwachsende Generation und für die Mütter zu leisten habe. Mehr als andere Frauen sollten Lehrerinnen – als Avantgarde – sich intellektuell und sittlich bilden und auf dieser Grundlage programmatisch die "Autonomie der weiblichen Persönlichkeit als Voraussetzung jeder würdigen Mädchenbildung" vertreten.[14] Dieses Erziehungsideal und Berufsethos wurde mit praktischen Forderungen verbunden und in zuvor nicht gekannter Form in die Öffentlichkeit getragen.

Die Petition, die ein Kreis pädagogisch und bildungspolitisch interessierter Frauen in Berlin um Henriette Schrader-Breymann, unter Federführung von

Helene Lange, im Oktober 1887 dem Kultusministerium und dem Preußischen Abgeordnetenhaus einreichte, enthielt die beiden Anträge:

"1. daß dem weiblichen Element eine größere Beteiligung an dem wissenschaftlichen Unterricht auf Mittel- und Oberstufe der öffentlichen höheren Mädchenschule gegeben und namentlich Religion und Deutsch in Frauenhand gelegt werde.
2. daß von Staats wegen Anstalten zur Ausbildung wissenschaftlicher Lehrerinnen für die Oberklassen der höheren Mädchenschulen mögen errichtet werden."

Diese Anträge stellte H. Lange auch an den Anfang ihrer Begleitschrift (der "Gelben Broschüre"), die die Forderungen im frauenpolitischen Zusammenhang erläuterte.[15]

Von der Unterrichtsverwaltung war ein gewisses Entgegenkommen in Sachen Mädchenschulreform zu erwarten. Der deutsch-konservative Kultusminister von Goßler hatte – bei aller herkömmlichen Auffassung der Frau "als Trägerin des Idealen" – immerhin Verständnis für die Kritik an der höheren Mädchenschule geäußert: Die Schule könne in der Tat nicht beanspruchen, den 15- oder 16jährigen Absolventinnen eine "abgeschlossene Bildung" zu vermitteln. Allerdings hielt er es für genügend, "wenn die Entwicklung bis zu der Stufe geführt wird, daß die Möglichkeit einer weiteren Selbstentwicklung gegeben ist"[16].

Die im Preußischen Abgeordnetenhaus vertretenen Parteien, von denen Interesse für die "Frauenfrage" zu erwarten war – Nationalliberale und Deutsch-Freisinnige Partei[17] –, erhielten nach den Wahlen von 1885 nur 27 % der Mandate. Ermutigend hingegen war das Interesse, das die deutsche Kronprinzessin Victoria ("Kaiserin Friedrich") der Mädchen- und Frauenbildung entgegenbrachte. Mit der Unterstützung des Victoria-Lyceums, einer Fraueneinrichtung (1868), die jungen Frauen die Gelegenheit zur Fortbildung in den Schulfächern geben sollte, hatte sie, ungeachtet der offiziellen Kulturpolitik, dem Selbsthilfegedanken neue Impulse gegeben. Die Nachricht im Herbst 1887 von der Krankheit des Thronfolgers dämpfte indes die Hoffnungen auf einen liberalen Kurs. Die Ablehnung der Petition seitens des Kultusministeriums und des Preußischen Abgeordnetenhauses kam somit nicht unerwartet; die offizielle Begründung mit dem Ende der Legislaturperiode sollte zweifellos beschwichtigend wirken.[18]

Die Abwehr der Forderungen nach besserer Mädchen- und Frauenbildung entsprang nicht nur einer allgemeinen Angst vor der Emanzipation; sie hatte auch konkrete arbeitsmarktpolitische Anlässe. Die Lehrerinnen strebten günstigere berufliche Positionen zu einer Zeit an, als sich die Chancen der anstellungsfähigen Kandidaten für das höhere Lehramt ohnehin merklich verschlechterten – eine Tatsache, die sowohl der gestiegenen Studienmotivation als auch der demographischen Entwicklung zuzuschreiben ist. Der zyklische Boom des Anteils der Studenten in den schulwissenschaftlichen Fächern an der gesamten Studentenzahl der preußischen Universitäten um 1880 (über 40 %) dauerte zwar nicht an; jedoch die Zahl der Prüflinge im höheren Lehramt war noch Mitte der 1880er Jahre im Steigen. Der Anstellungsschub bis zum Beginn der 1880er Jahre bewirkte zudem geringe altersbedingte Abgänge; auch dies verlängerte die Wartezeiten der Probekandidaten. So erfüllten sich die Stellenerwartungen, die mit der Aufwertung des höheren Lehramts und der besseren Besoldung im vorangegangenen Jahrzehnt verbunden waren, für den Philologennachwuchs in den 1880er Jahren nicht.[19]

Die preußische Unterrichtsverwaltung begann bereits 1881 vor dem Lehramtsstudium zu warnen. Unter dem Eindruck des "Notstands" (so 1884) richtete sie Wartelisten für die anstellungsfähigen Kandidaten ein. Die Listen verstärkten das hierarchische Moment in den akademischen Lehrerpositionen – vom Hilfslehrer bis zum Direktor –, indem für jeden Bewerber nach dem Zeitpunkt der absolvierten, damals noch einjährigen Probezeit auch die Qualität des Prüfungszeugnisses vermerkt wurde. Je nach Fachkenntnissen und Vermittlungsfähigkeit konnte ein Kandidat im Examen entweder die Fakultas für die Oberstufe der höheren Knabenanstalten (Prima und Obersekunda) oder die Mittelstufe (Untersekunda, Ober- und Untertertia) oder nur für die unteren Klassen (Quarta, Quinta, Sexta) erhalten.[20] Da es sich bei der höheren Mädchenschule – gemessen am Knabenschulwesen – um einen berechtigungslosen mittleren Schultyp mit zwei Fremdsprachen handelte, der nicht einmal eine den höheren Lehranstalten der Knaben vergleichbare Mittelstufe besaß, waren es vor allem wohl Kandidaten der letztgenannten Kategorie, die auf den Stellenmarkt der Mädchenschulen auswichen. Aufgrund ihrer geringen Chancen mußten insbesondere sie das Interesse haben, die Mädchenoberstufe gegen Lehrerinnen zu verteidigen und als professionelles Reservat männlichen Lehrkräften vorzubehalten.

Die Ausgrenzung der Lehrerinnen resultierte darüber hinaus aus einer tieferliegenden Ursache als es der Engpaß des Arbeitsmarktes für Philologen war. Deren berufspolitische Interessen bezogen sich auf die Realschulen 1. Ordnung, die (1859) neunjährig institutionalisiert worden waren und so in das System der höheren Lehranstalten Einlaß gefunden hatten.[21] Dementsprechend lautete das zentrale Anliegen, das die Verbandsvertretung der Lehrenden an höheren Töchterschulen im Jahre 1872 in einer Denkschrift dem gerade berufenen Kultusminister Falk vorlegte, die höheren Mädchenschulen analog zu den Realschulen als höhere Lehranstalten mit entsprechendem Lehrplan und entsprechender Besoldung anzuerkennen. Das Lehrerkollegium sollte "aus einem wissenschaftlich gebildeten Direktor, wissenschaftlich gebildeten Lehrern (namentlich für die wissenschaftlichen Fächer), aus erprobten Elementarlehrern und geprüften Lehrerinnen" bestehen. Das männliche Reservat der Schulleitung an staatlichen und städtischen Anstalten verstand sich von selbst, sollte sie doch ein Akademiker sein. Der Ausschluß der Frauen aus dem wissenschaftlichen (d.i. nicht-technischen) Unterricht auf der Oberstufe wurde damit begründet, daß zwar "strebsame" Lehrerinnen durchaus auch hier neben Lehrern erfolgreich fremde Sprachen unterrichten könnten. Infolge der schlechten Ausbildungsbedingungen seien aber solche Lehrkräfte die "Ausnahme".[22] Die berufspolitischen Status- und Standeswünsche basierten also auf Zuweisungen, die zwischen den Geschlechtern scharf unterschieden, und sie wurden institutionell durch die mangelnde Bildung und Ausbildung der Frauen bestärkt. Die Ausgrenzung der Frauen war also zweifach: zuerst auf der Ebene der Qualifikationsmöglichkeit und dann auf der der Stellenstruktur. Die Debatten über den Zugang für Frauen zu qualifizierten Ausbildungs- und Berufspositionen zeigen dann auch, daß beide Ebenen der faktischen Ausgrenzung sich als funktional erwiesen, wenn die Vorrechte für Männer erhalten werden sollten.

Auf der Jahresversammlung des "Vereins für das höhere Mädchenschulwesen" im Jahre 1876 kam es auf Druck der anwesenden Lehrerinnen, die gut die Hälfte der eingetragenen Teilnehmerschaft ausmachten, und durch die Fürsprache einer frauenfreundlichen Fraktion zu der Erklärung, daß die "Mitwirkung" von Lehrerinnen in den oberen Klassen "wünschenswert" sei. Zugleich aber erhielt der Antrag eine Mehrheit, daß von Lehrerinnen, die in den oberen Klassen unterrichten wollten, "das gleiche Maß von Kenntnissen" zu verlangen sei, das von den Realschullehrern 1. Ordnung gefordert werde.[23] Einen solchen offiziellen Nachweis zu erbringen, war den Lehrerinnen nicht möglich. Die zwei Jahre zuvor erlassene Prüfungsordnung für Lehrerinnen, die der Verein als einen Erfolg für sich verbuchte, ging von einer einheitlichen Ausbildung für Lehrerinnen an Volksschulen, mittleren und höheren Mädchenschulen aus. In der Prüfung für den Unterricht oberhalb der Volksschuleinrichtungen wurden "befriedigende" Prüfungsleistungen und im Vergleich zu den Volksschullehrerinnen etwas weitergehende Leistungen in Deutsch und Geschichte sowie Grundkenntnisse in Englisch und Französisch verlangt.[24] Eine spezielle Oberstufenqualifikation sah die Prüfungsordnung von 1874 nicht vor, ebenso nicht eine systematische Fortbildung, wie sie Lehrern u.a. durch das Mittelschullehrerexamen (seit 1872) nahegelegt wurde. Erschwerend kam hinzu, daß die Ausbildungsqualität im starken Maße im Ermessen der privaten Schulvorsteherinnen und Direktoren lag. Staatliche Seminare, die im Falle der Volksschullehrerausbildung als anspruchsfördernde Modellanstalten wirkten, gab es derzeit für Frauen nur in Berlin, Münster und Paderborn (alle 1832 gegründet) sowie in Droyßig (1858 übernommen).[25]

Die Forderung nach einer staatlich betreuten Akademie, an der sich Lehrerinnen auf den Oberstufenunterricht vorbereiten und eine zweite Prüfung ablegen konnten, fand im 'Verein für das höhere Mädchenschulwesen' keine Mehrheit. Die antragstellenden Lehrerinnen (Stöphasius und Mithène) bat man dringlich, "die Frauenfrage nicht in die Debatten hineinzuziehen".[26] Der Akademiegedanke fand sich demgegenüber in der "Denkschrift des 'Berliner Vereins für höhere Töchterschulen' über Stellung und Organisation der höheren Töchterschulen" (1873), ohne merklich weiterverfolgt zu werden. Erst die Petition an Unterrichtsministerium und Abgeordnetenhaus (1887) griff den Gedanken einer Akademie für zukünftige Oberlehrerinnen wieder auf.[27] In der Begleitschrift zu dieser Petition sparte auch Helene Lange nicht mit Kritik an der Ausbildung der Lehrerinnen. Viele von ihnen wüßten "nicht einmal dem Namen nach", was Studium bedeute, da das Ausbildungsseminar ihnen niemals Entsprechendes zugemutet habe. Mit solchen Lehrerinnen sei schwerlich die Schulreform voranzubringen: "Wir wollen unsere Mädchen nicht aus dem Regen in die Traufe bringen, nicht aus den Händen wissenschaftlich gebildeter Männer in die Hände halbgebildeter Frauen." Die konkrete berufspolitische Forderung lautete, der Staat möge – nach dem Vorbild englischer Frauen-Colleges – Hochschulen für die Oberlehrerinnenbildung einrichten. Der Zugang sei allein von einer Aufnahmeprüfung abhängig zu machen und diese frühestens im Alter von 20 Jahren abzulegen; ein Lehrerinnenexamen sei nicht vorauszusetzen. Im Unterschied zum Universitätsstudium solle die wissenschaftliche Auseinandersetzung in dieser Akademie nicht der Befähigung zur Forschung dienen, sondern "Mittel und Methoden" zeigen, die den "Erwerb selbständigen Wissens ermöglichen". Die Abschlußprüfung nach dem dreijährigen Kurs sollte zugleich die Verpflichtung der Behörden beinhalten, Absolventinnen als Oberlehrerinnen anzuerkennen und entsprechend einzustellen.[28]

Die Forderung der Akademie und des staatlich anerkannten Oberlehrerinnenexamens stellte die Trennlinie zwischen den Geschlechtern im Schuldienst in Frage. Wenn auch als eigene Konstruktion neben das männliche Universitätsprivileg gestellt, so kam sie doch dem männlichen Berechtigungswesen auf akademischem Niveau bedenklich nahe. Gegen Einrichtungen zur Weiterbildung berufstätiger Lehrerinnen wurde nichts eingewandt; sie durfte aber nicht Ansprüche legitimieren. Der Aufstieg der Lehrerinnen sei eine Sache von Eigenschaften, "welche in keiner Prüfung nachgewiesen werden können", hieß es in der offiziösen Stellungnahme des Kultusbeamten Karl Schneider. Grundsätzlich lehnte er es ab, die Bildungswege von Söhnen für die Töchter zu übernehmen.[29] Die in der Gelben Broschüre vorgeschlagene Akademie für zukünftige Oberlehrerinnen kam dem insofern entgegen, als es eine Einrichtung für Frauen war. Sie tangierte aber die Machtverhältnisse empfindlich, da sie von Frauen initiiert werden, unter weiblicher Leitung stehen und mit dem Oberlehrerinnenexamen den Anschluß an die männliche Prüfungsberechtigung gewinnen sollte.

3. Anspruch auf das gesamte Bildungsspektrum

Entgegen der Tendenz, Frauen aus der höheren Mädchenbildung zu verdrängen, wie die Weimarer Denkschrift des 'Vereins für das höhere Mädchenschulwesen' (1872) sie dem Unterrichtsministerium prinzipiell empfohlen hatte, und die sich in den ausgebauten städtischen höheren Mädchenschulen praktisch durchsetzte, forderte die erwähnte Petition (1887), daß zunächst in begrenztem Umfang geeignete Lehrerinnen am Mittel- und Oberstufenunterricht beteiligt werden. Wo es sich "rein oder vorzugsweise um Verstandeskultur handelt, in Grammatik, Rechnen, Naturwissenschaften, Geographie", sei der Mann besser am Platze als die Frau. Die "ethischen Fächer", auf die die Gelbe Broschüre das Augenmerk lenkte, seien hingegen Frauendomäne: Insbesondere "die Religion und das Deutsche – auch die Geschichte, wenn sich irgendeine geeignete Persönlichkeit findet, die Fächer, in denen erzogen, und zwar nicht nur im Weibe der Mensch, sondern auch das Weibliche erzogen werden soll", gehörten "nur in die Hand der Frau", seien die pädagogischen "Mißgriffe" von seiten der Lehrer hier doch offenkundig.[30]

Bei dem Anspruch auf die ethischen Fächer handelte es sich um einen ersten Schritt. Helene Lange meinte, Lehrerinnen könnten am ehesten in den Fächern Deutsch und Religion Defizite der wissenschaftlichen Grundausbildung im Selbststudium ausgleichen und, befreit von der "Kleinlichkeit und Engherzigkeit, die jahrhundertelanger Druck dem weiblichen Geschlecht anerzogen hat, ... mit Erfolg dagegen bei ihren Schülerinnen kämpfen"[31]. Die autodidaktisch fundierte Oberstufenarbeit war nicht mehr als eine, wenn auch von Lehrerinnen begrüßte, Zwischenlösung im Interesse geschlechterspezifischer Selbstrekrutierung. So befürchteten die Männer mit dem Anspruch der Frauen auf den Unterricht in den "ethischen Fächern" zu Recht eine personalpolitische Wende, die auf Gleichstellung hinauslief. In der Erziehung des Mädchens, so betonte Helene Lange immer wieder, gebühre "der Frau, der Lehrerin, die erste Stelle, wie dem Manne beim Knaben".[32] Der Allgemeine Deutsche Lehrerinnenverein sollte dies später programmatisch übernehmen; auf der Reichsschulkonferenz im Jahre 1920 wird die Forderung nicht minder vehement vertreten, so daß selbst Kultusminister Boelitz bei der anstehenden Schulreform ein Bekenntnis zur Gleichstellung ablegte.[33]

Dem bildungstheoretischen Grundgedanken nach orientierte sich das Professionalisierungskonzept an dem Prinzip der "formalen Bildung", das Pädagogen in Hinblick auf die höheren Lehranstalten für Knaben entwickelt hatten, um dem Dilemma überfrachteter Lehrpläne abzuhelfen. Lernprozesse sollten systematisch die Fähigkeit zu selbständiger Auseinandersetzung und methodisches Können fördern; dabei sollten sie sich auf zentrale Inhalte des tradierten Fächerkanons beschränken. – Eben dies nahm Helene Lange programmatisch für die weibliche Erziehung in Anspruch. Zu verwerfen seien Vielwisserei, eine am bloß Faktischen orientierte und zumeist mit vorgefaßten Urteilen durchsetzte Stoffvermittlung. Anzustreben dagegen sei eine "Kraftentwicklung", die "zur Schulung des Verstandes, zur sittlichen Bildung und zur Ausgestaltung des geistigen Horizonts" befähige. Die gesellschaftliche Entwicklung fordere "gebieterisch von der Frau als Erzieherin selbständige Bildung, von der Schule folgerichtig Kraftentwicklung"[34].

Die entscheidende Veränderung versprach eine in den Unterrichtsstoffen der höheren Knabenschule nachgebildete Oberstufe. Eine Art Pilotprojekt stellt die Einrichtung der Realkurse dar, die – unverzüglich nach dem Scheitern der Petition – Helene Lange und Franziska Tiburtius im Einvernehmen mit der Humboldt-Akademie (Berlin) betrieben; Minna Cauer zeichnete mitverantwortlich. Der Lehrplan der Realkurse (1889) legte das Hauptgewicht auf die Realien, das heißt die Gegenstände, die in der höheren Mädchenschule im Vergleich zu den höheren Lehranstalten vernachlässigt wurden: Mathematik, Naturwissenschaften; hinzugenommen wurden die Alten Sprachen.[35] Die in der Gelben Broschüre zum Ausdruck kommende Tendenz, die "Verstandeskultur" von Männern repräsentieren zu lassen, erweist sich jetzt erneut als taktischer Aspekt einer grundsätzlich umfassenden Bildungsstrategie. Denn bei der Eröffnung der Realkurse hieß es ausdrücklich, gegenüber dem "geistigen Müßiggang", dem "tändelnden Dilettantismus" bisheriger Mädchenbildung sollte es bei der Arbeit in diesen Fächern nun um die "Fähigkeiten exakten Denkens" gehen. Verstandesoperationen seien "eben nicht männlich oder weiblich, sondern einfach menschlich". Sie könnten und sollten "bei Knabe und Mädchen in gleicher Weise entwickelt werden". Eine solche "geistige Schulung sei das Rückgrat auch für die ethische Weiterbildung" aller Frauen. Entsprechend der Knabenerziehung seien Mädchen für das Interesse am "Sachlichen" zu gewinnen sowohl durch systematischen Unterricht in der Schule als auch im Austausch der Meinungen mit Freunden beiderlei Geschlechts. Dieser Schulung bedürften die vielen Frauen "gerade der gebildeten Kreise, wenn sie aus der Familie hinausstrebten". Aber dieser Erziehung bedürften auch die zukünftigen Mütter.[36] Das männliche Bildungsprivileg sollte sich von daher nicht mehr als Monopol verstehen.

Die Selbsthilfeeinrichtung der Realkurse (ab 1893 Gymnasialkurse) diente vertiefter Allgemeinbildung sowie der Abiturvorbereitung von Absolventinnen der höheren Mädchenschule. Als Oberstufe im Sinne der höheren Lehranstalten weckten die Kurse breiteres, nicht mehr nur auf den Lehrerinnenberuf bezogenes Interesse. Der Anspruch der Lehrerinnenbewegung, Frauenbildung überhaupt zu fördern, gewann dadurch reale Konturen. Das Oberstufenprojekt in Berlin und seine zahlreichen Nachfolger in anderen Städten erfreuten sich der Förderung durchaus auch von männlicher Seite.[37] Dies bedeutete indes nicht gleichermaßen ein Eingehen auf berufspolitische Forderungen nach akademischer Lehrerinnenbildung.

4. Prüfungsordnungen für Oberlehrerinnen

Angesichts der Möglichkeit von Abitur und Studium konnten die Kurse, die auf das seminaristische Lehrerinnenexamen aufbauten, bestenfalls als "interimistische Weiterbildung" anerkannt werden.[38] Bei der Gründung des ADLV, der berufspolitischen Vereinigung aller Lehrerinnen, rückte H. Lange erneut den wissenschaftlichen Oberstufenunterricht in den Vordergrund. Druck könne erst von einer großen Zahl gut ausgebildeter Lehrerinnen ausgeübt werden. Der schwache Besuch der Fortbildungskurse des Victoria-Lyceums (seit 1888) galt ihr als Zeichen des Dilemmas, daß die unzulängliche Grundbildung der Lehrerinnen kaum Fortbildungsbedürfnisse wecke. Jedoch allein wenn sie auf den künftigen Gebrauch hin Wissen erwerben würden, könnten auch Bildungsbedürfnisse der nachwachsenden Generation expandieren.[39] In diesem Wissen um die Eigendynamik des Bildungswesens mußte es darum gehen, zur Qualifikation im Vorgriff auf zukünftige Verwendungsmöglichkeiten zu ermutigen. Das Qualifikationsbedürfnis wurde seitens des Kultusministeriums auf ein eigens für Frauen gebautes Gleis geschoben. Die "Ordnung der Wissenschaftlichen Prüfung für Lehrerinnen" (1894), die die Ordnung von 1874 ersetzte, brachte den wissenschaftlichen Fortbildungskurs des Victoria-Lyceums in Berlin und ähnlichen Einrichtungen in Göttingen (1893), Königsberg (1895), Münster (1899), Bonn (1899) und Breslau (1900) eine gewisse Aufwertung. Die Anforderungen an die für mittlere und höhere Schulen zu Prüfenden ("Oberlehrerinnen") wurden geringfügig erhöht; die Anstellungschancen wurden verbessert. Das Unterrichtsministerium gab erstmals Quoten für die Oberstufe vor: An öffentlichen höheren Mädchenschulen sollte die Klassenleitung wenigstens einer der drei Oberklassen (7., 8. oder 9. Klasse) bei einer Lehrerin liegen.[40]

Bis zum Jahre 1900 hatten nur 89 Lehrerinnen das Zusatzexamen nach der Prüfungsordnung von 1894 abgelegt. Bis Ende 1903 gab es bereits 223 erfolgreiche Prüflinge.[41] Dieser Start ist beachtlich, denn die höhere Mädchenschule stellte einen Arbeitsmarkt dar, für den Qualifikationen eine unsichere Investition bedeuteten. Es war nicht vorauszusehen, wie sich die privaten höheren Mädchenschulen – mit rund 73 000 Schülerinnen und 3 700 Lehrkräften in Preußen – gegenüber Lehrerinnen verhielten, die aufgrund besserer Ausbildung zusätzliche Forderungen stellten. Trotzdem waren von 89 geprüften Oberlehrerinnen im Jahre 1901 durch die privaten Mädchenschulen 50 angestellt worden. An den öffentlichen Anstalten mit ca. 54 000 Schülerinnen und 2 100 Lehrkräften (in Preußen, ebenfalls nach dem Stand von 1901) arbeiteten 32 Oberlehrerinnen.[42] Die entsprechend geprüften Lehrerinnen verteilten sich also der Zahl nach annähernd gleich.

Offensichtlich beeinflußten die finanziellen Einsparungen, die eine weibliche Lehrkraft mit sich brachte, die Personalentscheidungen wenig, obwohl die Differenz erheblich war. Eine etatmäßige Oberlehrerin an einer höheren Mädchenschule erhielt durchschnittlich nur zwei Drittel des Gehalts eines etatmäßigen Oberlehrers (bei ca. einem Zehntel weniger Lehrverpflichtung). Selbst die im Ausbildungsniveau den Oberlehrerinnen sogar nicht immer gleichzustellenden ordentlichen Lehrer erhielten im Durchschnitt rund 30 % mehr Gehalt als jene.[43] Die öffentlichen höheren Mädchenschulen sicherten nach dem Lehrplanausbau von 1894 dem Oberlehrer auch in pädagogischer Hinsicht die Priorität gegenüber seminaristischen Lehrern und gegenüber Lehrerinnen zu. Die Oberlehrerin, die im Falle der männlichen Schulleitung eingestellt werden sollte – und dies war bei 172 der 213 öffentlichen höheren Mädchenschulen in Preußen der Fall – war dem Direktor als "Gehilfin" beigegeben; sie hatte ihn bei Erziehungsaufgaben ausschließlich zu unterstützen. Zudem war auch die Berufung in eine Oberlehrerinnenstelle an die Oberlehrerinnenprüfung nicht gebunden: An den preußischen höheren Mädchenschulen gab es nur 32 geprüfte Oberlehrerinnen, dagegen 139 etatmäßige Oberlehrerinnen.[44] Persönliche Bewährung und informelle Kooptation spielten augenscheinlich eine wichtige Rolle.

Die berufliche Qualifikation für die höhere Mädchenschule, die das Ministerium in der Neuordnung von 1894 für Lehrerinnen definiert hatte, zeigt markant das männliche Interesse, die Lehrerinnenausbildung grundsätzlich auf seminaristischem Niveau zu belassen, um zu verhindern, daß sich die Mädchenschulen zu höheren Lehranstalten mit den entsprechenden Berechtigungen entwickelten. Dies versprach am ehesten Schutz vor einer Verschiebung im Geschlechterverhältnis durch bessere Allgemein- und Berufsbildung. Hingenommen, wenn nicht einkalkuliert wurde, daß die Lehrplanschwerpunkte auf der höheren Mädchenschule und im Lehrerinnenseminar Weichen stellten und den fachlichen Horizont der Absolventinnen empfindlich beschränkten. Auch die Fächer der Oberlehrerinnenexamina nach der Prüfungsordnung von 1900 blieben weitgehend im sprachlich-philologischen Bereich; Naturwissenschaften sowie Mathematik wurden nur ausnahmsweise gewählt, schon weil hier die Grundlagen des Schulwissens unzureichend waren.[45] Die Verantwortlichen gingen auf dieses Defizit kaum ein und relativierten die Ausbildung, während sie die Bewährung in der Praxis hervorhoben. So begrüßte es das Unterrichtsministerium, daß eine größere Zahl der für mittlere und höhere Mädchenschulen Geprüften im Volksschuldienst standen. Diese Bewährung zähle mehr als "gymnasiale und akademische Studien". Zu wünschen sei, daß die besten Lehrerinnen Oberlehrerinnen werden.[46] Selbst bei der Anhebung der Prüfungsanforderungen für Oberlehrerinnen durch die Neuordnung im Jahre 1900 wurde weiterhin eine fünfjährige Lehrtätigkeit bei der Prüfung vorausgesetzt. Erziehungskompetenz und Bewährung stellten indes nicht neue universelle Kriterien pädagogischen Expertentums dar. Beherrschend war das Motiv, den Zuzug zur Oberlehrerinnenlaufbahn einzudämmen, indem für Frauen die seminaristische Ausbildung erneut zur Basisqualifikation des Lehrberufs erklärt wurde.

Das Unterrichtsministerium konnte jedoch die Tatsache nicht ignorieren, daß Absolventinnen der Gymnasialkurse auf das Oberlehrerexamen hin studierten. Per Erlaß vom 14. Dezember 1905 wurden Abiturientinnen nach sechssemestrigem Fachstudium auf der Grundlage der Prüfungsordnung für Oberlehrer zum Examen pro facultate docendi zugelassen.[47] Gegen ein Übergewicht von Frauen hatten sich die Traditionalisten der Reform von 1908 durch eine neue Quotenregelung personalpolitisch abgesichert. Die relativ günstige Bestimmung von 1894, derzufolge an öffentlichen höheren Mädchenschulen mindestens eine der drei Oberklassen von einer Lehrerin geführt werden sollte, entfiel jetzt. Statt dessen wurde bestimmt, daß dem Lehrpersonal mindestens zu einem Drittel männliche Lehrkräfte angehören sollten.[48] Wollten sich diese auf die Oberstufe konzentrieren, so stand dem rechtlich nichts entgegen.

Parallel zu der Zulassung von Studentinnen zum Oberlehrerexamen wurde mit Hilfe einer eigens für Frauen konstruierten Prüfungsbestimmung die Ge-

Herausgegeben in dem Ministerium der geistlichen, Unterrichts- und Medizinalangelegenheiten.

125) Zulassung der Frauen zum Universitätsstudium.

Berlin, den 18. August 1908.

Mit Allerhöchster Ermächtigung habe ich am heutigen Tage die anliegenden Bestimmungen, betreffend die Zulassung der Frauen zum Universitätsstudium, erlassen. Ew. pp. ersuche ich ergebenst, dieselben den abhängigen Behörden mitzuteilen, sowie wegen ihrer Bekanntmachung das Erforderliche anzuordnen. Ich bemerke dabei, daß auf die Bestimmung unter Ziffer 4 bei der Immatrikulation die Frauen besonders hinzuweisen sind.

Der Minister der geistlichen 2c. Angelegenheiten.

Holle.

[...]

Erlaß, betreffend die Zulassung der Frauen zum Universitätsstudium.

1. Als Studierende der Landesuniversitäten werden von Winterjemester 1908/09 ab auch Frauen zugelassen.

[...]

3. Aus besonderen Gründen können mit Genehmigung des Ministers Frauen von der Teilnahme an einzelnen Vorlesungen ausgeschlossen werden.

4. Es versteht sich von selbst, daß durch die Immatrikulation die Frauen ebensowenig wie die Männer einen Anspruch auf Zulassung zu einer staatlichen oder ärztlichen Prüfung, zur Doktorpromotion oder Habilitation erwerben. Für diese Zulassung sind vielmehr die einschlägigen Prüfungs-, Promotions- und Habilitationsordnungen allein maßgebend.

Berlin, den 18. August 1908.

Der Minister der geistlichen, Unterrichts- und Medizinalangelegenheiten.

Holle.

(Zentralblatt 1908, S. 691 f.)

Herausgegeben in dem Ministerium der geistlichen, Unterrichts- und Medizinalangelegenheiten.

166) Zulassung der Frauen zum Universitätsstudium.

Berlin, den 23. September 1908.

U I 2064 — (Zentrbl. S. 691). —

Im Verfolg des Erlasses vom 18. August d. Js. — (Zentrbl. S. 691), betreffend die Zulassung der Frauen zum Universitätsstudium.

Nachdem den Frauen die Immatrikulation freigegeben ist, befinden sie sich, hinsichtlich der Zulassung zum gesamten Hören von Vorlesungen, bisher der einzige Weg, auf welchem Frauen Universitätsbildung betreiben konnten, und zu deren Gründen der § 6 der Vorschriften der Landesuniversitäten pp. vom 1. Oktober 1879/6. Januar 1905 ausgeschlossen ist. Den bisher zur wissenschaftlichen Prüfung der Lehrerinnen zu ihrer Fortbildung an Universitätsvorlesungen teilnehmen.

Wenn hiermit in der Zulassung der Frauen als Gasthörerinnen eine wesentliche Änderung eingetreten ist, so wünsche ich doch bei der Überleitung in den neuen Zustand, daß solchen Frauen, die an letzter nicht bestimmte Studien betreiben, welche im Sommersemester 1908 an einer der Landesuniversitäten zum Gasthören zugelassen worden, so fern sie nicht immatrikuliert werden, gestattet werden kann, auf dem bisherigen Wege ihre Studien zu beenden.

Ew. pp. ersuche ich ergebenst, den Akademischen Behörden Vorstehendes zur Nachachtung mitzuteilen.

Der Minister der geistlichen 2c. Angelegenheiten.

Holle.

[...]

Lehrerinnen können auch nach 1908 ohne Abitur als Gasthörerinnen studieren.

(Zentralblatt 1908, S. 819 f.)

schlechtertrennung von neuem verankert. Im Zusammenhang mit der Mädchenschulreform von 1908 wurde beschlossen, daß seminaristisch vorgebilde-
te Lehrerinnen für mittlere und höhere Mädchenschulen nunmehr nach zweijähriger Praxis und sechssemestrigem Studium das Examen pro facultate docendi ablegen könnten. Besonderer Bevorzugung erfreute sich der neue Typ
der Oberstufe, das dreiklassige Lyzeum (ab 1912 Oberlyzeum), das dem Lehrplan nach die Tradition der höheren Lehrerinnenseminare weiterführte. Bei
seinen Absolventinnen wurde selbst auf die Berufsvorbereitung, das Praktische Jahr, verzichtet. Sie erhielten (1913) das Recht auf Immatrikulation an
den Philosophischen Fakultäten der preußischen Universitäten.[49]

Die Studienberechtigung, die das Oberlyzealexamen verlieh, provozierte
sowohl die Oberlehrer, die das professionelle Argument der Fachkompetenz
infrage gestellt fanden, als auch die Lehrerinnen, die ihre Gleichstellungsstra-
tegie gefährdet sahen.[50] Durchgesetzt hatten sich diejenigen, die die Oberlehrerin – trotz gleicher Statusbezeichnung – nach Vorbildung und Fächerspek-
trum in ihren Qualifikationschancen dem Mann untergeordnet wissen wollten. Dies trug zu den Schwierigkeiten bei, die Oberlehrerinnen ohnehin haben sollten, sich an den Oberstufen der neu gegründeten Studienanstalten
und Oberlyzeen zu behaupten. Der neue fachliche Leitsektor im allgemeinbildenden Schulwesen, Mathematik, Physik, Chemie, Biologie, wird bis weit
in die Zeit des Nationalsozialismus von Oberlehrern bestimmt werden, während Frauen zunehmend in den Fächern Deutsch, Religion, Englisch und
Französisch nachrücken.[51] Die Schulleitung blieb weitgehend männliches
Monopol.

5. Gleichstellung und weibliche Eigenart

Die Professionalisierungsstrategie der Oberlehrerinnenbewegung hatte zwei
unterschiedliche Intentionen zu vereinbaren: die Fachqualifikation im Kontext männlicher Wissenschaft und Berufsfundierung einerseits und die Bil-
dungschancen der zeitgenössischen Frauen- und nachwachsenden Mädchengeneration andererseits. Diese Anliegen wurden in verschiedenartigen Pro-
jekten angegangen. Nach dem Scheitern der Pläne für eine Lehrerinnen-
Akademie (1887/88) konzentrierten sich die Bemühungen darauf, der damaligen jungen Frauengeneration eine den höheren Lehranstalten für die
männliche Jugend vergleichbare Schuleinrichtung anzubieten, um Defizite im
Grundwissen und logischen Arbeiten aufzuholen. Die Selbsthilfeeinrichtung
der Abiturkurse, die "praktische Propaganda, Pionierarbeit" sein wollte,
wurde als erfolgreich betrachtet, wenn städtische Einrichtungen der Nachfrage entgegenkamen.[52]

Mit der Perspektive der Gleichstellung gab es weiterhin auch Reformvor-
haben mit frauenpolitischem Akzent, die nicht allein auf den Nachholbedarf
abzielten. Ein Jahrzehnt nach der Forderung einer Lehrerinnen-Akademie

legte der Allgemeine Deutsche Lehrerinnenverein ein Konzept für die Berufsvorbereitung vor, das Studium und praktische Ausbildung verbinden und so Vorzüge des seminaristischen Modells in die Oberlehrerinnenausbildung einbeziehen sollte.[53] Obwohl pädagogisch überzeugend begründet, geriet der Plan unvermeidlich in den Diskurs über "weibliche Eigenart" und in den Sog diskriminierender Zuschreibungen. So fand sich die Überlegung in Kreisen des ADLV, die methodische Ausbildung enger mit dem Fachstudium zu koppeln, in der ministeriellen Prüfungsordnung für Oberlehrerinnen aus dem Jahre 1900 als restriktive Wendung wieder. Abweichend von der Oberlehrerprüfung wurde in den gewählten Fächern auch die Methodik geprüft – und dies mit der Begründung, Frauen könnten "in die Versuchung geraten, die neu erworbene Wissenschaft unterrichten zu wollen, statt den Lehrstoff der Schule vermöge der gewonnenen höheren Erkenntnis zu vertiefen, ihn fruchtbarer und bildungskräftiger zu gestalten". Der im Studium erworbene "wissenschaftliche Besitz" solle aber letztendlich der Schule zugute kommen.[54] Pädagogisch getarnt, wurde versucht, wissenschaftliches Interesse über das Argument spezifisch weiblicher Eigenart einzudämmen. Derartige Äußerungen legten es den Frauen nahe, erst einmal in Männerinstitutionen einzudringen, also eine Gleichstellungstaktik zu verfolgen, um dann von innen heraus bildungstheoretische und pädagogische Positionen auf ihre geschlechterspezifischen Prämissen abzuklopfen.

Im Zuge des zunehmenden männlichen Interesses an der Aufwertung der Mädchenerziehung in der zweiten Hälfte des 19. Jahrhunderts hatte es nicht an Versuchen gefehlt, entsprechende Grundsätze zu formulieren. Gegenüber der Rede vom erziehenden Unterricht, die meinte, daß "richtig gehandhabter Unterricht ... von selbst erziehe, daß die erziehliche Kraft einerseits in den Lehrgegenständen, andererseits in der Arbeit liege", verschob sich in der mädchenpädagogischen Diskussion, die die Weimarer Denkschrift (1872) provoziert hatte, der Akzent hin zu der "unterrichtenden Erziehung".

Dem Unterricht in der Mädchenschule, so wurde gesagt, komme grundsätzlich nicht die Bedeutung zu, die er in der Knabenschule habe. Neben bloßem Unterricht sei "eine bestimmte auf die Erziehung gerichtete Arbeit" notwendig. Es genüge nicht, "die Stoffe wirken zu lassen"; "im ethischen Interesse" sei diesen eine "bestimmte Form", das heißt Zielsetzung, zu geben.[55] Diese wurde in der Neuordnung des Mädchenschulwesens aus dem Jahr 1894 dahingehend formuliert, den Schülerinnen nicht nur eine "innerlich begründete religiös-sittliche Bildung zu geben, sondern sie auch zu echter Weiblichkeit zu erziehen"[56].

Die Forderung von Frauen, den Mädchen dieselben Bildungsstoffe wie den Knaben als geistige Nahrung anzubieten, die erstmals in den Realkursen praktisch ernstgenommen wurde, lehnte es ab, den Stoff zugunsten geschlechterspezifischer Zielsetzung zu instrumentalisieren. In der für Mädchen getroffenen Auswahl und Zubereitung von Lehrstoffen attackierte H. Lange die verkappte Erziehungstheorie, die bloß widerspiegele, "was der Wille des Mannes aus der Frau machen wollte, was er ihr als Wirkungskreis gestattete".

Diese "Kunstfigur", die als weibliche Eigenart deklariert werde, sei allein dadurch zu unterlaufen, daß Frauen anhand selbständig ausgewählten Wissens sich zu bilden vermögen. Das Ergebnis sei nicht vorwegzunehmen: Die "Größe des Weibes als Weib" werde in demselben Maße wachsen, in dem es der Frau möglich sei, "das Leben, die Welt in sich aufzunehmen". Nachdem sich schon so manche Meinung über die weibliche Eigenart als irrig erwiesen habe und merkwürdigerweise der Verlust der weiblichen Eigenart immer nur bei Mädchen der höheren Stände befürchtet werde, sei nur noch dieses vollends offene Weiblichkeitskonzept legitim.[57]

Das solcherart für Frauen adaptierte klassische Bildungsprinzip ist kennzeichnend für die Ablehnung einer spezifischen Mädchenpädagogik wie auch für das Berufsbild, das Helene Lange über mehr als zwei Jahrzehnte publizistisch in der 'Lehrerin' und als Vorsitzende des ADLV (1890 bis 1921) vertrat. Nichts könne der Lehrerin mehr schaden, als "geistige Befangenheit und Unsicherheit"; zu einer "verkümmerten, verbitterten Lehrerin" komme es nicht selten durch einen "Mangel an innerer Freiheit", und dieser rühre oftmals aus unzureichender Vorbildung her.[58] Auch wo Bildungseinrichtungen männliche Züge trügen, müßten Frauen durch sie hindurch. Nur bei gleicher Vorbildung erlangten Lehrerinnen die Chance der "selbständigen Mitwirkung bei voller Gleichberechtigung".[59] H. Lange überging nicht die Befürchtung, gerade bei unmittelbarer Kooperation werde die Lehrerin "am Maßstab des Lehrers" gemessen. Über die Sorge stellte sie die Utopie. Man werde sich "ihrer weiblichen Eigenart anpassen ... auch um der Bereicherung willen, die das Leben der Schule aus dieser gemeinsamen geistigen Arbeit der Geschlechter erfahren wird"[60].

Damit setzte H. Lange, ebenso wie zur Zeit der Petition an das Preußische Abgeordnetenhaus (1887), auf eine Bildung, die oktroyierte Weiblichkeitsbilder unterlief, die Lehrerinnen ihre Eigenarten als Frauen entfalten, sich emanzipieren half und ethische Bedürfnisse freisetzte, eine Bildung schließlich, die von Männern und Frauen getragen wurde.

Dahinter stand die Vorstellung von der Lehrerin als Bildungsbürgerin. Wie den Bildungsbürger charakterisierte sie nicht nur die einmal erworbene Berufsqualifikation, sondern auch das allseitige Bildungsmotiv. Dieser Erwartungshorizont kristallisierte sich mit besonderer Prägnanz im Bild der Oberlehrerin heraus. Er zeigt sich aber auch in Stellungnahmen zur Hausarbeit, wie später gezeigt werden wird.

Für die Oberlehrerinnen pädagogisch-didaktisch maßgebend war, die schulische Allgemeinbildung von der Vorbereitung auf den Hausfrauenberuf freizuhalten. So kritisierten sie die Frauenschule, die die Mädchenschulreform von 1908 vorsah, als eine verfehlte Konstruktion.[61] In Hinblick auf die Lehrplangestaltung bestanden die Oberlehrerinnen darauf, zwischen Stoff und Erziehungsziel, zwischen Lernen und Gefühlsleben zu trennen. Als eine Anhängerin des Oberlyzeums und der deutschen Oberschule erklärte, die Pflege der "Gesinnungswerte" sei die "besondere Kulturaufgabe der Frau", wandte sich Gertrud Bäumer – seminaristische Lehrerin und eine der frühen promovierten Akademikerinnen – allein schon gegen die Bezeichnung "Gesinnungs-fach"; die Bildung der Gesinnung sei nicht eine Fachfrage. Zwar vermutete und erwartete auch sie, ähnlich H. Lange, mit der "weiblichen Natur" gegebe-ne Voraussetzungen für die persönliche Kultur: Eine Frau könne instinktiv das Richtige fühlen und ergreifen; Zartheit und Sensibilität; Freude an der guten Form; Interesse für die Persönlichkeit und den einzelnen. Gleichzeitig aber betonte kaum jemand aus dem Kreis der prominenten Wortführerinnen des ADLV stärker als G. Bäumer, daß "persönliche Kultur" aus eigener intel-lektueller Anstrengung erwachse. Im Mädchenschulwesen sah sie eine falsche Furcht vor der "Intellektualisierung"; sie forderte "Respekt vor der Kraft und vor der Leistung" bei Mädchen wie Jungen gleichermaßen. Bei dem Vergleich neuester Ergebnisse der empirischen Psychologie zur Geschlechterdifferenz im Schulalter kam sie zu dem Schluß, daß "sowohl dem Grade wie der Art nach die individuellen Differenzen weit größere Spannnweiten zeigen als die auf das Geschlechtskonto zu schreibenden".[62]

Was individuell entwickelte weibliche Eigenart sei und was sie vermöge, wurde so im öffentlichen Nachdenken immer neu zur Debatte gestellt. Nicht gerüttelt wurde indes an dem Grundsatz, daß das "entscheidende Urteil über seine Bildungsbedürfnisse ... nur jedes Geschlecht selbst" fällen könne.[63] Über dieses frauenpolitische Motiv wurde die Gedankenwelt der weiblichen Eigen-art mit dem Grundsatz der Gleichberechtigung verknüpft und damit zu einem umfassenden professionellen Argument. Allgemein zielte es auf die Gleich-stellung als Bildungsbürgerin, und auf der berufspraktischen Ebene diente es als Legitimation für die geforderte Gleichstellung in Schule, Schulleitung und Schulverwaltung. Hier ging es nicht nur um Stellenbesetzungen, sondern auch um den Anspruch auf gleichen Lohn, bekamen doch selbst die rite geprüften Oberlehrerinnen noch immer ein Drittel bis Viertel weniger Gehalt als ihre Kollegen. Die Gleichstellungsforderung hatte eine weitere feministische Di-mension. Die Arbeit in den Institutionen sollte den Rahmen für weibliche Entfaltungsmöglichkeiten bilden.

6. Statusvorteile

Der Beruf der Elementarlehrerin, so bemerkte Helene Lange vor Berliner Honoratioren bei der Eröffnung der Realkurse, sei wirklich nicht allen zuzu-muten; er verlange nicht mehr an Vorkenntnissen, als die Schule ihnen mit-gebe. Breites Wissen und die Fähigkeit exakten Denkens kennzeichneten "alle höheren Berufe, die gelehrten wie die des praktischen Lebens", und Frauen "gerade der gebildeten Kreise" hätten einen Anspruch auf den einen oder anderen der höheren Berufszweige, die ihnen eine "geachtete, aus-kömmliche Stellung sichern würden".[64] So wie es in ihrer gesellschaftlichen Umgebung für Männer üblich war, verband die Rednerin berufliche Achtung auch für Frauen mit dem Einkommen und stellte beides in den Zusammenhang von erworbener Qualifikation und der Zugehörigkeit zu "gebildeten Kreisen". Zweifellos handelt es sich hier auch um eine taktische Aussage. Sie mußte also reale Bezüge aufweisen. Zu fragen ist damit nach ihrer sozialen Dimension, nach der tatsächlichen Bedeutung der Herkunft.

Die Anziehungskraft der Oberlehrerinnenlaufbahn wurde offen erörtert, und sie wurde gefürchtet: Als Stephan Waetzoldt, der Leiter der im preußischen Kultusministerium neu eingerichteten Abteilung für höhere Mädchenschulen, vor der Trennung der Ausbildungswege für seminaristisch und akademisch gebildete Lehrerinnen warnte, begründete er dies damit, Töchter gebildeter Familien zögen sich dann aus dem Elementarbereich zurück.[65] Offenbar sah er viele unter ihnen wider deren Willen in die Unterstufen der höheren Mädchenschulen oder in die Volksschule verbannt.

Aufschlußreich ist die Herkunft der zweiten Generation der Oberlehrerinnen: den zwischen 1890 und 1900 Geborenen, für die sich mit der Mädchenschulreform 1908 erstmals die Wahl zwischen den verschiedenen Lehrerinnenlaufbahnen stellte. Die Schülerinnen von Seminaren zur Ausbildung von Volksschullehrerinnen befanden sich ebenfalls erstmals in einer neuen Situation. Mit dem Besuch eines solchen Seminars legten sie sich auf den Volksschuldienst fest, da die Prüfung für mittlere und höhere Mädchenschulen als Zusatzqualifikation im Zuge der Reform von 1908 entfallen war.[66] Diese Bedingungen bewirkten eine deutliche soziale Differenzierung zwischen Volksschullehrerinnen einerseits und Oberlehrerinnen andererseits.[67] Damit setzte sich die Ausdifferenzierung bei der Berufsentscheidung fort, die sich bereits in der Rekrutierung der Volksschulseminare im Vergleich zu höheren Lehrerinnenseminaren bei der vorangegangenen Generation gezeigt hatte.[68] (In der preußischen Statistik für das niedere Schulwesen, die die Herkunft berufstätiger Lehrerinnen erhob, zeichnet sich diese Entwicklung nur grob ab, da viele der für höhere Mädchenschulen Geprüften an Volksschulen arbeiteten.)

Sozial homogen war die Gruppe der Volksschullehrerinnen aber ebenso wenig wie die der Oberlehrerinnen. Dies gilt für Preußen insgesamt. Hinzu kommt bei den Volksschullehrerinnenseminaren das unterschiedliche Profil der einzelnen Anstalten. Ausschlaggebend dafür war – auf dem Hintergrund der regionalen Sozialstruktur – auch die jeweilige Leitung, die durch ihre Seminarpolitik öffnend oder restriktiv wirken konnte.[69]

Die Herkunft der Seminaristinnen an den staatlichen Anstalten in Preußen insgesamt zeigt im Unterschied zu den Oberlehrerinnen einen statistisch relevanten breiteren Einzugsbereich. Er reicht vom agrarischen über das gewerbliche und das kaufmännische Milieu bis hin zur mittleren Beamtenschaft. Dies läßt höchst unterschiedliche Traditionen vermuten, aus denen heraus sich Entscheidungen für den Lehrerinnenberuf ergeben konnten. Ein frappierendes Merkmal indes war die "Berufsvererbung": Jede fünfte Absolventin eines staatlichen Seminars in Preußen (1915/17) war Tochter eines Lehrers mit seminaristischer Ausbildung. Verschwindend wenige waren demgegenüber Töchter von Oberlehrern; hier wird eine Statusschranke sichtbar.

Städtisches Lyzeum III Höhere Lehranstalten
und Aufbauschule
Köln-Lindenthal, Weyerthal 115

Personalblatt A

für (Ober-)Studien-Direktoren, (Ober-)Studienräte, Studienassessoren und
Studienreferendare.

1. a) (Familienname)

b) (Vornamen, Rufname zu unterstreichen)

nisse (Religion), Jahr (Töchter) des

in .... Kreis u/w. .... geboren am .... 18 ..

2. Tag des Religionseides und Inhalt, an der es erworben
ist. (Falls die Reifeprüfung nicht abgelegt ist, genaue
Angabe der Vorbildung)

3. Angaben über Ort sowie über Zeit (Anfang und Ende)
mit genauer Angabe des etwaigen Unterrichtspraktikums,
des Lehramtsassessorats, des zur Vorbereitung auf die
Lehramtsprüfung dienten (gegebenenfalls auch entsprechende
Angaben über das Studium der Theologie)

4. a) Tag und Ort jeder Lehramtsprüfung nebst Angabe
der Art der Prüfung (ob erste, Wiederholungs-,
Ergänzungs-, Erweiterungsprüfung) sowie der Fächer
und der Stufen der Lehrbefähigung und des erteilten
Zeugnisprädikats. Der Tag der Prüfung, gegebenenfalls des letzten Tages der Prüfung, bei mehrfachen
zur Anstellung befähigt, ist ja zu unterschreiben.

b) Tag und Ort etwaiger anderer Prüfungen (Turnen,
Zeichnen, Gesang, theologische Prüfungen gegebenenfalls auch Tag der Dienstreihe)

5. Etwaige Tätigkeit im Schul- oder Kirchendienst vor
Eintritt in den höheren Schuldienst (Art der Tätigkeit,
Ort, Zeit unter genauer, Angabe der Tage)

11. Kriegsdienste und sonstige Ehrt nebst Tag ihrer Dei-
leitung, bei der Doktortitel die Angabe des Promotions-
tags und der Universität, an der sie erworben ist,
Kriegsorden und Ehrenzeichen

12. Amtliche Stellungen nach Erlangung der Anstellungsfähigkeit nebst Angabe der Zustellen und der Zeit der Beschäftigung,
gegebenenfalls der Beurlaubung (eine private Schultätigkeit, ausgeübt des höheren Schuldienstes, Studienjahre, Ausland)

A. Vor der festen Anstellung:

Inhalt (Ort und Name)	Amtliche Stellung	Zeit	Vergütungen
		vom _____ bis _____	
		vom _____ bis _____	
		vom _____ bis _____	
		vom _____ bis _____	
		vom _____ bis _____	
		vom _____ bis _____	

B. Nach der festen Anstellung:

Inhalt (Ort und Name)	Amtliche Stellung	Zeit
	Oberlehrerin	vom 1.4.1916 bis 1.4.1919
	Oberstudienrätin	vom 1.4.1919 bis 1.4.1920
		vom _____ bis _____
		vom _____ bis _____
		vom _____ bis _____
		vom _____ bis _____
		vom _____ bis _____

Nr. 102. Personalblatt A für (Ober-)Studien-Direktoren, (Ober-)Studienräte, Studienassessoren und Studienreferendare.
Druck von Emil Kesseling in Nürnberg.

Der engeren Berufsgruppe nach traten Oberlehrerinnen nicht so häufig in die Fußstapfen ihrer Väter. Allgemeines Kennzeichen ihrer Herkunft war das bildungsbürgerliche Milieu.[70] Neben Lehrtätigkeiten und geistlichen Berufen dominierten bei den Vätern die höheren Verwaltungspositionen. Die Rekrutierung aus der unteren und mittleren Beamtenschaft kam im Vergleich zu Volksschullehrerinnen sehr viel seltener vor. Ein hervorstechendes Merkmal war, daß jeder vierte der Väter von Oberlehrerinnen einen akademischen Ausbildungsstandard aufwies und auf dieser Grundlage im öffentlichen Dienst tätig war. So kamen noch mehr Oberlehrerinnen als Volksschullehrerinnen in ihren Familien mit Anforderungen, Chancen und Restriktionen der angestrebten Berufsarbeit frühzeitig in Berührung. Ihre berufliche Sozialisation begann also schon früh in der Familie. Unter diesem Gesichtspunkt kam der Herkunft "aus gebildeten Kreisen" eine reale pädagogische Bedeutung zu.

Die Oberlehrerinnenbewegung zielte darauf ab, den Status des Bildungsbürgers zunächst in seiner berufsbezogenen Dimension für Frauen zu öffnen, so daß sie eine auf wissenschaftliche Ausbildung und öffentliche Prüfungen gegründete, dauerhafte Tätigkeit ausüben konnten, die die wesentliche Einkommensbasis darstellte; insofern diese Tätigkeit auch die Hauptarbeitszeit beanspruchte, war das Zölibat konstitutiv für die Professionalisierung. Gleichzeitig ergab sich daraus aber nur eine ungefähre Annäherungsmöglichkeit an den Status des Bildungsbürgers. Eine Eheschließung, die bei Männern die gesellschaftliche Etablierung unterstützte und unterstrich, war in eben dieser Funktion für Frauen nicht möglich.[71]

Bei den Oberlehrerinnen der zweiten Generation (die zwischen 1908 und 1918 ihre Ausbildung begannen) konstituierte sich eine frauenspezifische Variante zu den in ihrer gesellschaftlichen Schicht standesgemäßen Betätigungen. Sie rückten in die Berufsgruppe ein, aus der sich die männlichen Angehörigen ihrer Schicht mittlerweile zurückzogen.[72] Womöglich gerade deshalb wurde in Familien des Bildungsbürgertums der höhere Lehrberuf als angemessene Berufsperspektive für die Töchter betrachtet. Die tradierte Geschlechterdifferenz erwies sich jedoch als zäh. Vor allem zeigte sie sich bei dem Zugang zu Leitungsfunktionen in der Schule und in der Schulverwaltung.

Selbst die relativen Erfolge wären nicht möglich gewesen ohne die gesamtgesellschaftliche Konstellation. Die Oberlehrerinnen profitierten davon, daß sich ihre professionelle Etablierung in der männlichen Sphäre als eine Standesbewegung vollziehen konnte. Sie nutzten Ausbildungswege, die Töchtern aus anderen Herkunftsgruppen kaum zugänglich waren.[73] Der Kampf um bessere Zugangschancen wurde außerdem durch die soziale Rekrutierung der Oberlehrerinnen insofern unterstützt, als die Schranken zwischen Klein- und Großbürgertum wie zwischen Gebildeten und Ungebildeten in der wilhelminischen Gesellschaft bestätigt wurden.

28. Jahrgang
Beiblatt A Nr. 12

Die Lehrerin

2. September 1911

Organ des Allgemeinen Deutschen Lehrerinnenvereins

Beiblatt der Sektion für höhere und mittlere Schulen und Korrespondenzblatt des Verbandes akademisch gebildeter und studierender Lehrerinnen

Stellenanzeigen aus:
Die Lehrerin 28 (1911/12), Beiblatt A, S. 48

7. Lehrerinnen und Mütter

Die Oberlehrerinnenbewegung verstand sich als eine Avantgarde der Frauenbewegung. Sie suchte die Interessen von Pädagoginnen aller Ausbildungsrichtungen zu vereinbaren, und sie strebte darüber hinaus nach der Solidarität von Lehrerinnen und Müttern. Als man der Petition an das Preußische Abgeordnetenhaus standespolitischen Egoismus vorwarf, verwies H. Lange auf übergreifende Fraueninteressen. Die Petition sei nicht von Lehrerinnenkreisen ausgegangen; "sie ist vorzugsweise von Müttern ausgegangen, und ihr Endzweck ist Reform der Mädchenerziehung und Mädchenbildung".[74] Bei der Gründung des ADLV wurden erneut Gemeinsamkeiten beschworen. Jeder Frau müsse die Sache der Mädchenbildung hoch und heilig sein; darum seien "auch alle von Herzen willkommen, die als Nicht-Lehrerinnen, als außerordentliche Mitglieder dem neuen Verein beitreten wollen. Vor allem die Mütter".[75]

Damit war ein pädagogisch, berufspolitisch wie frauenpolitisch brisantes Problem angesprochen. Die Wirksamkeit von Lehrerinnen bei Mädchen konnte durch eine positive Beziehung zu den Müttern nur gewinnen, und Mädchen konnten vor zu harten Konflikten zwischen unterschiedlichen Wertsystemen von Familie und Schule geschützt werden. Mütter ihrerseits konnten für Lehrerinnen in allen Sparten und Stufen des Schulwesens eine Lobby bilden. Schließlich mußte sich die Glaubwürdigkeit der Lehrerinnen – als Teil der Frauenbewegung – auch daran erweisen, daß es auf dem zentralen Gebiet der Erziehung Gemeinsamkeiten zwischen häuslicher und verberuflichter Arbeit gebe.

Dennoch wurde die Kluft zwischen Lehrerinnen und Müttern mehr und mehr beklagt. Zwei Jahrzehnte, nachdem die Verbandsgründerinnen jene gerufen hatten, "deren Kinder wir erziehen helfen", verwies eine erfahrene Funktionärin der Volksschullehrerinnen im ADLV auf die Frage, warum die Mütter so wenig Vertrauen zu den Lehrerinnen hätten, "sehr richtig", wie es im Verbandsorgan hieß, auf die "Tatsache, daß Lehrerinnen so selten in Oberklassen beschäftigt seien".[76] Die Volksschullehrerinnen klagten über Weiteres. Viele Mütter seien erwerbstätig und hätten wenig Zeit für die Töchter. Zudem seien ihnen oftmals höhere Erziehungsansprüche zu teuer. Materiell bedingte Differenzen zwischen Haus und Schule dürften bei den Oberlehrerinnen eine geringere Rolle gespielt haben. Doch sind Anzeichen einer Solidarität mit den Müttern gerade bei ihnen am wenigsten zu finden. Der Grund dafür liegt in dem Bildungskonzept für die heranwachsenden Mädchen.

Die Oberlehrerinnenbewegung nährte sich aus dem gesellschaftskritischen Elan von Frauen, die sich gegen die übliche Mädchenerziehung richteten. Dies mußte sie in den Gegensatz zu den Müttern bringen, denen diese Normen und Konventionen selbstverständlich waren; Stein des Anstoßes war z.B. die Relativierung der Ehe und das Drängen auf Berufsbildung. Wenn auch die materielle Not unverheirateter erwerbsloser Frauen bekannt war, so schienen vielen Müttern Einrichtungen, wie der Lette-Verein sie aufgebaut hatte, angemessen und ausreichend, während das Streben nach intellektueller Bildung und Verstandesschulung, ganz zu schweigen von der Berufsperspektive, nur eine Minderheit unter den Müttern ansprach.

Der Entwurf "geistiger" oder "organisierter Mütterlichkeit" war vorrangig als Kampfmittel gegen herkömmliche Bilder von Weiblichkeit und zugunsten der Legitimation außerfamilialer, vor allem sozialer Frauenarbeit konzipiert.[77] Die Maßstäbe der "geistigen Mütterlichkeit" bezogen sich darüber hinaus auf Hausarbeit: Sie problematisierten die familiale Existenz der Mütter im gesellschaftlichen Kontext. Öffentliche und sogenannte private Verantwortlichkeiten wurden verknüpft; der Rückzug in die Familie war verpönt. Mütter wurden gescholten, mit ihren konventionellen Bildungsvorstellungen zu dem mangelnden Bildungsbewußtsein bei der heranwachsenden Mädchengeneration beizutragen, unzulängliche Ausbildungsmöglichkeiten hinzunehmen und zuzulassen, daß die Töchter den Blick auf Heirat und Ehemann fixierten.

Schon die Pestalozzi-Rezeption im Kreise von Henriette Schrader-Breymann, Mitte der 1880er Jahre, zeigt die Dialektik des Mutterbildes. Emphatisch zitierte die Genannte selbst das unverbrüchliche Vertrauen Pestalozzis in die sittliche Erneuerung durch das "häusliche Leben". Es sei das "mütterliche Streben", das in dem immer neuen täglichen Umgang Mittel finde, die Kräfte und Anlagen des Kindes "als menschliche und göttliche Anlagen" und damit "den ganzen Umfang der höheren, der gebildeten Kräfte" des Menschengeschlechts "naturgemäß zu entfalten". Einen ebenso wichtigen Raum aber nahm die Kritik Pestalozzis ein. Den Müttern fehle, "um den Zeitbedürfnissen der Erziehung ein Genüge zu leisten und der Volkskultur und der Menschenbildung durch ihren mitwirkenden Einfluß auf das häusliche Leben vorwärtszuhelfen, soviel als alles"[78].

Die von Pestalozzi angesichts von Kriegsnöten und Zerstörungen acht Jahrzehnte zuvor niedergeschriebenen Gravamina dienten – nun in Anbetracht der Sozialen Frage – als ein Denkmodell für die notwendige Mütterkritik und als Hinweis auf die Erziehung künftiger Mütter. Man gebe endlich einmal diesen "törichten Wahn" auf, schrieb M. Loeper-Housselle (Lehrerin und dann Mutter, Begründerin und Herausgeberin der 'Lehrerin in Schule und Haus'), "daß der mütterliche Instinkt zur Ausübung dieser Kunst hinreiche ... Wohin diese Erziehung nach mütterlichen Instinkten führt – wir sehen es alle Tage – eine weichliche, pietätlose, genußsüchtige, selbstsüchtige Jugend wächst heran"[79].

M. Loeper-Houselle entwarf programmatisch die "Erziehung der Frau durch die Frau" und hielt dies für vereinbar mit der Aufgabe der Schule, "dem Hause voranzugehen".[80] Vom Zusammenwirken der Mütter und Lehrerinnen aber sprach sie in ihrem Hauptreferat auf der 14. Generalversammlung des Allgemeinen Deutschen Frauenvereins (1887). Haus und Schule könnten sich zum Vorteil des Kindes durch gegenseitige Teilnahme unterstützen. Verknüpft wurde damit der berufliche Anspruch auf den Oberstufenunterricht.

Lehrerinnen und Mütter könnten gemeinsam darauf hinarbeiten, "daß der unmittelbare Einfluß der Lehrerinnen auf die Töchter so lange wie nur möglich ausgedehnt werde". Mütter könnten "die Rechte der Lehrerinnen wie ihre eigenen verfechten".[81]

Es entsprach jedoch nicht nur berufsinterner Zweckmäßigkeit, bei der Kritik an den Müttern nicht stehenzubleiben. Anläßlich der Eröffnung der Realkurse (1889) meinte selbst H. Lange, ihr vernichtendes Urteil über die Töchtererziehung im Hause ("billiger Glanz nach außen") abschwächen zu müssen. Sie dürfe die Mütter "nicht weiter erzürnen"; eine gleiche Anklage verdienten die Väter.[82] Wichtiger als die Vaterschelte war den Vertreterinnen "geistiger Mütterlichkeit" die Erziehungsaufgabe als Auftrag von Frauen, und zwar aller Frauen unabhängig vom physischen Muttersein. Die berufliche Arbeit der Lehrerinnen leitete sich demnach aus dem weiblichen Lebenszusammenhang her und sollte sich wieder auf ihn beziehen. In dieser gedanklichen Konstruktion waren Lehrerinnen nicht Nachkömmlinge in einer genuin männlichen Berufssphäre, sondern sie, die Lehrerinnen, hatten es mit Usurpatoren in einem originären Frauenbereich zu tun. Lehrerinnen wurden zu Leitfiguren in der Selbstverpflichtung des weiblichen Geschlechts, "die Aufgabe seiner Bildung aus der Hand der Männer in seine eigene" zu nehmen.[83] Als Frauen wurde ihnen das bessere Verständnis für die zu ihrem Geschlecht Gehörenden zugeschrieben. Als fachlich Gebildete und intellektuell Interessierte versprachen sie, Vorbild zu sein sowohl für die heranwachsenden Mädchen als auch für die im Familienleben befangenen Mütter.

Der 'Verein für das höhere Mädchenschulwesen' vertrat demgegenüber den Status quo der Familie, um die personelle Hierarchie in der Schule zu wahren. Bekräftigt wurde der Grundsatz, die Schule habe sich zum Vorbild das Elternhaus zu nehmen. Das bedeutete für den Verein, "daß auf der Unterstufe vorwiegend Lehrerinnen unterrichteten, auf der Mittelstufe Lehrer und Lehrerinnen sich in den Einfluß teilen, auf der oberen Stufe aber der männliche Einfluß überwiege".[84]

Als auf der Jahresversammlung 1888 des Vereins erstmals eine Frau das Hauptreferat hielt, lautete das Thema: "Unter welchen Aufgaben wird die höhere Mädchenschule ihre erziehliche Aufgabe am besten erfüllen?" Die Antwort wies in die traditionelle Richtung: "Durch harmonisches und wohlgeordnetes Zusammenwirken von Lehrerinnen und Lehrern mit dem Haus".[85] Die Rednerin wußte sich zweifellos im Einvernehmen mit einer Mehrzahl der Lehrerinnen an höheren Mädchenschulen. Sicher erlebten viele die Nähe zur Familie, nicht die kritische Distanz, als durchaus hilfreich für die tägliche pädagogische Arbeit. Für jene, die als privat Erziehende begonnen hatten, war die Familie ohnehin Ort beruflicher Sozialisation. Zudem sahen sich die Lehrerinnen mehrheitlich als Töchter aus bürgerlicher Familie. Die Kritik an den Erziehungsgewohnheiten dort mußte bei vielen ungewohnte Ambivalenzen auslösen. Sie mögen nicht ungern gehört haben, wie Karl Schneider, der für Schulsachen zuständige Beamte im Unterrichtsministerium, sich auf die Seite der häuslichen Erziehung stellte und wie er zugleich die höhere Mädchenschule aufwertete: Sie sei Ort der Erziehung für "unsere Töchter" als "Glieder einer gebildeten Familie" – der Ort, wo sie "geistig empfänglich" gemacht und angeregt werden, wo sie die "richtige Wertschätzung" für nationale Ideale und die "höchsten Güter des Lebens" erführen.[86] Die Familienkritik, die in dem Loblied auf die Schule leise mitschwang, sollte sich im Laufe der 1890er Jahre verstärken – eine Tendenz, die zweifellos in der Frauenbewegung wurzelte.[87]

Die angestrebte Koalition zwischen Lehrerinnen und Müttern war von Anfang an von einer Ungleichheit gekennzeichnet. Die schulische Aufwertung versprach den Lehrerinnen Aussicht auf Anerkennung in ihrem sozialen Umfeld. Für die Mütter lockte keine vergleichbare Chance; ihre gesellschaftlichen Erwartungen bezogen sich auf Ehegatten, Söhne und auf das Heiraten der Töchter. Trotz ähnlicher sozialer Herkunft wirkten sich Differenzen zwischen Lehrerinnen und Müttern in der Weise aus, daß der Solidaritätsgedanke der geistigen Mütterlichkeit seine reale Grundlage einbüßte. Die Oberlehrerinnen etablierten sich immer mehr im Rahmen männlich definierter Professionalisierung. Ihr nachgebildet waren die fachwissenschaftlichen Ausbildungsansprüche, der curriculare Ausbau der höheren Mädchenschulen, die Einrichtung von Oberstufen mit Reifeprüfung und die Position der akademisch gebildeten Lehrerin (1905/09). Diese Fortschritte gingen damit einher, daß die universitär orientierten Lehrerinnen den Müttern zusehends weniger Aufmerksamkeit widmeten.

Der Erziehungszusammenhang der Mädchen, der doch den Hintergrund für die professionelle Arbeit in der Schule bildete, wurde so um die familiale Lebenswelt verkürzt. Fachliches Wissen und Ausbildungsinteresse der jungen Generation wurden bestimmend. Offenbar nur wenige Oberlehrerinnen setzten sich weiterhin mit der Familienerziehung kritisch auseinander. Sie konzentrierten sich darauf, Schülerinnen für soziale Arbeit zu interessieren und Zusammenkünfte wie praktische Projekte außerhalb der Unterrichtszeit zu initiieren.[88]

Während Oberlehrerinnen die zunehmende Bildungsbereitschaft unter den Mädchen schätzen lernten, schärfte sich der Blick für die Hemmnisse in Arbeiter-, Kleinbürger- und Handwerkerfamilien. Frauenbewegte Lehrerinnen, die im Volksschulbereich arbeiteten, suchten seit den ausgehenden 1890er Jahren eigene Wege. Sie wollten nicht nur die Mädchen außerhalb der Schulzeit ansprechen, sondern sich auch an die Mütter wenden. Sie bemühten sich um Einzelgespräche und entwickelten – in den Jahren unmittelbar nach der Jahrhundertwende – die "Mütterabende".[89] Diese Veranstaltungen für einen Ort oder eine Schule hatten unterschiedliche Akzente in geselliger, künstlerischer und pädagogischer Hinsicht. Sie griffen immer aber Alltagsthemen auf, die die zentrale Aufgabe der Mütter, die Hausarbeit, behandelten. Die Lehrerinnen wollten den Kontakt nutzen zum Informieren wie auch zur Belehrung über ihre jeweiligen Reformanliegen, so über gesunde Kleidung und Kost, zweckmäßige Handfertigkeiten und moderne Hygiene. Ein weiterer Schwerpunkt war die sittliche Erziehung. An Forderungen der Sittlichkeitsbewegung anschließend, ging es um sexuelle Aufklärung und voreheliche Enthaltsamkeit, um "Schundliteratur" und das neue Kinoangebot. Breiten Raum beanspruchte der Kampf gegen den Alkoholmißbrauch. Darüber hinaus spielte das Thema der Berufswahl und der Berufsausbildung eine wichtige Rolle und, in Verbindung damit, die Propagierung der Fortbildungsschule für Mädchen.

Die Mütterabende der Volksschullehrerinnen stießen auf Mißtrauen in der männlichen Lehrerschaft, die spätestens seit der Fürsorgedebatte um 1900 "Elternabende" zur Unterstützung der Schularbeit zu veranstalten begann. Den Chemnitzer Volksschullehrerinnen wurde vorgeworfen, sie nutzten die Mütterabende in dem Interesse, ihre "Machtsphäre" zu erweitern, um "Sympathien zu gewinnen, die auch einmal helfen werden, die Mädchenschule für euch allein zu erobern". Die Redaktion der 'Lehrerin' riet, Mütterabende und Elternabende nebeneinander lebendig zu halten.[90] Lehrerinnen hatten immer wieder bemerkt, wie langsam Mütter selbst untereinander Furcht und Zaghaftigkeit überwanden und am Gespräch teilnahmen, und wie schwierig es für viele war, öffentlich davon zu reden, daß die erhöhten pädagogischen Anforderungen, die an Mütter herangetragen wurden, mit geringem Einkommen und zeitraubender Erwerbstätigkeit schwer zu vereinbaren waren.[91] Trotz aufmerksamer Versuche kam so eine Koalition der Volksschullehrerinnen mit den Müttern ebensowenig zustande wie bei den Lehrerinnen an höheren Mädchenschulen. Die Mütterabende wurden mit Kriegsbeginn durch unmittelbare Tagesnöte verdrängt.

Langfristig gesehen folgten die Lehrerinnen dem ursprünglichen Impuls der Frauenbewegung, ein breites Berufsspektrum und dafür geschaffene Bildungswege für Frauen zu erschließen. Die Lehrerinnen wandten sich den Töchtern zu, um sie zur Lebensplanung zu motivieren; sie wollten sie auf die "Doppelrolle" vorbereiten und die Bereitschaft zur Ausbildung fördern.[92]

Immer entschiedener erhoben Lehrerinnen Einspruch dagegen, daß Mädchen nach der Schulentlassung zu Hause zu bleiben beabsichtigten oder eine ungelernte Arbeit vorhatten. Im Jahre 1900 wie noch 1910 gab in Berlin gut jede zweite Volksschulabgängerin an: "verbleibt im Elternhaus".[93] Also über die Hälfte der Mädchen zerstreute sich nach allen Richtungen, kommentierte eine Lehrerin; sie würden "in fast allen Fällen unerreichbar für eine Berufsberatung durch ihre Lehrer und dadurch für eine sachgemäße Berufsberatung überhaupt", denn die meisten Eltern meinten noch immer, sich über die Berufswahl ihrer Töchter "keine Kopfschmerzen" machen zu müssen, oder sie bevorzugten angelernte Tätigkeiten für die Mädchen.[94]

Seit Beginn der Weimarer Zeit wurde der Vermerk auf dem Fragebogen von Volksschulabgängerinnen "bleibt zu Hause" zumindest in Berlin immer seltener – eine Tatsache, die die Führung des Allgemeinen Deutschen Lehrerinnenvereins in der Werbung für berufliche Qualifizierung bestätigen konnte. Außerdem zeichnete sich eine Erweiterung des beruflichen Spektrums ab. In den Meldungen von 1924/25 (wiederum in Berlin) zeigten nicht die kaufmännischen, sondern die handwerklichen Berufswünsche der Schulabgängerinnen die relativ größte prozentuale Zunahme.[95]

Die Berufserziehung in den weiterführenden Lehranstalten kennzeichnete ein nicht geringeres Mißtrauen gegenüber den Eltern als in der Volksschule. Die entscheidenden Weichen würden im Oberstufenunterricht gestellt. So sei größter Wert darauf zu legen, daß in der Oberstufe Lehrerinnen unterrichteten, könne doch die Berufsvorbereitung nicht im Hause, sondern "nur in der Schule" besorgt werden. Hier gelte es, "den Willen zum Beruf" in den Schülerinnen zu wecken. Erst an zweiter Stelle ging es den Lehrerinnen um die "Beeinflussung der Eltern".[96] Verbündete der an der Berufsberatung Interessierten waren der Allgemeine Deutsche Lehrerinnenverein und die Beratungsstellen der organisierten Frauenbewegung, die bereits vor dem Ersten Weltkrieg in allen größeren Städten bestanden. Vertieft wurde die Zusammenarbeit mit entsprechenden Einrichtungen des 'Deutschen Lehrervereins' und mit den Behörden, ehe diese (1922) die professionellen Ansätze bürokratisch organisierten.[97]

Die "Auslese der Tüchtigen auf dem Wege über die Berufsausbildung"[98] brachte Mädchen in vorher nicht gekannter Weise in den öffentlichen und männlichen Leistungsvergleich. Mütter vermochten hier kaum noch mitzureden. Zwar wurde pädagogisch reflektiert, daß Berufsausbildung "wertvollstes Mittel der Charakterbildung, der Erziehung" sei.[99] Ungeachtet dessen aber waren Schulzensuren und Schulabschluß ein maßgeblicher neuer Ansatzpunkt für soziale Plazierung und Mobilität. Gertrud Bäumer bekräftigte dies mit ihrer im Auftrage des Reichsinnenministeriums durchgeführten Recherche "Schulaufbau, Berufsauslese, Berechtigungswesen" (1930), die schulische Förderung und Berufseignung der Mädchen nach denselben Kriterien wie die für Jungen diskutierte. Zu dieser Gleichstellung kam die für viele Frauen ungewohnte Sicht, die Heirat zu ignorieren. Für beide Geschlechter sollte die Zielsetzung gelten, "den Begabungen aus unbemittelten Schichten tatsächlich den Aufstieg zu ermöglichen".[100] Der Philologenverband sprach von "frauenrechtlerischer Beeinflussung der Mädchen". Angesichts der wachsenden Studienbereitschaft sah er sie als "Überspannung des beruflichen Gedankens", die die Frauen betrieben, um den Konkurrenzkampf anzuheizen.[101] Daß die Lehrerinnen sich angesichts der Überfüllung der akademischen Berufe nicht abschrecken ließen, provozierte um 1930 genauso wie in den 1880er Jahren, als die Petition an das Preußische Abgeordnetenhaus die Oberstufenqualifikation für Lehrerinnen forderte.

Mit dem Blick auf Berufsausbildung und Studium artikulierten die Lehrerinnen ein pädagogisches Konzept, das die Schulbildungsphase nicht isoliert und als Torso in der Mädchenbiographie sehen wollte, sondern als Fundament eines Lernprozesses, der in Berufsausbildung bzw. Studium überging. Sie vertraten damit Interessen sowohl gegen männliche Widerstände als auch gegen Gewohnheiten und Normen von Müttern. Gemeinsamkeiten mit ihnen suchten die Lehrerinnen immer weniger; sie konzentrierten ihr Engagement auf die Töchter. Und sie konzentrierten sich auf die Schularbeit, das Terrain ihrer fachlichen Qualifikation. Reformpädagogische Ansprüche, der Kult um die Jugend und das Pathos des Neuen überhaupt mögen das Ihre in den zwanziger Jahren dazu beigetragen haben, daß Lehrerinnen und Mütter noch weniger auf Gemeinsamkeit setzten. Jede einzelne hatte ihren persönlichen Kampf mit den neuen Ansprüchen auszufechten. Hinzu kam, daß eine jüngere Lehrerinnengeneration in die Schulen drängte. Für sie rangierte Frauensolidarität hinter Gleichberechtigung und Kameradschaftlichkeit. Ihnen galten weibliche Entfaltungsmöglichkeiten als selbstverständliche Auswirkung von Gleichberechtigung.

8. Schluß

"Im Allgemeinen ist die Frage über die Ausdehnung, welche der Mitwirkung von Lehrerinnen einzuräumen ist, noch nicht abgeschlossen", hieß es in der Denkschrift der Mädchenschulphilologen aus dem Jahre 1872. Tatsächlich gebe es "recht tüchtige Elementarlehrerinnen". Die Arbeit der Frauen in den höheren Klassen aber wurde mit Kritik überhäuft. Die Lehrerinnenausbildung hatte sich nur wenig verbessert, als die Gelbe Broschüre erschien und als Helene Lange öffentlich (1889) erklärte, daß die Arbeit der Elementarlehrerinnen wegen ihrer geringen Anforderungen an fachliches Können auf keinen Fall "allen" zugemutet werden könne. Unter Kolleginnen wurde die Kritik höchst unterschiedlich aufgenommen. Bereits die beginnende Verbandstätigkeit des Allgemeinen Deutschen Lehrerinnenvereins (1890) zeigt, daß bei dem Kampf um die Oberstufe gemeinsame Interessen aller an der pädagogischen Arbeit beteiligten Frauen in den Hintergrund traten.

Adressaten des Protests im Kampf um die Oberstufe waren die Oberlehrer. Sie repräsentierten ein maßgebliches Junktim des Bildungsbürgertums: akademische Bildung und männliches Geschlecht. Den Lehrerinnen ging es darum, Qualifikationen zu erwerben, die es ihnen ermöglichten, Männer aus der usurpierten Expertenfunktion für die höhere Mädchenerziehung zu verdrängen.

Die Lehrerinnenbewegung mit dem Blick auf den akademisch fundierten Oberstufenunterricht zielte so auf Frauenarbeit in einem bis dahin männlich definierten Berufsfeld. In dieser Hinsicht unterschied sich die Bewegung prinzipiell von der Position, die Frauenbildung für und durch soziale Arbeit intendierte. Die Akademiegründungen von Alice Salomon (1908, 1928) sollten der Aus- und Fortbildung im Bereich der Sozialfürsorge und Sozialpädagogik dienen, bezogen sich also auf Berufe, für die ein akademischer Anspruch damals nicht vertreten wurde. Die Gründungen zielten auf die Professionalisierung des Berufsfeldes und zugleich darauf, solche Studiengebiete für die Qualifizierung hervorzuheben, "welche die schöpferischen Fähigkeiten der Frauen freisetzten".[102] Die Oberlehrerinnenbewegung hingegen strebte, nach ersten Gehversuchen, zur Männer-Universität mit deren Fachangeboten und

Formen wissenschaftlichen Arbeitens. In der akademischen Perspektive liegt auch die Distanz zu den Volksschullehrerinnen begründet. Während diese sich mit sozialer Arbeit – und darüber hinaus auch mit Hausarbeit – intensiv auseinandersetzten und dies zu ihren Frauenverpflichtungen zählten, orientierte sich die Oberlehrerin stärker am Status des Bildungsbürgers. Sie sprach kaum von der Erziehung zur Weiblichkeit, vielmehr von der Bildung der Persönlichkeit. Von weiblicher Eigenart war umso häufiger nurmehr ironisch die Rede, als sich die Kehrseite – die einengende Zuschreibung – zeigte und immer deutlicher herausstellte, wie sie auf männlicher Seite dazu diente, Frauen durch Sonderregelungen daran zu hindern, ihren Interessen entsprechende, gleichwertige Bildungswege zu nutzen.

Diesen Zusammenhang verschweigt die eingangs zitierte These von Barbara Greven-Aschoff, die Frauen hätten sich mit dem Ideologem der Weiblichkeit nur gegen männliche Konkurrenz auf dem bestehenden Arbeitsmarkt zu wehren gesucht. Sie übergeht die gravierenden Differenzen zwischen den verschiedenen Lehrerinnenkategorien, und sie unterschätzt die Brisanz des akademischen Anspruchs, den die Oberlehrerinnenbewegung gegenüber der männlichen Bastion der Wissenschaft vertrat. Den intendierten Berufsausbau und die Reform der Mädchenerziehung vermag die Autorin offenbar deshalb nicht als Emanzipationsbewegung zu würdigen, weil die Oberlehrerinnen nicht von der Gleichheit der Geschlechter ausgingen, sondern von den realen Differenzen in dem historisch tradierten, milieuspezifischen Geschlechterverhältnis und den durch die soziale Herkunft geprägten biographischen Mustern bei Frauen.[103] So betrachtet ist die Konkurrenz-These umzukehren: Die Oberlehrer, als die Repräsentanten des akademischen Status im pädagogischen Berufsfeld, machten den Frauen das Recht auf Innovationen streitig, in denen nicht die männliche Dominanz gesichert war.

Die volle Verantwortung für die Mädchenerziehung erreichten die Oberlehrerinnen nicht; ihre Idee der Gleichstellung, daß Frauen in der Mädchenerziehung ein ebensolches Gewicht einzuräumen sei wie den Männern in der Jungenerziehung, verliert sich in der Debatte um die Koedukation, die sich von der gemeinsamen Erziehung der Geschlechter die Entfaltung partnerschaftlichen Verhaltens versprach. Von einem Scheitern der Strategie aber kann nicht die Rede sein. Was heute selbstverständlich erscheint, mußte vor hundert Jahren, in der Blütezeit des Bildungsbürgertums, erst zu einer beruflichen Strategie von Frauen zusammengefügt werden: der Anspruch auf Allgemeinbildung, akademische Berufsqualifikationen und Stellenzulassung. Den Hintergrund bildete die Loslösung aus der familien- und eheorientierten Lebenskonzeption, in die Frauen – als Geschlecht – eingebunden waren.

Die Formel "Mädchenerziehung durch Frauen" kennzeichnet die Verquikkung dieser verschiedenen Elemente einer Professionalisierung, die aufgrund der gesellschaftlichen Position der Lehrerinnen eigenständig ansetzen mußte. Denn zum einen beeinträchtigte oder verhinderte die männliche Dominanz die beruflichen Initiativen von Frauen, die eine selbstverständliche Unterordnung und bloße Gehilfinnenarbeit ablehnten. Zum anderen war die neue Berufsrichtung in einer Weise zu definieren, die die professionelle Arbeit von Hausarbeit abkoppelte, ohne den Gedanken der Frauensolidarität ganz aus dem Auge zu verlieren. Diese Bedingungen setzten der geschlechterübergreifenden Zusammenarbeit enge Grenzen. So bestand selbst in dem 'Deutschen Verein für das höhere Mädchenschulwesen' für die zahlreichen Lehrerinnen dort aufgrund ihrer weiblichen Position in der männlichen Berufsbewegung keine unmittelbare Aussicht auf Gleichstellung.

Bei der Einschätzung der Professionalisierungsstrategie muß offen bleiben, was einerseits auf das Konto der verbandspolitischen Arbeit geht und was andererseits dem strukturellen Wandel – der Nachfrage auf dem Arbeitsmarkt, der Expansion des Bildungssektors, den Vorteilen von Ausbildungsinvestitionen – zuzuschreiben ist. Kritisch gegenüber der vorliegenden, stark an Persönlichkeiten orientierten Betrachtung mag gefragt werden, ob die Töchter der Jahrzehnte um 1900 nicht auch ohne Oberlehrerinnen den Weg in die berufliche und in die akademische Welt gefunden hätten? Waren Oberlehrerinnen nicht nur das Sprachrohr sich verändernder Normen und Gewohnheiten? Selbst dann, wenn der Lehrerinnenpresse nicht bedingungslos Glauben geschenkt wird, lassen die Äußerungen über Mütter und Väter deren erhebliche Widerstände gegen den strukturellen Wandel erkennen. Zwar wurde die Verlängerung der Schulzeit und die systematische intellektuelle Bildung für Mädchen immer weniger in Frage gestellt. Investitionen und geistige Anstrengungen für eine spezielle Berufsausbildung aber galten noch vielfach als unnötig und wurden bei Müttern wie bei Töchtern noch vielfach gegenüber der Heiratschance abgewogen. Oberlehrerinnen wandten sich vehement gegen diese Alternative und verfolgten hierin eine pädagogische Aufgabe, die – auf dem Hintergrund der tradierten Geschlechterverhältnisse – als Frauenaufgabe bezeichnet werden kann.

Der gesellschaftlichen Geltung nach waren die Mütter die Verliererinnen. Die Professionalisierung kam nicht ohne die schon in den 1880er Jahren sich abzeichnende Tendenz aus, Mütterarbeit als defizitär zu kennzeichnen, um den Ausbau der Mädchenerziehung und die berufliche wie bildungsbürgerliche Etablierung der Oberlehrerinnen voranzutreiben.

Tabelle I
Soziale Herkunft von Oberlehrerinnen und Volksschullehrerinnen

Preußen	N =	1. untere Untersch. (%)	2. mittlere Untersch. (%)	3. obere Untersch. (%)	4. untere Mittelsch. (%)	5. obere Mittelsch. (%)	6. Oberschicht (%)	7. Übrige (%)
Oberlehrerinnen Geb.jg. 1890–1900	192	–	–	1,6	27,1	21,9	47,4	2,0
Volksschullehrerinnen Prüf.jg. 1915–17	1804		0,9	13,4	54,5	20,7	5,3	2,2
Seminar								
Insterburg e.	101	–	–	10,9	65,4	12,9	5,0	5,9
Hohensalza e.	96	1,0	–	6,3	62,5	16,7	10,4	3,1
Lissa k.	98	–	–	11,2	63,3	14,3	2,0	9,2
Beuthen k.	135	–	3,0	17,0	60,1	14,9	1,5	3,0
Breslau k.	121	0,8	0,8	19,0	57,2	14,9	3,3	4,1
Löwenberg e.	115	–	–	3,5	66,1	20,0	10,4	–
Crossen/Neuzelle e.	95	1,1	1,1	2,1	61,1	19,0	14,7	1,1
Torgau k.	99	1,0	–	4,0	55,6	23,2	15,2	1,0
Augustenburg e.	111	8,1	–	9,0	52,6	18,0	11,7	1,0
Paderborn k.	119	3,4	0,8	13,5	52,1	29,4	0,8	–
Burgsteinfurt e.	103	1,9	1,0	10,7	66,0	18,5	1,9	–
Arnsberg k.	125	4,8	2,4	15,2	48,0	25,6	1,6	2,4
Koblenz k.	119	0,8	–	20,2	50,4	24,4	2,5	1,7
Eltville k.	102	7,8	2,9	20,6	40,2	24,5	2,0	2,0
Saarburg k.	132	9,9	–	21,2	32,6	32,6	3,0	0,8
Münster k.	83	4,8	3,6	21,7	47,0	18,1	3,6	1,2
(Münster k.) (Prüf.jg. 1878–80)	(76)	(2,6)	(9,2)	(44,8)	(26,3)	(13,2)	(2,6)	(1,3)

Erläuterungen zu Tabelle I

Die 192 Fälle der Oberlehrerinnen-Stichprobe stellen eine Zufallsauswahl aus dem überlieferten Bestand der Personalbögen dar (Pädagogisches Zentrum Berlin). Der Bestand erfaßt ausschließlich solche, die an öffentlichen höheren Lehranstalten Preußens tätig waren. Die unterschiedliche soziale Struktur der staatlichen Volksschullehrerinnenseminare (Bestand Rep. 76, Geheimes Staatsarchiv Berlin) machte eine vollständige Erhebung notwendig. Als einziges der staatlichen preußischen Lehrerinnenseminare nicht ausgewertet werden konnte Rastenburg (Ostpr.), da die Akten nicht die entsprechenden Einträge enthalten. Für den Vergleich mit den Oberlehrerinnen wurden nur die erfolgreichen Prüflinge herangezogen, um eine größere Nähe zur Berufstätigenpopulation zu gewährleisten.

Zuordnung von Berufsgruppen*

1. Untere Unterschicht: Ungelernte in häuslichen Diensten, im Agrarbereich, im Handwerk sowie im öffentlichen Dienst
2. Mittlere Unterschicht: Angelernte, Heimarbeiter, kleine selbständige Dienstleistungen
3. Obere Unterschicht: Gelernte in der Landwirtschaft, in der Industrie, Handwerker, untere Angestellte und Beamte
4. Untere Mittelschicht: "Kaufleute"**, Kleinbauern, Handwerksmeister, Lehrer, mittlere Angestellte (z.b. Lokführer) und Beamte (z.b. Wachtmeister)
5. Obere Mittelschicht: Vollbauern, kleine Unternehmer, gehobene Angestellte (z.b. Prokurist) und Beamte (z.b. Polizeikommissar)
6. Oberschicht: Gutsbesitzer, Akademiker als Freiberufliche, als Angestellte (z.b. Syndikus), Beamte (z.b. Regierungsrat); Oberlehrer/Studienrat, Pastor, Superintendent, Offizier
7. Übrige: Rentner, Statusbezeichnungen (hier insbes. "Besitzer"***)

---

* Die Klassifikation folgt dem von Reinhard Schüren u.a. entwickelten Modell. Siehe dazu in dem Beitrag von Ruth Federspiel in diesem Band Anmerkung 1, pass.

** Die Gruppe "Kaufleute" (u. Msch) ist als Sammelbezeichnung problematisch. Da sie gerade bei den Oberlehrerinnen mehr als doppelt so oft auftaucht wie bei den Volksschullehrerinnen (11,5 % gegenüber 4,2 %), ist für die obere Mittelschicht bei ersteren ein tendenziell höherer Wert anzunehmen, da zahlreiche "Kaufleute" durchaus gehobenen Angestellten und Beamten gleichzuordnen sein dürften.

*** Da mit "Besitzern" gerade in den östlichen Provinzen auch Vollbauern oder Gutsbesitzer gemeint sein können, wären im Falle von Insterburg und Lissa die Herkunftsangaben für die obere Mittelschicht oder Oberschicht entsprechend höher anzusetzen.

Tabelle II
Herkunft von Oberlehrerinnen und Volksschullehrerinnen aus dem Beamten-
und Angestelltenbereich (Angaben in Prozent)

Vaterberuf	Oberlehrerinnen*		Volksschullehrerinnen*	
seminarist. geb. Lehrer	3,7		20,0	
Rektoren, Seminarlehrer	5,7		2,1	
akad.geb. Lehrer, Direktoren, Pfarrer	12,5		1,6	
höhere Beamte, Offiziere, Oberlehrer u. Geistliche in Verwaltungsfunktionen	26,6		0,8	
Summe		48,5		24,5
weitere untere und mittlere Beamte und Angestellte+	7,8		16,1	
weitere gehobene Beamte und Angestellte+	8,9		7,4	
Summe		68,3		49,2

*   Stichproben wie in Tab. I. − Zum Vergleich sei auf die Gruppe der (höheren) Freien Berufe hingewiesen (Anwälte, Privatgelehrte u.a.). Dazu zählen 3,1 % der Väter der Oberlehrerinnen, indes nur 0,7 % der Väter von Volksschullehrerinnen (der zugrundeliegenden Stichprobe).

\+   ohne gewerblichen Bereich

Anmerkungen

1   Ilse Gahlings, Elle Moering: Die Volksschullehrerin. Sozialgeschichte und Gegenwartslage. Heidelberg 1961, S. 24 ff; Hildegard Bogerts: Bildung und berufliches Selbstverständnis lehrender Frauen in der Zeit von 1885-1920. Frankfurt M. u.a. 1977, S. 121 ff. - Zu den Turnlehrerinnen siehe den Beitrag von Gertrud Pfister in diesem Band.

2   Vgl. Karin Ehrich, Friederike Vauth: Kampf um eine bessere Lehrerinnenausbildung, in: Ilse Brehmer (Hg.): Lehrerinnen. Zur Geschichte eines Frauenberufes. Texte aus dem Lehrerinnenalltag. München u.a. 1980, S. 80-105; Rainer Bölling: Sozialgeschichte der deutschen Lehrer. Ein Überblick von 1800 bis zur Gegenwart. Göttingen 1983, S. 95 ff.

3   James C. Albisetti: Frauen und die akademischen Berufe im kaiserlichen Deutschland, in: Ruth-Ellen Joeres, Annette Kuhn (Hg.): Frauen in der Geschichte VI: Frauenbilder und Frauenwirklichkeiten. Düsseldorf 1985 (a), S. 286-303; Stephanie Habeth: Die Freiberuflerin und die Beamtin (Ende 19. Jahrhundert bis 1945), in: Hans Pohl (Hg.): Die Frauen in der deutschen Wirtschaft.Stuttgart 1985, S. 155-171. Claudia Huerkamp: Frauen, Universitäten und Bildungsbürgertum, in: Hannes Siegrist (Hg.): Bürgerliche Berufe. Göttingen 1988, S. 200-222.

4   Der berufsgeschichtliche Gegenstand umfaßt nicht eine Geschichte des höheren Mädchenschulwesens. Die Abgrenzung ist jedoch nicht immer eindeutig; zeitgenössische Begründungen und Zielvorstellungen werden oftmals nicht als Berufsinteresse, sondern als Interesse an der Mädchenbildung und damit als Anliegen des Gemeinwohls formuliert, wie es einem Grundgedanken der Professionalisierung entspricht; vgl. Dietrich Rüschemeyer: Bourgeoisie, Staat und Bildungsbürgertum, in: Jürgen Kocka (Hg.): Bürger und Bürgerlichkeit im 19. Jahrhundert. Göttingen 1987, S. 101-120. - Eine enge Verquickung von Berufsgeschichte und Mädchenbildungsreform kennzeichnet auch die grundlegenden Darstellungen aus der Perspektive der Frauenbewegung, so Gertrud Bäumer: Geschichte und Stand der Frauenbildung in Deutschland, in: Helene Lange, Gertrud Bäumer (Hg.): Handbuch der Frauenbewegung, Bd. 3: Der Stand der Frauenbildung in den Kulturländern. Berlin 1902, S. 1-128; Agnes von Zahn-Harnack: Die Frauenbewegung. Geschichte, Probleme, Ziele. Berlin 1928; sowie die spezieller angelegte, detailreiche Schrift von Julie Poehlmann: Der Anteil der Frauenbewegung an den Schulreformbestrebungen der Gegenwart. Langensalza 1925.

5   Vgl. Ehrich, Vauth 1980, S. 94 f.; Anne Schlüter: Neue Hüte - alte Hüte? Gewerbliche Berufsbildung für Mädchen zu Beginn des 20. Jahrhunderts - Zur Geschichte ihrer Institutionalisierung. Düsseldorf 1987, S. 95, 100; Herrad U. Bussemer: Bürgerliche Frauenbewegung und männliches Bildungsbürgertum 1860-1880, in: Ute Frevert (Hg.): Bürgerinnen und Bürger. Geschlechterverhältnisse im 19. Jahrhundert. Göttingen 1988, S. 99 f.

6   Barbara Greven-Aschoff: Die bürgerliche Frauenbewegung in Deutschland 1894-1933. Göttingen 1981, S. 59, 62.

7   Ute Frevert: Frauen-Geschichte. Zwischen Bürgerlicher Verbesserung und Neuer Weiblichkeit. Frankfurt M. 1986, S. 125. Das Paradigma der Gleichstellung unter dem Vorzeichen männlicher Dominanz beherrscht allerdings auch hier die Darstellung; nur so ist zu erklären, daß behauptet wird, in Preußen seien vor 1908 Richtlinien für die Lehrerinnenausbildung nicht vorhanden gewesen (a.a.O., S. 119).

8   James C. Albisetti: Could separate be equal? Helene Lange and women's education in Imperial Germany, in: History of Education Quarterly 22 (1982), S. 314; vgl. James C. Albisetti: The reform of female education in Prussia, 1899-1908: A study in compromise and containment, in: German Studies Review, Vol. 8, 1985 (b), S. 37.

9   Sebastian F. Müller, Heinz-Elmar Tenorth: Professionalisierung der Lehrertätigkeit, in: Enzyklopädie Erziehungswissenschaft, Bd. 5: Martin Baethge, Knut Nevermann (Hg.): Organisation, Recht und Ökonomie des Bildungswesens. Stuttgart 1984, S. 153-171; Christoph Führ: Gelehrter Schulmann - Oberlehrer - Studienrat, in: Werner Conze, Jürgen Kocka (Hg.): Bildungsbürgertum im 19. Jahrhundert. Teil 1: Bildungssystem und Professionalisierung in internationalen Vergleichen. Stuttgart 1985, S. 417-457; Bernhard

Schach: Professionalisierung und Berufsethos. Eine Untersuchung zur Entwicklung des beruflichen Selbstverständnisses, dargestellt am Beispiel des Volksschullehrers. Berlin 1987. - Vgl. Hermann Giesecke: Pädagogik als Beruf. Grundformen pädagogischen Handelns. Weinheim, München 1987, S. 119 ff. (Frauen neigten aufgrund ihrer bisherigen Sozialgeschichte überhaupt dazu, "familialistisch" zu denken). Siehe dagegen Beiträge, die die angelsächsische Frauenforschung rezipieren, u.a. Peter V. Meyers: From conflict to cooperation: men and women teachers in the Belle Epoque, in: Historical Reflections, Vol. 7, 1980, S. 493-501; Jürgen Herbst: Professionalization in public education, 1890-1920: The american high school teacher, in: Werner Conze, Jürgen Kocka (Hg.): Bildungsbürgertum im 19. Jahrhundert. Teil 1: Bildungssystem und Professionalisierung in internationalen Vergleichen. Stuttgart 1985, S. 495-528.

10   Heinz-Elmar Tenorth: "Lehrerberuf s. Dilettantismus", in: Niklas Luhmann, Karl Eberhard Schorr (Hg.): Zwischen Intransparenz und Verstehen. Frankfurt M. 1986, S. 276.

11   Huerkamp 1988, S. 219, Anm. 4. Zum strukturgeschichtlichen Begriff der Partizipation mit der übergeordneten Vorstellung der Reduktion von Ungleichheit in bezug auf Frauen s. Jürgen Kocka: Einleitung, in: Jürgen Kocka (Hg.): Bürger und Bürgerlichkeit im 19. Jahrhundert. Göttingen 1987, S. 46 ff., sowie derselbe Autor ("Einige Ergebnisse") in Ute Frevert (Hg.) 1988, S. 206-209.

12   Vgl. Juliane Jacobi-Dittrich: Gibt es "weibliche Aufgaben" in der Pädagogik? In: Neue Sammlung 27 (1987), S. 227-241. Vgl. dazu auch die Schlußbetrachtung des vorliegenden Beitrags.

13   Bäumer 1902, S. 98, Tab. IX; Bertha v.d. Lage: Lehrerinnenbildung, in: Wilhelm Rein (Hg.): Encyclopädisches Handbuch der Pädagogik, Bd. 4. Langensalza 1897, S. 394. Statistisches Jahrbuch für den Preußischen Staat (... Freistaat Preußen) 10 (1913), 24 (1928), 27 (1931); Statistik des Deutschen Reichs, Bde. 438, 506, 545.

14   Frances Magnus-Hausen: Ziel und Weg in der deutschen Frauenbewegung des XIX. Jahrhunderts, in: Paul Wentzcke (Hg.): Deutscher Staat und Deutsche Parteien. Beiträge zur deutschen Partei- und Ideengeschichte. Friedrich Meinecke zum 60. Geburtstag dargebracht. Berlin 1922, S. 217.

15   Helene Lange: Die höhere Mädchenschule und ihre Bestimmung. Begleitschrift zu einer Petition an das preußische Unterrichtsministerium und das preußische Abgeordnetenhaus. Berlin 1888, S. 3. Die Begleitschrift ist - um die meisten Anmerkungen gekürzt - abgedruckt in: Helene Lange: Kampfzeiten. Aufsätze und Reden aus vier Jahrzehnten. Berlin 1928, Bd. 1.

16   Nach: DL 4 (1887/88), S. 208.

17   Gertrud Bäumer: Die Geschichte der Frauenbewegung in Deutschland, in: Helene Lange, Gertrud Bäumer (Hg.): Handbuch der Frauenbewegung. Bd. 1: Die Geschichte der Frauenbewegung in den Kulturländern. Berlin 1901, S. 75; Bäumer 1902, S. 90 f.

18   DL 4 (1887/88), S. 549 f.; Helene Lange: Lebenserinnerungen. Berlin 1921, S. 141; Lange 1928 (1), S. 58. Breite Dokumentation öffentlicher Stellungnahmen in DL 4 (1887/88), pass. Die Petition ist als berufsspezifische Initiative neben den gleichzeitig einsetzenden Vorstößen zum Frauenstudium zu sehen, die hier nicht berücksichtigt werden.

19   Hans-Georg Herrlitz, Hartmut Titze: Überfüllung als bildungspolitische Strategie, in: Die deutsche Schule 68 (1976), S. 349 ff.; Bölling 1983, S. 30 f., 37; Hartmut Titze: Die zyklische Überproduktion von Akademikern im 19. und 20. Jahrhundert, in: Geschichte und Gesellschaft 10 (1984), S. 92-121; Hartmut Titze, Axel Nath, Volker Müller-Benedict: Der Lehrerzyklus. Zur Wiederkehr von Überfüllung und Mangel im höheren Lehramt in Preußen, in: Zeitschrift für Pädagogik 31 (1985), S. 97-126.

20   Herrlitz, Titze 1976, S. 351; Führ 1985, S. 428.

21   Detlef K. Müller, Bernd Zymek: Sozialgeschichte und Statistik des Schulsystems in den Staaten des Deutschen Reiches 1800-1945. Band 2, Teil 1. Göttingen 1987, S. 42 f.

22   Den hohen deutschen Staatsregierungen gewidmete Denkschrift der ersten deutschen Hauptversammlung von Dirigenten und Lehrenden der höheren Mädchenschulen, betreffend eine gesetzliche Normierung der Organisation und Stellung des höheren Mäd-

chenschulwesens (1872). Abgedruckt in: Monatsschrift für das gesamte Deutsche Mädchenschulwesen 7 (1873), S. 27 f. Vgl. a.a.O., S. 5-15 (Protokoll der Versammlung in Weimar, 1872, sowie Thesen), S. 11; ZB 1873, S. 569-636 (Protokoll und Bericht über die ministerielle Konferenz zum mittleren und höheren Mädchenschulwesen im August 1873), S. 591 f., 622 f.; Preußische Statistik, Band 151: Das gesamte niedere Schulwesen im preußischen Staate im Jahre 1896, Teil 1. Berlin 1898.

23 Wilhelm Nöldeke: Von Weimar bis Weimar. 1872 bis 1897. Festschrift zur Feier des fünfundzwanzigjährigen Bestehens des deutschen Vereins für das höhere Mädchenschulwesen. Leipzig 1897, S. 73 f.; Bäumer 1902, S. 115.

24 ZB 1874, S. 334-341.

25 Neu eröffnet bzw. staatlicher Leitung unterstellt wurden 1876 Saarburg, 1877 Xanten und 1878 Augustenburg. Eine Welle der Neugründungen setzte erst um 1900 ein, so daß vor 1914 neunzehn staatliche Volksschullehrerinnenseminare bestanden (gegenüber knapp 200 Anstalten für Volksschullehrer).

26 Den hohen deutschen Staatsregierungen ... (1872), S. 11.

27 Lange 1888, S. 44, 58 ff. Vgl. DL 4 (1887/88), S. 549; Käthe Schirmacher: Die englischen Frauenuniversitäten (1891), in: Käthe Schirmacher: Sociales Leben. Paris, Leipzig 1897, S. 28-46.

28 Lange 1888, S. 42, 45, 58 f., 61.

29 Karl Schneider: Bildungsziel und Bildungswege für unsere Töchter. Berlin 1888, S. 31. Vgl. Lange 1921, S. 155 ff.

30 Lange 1888, S. 34, 37.

31 A.a.O., S. 42.

32 DL 4 (1887/88), S. 547.

33 Otto Boelitz: Der Aufbau des preußischen Bildungswesens nach der Staatsumwälzung. Leipzig 1924, S. 100, 102.

34 Lange 1888, S. 22, 24.

35 Gertrud Bäumer: Geschichte der Gymnasialkurse für Frauen zu Berlin. Berlin 1906 (a), S. 6 ff.; Albisetti 1985 (b), S. 18 f.

36 Lange 1928 (1), S. 59 f., 63, 68 ff.; Helene Lange: Erziehungsfragen. Vortrag, gehalten am 2. März 1893 im Kaufmännischen Verein "Union" in Bremen. Berlin 1893, S. 10; Helene Lange: Was fangen wir mit unseren Töchtern an? In: Die Frau 5 (1897), S. 4. - Zur Mütterarbeit Kap. 6 des vorliegenden Beitrages.

37 Arthur Kirchhoff (Hg.): Die akademische Frau. Gutachten hervorragender Universitätsprofessoren, Frauenlehrer und Schriftsteller über die Befähigung der Frau zum wissenschaftlichen Studium und Berufe. Berlin 1897, S. XV f.; Bäumer 1902, S. 125; Helene Lange: Mädchengymnasien, in: Wilhelm Rein (Hg.): Encyklopädisches Handbuch der Pädagogik, 2. Aufl., Bd. 5. Jena 1906 (d), S. 723 f.; Albisetti 1985 (b), S. 19 f., 23; Huerkamp 1988, S. 202 f.

38 So bereits Helene Lange: Bericht über den Stand der dem Kultusministerium ... eingereichten Petition zu Gunsten einer Reform der Mädchen- bzw. Lehrerinnenbildung, in: DL 4 (1887/88), S. 554.

39 Lange 1928 (1), S. 110 f. Vgl. Bäumer 1901, S. 86; Ehrich, Vauth 1980, S. 96 f.

40 ZB 1894, S. 451 f., 496.

41 ZB 1900, S. 618; Bäumer 1901, S. 87; Gertrud Bäumer: Lehrerinnenbildung, in: Wilhelm Rein (Hg.): Encyklopädisches Handbuch der Pädagogik, 2. Aufl., Bd. 5. Langensalza 1906 (b), S. 472, Ehrich, Vauth 1980, S. 101.

42 Bäumer, 1902, Tab. IX; Albisetti 1985 (b), S. 291 f.; Preußische Statistik, Bd. 176: Das gesamte niedere Schulwesen im preußischen Staate im Jahre 1901, Teil 1. Berlin 1905, S. 46, 181 f. - 1906 gab es 146 geprüfte Oberlehrerinnen an öffentlichen höheren Mädchenschulen (Preußische Statistik, Bd. 209: Das gesamte niedere Schulwesen im preußischen Staate im Jahre 1906, Teil 1. Berlin 1908, S. 187).

43 Bäumer 1902, Tab. VI. - Vgl. Ehrich, Vauth 1980, S. 102 ff. Zur Forderung nach gleichem Lohn vgl. Neuordnung des höheren Mädchenschulwesens in Preußen. Denkschrift der preußischen Zweigvereine des Allgemeinen deutschen Lehrerinnenvereins. Berlin 1908, S. 20 f.

44 Bäumer 1902, Tab. VI.

45 ZB 1900, S. 619. Vgl. Hans-Jürgen Apel: Sonderwege der Mädchen zum Abitur im Deutschen Kaiserreich, in: Zeitschrift für Pädagogik 34 (1988), S. 181.

46 Lfd. Berichterstattung über die Oberlehrerinnenprüfungen in: DL 20 (1903/04) - 30 (1913/14), Beiblatt A. Vgl. Bäumer 1906 (a), S. 79 ff.; Albisetti 1985 (a), S. 289, 292.

47 ZB 1906, S. 224. Die Zulassung zum Seminarjahr wurde erst durch Erlaß vom 3.4.1909 geregelt (ZB 1909, S. 411-414). Zur personalrechtlichen Gleichstellung auch ZB 1908, S. 504-513; DL 28 (1911/12), Beiblatt A, S. 3.

48 Neuordnung ... 1908, S. 18 f.

49 ZB 1909, S. 411-414; ZB 1911, S. 218-222; ZB 1913, S. 793-796.

50 Neben der breiten Publizistik in der 'Lehrerin' 25 (1908/09) ff. aufschlußreich: Die Frau 16 (1908/09) f., pass. Den Mobilisierungseffekt der Reform um 1908 betont Bernd Zymek: Der Strukturwandel des Mädchenschulwesens in Preußen, 1908-1941, in: Zeitschrift für Pädagogik 34 (1988), S. 195.

51 Darauf weisen die Jahresberichte höherer Mädchenschulen hin, die für Berlin exemplarisch ausgewertet wurden (ungedruckt; Pädagogisches Zentrum Berlin, Archiv). Vgl. Anm. 86.

52 Bäumer 1906 (a), S. 63.

53 Bäumer 1902, S. 120.

54 ZB 1900, S. 622. Vgl. Bäumer 1906 (b), S. 465 f.; Marie Martin: Mädchenerziehung und Mädchenunterricht, in: Wilhelm Rein (Hg.): Encyklopädisches Handbuch der Pädagogik, 2.Aufl. Bd. 5. Jena 1906, S. 714.

55 ZB 1873, S. 585, 593, 614 f. Vgl. Den hohen deutschen Staatsregierungen ... (1872), S. 23.

56 ZB 1894, S. 451.

57 Helene Lange: Organisches oder mechanisches Prinzip in der Mädchenbildung? Leipzig 1911, S. 5-7. Vgl. Helene Lange: Die Lehrerinnenfrage auf dem deutschen Lehrertag zu München (1906 b), in: Helene Lange: Kampfzeiten. Berlin 1928, Bd. 1, S. 323.

58 Helene Lange: Die Lehrerinnenfrage. Leipzig 1906 (a), S. 7.

59 Lange 1911, S. 14.

60 Lange 1906 (a), S. 11.

61 Neuordnung ... 1908, S. 7 f.

62 In: DL 30 (1913/14), S. 42, 44. Vgl. Gertrud Bäumer: Die seelischen Geschlechtsunterschiede nach den Ergebnissen der experimentellen Psychologie, in: Die Lehrerin 30 (1913/14), S. 145-148; Gertrud Bäumer: Die Bedeutung der Frauenbewegung für die persönliche Kultur, in: Bund deutscher Frauenvereine (Hg.): Deutscher Frauenkongreß. Berlin 1912, S. 277 f.; Gertrud Bäumer: Die Lehren des Weltkrieges für die deutsche Pädagogik. Leipzig 1915, S. 6 f.

63 Lange 1906 (a), S. 11.

64 Helene Lange: Rede zur Eröffnung der Realkurse für Frauen, gehalten am 10. Oktober 1889, in: Helene Lange: Kampfzeiten. Berlin 1928, Bd. 1, S. 63.

65 Albisetti 1985 (b), S. 22.

66 ZB 1911, S. 225-255.

67 Vgl. Konrad H. Jarausch: Frequenz und Struktur. Zur Sozialgeschichte der Studenten im Kaiserreich, in: Peter Baumgart (Hg.): Bildungspolitik in Preußen zur Zeit des Kaiserreichs. Stuttgart 1980, S. 143, 147.

68   Marika Mörschner: Entwicklung und Struktur der Lehrerinnenbildung. Rheinstetten 1977, S. 59. Vgl. Preußische Statistik, Bd. 209/I, S. 90 ff.; Hartmut Kaelble: Soziale Mobilität und Chancengleichheit im 19. und 20. Jahrhundert. Göttingen 1983, S. 100.

69   Siehe Tab. I (im Anschluß an den Text). Ausgewählt wurden die Prüfungsjahrgänge 1915-17, da sie am ehesten mit den zwischen 1890 und 1900 geborenen Oberlehrerinnen vergleichbar sind.

70   Siehe Tab. II (im Anschluß an den Text). Zur Herkunft der Studentinnen aller Fakultäten: Jarausch 1980, S. 140; Huerkamp 1988, S. 203.

71   Vgl. Karin Hausen: "... eine Ulme für das schwanke Efeu". Ehepaare im Bildungsbürgertum, in: Ute Frevert (Hg.): Bürgerinnen und Bürger. Geschlechterverhältnisse im 19. Jahrhundert. Göttingen 1988, S. 109 ff.

72   Hartmut Titze: Die soziale und geistige Umbildung des preußischen Oberlehrerstandes von 1870-1914, in: Zeitschrift für Pädagogik, 14. Beiheft (1977), S. 107-128; Jarausch 1980, S. 144 f.; Bölling 1983, S. 42 f.

73   Die herkunftsspezifischen Vorteile der Töchter im Vergleich zu Söhnen in gehobenen white-collar-Berufsgruppen wird für die 1920-1940 Geborenen (Deutsches Reich/Bundesrepublik) herausgearbeitet bei Johann Handl: Berufschancen und Heiratsmuster von Frauen. Empirische Untersuchungen zu Prozessen sozialer Mobilität. Frankfurt M. 1988, S. 102.

74   In: DL 4 (1887/88), S. 289. Unter den Initiatorinnen um H. Schrader-Breymann war H. Lange in der Tat die einzige berufstätige Lehrerin.

75   Helene Lange: Rede zur Begründung des Allgemeinen Deutschen Lehrerinnenvereins (1890), in: Helene Lange: Kampfzeiten. Berlin 1928, Bd. 1, S. 110.

76   In: DL 28 (1911/12), S. 230.

77   Irene Stoehr: "Organisierte Mütterlichkeit". Zur Politik der deutschen Frauenbewegung um 1900, in: Karin Hausen (Hg.): Frauen suchen ihre Geschichte. 2. Aufl. München 1987, S. 225 f. Vgl. dagegen Greven-Aschoff 1981, S. 59 f., 65; Herrad U. Bussemer: Frauenemanzipation und Bildungsbürgertum. Sozialgeschichte der Frauenbewegung in der Reichsgründungszeit. Weinheim, München 1985, S. 245 f.; Bussemer 1988, S. 199 f.

78   So in einer programmatischen Zusammenstellung von Pestalozzi - Textpassagen in: DL 4 (1887/88), hier S. 312, 336. Vgl. Yvonne Schütze: Mutterliebe - Vaterliebe. Elternrollen in der bürgerlichen Familie des 19. Jahrhunderts, in: Ute Frevert (Hg.): Bürgerinnen und Bürger. Geschlechterverhältnisse im 19. Jahrhundert. Göttingen 1988, S. 124.

79   DL 4 (1887/88), S. 70.

80   A.a.O., S. 323; DL 7 (1890/91), S. 195.

81   DL 4 (1887/88), S. 102 f., 104.

82   Lange 1928 (1), S. 69.

83   Lange 1888, S. 33.

84   Nach Helene Lange: Lehrerinnenvereine, in: Wilhelm Rein (Hg.): Encyclopädisches Handbuch der Pädagogik, 2. Aufl. Bd. 5, Jena 1906 (c), S. 490.

85   Nöldeke 1897, S. 97.

86   Schneider 1888, S. 24, 26.

87   In den Jahresberichten der Kgl. Elisabeth-Schule, einer angesehenen staatlichen Modellanstalt in Berlin und Tagungsort des 'Vereins für das höhere Mädchenschulwesen', wiederholen sich auffällig Klagen über verfrühte Teilnahme der Schülerinnen an Vergnügungen Erwachsener, Großstadtzerstreuungen, unverantwortbare Lektüre sowie fehlende Bewegung im Freien. Die Vorwürfe ergingen im Stil von Ermahnungen; geworben wurde um "kräftige Mithilfe der Eltern, namentlich der Mütter" - so in den Jahresberichten 1892/93 (S. 37), 1901/2 (S. 22).

88   Vgl. Alwine Reinold in: DL 28 (1911/12), S. 75; Marie Martin in: DL 32 (1915/16), S. 370 ff., DL 33 (1916/17), S. 26 f. Zu Marie Martin: Lange 1921, S. 245; Albisetti 1985 (b), S. 25 f.

89   Vgl. lfd. Berichterstattung in der 'Lehrerin' 17 (1900/01) ff. Die Initiative wurde demzu-
     folge in München begonnen. Zahlreiche Hinweise auf die Zusammenarbeit mit Müttern
     finden sich in der 'Lehrerin' unter der Rubrik "Ausschuß für soziale Hilfsarbeit" des 'Lan-
     desvereins Preußischer Volksschullehrerinnen', außerdem in dessen Publikationsorgan
     (ab 6 (1911/12): 'Preußische Volksschullehrerinnen-Zeitung' mit dem Untertitel 'Sozial-
     pädagogische Zeitschrift').

90   DL 28 (1911/12), S. 42.

91   Wenn auch Lehrerinnenberichte bisweilen besserwisserisch klingen, so wurde doch aber
     das Oktroyieren-Wollen offenbar vermieden. Vgl. dagegen die Vorbehalte und Kritik bei
     Ute Frevert: "Fürsorgliche Belagerung": Hygienebewegung und Arbeiterfrauen im 19. und
     frühen 20. Jahrhundert, in: Geschichte und Gesellschaft 11 (1985), S. 420-446.

92   Die Oberlehrerinnen legten das Hauptgewicht auf die Erziehung zum Beruf. Im ADLV
     wurde der Hauswirtschaftsunterricht - als ein Aspekt der Vorbereitung auf Hausfrauen-
     arbeit - als Sache von Volksschule und Fortbildungsschule angesehen. Die preußische Re-
     gierung unterstützte ihn auch für die Oberschülerinnen ('Frauenschulen'). Vgl. Schlüter
     1987, S. 97.

93   Bericht über die Gemeinde-Verwaltung der Stadt Berlin in den Verwaltungsjahren 1895
     bis 1900. Teil 2. Berlin 1904, S. 172; Verzeichnis der Rektoren, Lehrer und Lehrerinnen
     an den Berliner Gemeindeschulen für das Jahr 1912. Jg. 68, S. 254.

94   DL 28 (1911/12), S. 234 f. Auch hier wurden Mütterabende als Vehikel der Berufsbera-
     tung empfohlen.

95   Emilie Herrmann: Berufsberatung für Frauen und Mädchen. Berlin 1927, S. 9.

96   DL 28 (1911/12), S. 412; DL 32 (1915/16), S. 52. Vgl. Julie Poehlmann (Hg.): Verhand-
     lungen der 14. Generalversammlung (Kriegstagung) des Allgemeinen Deutschen Lehre-
     rinnenvereins in Berlin vom 22. bis zum 25. Mai 1915. Leipzig, Berlin 1915, S. 64-89.

97   Herrmann 1927, S. 1-7; Reichsarbeitsverwaltung (Hg.): Berufsberatung, Berufsauslese,
     Berufsausbildung. Berlin 1925 (zur geringen Beteiligung von Absolventinnen höherer
     Mädchenschulen an der Berufsberatung a.a.O., S. 26-31); Zentralinstitut für Erziehung
     und Unterricht (Hg.): Die Schule im Dienste der Berufserziehung und Berufsberatung.
     Berlin 1927.

98   Preußische Volksschullehrerinnen-Zeitung 11 (1917), S. 4.

99   DL 37 (1920/21), S. 63.

100 Gertrud Bäumer: Schulaufbau, Berufsauslese, Berechtigungswesen. Im Auftrage des
     Reichsministeriums des Innern. Berlin 1930, S. 35. Vgl. dagegen Müller, Zymek 1987,
     S. 70; Huerkamp 1988, S. 216, 218.

101 Preußische Volksschullehrerinnen-Zeitung 23 (1930/31), S. 169.

102 Alice Salomon: Charakter ist Schicksal. Lebenserinnerungen. Weinheim, Basel 1983,
     S. 215.

103 Greven-Aschoff 1981, S. 62, spricht - m.E. unklar - von der Universitätszulassung "von
     Mädchen" und der Reform der Mädchenschule als einem wichtigen "Gegenstand der
     Emanzipation".

Mädchen-Körper-Erziehung

Entstehung und erste Entwicklung des Turnlehrerinnenberufes (1880 - 1920)

Gertrud Pfister

Im Rahmen des Projekts "Geschichte und Soziologie der Frauenarbeit" wurde neben der Berufskonstruktion der Lehrerinnen auch die der Turnlehrerinnen analysiert, weil anzunehmen ist, daß die Lehrerinnen in Abhängigkeit von ihren jeweiligen Fächern unterschiedliche Berufskonzepte und Strategien entwickelten, aber auch unterschiedliches soziales Ansehen in Abhängigkeit von der Hausarbeitsnähe der Berufsinhalte genossen. Da das Turnen eine Domäne der Männer, die Sorge um das körperliche Wohl der Kinder aber Aufgabe der Mütter war, verberuflichte sich die körperliche Erziehung der Mädchen in einem Spannungsfeld ambivalenter Erwartungen, die für die Turnlehrerinnen sowohl Chancen als auch Probleme mit sich brachten.

1. Das Berufsfeld der Turnlehrerinnen: das Mädchenturnen

1.1 Die Anfänge

Das Turnen, das zu Beginn des 19. Jahrhunderts als umfassendes Konzept der Leibeserziehung entwickelt wurde, basierte auf Werten wie Männlichkeit und Wehrhaftigkeit und hatte politische und militärische Zielsetzungen – die deutsche Einheit und die Befreiung von der französischen Fremdherrschaft. Für die Zeitgenossen galt es deshalb als selbstverständlich, daß Frauen und Mädchen vom Turnen ausgeschlossen waren.

Erst als in der auf den Sieg über Napoleon folgenden Restaurationszeit die jetzt oppositionelle Turnbewegung 1820 verboten und die Leibesübungen nicht mehr mit ihrem politischen, sondern mit ihrem gesundheitlichen Wert legitimiert wurden, erschien die Forderung nach einer "körperlichen Ertüchtigung des weiblichen Geschlechts" nicht mehr als völlig abwegig.[1]

Ärzte warnten schon seit dem Ende des 18. Jhs. vor der physischen Degeneration der Frauen. Bedrohlich erschienen "Lebensweise, Kleidung, Vergnügungen und eine durch tausend Verkehrtheiten erzeugte und beförderte Frühreife", die nach den zeitgenössischen Vorstellungen dazu führten, "die körperliche und geistige Gesundheit zu untergraben und unsere Mädchen zu schwächlichen Hausfrauen, zu verstimmten Gattinnen und zu kränklichen Müttern eines in jeder Generation mehr verkommenen Geschlechts zu bilden".[2] Als Heilmittel boten sich gymnastische Übungen an, die die Gesundheit stärken, Anmut und Grazie verleihen und die "Schönheit der Körperformen heben" sollten.[3]

Männer wie der Jahnschüler Eiselen oder der ehemalige Fechtlehrer Werner richteten in den 30er Jahren die ersten Turnkurse für "höhere Töchter" ein, wobei sie den bürgerlichen Eltern versprachen, die Mädchen besser als im Elternhaus auf ihre zukünftigen Aufgaben als Ehefrauen und Mütter vorzubereiten.

1842 wurde in Preußen die Turnsperre aufgehoben und das Turnen als unentbehrlicher Bestandteil der Knabenbildung in den Fächerkanon der höheren Schulen aufgenommen. Den Mädchen wurde dagegen nicht nur die höhere Bildung, sondern auch die körperliche Erziehung vorenthalten. Nach der Aufstellung von Salomon, die allerdings keinen Anspruch auf Vollständigkeit erheben kann, wurden vor der Jahrhundertmitte Mädchen nur an etwa 10 Schulen in Deutschland im Turnen unterrichtet.[4]

1.2 Vorbehalte gegen das Mädchenturnen in der zweiten Hälfte des 19. Jahrhunderts

Trotz der Stagnation des Turnvereinswesens infolge des Scheiterns der bürgerlichen Revolution von 1848 erfuhr der Turnunterricht an den höheren Knabenschulen einen zwar langsamen, aber kontinuierlichen Aufschwung. Mit der Verbreitung und vor allem der Verschulung des Turnens ging eine Systematisierung und damit auch eine Erstarrung der Bewegungsformen einher, die das noch wenig verbreitete Mädchenturnen in besonderem Maße betraf, da es weitgehend auf Freiübungen, Ordnungsübungen und Reigen sowie auf einige wenige Übungen an feststehenden Geräten beschränkt war. Freie, ausgreifende, ungewohnte oder auch kraftvolle Bewegungen waren im Mädchenturnen verpönt. So heißt es in einer in der Deutschen Turnzeitung 1876 veröffentlichten Stellungnahme sächsischer Turnlehrer:

> "Hieb, Stoß, Stampf, Ausfall, Auslage, Grätschen (der Beine), ... Steigen auf und über den Holzstab, Liege- und Unterarmliegestütz und -stützeln (z.B. an Barren, der Leiter etc.) ... Gerwerfen und die meisten Übungen am Pferd, Bock, Sprungkasten - sind für das Mädchenturnen gar nicht ... geeignet."[5]

In diesen Festlegungen, wie überhaupt in den Bewegungsmöglichkeiten im Mädchenturnen, spiegeln sich die Vorstellungen von der weiblichen Wesensart und der weiblichen Schwäche, den Eingrenzungen des weiblichen Körpers und Geistes sowie die Tabuisierung der weiblichen Sexualität wider.

Mädchen üben mit dem Schwungseil (1862)

Obwohl die Inhalte des Mädchenturnens nur wenig über Alltagsbewegungen hinausgingen und obwohl Turnlehrer und Ärzte – seit den 60er Jahren verstärkt – mit medizinischen Argumenten die Notwendigkeit der "körperlichen Ertüchtigung des weiblichen Geschlechts" begründeten, lehnten die Behörden es mehrfach ab, den Turnunterricht an Mädchenschulen als obligatorisches Unterrichtsfach einzuführen.[6] Vielfältige Faktoren ließen die Förderung des Mädchenturnens unnötig oder sogar unsinnig erscheinen:

- Im Vergleich zum Knabenturnen galt die "körperliche Ertüchtigung" der Mädchen als unwichtig, weil Frauen von der Wehrpflicht und – das war jedenfalls die bürgerliche Ideologie – von anstrengender Arbeit befreit waren.
- Die in den 30er Jahren einsetzende Kritik an der einseitigen intellektuellen Belastung der Schüler, die sogenannte Überbürdungsdiskussion, forcierte zwar die Einführung des Turnunterrichts an den höheren Knabenschulen, hatte aber keine Auswirkungen auf die schulische Erziehung der Mädchen, da diese von höheren Schulen im eigentlichen Sinn ausgeschlossen waren.
- Die körperliche Erziehung der Mädchen galt als Angelegenheit des Elternhauses. So heißt es z.B. in einem Schreiben des preußischen Kultusministers 1864:

"Diese Umstände können aber den Staat nicht berechtigen, die Eltern zu nöthigen, ihre Töchter turnen zu lassen, und die Gemeinden zur Hergabe der Kosten für die Einrichtungen zu verpflichten, deren Benutzung dem elterlichen Recht und der weiblichen Natur gegenüber ein Gegenstand der freien Entschliessung bleiben müsste."[7]

- Die herrschenden ästhetischen Ideale, die Normen der Schicklichkeit und Sittlichkeit und das medizinische Alltagswissen ließen sich nur schwer mit den Zielen und Inhalten des Turnens in Einklang bringen. Sie lieferten vielfältige Begründungsmuster gegen die Verlagerung der körperlichen Erziehung der Mädchen vom Elternhaus in die Schule.
- Hinter der Ablehnung des Mädchenturnens stand die Angst vor dem Verlust "echter Weiblichkeit" und vor der Vermännlichung der Frauen. Da die Aufrechterhaltung der Weiblichkeitsmythen die geschlechtsspezifische Arbeitsteilung und damit die gesamtgesellschaftlichen Strukturen legitimierte, hatte der Vorwurf, daß aus der "Schule der Leibesübungen Weiber mit männlichem Auftreten, sogenannte Mannweiber, hervorgehen" würden[8], besondere Brisanz. Dabei wurden all diejenigen Merkmale und Verhaltensweisen, die den Weiblichkeitsstereotypen der mit der Definitionsmacht ausgestatteten Männer nicht entsprachen, wie z.B. Selbständigkeit und Stärke, als unweiblich diskriminiert und abgelehnt.

Aufgrund der genannten Vorbehalte und des damit verbundenen fehlenden Engagements der Behörden konnte sich das Mädchenturnen nur sehr zögernd verbreiten. In Berlin erhielten am Ende der 60er Jahre z.B. nur 4,5% der 39 000 schulpflichtigen Mädchen Turnunterricht. In der "übrigen Provinz (Brandenburg, d.V.) findet sich überhaupt kein nur einigermaßen nennenswerthes Mädchenturnen", so der Bericht in der "Statistik des Schulturnens in Deutschland" von 1870.[9]

1.3 Der Aufschwung des Mädchenturnens am Ende des 19. Jahrhunderts

Gegen Ende des 19. Jahrhunderts setzten starke gesellschaftliche und wirtschaftliche Veränderungen ein, die sich mit einer neuen Einstellung zum Körper verbanden und sich in vielfältigen Bewegungen und Strömungen manifestierten. Wandervogel, Bekleidungsreform, Nacktkörperkultur, Spiel-, Sport- und Gymnastikbewegung – alle diese Aktivitäten veränderten das Körperethos, die Körperideale und -techniken, was zwar zu einer gewissen Befreiung des Körpers, aber auch aufgrund der steigenden Leistungsorientierung zu seiner Funktionalisierung und aufgrund der neuen Sittlichkeitsnormen zu einer Internalisierung der Zwänge führte.[10]
Vor dem Hintergrund der sich langsam verändernden Stellung der Frau in der Gesellschaft sowie des Aufschwungs der verschiedenen Strömungen der Körperkultur gewannen die Argumente für das Mädchenturnen an Gewicht. Nach wie vor setzten sich Ärzte und Turnlehrer für die körperliche Erziehung

der Mädchen und die Einführung des Turnunterrichts an allen Bildungseinrichtungen ein, wobei die Sorge um die Gesundheit der Mädchen im nationa-
listischen und militaristischen Klima des Wilhelminischen Kaiserreiches einen
neuen Stellenwert und eine veränderte Bedeutung erhielt. Bereitwillig griffen
Turnlehrer und Turnlehrerinnen die Argumentationskette "Gesunde Frauen,
gesunde Kinder, gesunde Männer zu des deutschen Reiches Heil" auf.[11] Noch
deutlicher wird der Zusammenhang zwischen Gebär- und Wehrfähigkeit im
folgenden Zitat betont: "Eine gesunde Generation von wehrkräftigen Männern wird eben nur von einer vorhergehenden gesunden Generation geburts-
kräftiger Mütter erzeugt."[12] Daß es an beidem fehlte, schien die wachsende
Zahl Wehruntauglicher zu belegen. Mit diesen Argumenten erhielten die
Forderungen nach der "körperlichen Ertüchtigung des weiblichen Geschlechts" einerseits eine neue Wertigkeit. Andererseits verstärkten die Verbreitung des Mädchenturnens und die Forderungen nach obligatorischer
Körpererziehung für Mädchen aber auch die Ängste und Widerstände. Mädchenturnen wurde jetzt zum Thema vielgelesener Familienzeitschriften, die
die Gefahren des Turnens in gruseliger Weise ausmalten. So hieß es z.B. in
der Gartenlaube, daß Seilspringen den Fuß verflache, die Lungen schädige
und aufgrund der Erschütterungen Darmverschlingungen sowie chronische
Hirn- und Rückenmarkschmerzen hervorrufe.[13]

Trotzdem geriet die Anschauung, daß die körperliche Erziehung der Mäd-
chen Sache des Elternhauses sei, allmählich ins Wanken, weil die Mütter, die
Stillsitzen und Handarbeiten immer noch für unabdingbare weibliche Tu-
genden hielten, dieser Aufgabe nicht oder nicht mehr gewachsen schienen.
Als Beweis für die Unfähigkeit der Mütter, die körperliche Entwicklung ihrer
Töchter richtig zu unterstützen, wurde die schlechte Gesundheit eines großen
Teils der Schülerinnen angeführt. In manchen Schulen litten 30 % und mehr
der Schülerinnen an Rückgratverkrümmungen, was Euler, den Leiter der
Turnlehrerbildungsanstalt in Berlin und Herausgeber des vielgelesenen "En-
cyklopädischen Handbuchs des gesamten Turnwesens", zum Ruf nach dem
Staat veranlaßte. Eulers Ausführungen stehen für den common sense im Diskurs über das Mädchenturnen. Er forderte: "Da also das Elternhaus nicht
hinlängliche Sicherung gegen die allmähliche Entartung des weiblichen Geschlechts bietet, so muß der Staat schon um seiner Selbsterhaltung willen die
Sache in die Hand nehmen."[14] Die körperliche Erziehung der Mädchen sollte
also aus dem Elternhaus ausgelagert und der Schule übertragen werden.
Dabei wurden neue Normen in bezug auf Haltung und Bewegung eingeführt,
die, von der Schule ausgehend, auch die familiäre Erziehung verändern und
verbessern sollten. So meinte z.B. ein Berliner Schulvorsteher: "Durch die
Schule erfahren die Eltern, wie das Sitzen, Stehen, Laufen, Springen u.s.w. geschehen muß, und halten darauf, daß es zu Hause auch in der rechten Weise
geschieht."[15]

1894 wurde – in Preußen – im Zuge der Neuordnung des höheren Mädchenschulwesens der Turnunterricht für Mädchen an den höheren Schulen
obligatorisch.[16] Dies ist sicherlich zum einen den Bemühungen von Ärzten,

Turnlehrern und Turnlehrerinnen, so weit sie sich zu dieser Zeit schon öffentlich äußern konnten, zu verdanken, hängt zum anderen aber auch mit der Veränderung der gesellschaftlichen Situation der Frau und der damit verbundenen Verbesserung der Mädchenbildung insgesamt zusammen. Vorangetrieben wurde die Diskussion über das Mädchen- und Frauenbildungswesen im wesentlichen von der "bürgerlichen" Frauenbewegung, die allerdings für die Probleme der körperlichen Erziehung wenig Interesse aufbrachte.

Zusammenfassend kann die Verschulung des Mädchenturnens eindeutig interpretiert werden als Ausweitung, Systematisierung und Aufwertung von ursprünglich häuslicher Arbeit. Durch ihre zumindest teilweise Verlagerung in die Institution Schule wurde die körperliche Erziehung der Mädchen uminterpretiert, verändert und aufgewertet. Damit war aber nicht unbedingt eine Entlastung der Mütter verbunden, da die Ansprüche an die körperliche Erziehung stiegen und auch die Mütter mit neuen Aufgaben in diesem Bereich konfrontiert wurden.

2. Die Entwicklung des Turnlehrerinnenberufes

2.1 Die ersten Turnlehrerinnen

Das Konzept des Turnens war von Männern für Männer entwickelt worden. Männer waren es auch, die sich als erste für die körperliche Erziehung der Mädchen einsetzten, wobei durchaus auch standespolitische Erwägungen eine Rolle gespielt haben dürften.

Für Frauen öffnete sich erst in den 50er Jahren des vorigen Jahrhunderts ein Berufsfeld auf dem Gebiet der Körperkultur, als sich heilgymnastische Institute verbreiteten, die vor allem Frauen Erlösung von allen möglichen Leiden versprachen. Dort wurden Frauen als "Gymnastinnen" beschäftigt, wohl weil sie die Bedenken im Hinblick auf die Sittlichkeit entkräften und den Instituten, die in der Regel von Männern geleitet wurden, einen Anstrich von Seriosität geben konnten. So hatte der Berliner Arzt Eulenburg in seiner "orthopaedischen Anstalt", in der er 1853 42 Patientinnen und 23 Patienten behandelte, "drei männliche und fünf weibliche Assistenten für Gymnastik" beschäftigt.[17] Auch in einigen wenigen privaten Turnanstalten waren Frauen, meist die Ehefrauen oder Töchter der Besitzer, tätig.

An den Schulen bestand dagegen keine große Nachfrage nach Turnlehrerinnen, da der Turnunterricht, wie schon erwähnt, nur an wenigen höheren Töchterschulen, meist auf freiwilliger Basis, angeboten wurde. Als Turnlehrkräfte wurden überwiegend Männer angestellt, die über sehr unterschiedliche Qualifikationen verfügten: Es waren Vorturner oder Turnwarte aus Turnvereinen, Ärzte, Lehrer ohne turnerische Ausbildung oder auch geprüfte Turnlehrer. In einem Punkt unterschieden sie sich nicht: Sie besaßen keine Qualifikation für die körperliche Erziehung der Mädchen; alle mußten sich das

Wissen über die spezifischen Ziele und Inhalte des Mädchenturnens autodidaktisch aneignen.[18] Der Lehrer Schmitt wurde z.b. an der städtischen höheren Töchterschule in Wiesbaden beschäftigt, nachdem er eine "turnerische Studienreise nach einigen Städten Deutschlands, in denen seit längerer Zeit das Mädchenturnen eingeführt ist", gemacht hatte.[19]

In der Statistik des Schulturnens in Deutschland von 1870 werden auch einige Turnlehrerinnen aufgeführt, die ihre Qualifikation privat, oft auf recht ungewöhnlichem Weg, erworben hatten, wie z.b. Fräulein Koch aus Thorn (Provinz Preußen). "Die Dame verdankt ihre Ausbildung zum Turnunterrichte zunächst einer Anstellung in dem heilgymnastischen Institute des Dr. Funck, und hat nach längerer Lehrpraxis einen Cursus bei dem Wanderturnlehrer des Provinzialverbandes durchgemacht."[20]

Eine private Ausbildung boten einige Turnlehrer, die als Kleinunternehmer eine Turnanstalt eingerichtet hatten und nach Kunden, aber auch Kundinnen suchten. Turnlehrerinnenkurse veranstalteten z.b. Werner schon ab 1838 in Dresden, später in Dessau, Eiselen in Berlin 1845, in den 50er Jahren dann Neumann, Eulenburg, Kluge, Angerstein und Euler ebenfalls in Berlin.[21] Diese Kurse hatten zunächst nur geringen Zulauf, und die Zahl der Turnlehrerinnen war verschwindend klein. In der Statistik des Schulturnens von 1870 werden etwa 1500 Turnlehrer, aber nur 12 Turnlehrerinnen namentlich erwähnt.[22] Auch der erste Versuch, 1857 in Berlin eine staatliche Turnlehrerinnenprüfung durchzuführen, scheiterte am Mangel an Bewerberinnen.[23]

Erst als sich im letzten Drittel des Jahrhunderts der Mädchenturnunterricht langsam verbreitete, entstand ein Mangel an Lehrkräften, "welche für das Mädchenturnen ein richtiges Verständnis haben und dasselbe mit richtigem Tact und gutem Geschicke zu leiten verstehen".[24] Die Eltern, die es sich leisten konnten, trotz des hohen Schulgeldes ihre Töchter auf höhere Schulen zu schicken, stellten auch in bezug auf die körperliche Erziehung der Schülerinnen inzwischen höhere Ansprüche – zumindest im Hinblick auf die Schicklichkeit. Deshalb verstärkte sich die Nachfrage nach Turnlehrerinnen. Als sich z.B. der Vorsteher einer höheren Mädchenschule in Berlin für die Einführung des Turnunterrichts entschied, wandte er sich an Euler, den Leiter der Turnlehrerbildungsanstalt, mit der Bitte, einige der an der Schule beschäftigten Lehrerinnen im Turnen auszubilden. Euler, der über keine Erfahrungen mit dem Frauenturnen verfügte, entwickelte daraufhin in Zusammenarbeit mit den angehenden Turnlehrerinnen einen Übungskanon für das Mädchenturnen. Die von ihm organisierten Turnvorführungen vor hochgestellten Persönlichkeiten, u.a. der Kaiserin Augusta, waren ein voller Erfolg und trugen zur Verbreitung des Mädchenturnens und zur Etablierung des Turnlehrerinnenberufes bei: 1874 wurde Turnunterricht an den Lehrerinnenseminaren und 1876 an den Berliner Mädchenschulen eingeführt; 1875 wurde die erste Prüfungsordnung für Turnlehrerinnen erlassen, ab 1880 fanden staatliche Ausbildungskurse statt.[25]

2.2 Turnlehrer oder Turnlehrerin?

Solange der Turnunterricht auf wenige Mädchenschulen beschränkt, die Zahl der Turnlehrerinnen äußerst gering und die Stellung der Männer im Turnunterricht unerschüttert war, so lange stand das Geschlecht der Turnlehrkraft kaum zur Diskussion. Die Frage, ob Männer oder Frauen Mädchen im Turnen unterrichten sollten, wurde erst in den 70er Jahren aus zwei Gründen zu einem wichtigen Thema: Zum einen erhoben viele Eltern moralische Bedenken gegen einen Mann als Leiter des Mädchenturnunterrichts, zum anderen wuchs nicht nur die Zahl der Turnlehrerinnen, sondern auch die Zahl der höheren Mädchenschulen, die den Turnunterricht in ihren Fächerkanon integrierten. In Anbetracht der neuen und relativ gut dotierten Arbeitsplätze empfanden die Turnlehrer ihre Kolleginnen als bedrohliche Konkurrenz auf einem Feld, das sie als traditionell männliche Domäne für sich beanspruchten und gegen weibliche Eindringlinge verteidigen wollten: "Das eine soll man uns Männern nicht verkümmern oder gar streitig machen, das nämlich, daß wir von Haus aus und durch die Entwicklungsgeschichte unseres Mädchenturnens begründet, den ersten Beruf dazu haben, das Turnen der Mädchen in unseren Händen zu halten."[26]

Die Frage der Eignung der Frauen für den Turnunterricht wurde deshalb auf Turnlehrerversammlungen heftig diskutiert, z.B. 1871 auf einer Sitzung des Berliner Turnlehrervereins, der zu dem Schluß kam, "daß bei gleichen Fähigkeiten und gleichen Verhältnissen der Turnlehrer der Turnlehrerin vorzuziehen ist".[27] 1881 kamen die auf der neunten deutschen Turnlehrerversammlung anwesenden Männer zu einem ähnlichen Ergebnis, das sie in der folgenden Resolution festschrieben: "Neben einem Mann kann eine Lehrerin als berechtigte Mitarbeiterin beim Mädchenturnen thätig sein."[28] Wie in anderen Berufsfeldern – vor allem im akademischen Bereich – versuchten die Männer auch hier, potentielle Konkurrentinnen mit dem Argument fehlender Eignung und Kompetenz auszugrenzen. Die Mehrzahl der Turnlehrer sprach Frauen generell die Fähigkeit, Turnunterricht zu erteilen, ab und begründete dies mit den angeblichen körperlichen und geistigen Defiziten des weiblichen Geschlechts. Selbst manche "Turnpäpste", die Turnlehrerinnen in Privatkursen ausbildeten und sich dadurch einen einträglichen Nebenverdienst verschafften, äußerten sich skeptisch über die Eignung der Frauen, im Fach Turnen zu unterrichten. Andere befürworteten zwar – möglicherweise durchaus aus eigennützigen Motiven – den Einsatz von Turnlehrerinnen, sprachen aber Frauen nur eine untergeordnete Rolle zu: "Der Mann jedoch ist und bleibt der berufene Leiter der Frauen und auch der Turnlehrerinnen."[29]

Euler, selbst ein Mitstreiter in dieser Debatte, aber eher auf seiten der Frauen, die er ja auch zu Turnlehrerinnen ausbildete, nannte den Wunsch der Eltern als wichtigsten Grund dafür, daß schließlich Frauen für den Mädchenturnunterricht eingestellt wurden. Sie konnten die Bedenken gegen die Einführung des Mädchenturnens, besonders in den oberen Klassen, als gegenstandslos erscheinen lassen. "Das Vertrauen, das diese (die Mütter, d.V.) den

Lehrerinnen entgegenbringen, beruht auf einem alten Vorurteil gegen das von Männern geleitete Mädchenturnen."[30] Die von Euler erwähnten Vorbehalte der Mütter gegenüber männlichen Lehrkräften entsprangen in erster Linie der Sorge um Schicklichkeit und Sittlichkeit, die durch einige Gerichtsverfahren gegen Turnlehrer wegen "unzüchtiger Berührungen" noch verstärkt wurde.[31] Um ihre Töchter nicht solchen "Vorkommnissen" auszusetzen, zogen es viele Mütter vor, sie vom Turnunterricht dispensieren zu lassen.

Außerdem trauten die Mütter, aber auch einige wenige Turnlehrer, Männern wenig Einfühlungsvermögen in die weibliche Physis und Psyche zu. Die Turnlehrerinnen wurden dagegen als Expertinnen angesehen, die am eigenen Leibe erlebten, was "zugemutet werden darf und was vermieden oder wenigstens geschont werden muß".[32] Auch Martha Thurm, eine der führenden Turnlehrerinnen, begründete den Einsatz von Frauen im Mädchenturnen mit einer geschlechtsabhängigen Kompetenz, d.h. mit der Fähigkeit der Frauen, "ihr eigenes Geschlecht tiefer und richtiger beurteilen" zu können als Männer.[33] Else Wirminghaus kommt in ihrem Buch über die weibliche Körperkultur ebenfalls zu dem Schluß: "Nur die Frau ist mit den körperlichen Fähigkeiten ihres Geschlechts genau vertraut, und ihr Rat ist deshalb bei der Ausgestaltung der Körperkultur auf Mädchenschulen gar nicht zu entbehren."[34] Im Begründungsmuster der Turnlehrerinnen spielte zudem die Schülerinnen-Lehrerinnen-Beziehung eine wichtige Rolle. Sie betonten, daß Mädchen zu weiblichen Lehrkräften gerade im Turnunterricht mehr Vertrauen entwickeln und sich ihnen in "delikaten Situationen" anvertrauen könnten.[35]

Ein weiteres Argument für die Übertragung des Turnunterrichts an Lehrerinnen war die Reproduktionsnähe der Aufgaben: "Wenn dem weiblichen Geschlecht ... alle die Fächer am nächsten liegen, welche mit der Erziehung und dem Unterricht zusammenhängen, in dem ja auch die Mutter die erste Anleiterin ist und wenigstens bei den Töchtern die beständigste Beraterin bleibt, so gehört dazu unzweifelhaft auch die körperliche Erziehung und somit das Turnen. Man darf in gewissem Sinne die Mutter als die erste Turnlehrerin des Kindes nennen; sie bringt demselben die Grundelemente des Turnens bei: das Stehen und Gehen ..."[36]

Als besonderer Vorteil der Turnlehrerin wurde schließlich noch erwähnt, daß sie im Gegensatz zum Mann, der "andere Sorgen" habe, ganz in ihrem Beruf aufgehe: "Der Lehrerin aber ist die Schule ihr Heim, sind die Schulkinder ihre Familie ... Ihrem Herzen steht jedes einzelne Kind nahe, sie sorgt für dasselbe, erlauscht, erkennt instinktiv seine Wünsche ... sie übt an ihm Mutterpflichten."[37]

Die Auseinandersetzungen über den Beruf der Turnlehrerin wurden noch von einer anderen Seite her geschürt, von der Seite der "bürgerlichen" Frauenbewegung, die sich für die Erschließung neuer Frauenberufe einsetzte. So forderte Henriette Goldschmidt in einem Vortrag über die Berufsbildung der Frau, Mädchen, die sich durch Gewandtheit beim Turnen auszeichneten, zu Turnlehrerinnen auszubilden, "denn daß heranwachsende Mädchen immer noch von Turnlehrern unterrichtet werden, ist doch wohl nicht zu loben."[38]

Die Öffnung des Turnlehrerberufes für Frauen kam auch den Interessen des Bürger- und Kleinbürgertums entgegen, weil damit ein neues pädagogisches Berufsfeld und damit Lebensperspektiven für die Töchter aus diesen Kreisen erschlossen wurden.

Leben ist Bewegung, Bewegung ist Kraft, Kraft ist Gesundheit.

Deutsche Turn-Zeitung für Frauen

Zeitschrift zur Förderung
des gesamten weiblichen Turnwesens

Organ
für die Frauen-Turn-, Spiel- und Sport-Vereinigungen.

Für die Behörden dürfte bei der Entscheidungsfindung insbesondere die finanzielle Dimension entscheidende Bedeutung gehabt haben. So konnte sich z.B. die Institution der "Anstandsdame", die als "Sittenwächterin" die Turnlehrer überwachen sollte, u.a. auch aus finanziellen Gründen nicht durchsetzen.[39] Daß Lehrerinnen geringer entlohnt und als technische Lehrerinnen mit den Fächern Turnen und Handarbeiten flexibler einsetzbar waren als Männer, sprach eindeutig zugunsten der Frauen. Dies wurde von den Gegnern der Turnlehrerinnen auch scharf angegriffen. So behauptete Hermann, "daß fast alle Schwärmer für Turnlehrerinnen ... lediglich durch finanzielle Erwägungen geleitet würden".[40]

Im Rahmen der Neuordnung des höheren Mädchenschulwesens in Preußen 1894 wurde der Mädchenturnunterricht ausschließlich in die Hände von weiblichen Lehrkräften gelegt.[41] Damit waren die Turnlehrerinnen die einzigen Lehrerinnen, die von seiten der männlichen Kollegen keine Konkurrenz zu fürchten hatten. Nach der Statistik des Schulturnens von 1908 unterrichteten in Preußen an 434 höheren Mädchenschulen 832 Lehrerinnen und 35 Lehrer im Fach Turnen.[42]

In der Berufskonstruktion der Turnlehrerinnen verbanden sich die verschiedenen Argumentationsmuster der beteiligten Gruppen zu einem Konzept, das von den standespolitischen Organisationen der Turnlehrerinnen später revidiert werden sollte. Die Argumente für die Turnlehrerinnen basierten auf ihrem Geschlecht. Einerseits wurden von ihnen Kenntnisse, Merkmale und Verhaltensmuster erwartet, z.b. die Kenntnis des weiblichen Körpers, Einfühlungs- und Urteilsvermögen, die Frauen qua Geschlecht und nicht aufgrund einer beruflichen Qualifizierung mitbrächten. Andererseits schien das Geschlecht der Turnlehrerin die Aufrechterhaltung der mit dem weiblichen Körper verbundenen Tabus zu garantieren. Euler verwandte in seinem oben zitierten Plädoyer für die Turnlehrerinnen zudem einen Argumentationsstrang, in dem sich das in der bürgerlichen Frauenbewegung verbreitete Konzept der "geistigen Mütterlichkeit" und eine geschickte Funktionalisierung des Lehrerinnenzölibats und des sogenannten weiblichen Arbeitsvermögens verbanden. Die Turnlehrerin sollte ihre Tätigkeit nicht als Arbeit, sondern als Berufung auffassen und nicht nur ihre Arbeitskraft, sondern ihre ganze Person zur Verfügung stellen. Gerade diese Erwartungen, die Frauen angeblich aufgrund ihrer naturgegebenen "weiblichen Wesensart" und nicht aufgrund einer spezialisierten Berufsausbildung erfüllen konnten, trugen dazu bei, diesem Beruf eine adäquate Anerkennung und Honorierung zu verweigern.

3. Die Ausbildung der Turnlehrerinnen zur Zeit der Jahrhundertwende

3.1 Turnlehrerinnenkurse

Der berufliche Werdegang der Turnlehrerinnen war alles andere als einheitlich; zur Auswahl standen private, städtische und staatliche Kurse von unterschiedlicher Dauer und Qualität.

"Der geregelte, schulmäßige Unterricht in den Leibesübungen machte sehr bald die fachturnerische Ausbildung von Lehrern in besonderen Anstalten nötig."[43] Schon Ende der 40er Jahre wurde deshalb in Preußen eine "Zentralbildungsanstalt für Lehrer in den Leibesübungen", 1851 eine "kgl. Zentral-Turnanstalt" gegründet, in der bis 1877 sowohl Militär- als auch Zivilturnlehrer ausgebildet wurden.[44] Erst nachdem die enge Verbindung zum Militär aufgegeben und eine neue Turnlehrerbildungsanstalt errichtet worden war, konnte ab 1880 auch mit der Ausbildung von Turnlehrerinnen begonnen werden. Außerhalb von Preußen waren staatliche Turnlehrerinnenkurse zum Teil schon früher, z.B.in der 1850 gegründeten Turnlehrerbildungsanstalt in Dresden im Königreich Sachsen schon 1872, eingerichtet worden.[45]

Die staatlich gelenkte Ausbildung von Turnlehrkräften differierte in den einzelnen Ländern stark: Die Ausbildungszeit der Turnlehrerinnen betrug in den 90er Jahren in Berlin drei Monate, in Karlsruhe dagegen nur 2 bis 4 Wochen. Überall waren allerdings die Kurse für die Männer, ihrer vermeintlich größeren Bedeutung entsprechend, länger.[46]

Die Hürden auf dem Weg zur Turnlehrerinnenausbildung waren niedrig. Als Eingangsvoraussetzung wurden bis zum Ende des 19. Jahrhunderts in Berlin nicht einmal turnerische Vorerfahrungen verlangt, was sowohl mit den

Aus dem Unterrichtskursus für Turnlehrerinnen in Berlin (nach Originalskizzen von E. Hosang)

relativ geringen Anforderungen an die weibliche Körpererziehung, als auch mit dem Mangel an Kandidatinnen mit "turnerischen Fertigkeiten" zu erklären ist. 1887 hatten z.b. 25 der 84 Teilnehmerinnen am Ausbildungskursus in Berlin noch nie geturnt.[47]

In den 1894 erlassenen Bestimmungen "betreffend der Aufnahme in die an der königlichen Turnlehrer-Bildungsanstalt in Berlin abzuhaltenden Kurse" wurde zwar festgelegt, daß "Bewerberinnen, welche bereits die Befähigung zur Erteilung von Schulunterricht nachgewiesen haben", an erster Stelle zur Teilnahme geeignet seien. In einem Zusatz heißt es aber, daß, "soweit es ... die Verhältnisse der Anstalt gestatten", auch Bewerberinnen, "wenn sie das 19. Lebensjahr überschritten haben und die erforderliche Schulbildung nachweisen", aufgenommen werden.[48] Erst 1910 wurde die Vorbildung genauer definiert: Die Bewerberinnen mußten die oberste Klasse einer höheren Mädchenschule oder Mädchenmittelschule erfolgreich absolviert haben. Von den angehenden Turnlehrern wurde übrigens ein höheres Bildungsniveau gefordert.[49]

Zu den staatlichen Turnlehrerinnenkursen in Berlin wurden anfangs 70, später dann 100 Teilnehmerinnen zugelassen. Etwa die Hälfte waren wissenschaftliche Lehrerinnen, die eine Zusatzausbildung absolvierten, rund 25 % waren technische Lehrerinnen, meist Handarbeits- oder Zeichenlehrerinnen, 25 % verfügten über keine Lehrbefähigung.[50]

Die Inhalte der Turnlehrerinnenausbildung orientierten sich am Mädchenturnen, das, wie schon erwähnt, keine großen Anforderungen an Kraft, Ausdauer und Geschicklichkeit stellte. Im Mittelpunkt standen Freiübungen und Reigen, an den Geräten beschränkte sich der Stoff auf Hang-, Stütz- und Balancierübungen. In einem Manuskript von 1895 ist der gesamte Übungsstoff in 12 Wochenpensen eingeteilt: Die Ausbildung begann mit Freiübungen am Ort, genauer der Grundstellung, und endete mit Hangübungen am Reck.[51] Zu den 11 Turnstunden pro Woche kamen Vorträge in Anatomie, Turngeschichte, Methodik, Systematik und Gerätekunde sowie Lehrproben. Am Ende der Ausbildung stand eine Turnvorführung, aber keine Prüfung.[52]

Die zweite Möglichkeit, sich für den Beruf der Turnlehrerin zu qualifizieren, bestand darin, sich privat vorzubereiten und dann eine Prüfung abzulegen.

Die privaten Turnlehrerinnenkurse, die meist von renommierten Turnexperten durchgeführt wurden, hatten eine lange Tradition und bestanden auch neben den staatlichen Kursen fort, da die staatlichen Einrichtungen bei weitem nicht alle Frauen aufnehmen konnten, die sich auf diesen Beruf vorbereiten wollten. In Berlin konnten angehende Turnlehrerinnen in den 80er Jahren zwischen mindestens fünf privaten Ausbildungskursen wählen. In den 90er Jahren boten sogar zwei Frauen, Klara Heßling und Clara Obst, Turnlehrerinnenkurse an. Einer der bekanntesten Kurse war der von E. Angerstein, der in einem Jahr bei 3 - 6 Wochenstunden quasi nebenberuflich absolviert werden konnte.[53] Gegen Ende des Jahrhunderts nahm die Zahl der privaten Vorbereitungskurse noch zu, so daß die Zahl der Turnlehrerinnen bald die Zahl der freien Stellen überschritt. Um die Einstellungschancen zu verbessern, wählten viele Frauen eine Mehrfachausbildung, die gleichzeitig allerdings nur in wenigen Einrichtungen, z.B. in Wolfenbüttel, absolviert werden konnte. Dort wurden die Kandidatinnen ab 1884 in einem Jahr zur Turn- und Handarbeitslehrerin ausgebildet. Die turnerische Ausbildung wurde von Hermann, einem der Turnlehrer, die sich vehement gegen die Einstellung von Frauen als Turnlehrkräfte ausgesprochen hatten, geleitet.[54] 1903 und 1906 reagierten dann die Städte Bielefeld und Dortmund auf die Nachfrage nach Ausbildungsplätzen für technische Lehrerinnen. Sie richteten Seminare ein, in denen in zwei Jahren zur technischen Lehrerin mit mehreren Fächern, nämlich Hauswirtschaft, Handarbeit und Turnen, ausgebildet wurde.[55]

Die vielfältigen Ausbildungsmöglichkeiten und die relativ niedrigen Zugangsbarrieren erwecken den Eindruck, als ob der Beruf der Turnlehrerin ohne große Schwierigkeiten einer großen Zahl von Frauen offengestanden hätte. Für Frauen aus den Unterschichten trifft dies sicher nicht zu, weil die Ausbildung mit erheblichen Kosten verbunden war. Der Besuch der staatlichen Kurse war zwar unentgeltlich, die durch den Aufenthalt in Berlin entstehenden Ausgaben mußten aber von den Kursteilnehmerinnen getragen werden. Zwar konnte eine Unterstützung aus dem "Staatsfonds" von 90 Mark im Monat (Männer erhielten 120 Mark) beantragt werden, Reisekosten und Ausgaben für die Vertretung im Amt, die allerdings nur auf Lehrerinnen zukamen, wurden aber auf keinen Fall bewilligt.[56]

Wesentlich teurer war die Ausbildung in privaten Kursen, die den Kursleitern einen guten Nebenverdienst einbrachten. Ein sechsmonatiger Kurs in Breslau kostete insgesamt z.B. 50 Mark, die einjährige Ausbildung zur Turn- und Handarbeitslehrerin in Wolfenbüttel 120 Mark. Dazu mußten noch die Reise- und Aufenthaltskosten aufgebracht werden.[57] Schon allein aufgrund der Ausbildungsinvestitionen also stand der Beruf der Turnlehrerin vorwiegend Frauen aus dem Bürger- oder Kleinbürgertum offen. Dies bestätigen auch die Angaben Eulers über die soziale Herkunft der Kursistinnen an der Turnlehrerbildungsanstalt in Berlin.[58]

3.2 Prüfungen

Seit 1875 mußten sich die Frauen, die sich in Preußen privat auf den Turnlehrerinnenberuf vorbereitet hatten, einer theoretischen und praktischen Prüfung in Berlin vor einer Kommission, der neben dem Leiter der Turnlehrerbildungsanstalt auch eine Frau angehörte, unterziehen. 1889 wurden wegen der großen Zahl von Prüflingen aus den Provinzen Prüfungskommissionen auch in Bonn, Breslau, Magdeburg und Königsberg eingerichtet. 1910 wurden in 16 preußischen Städten staatliche Turnlehrerinnenprüfungen abgehalten und insgesamt 548 Kandidatinnen geprüft.[59]

Nach der 1890 in Preußen erlassenen Prüfungsordnung, die sich nicht wesentlich von der 1875 erlassenen Regelung unterschied, mußten von den

Kandidatinnen folgende Leistungen erbracht werden: eine Klausur über ein Thema aus dem Bereich des Schulturnens, eine mündliche Prüfung, in der Kenntnisse in Turngeschichte, Methodik, Systematik, Gerätekunde sowie Medizin abgefragt wurden, eine praktische Prüfung und eine Lehrprobe. Die Anforderungen besonders im praktischen Teil der Prüfung waren recht gering, so daß fast alle Kandidatinnen bestanden.[60]

Auch die Volksschullehrerinnen mußten seit 1874 im Zeichnen und Turnen "Einsicht in die Methoden des betreffenden Unterrichts und Bekanntschaft mit den wesentlichsten Lehrmitteln für denselben" nachweisen. Darüber hinaus konnten angehende Lehrerinnen, die Turnunterricht erteilen wollten, eine praktische Turnprüfung ablegen.[61]

Es gab also am Ende des 19. Jahrhunderts im Deutschen Reich Turnlehrerinnen mit ganz unterschiedlichen Formen der Vorbildung, der Ausbildung und mit unterschiedlichen Abschlüssen: die Nur-Turnlehrerin, die Lehrerin mit zwei oder drei technischen Fächern, die wissenschaftliche Lehrerin für Volksschulen bzw. zusätzlich für mittlere und höhere Mädchenschulen, die auch eine Turnausbildung durchlaufen hatte, und schließlich die Lehrerin, die nur im Rahmen ihrer allgemeinen Seminarausbildung eine Turnqualifikation erworben hatte. Diese Heterogenität der Ausbildung wirkte sich negativ auf das Ansehen und die Besoldung der Turnlehrerinnen aus.

4. Arbeitsbedingungen der Turnlehrerinnen

4.1 Die soziale und ökonomische Situation

Die Zahl der Turnlehrerinnen nahm bis zum Ersten Weltkrieg kontinuierlich zu. 1875 bis 1900 wurden allein in Berlin 3150 Bewerberinnen geprüft. Zudem erhielten zwischen 1880 und 1900 fast alle 1588 Teilnehmerinnen des staatlichen Turnlehrerinnenkurses die Erlaubnis zur Erteilung des Turnunterrichts.[62] Zwischen 1901 und 1910 legten 4607 Frauen die Turnlehrerinnenprüfung ab, davon waren 29 % wissenschaftliche Lehrerinnen, 43 % technische Lehrerinnen und 28 % "sonstige Bewerberinnen". Im gleichen Zeitraum absolvierten 1066 Kursistinnen die Ausbildung an der Turnlehrerbildungsanstalt, 51 % von ihnen waren wissenschaftliche, 38 % technische Lehrerinnen und 10 % sonstige Bewerberinnen.[63]

Der große Andrang zum Beruf der Turnlehrerin hatte verschiedene Gründe: Zum einen gab es nur wenige Berufe, die Frauen aus dem Bürgertum ergreifen konnten, zum anderen galt gerade eine pädagogische Tätigkeit auf nicht-akademischem Niveau als für Frauen besonders geeignet. Auch Frauen ohne weitere Lehrqualifikation konnten sich durch einen Turnlehrerinnenkursus in sehr kurzer Zeit eine wenn auch äußerst bescheidene Existenzgrundlage schaffen.

Nach Euler, dem Leiter der Turnlehrerbildungsanstalt in Berlin, stammte die Mehrzahl der 46 technischen Lehrerinnen, die 1895 den Kursus an seiner Anstalt besuchten, aus "den höheren Gesellschaftskreisen", nur 10 stammten aus Familien, die qua Beruf des Vaters dem Handwerker-, Gewerbe- oder Arbeiterstand angehörten. 38 der Kursteilnehmerinnen waren verwaist und – nach der Interpretation Eulers – "durch die Not des Lebens" gezwungen, "sich eine Erwerbsquelle zu eröffnen".[64]

Für die wissenschaftlichen Lehrerinnen bedeutete die Zusatzqualifikation im Turnen eine Verbesserung ihrer Anstellungschancen, was in Zeiten der Lehrerinnenerwerbslosigkeit besonders wichtig war. Gerade die Vorteile der Ausbildung zur Turnlehrerin – kurze Dauer, leichte Zugänglichkeit – erwiesen sich aber auch als Problem, weil wegen der schleppenden Einführung des Turnunterrichts in die Volksschulen nicht genug Stellen zur Verfügung standen. Im Gegensatz zu ihren wissenschaftlichen Kolleginnen mußten die Turnlehrerinnen allerdings nicht mit den männlichen Lehrkräften konkurrieren, die wegen der Überfüllung des männlichen akademischen Lehrberufs an die höheren Mädchenschulen drängten.

An den in der Statistik des Schulturnens von 1908 erfaßten 403 höheren Mädchenschulen in Preußen erteilten 832 Lehrerinnen und 35 Lehrer Turnunterricht; von den Frauen hatten 703 die Turnlehrerinnenprüfung abgelegt. Von den an den höheren Knabenschulen tätigen 2175 Turnlehrern hatten sich dagegen nur 1276 einer besonderen Turnlehrerprüfung unterzogen.[65] An den 30 000 Volksschulen waren etwa 38 000 Lehrer und 2 000 Lehrerinnen, meist die Klassenlehrer/innen, im Turnunterricht eingesetzt. Von den männlichen Lehrkräften hatten nur etwa 900, von den Lehrerinnen dagegen die Hälfte die Turnprüfung abgelegt.[66] Vergleicht man diese Zahlen mit der Zahl der geprüften Turnlehrerinnen, so wird deutlich, daß bei weitem nicht alle für den Turnunterricht ausgebildeten Lehrerinnen eine entsprechende Stelle fanden. Der im Vergleich zu den Männern hohe Prozentsatz von Fachturnlehrerinnen läßt vermuten, daß Frauen im Schuldienst mehr und spezifischere Qualifikationen als Männer nachweisen mußten. Die harte Konkurrenz der technischen Lehrerinnen um die wenigen Arbeitsplätze bestätigen selbst diejenigen, die eine derartige Ausbildung anboten. So erklärte die Vorsteherin der Ausbildungsanstalt in Wolfenbüttel, für Absolventinnen ihrer Anstalt sei die "Erlangung einer Stellung schwieriger, weil der Wettbewerb noch weit größer ist als bei den wissenschaftlichen Lehrerinnen".[67]

Bis zum Ende des 19. Jahrhunderts wurde technischen Lehrerinnen in vielen Schulen die feste Anstellung verweigert, sie wurden nur stundenweise beschäftigt und dementsprechend gering honoriert. Die Vergütung betrug an manchen öffentlichen mittleren Mädchenschulen in Preußen nur 1 Mark pro Stunde; auf Zusatzleistungen wie Mietentschädigungen oder Alterszulagen hatten die sogenannten Vertragslehrerinnen keinen Anspruch. 1898 verdienten zwei Drittel der 625 technischen Lehrerinnen in Berlin lediglich 24 Mark monatlich, das war etwa die Hälfte des Verdienstes einer Arbeiterin, die dafür allerdings bedeutend länger arbeiten mußte.[68] Da das Existenzminimum bei etwa 10 Mark pro Woche lag, war die Mehrzahl der technischen Lehrerinnen auf einen Nebenverdienst angewiesen. Auch in Orten, in denen die Festanstellung der technischen Lehrerinnen üblich war, erhielten sie meist ein niedrigeres Grundgehalt als die wissenschaftlichen Lehrerinnen, die wiederum gegenüber den männlichen Lehrkräften benachteiligt waren.

Lehrerinnen niedriger zu bezahlen als Lehrer war in Preußen, aber auch im übrigen Deutschland, quasi ein Gewohnheitsrecht, bis dann 1897 im preußischen Lehrerbesoldungsgesetz der unterschiedliche Mindestlohn für männliche und weibliche Lehrkräfte festgeschrieben wurde. Technische Lehrerinnen, die in diesem Gesetz nicht erwähnt wurden, erhielten fast durchweg 200 Mark weniger Gehalt als ihre wissenschaftlichen Kolleginnen. Das jährliche Anfangsgrundgehalt an Volksschulen betrug z.b. 1901 in Neuruppin für Lehrer 1200 Mark, für Lehrerinnen 800 Mark und für technische Lehrerinnen 600 Mark, in Cottbus verdienten Lehrer 1250 Mark, Lehrerinnen 900 Mark und technische Lehrerinnen 700 Mark. An den öffentlichen Mittelschulen erhielten in der Regel die Lehrerinnen 150 Mark und die technischen Lehrerinnen 50 Mark mehr als an den Volksschulen.[69]

Generell ist festzuhalten, daß die finanzielle Situation der technischen Lehrerinnen vor der Jahrhundertwende meist dürftig war. Vor allem die sogenannten Vertragslehrerinnen mußten sich "in aufreibender privater Thätigkeit" durch Nebenverdienste den Lebensunterhalt sichern. Zudem lebten sie in ständiger Angst vor der Kündigung. Ohne definitive Anstellung hatten sie kein Anrecht auf ein Ruhegehalt, keinen Anspruch auf Fortzahlung des Gehalts bei Krankheit oder Invalidität. Die Lage der technischen Lehrerinnen an den Berliner Gemeindeschulen wird in einem Artikel in der "Gleichheit" (1898) als menschenunwürdig geschildert. Scharf kritisiert wurden u.a. die Jahre während Wartezeit vor einer Anstellung, die willkürliche Zuteilung von mehr oder weniger Unterrichtsstunden, das geringe Honorar, das nicht zum Leben reiche, und die schlechten Unterrichtsbedingungen.[70] Nach Einschätzung der "Gleichheit" war der Beruf der Turnlehrerin in vieler Hinsicht − Bezahlung, Sicherheit, physische Anstrengung − mit dem der Arbeiterin vergleichbar.

4.2 Die Unterrichtsbedingungen

Über die Unterrichtssituation im Mädchenturnen gibt die Statistik des Schulturnens in Deutschland umfassend Auskunft. Dabei sind in bezug auf die personelle und materielle Ausstattung ganz erhebliche Unterschiede zwischen den einzelnen Schulen und Schultypen sowie auch zwischen den Ländern zu verzeichnen. Generell gilt, daß die Unterrichtsbedingungen an den höheren Schulen wesentlich besser waren als an den Volksschulen, an denen, wie schon erwähnt, häufig für Schülerinnen Turnunterricht nicht einmal vorgesehen war.

Vor allem die Verhältnisse auf dem Land boten für das Wirken von Turnlehrerinnen keine guten Voraussetzungen. Über die rund 970 Schulen des Regierungsbezirks Magdeburg heißt es z.B.: "Für das Turnen im Freien benutzen 76 Schulen die Dorfstraßen, Wege, u.ä.; 251 Schulen turnen auf Plätzen, Wiesen, Weideplätzen, Dorfanger, usw. ..., 259 Schulen auf den zur Schule gehörenden Schulplätzen ... und 328 Schulen haben ihren eigenen Turn- oder Spielplatz ... Auch die Beschaffenheit der Plätze läßt leider oft zu wünschen, denn sie werden außer zum Turnen benutzt zum Aufbau der Buden bei Schützen- und Kriegerfesten und Jahrmärkten, zum Aufstellen von Dresch- und Erntemaschinen, zum Aufschlagen von Zelten reisender Künstler, als Lagerplatz, Wäschetrockenplatz, als Gemeindeweide für Gänse, Schafe, Schweine u.a."[71] Kein Wunder, daß Schülerinnen der Landschulen dieses Regierungsbezirks so gut wie gar nicht turnen durften. Selbst gegen das Knabenturnen wurden auf dem Lande vielfältige Einwände vorgebracht mit dem Grundtenor, daß die Kinder genug Arbeit und Bewegung hätten und daß deshalb der Turnunterricht überflüssig oder sogar schädlich sei.[72]

Als weitere Probleme der Turnlehrkräfte wurden genannt: große Schülerzahlen – in mehr als einem Drittel der preußischen höheren Mädchenschulen unterrichteten die Turnlehrerinnen 50 und mehr Schülerinnen –, zu kleine und oft staubige Turnhallen und zum Teil auch fehlende Turngeräte.[73] Viele Turnlehrerinnen fühlten sich, wie in den entsprechenden Fachzeitschriften immer wieder beklagt wurde, schwierigen Situationen aufgrund ihrer unzureichenden Ausbildung nicht gewachsen. Eine Möglichkeit, die Arbeitsbedingungen zu verändern und ihre Situation zu verbessern, sahen die technischen Lehrerinnen im Zusammenschluß, d.h. in der Gründung von Vereinigungen.

5. Standespolitische Organisationen und Aktivitäten

5.1 Turnlehrerinnenvereinigungen

Die ersten Turnlehrerinnenvereine entstanden zu Beginn der 80er Jahre in Dresden, Breslau und Königsberg. Bis zur Jahrhundertwende gründeten Turnlehrerinnen 11 weitere Vereine. Die größte Organisation war die "Turnvereinigung Berliner Lehrerinnen", der 1900 300 Mitglieder, neben technischen auch wissenschaftliche Lehrerinnen, angehörten. Vorsitzende war Klara Heßling, die nicht nur eines der verbreitetsten Lehrbücher über das Mädchenturnen verfaßt hatte, sondern auch in der staatlichen und privaten Turnlehrerinnenausbildung tätig war.[74]

Die männlichen Turnlehrer hatten sich schon seit den 50er Jahren zu Standesorganisationen, die zum Teil auch weibliche Mitglieder aufnahmen, zusammengeschlossen. Dem Turnlehrerverein der Mark Brandenburg gehörten z.B. seit 1881 auch Turnlehrerinnen an.[75] Seit 1861 hielten die Turnlehrer

"Allgemeine deutsche Turnlehrerversammlungen" ab, 1893 gründeten sie eine Dachorganisation, den "Deutschen Turnlehrerverein", dem sich 1895 11 Turnlehrervereine, 1907 schon 31 Turnlehrervereine und 8 Turnlehrerinnenvereine angeschlossen hatten.[76]

Die Interessen der Turnlehrerinnen wurden in den von Männern gegründeten, geleiteten und dominierten Organisationen kaum vertreten. Erst nachdem die preußischen Behörden den Turnunterricht an den höheren Mädchenschulen ausschließlich Frauen anvertraut hatten, wurden die Turnlehrerinnen hier nicht mehr als Konkurrentinnen bekämpft, allerdings auch nicht in ihren Forderungen unterstützt. Da sich laut Satzung des Deutschen Turnlehrervereins der Gesamtvorstand aus "je einem Vorstandsmitgliede der Zweigvereine mit mehr als 75 Mitgliedern" zusammensetzte, war im Leitungsgremium dieser Organisation neben über 20 Männern nur eine einzige Frau vertreten.[77] Wie wenig sich die Turnlehrer im Rahmen ihrer standespolitischen Aktivitäten für die Turnlehrerinnen einsetzten, zeigen die vor allem seit der Jahrhundertwende geführten Diskussionen über die Akademisierung der Turnlehrerausbildung. In den zahlreichen Publikationen zu diesem Thema werden Frauen überhaupt nicht erwähnt, und "selbstverständlich" bezogen sich alle Forderungen nach Verwissenschaftlichung und Aufwertung des Berufes nur auf den männlichen Turnlehrer.[78]

Die Alternative zum Deutschen Turnlehrerverein war für Turnlehrerinnen der 1895 gegründete "Verein preußischer technischer Lehrerinnen", der sich 1898 in "Landesverband preußischer technischer Lehrerinnen" (LPTL) umbenannte und 1902 die Einrichtung einer Turnabteilung beschloß.[79] Vorsitzende wurde die sicherlich bekannteste Turnlehrerin dieser Zeit, Martha Thurm. Sie war die Leiterin des Turn-, Spiel- und Jugendpflegewesens in Krefeld, trat in der "Deutschen Turnerschaft" für die Rechte der Turnerinnen ein und gab seit 1899 die "Deutsche Turnzeitung für Frauen" (DTZFr) heraus. Neben dieser Fachzeitschrift bot eine Beilage zur "Lehrerin in Schule und Haus", "Die technische Lehrerin" (TL), die 1896 zum ersten Mal erschien, den Turnlehrerinnen Publikationsmöglichkeiten.[80]

5.2 Vereinsleben

Die verschiedenen Turnlehrerinnenvereine hatten, wie ihre Selbstdarstellungen in den genannten Fachzeitschriften deutlich machen, ganz ähnliche Organisationsstrukturen, Funktionen und Zielsetzungen. Die zentrale Aufgabe war die Weiterbildung der Mitglieder im praktischen und im theoretischen Bereich. Die Vereinsmitglieder trafen sich in der Regel einmal in der Woche in der Turnhalle, um gemeinsam, meist unter der Anleitung einer Vorturnerin aus den eigenen Reihen, zu turnen. Dazu kamen regelmäßige Treffen, auf denen die Anwesenden über aktuelle Fragen, z.B. über didaktische und medizinische Probleme des Mädchenturnens, über die Spielbewegung oder auch die Reform der Turnkleidung, diskutierten.

Relativ selten, weil aufwendig, war die Veranstaltung von mehrtägigen Weiterbildungskursen. So organisierte der Schöneberger Lehrerinnenverein 1907 einen Turnkursus, zu dem der renommierte Turninspektor Möller aus Altona eingeladen wurde. Über medizinische Fragen informierte Alice Profé, eine der ersten deutschen Ärztinnen, die sich intensiv mit Fragen des Turnens und Sports auseinandersetzte. "Sie richtete an die anwesenden Frauen die Mahnung, von Frauen bestimmen und sich raten zu lassen in allem, was die Frau angeht."[81]

Die Aktivitäten der Vereinsmitglieder waren aber nicht nur zweckgebunden, sondern sie sollten auch Spaß machen. Im Verein bot sich Gelegenheit, gemeinsam zu turnen oder auch manche der neuen Sportarten kennenzulernen. So versuchten sich z.B. die Breslauer Turnlehrerinnen im Fußball, die Berlinerinnen spielten Tamburinball und gründeten einen Ruderclub.[82] Häufig wurden als willkommene Auflockerung des Alltags Wanderungen und Fahrten in die nähere Umgebung durchgeführt. Höhepunkte des Jahres für die im LPTL organisierten Lehrerinnen waren die Jahresversammlungen, die an wechselnden Orten stattfanden. Mit leuchtenden Farben beschrieb Martha Thurm die Gastfreundschaft, die sie während der Tagungen erfuhr, und die Besichtigungen und Wanderungen, die sie zusammen mit ihren Kolleginnen unternahm. Nicht zu vergessen sind schließlich die Feste, Stiftungsfeste, Weihnachtsfeiern usw., zu denen oft Turnvorführungen gehörten. Die begeisterten Schilderungen wecken den Eindruck, daß die Turnlehrerinnen zu feiern verstanden.

5.3 Standespolitische Aktivitäten

Die Standespolitik der Turnlehrerinnen zielte, wie die anderer Berufsorganisationen auch, auf die Verbesserung ihrer Lebens- und Arbeitssituation, die durch ein Bündel von interdependenten Maßnahmen im Rahmen eines Professionalisierungsprozesses erreicht werden sollte: Aufwertung des Berufes, Verbesserung und staatliche Überwachung der Ausbildung, Einrichtung von Fortbildungslehrgängen, Verschärfung der Zugangsvoraussetzungen, Ausgrenzung von Unqualifizierten, Erweiterung der Anstellungsmöglichkeiten, Ausweitung des Berufsfeldes, Erhöhung der Besoldung.

5.3.1 Ausbildung

Das augenfälligste Problem der Turnlehrerinnenausbildung war der zeitliche Umfang. In einigen Wochen, wie in Karlsruhe, oder auch in drei Monaten, wie in Berlin, konnten die praktischen Fertigkeiten und theoretischen Kenntnisse, die das Unterrichten im Turnen voraussetzte, nicht vermittelt werden. Daß ihre Ausbildung unzureichend war, hatten viele Turnlehrerinnen am eigenen Leibe erfahren. Eine Turnlehrerin schilderte in der Fachzeitschrift

"Körper und Geist" drastisch, wie sie in einem privaten Kurs den Lernstoff –
meist Frei- und Ordnungsübungen – einpaukte, ohne Zusammenhänge und
Begründungen erkennen zu können. "Von einer Berücksichtigung der Entwicklung unserer Kräfte war keine Rede, ebensowenig von der Stoffverteilung
und ähnlichem ... Welchen Nutzen die eine Übung haben soll, inwiefern eine
andere schädlich sein kann, all diese wichtigen Fragen kamen kaum zur Sprache."[83] In der "Deutschen Turnzeitung für Frauen", der "Technischen Lehrerin" und anderen Fachzeitschriften, in Vorträgen und Diskussionen machten
Martha Thurm und ihre Kolleginnen immer wieder auf die unzureichende
Ausbildung der Turnlehrerinnen aufmerksam.[84] Schon 1902 richtete der Landesverein Preußischer Technischer Lehrerinnen eine Petition an das preußische Unterrichtsministerium mit der Bitte, die Ausbildung der technischen
Lehrerinnen zu verbessern.[85]

Die Verlängerung der Turnlehrerinnenausbildung spielte im Rahmen der
standespolitischen Strategien eine wesentliche Rolle, da damit weitere Forderungen legitimiert werden konnten. In einem ersten Schritt sollte die Kompetenz der Lehrkräfte gesteigert und damit auch die Qualitiät des Turnunterrichts verbessert werden, was wiederum die Verbreitung des Mädchenturnens
erleichtern konnte. Weiter erhofften sich die Turnlehrerinnen von der Verlängerung der Ausbildung eine Verringerung der Zahl der Berufsanwärterin-
nen, eine Höherbewertung des Berufes und eine Verbesserung der Besoldung, was ja mit den Ausbildungsinvestitionen in Beziehung stand. Erst 1907
zeigten die Bemühungen der organisierten Turnlehrerinnen gewisse Erfolge:
Die Ausbildung wurde zwar nicht wie gewünscht auf ein Jahr, aber immerhin
auf fünf Monate, 1912 dann auf sechs Monate verlängert.[86] Gleichzeitig wurde für die privaten Kurse eine entsprechende Ausbildungsdauer verpflichtend
gemacht.[87]

Die Forderungen der Standesorganisationen der Turnlehrerinnen er-
schöpften sich nicht in quantitativen Veränderungen. Ein wesentlicher Kritik-
punkt im Hinblick auf eine qualitative Verbesserung der Berufsausbildung
war, daß die Vorbildung der Kursteilnehmerinnen, wie schon erwähnt, wenig
reglementiert war – zum Ärger der organisierten Turnlehrerinnen, die darauf zu Recht den Massenandrang in diesen Beruf und sein geringes Ansehen
zurückführten.[88] Auch hier blieb das Engagement der Standesorganisation
nicht fruchtlos: 1906 wurde an der Turnlehrerbildungsanstalt in Berlin eine
Aufnahmeprüfung eingeführt, die ein Minimum an turnerischen Fähigkeiten
und Fertigkeiten garantieren sollte. Schon 1908 wurden die Zugangsvoraussetzungen weiter erhöht. Die Aufnahmeprüfung wurde um sportliche Übungen erweitert, was den Aufschwung des Sports, aber auch eine Steigerung des
Anforderungsniveaus widerspiegelt.[89]

Der immer wieder geforderten Vereinheitlichung der Qualifikation der
Turnlehrerinnen stand außerdem ihre unterschiedliche pädagogische Kompetenz entgegen, da zur Ausbildung in Preußen sowohl ausgebildete Lehrerinnen als auch Frauen, die ausschließlich über die "erforderliche" Schulbildung
verfügten, zugelassen wurden. Immerhin setzte sich dann 1910 auch bei den

Behörden die Erkenntnis durch, daß die technischen Lehrerinnen pädagogische Aufgaben wahrnahmen und daher über pädagogische Qualifikationen verfügen mußten. Es wurde festgelegt, daß Bewerberinnen ohne lehramtliche Prüfung ab 1911 im Turnlehrerinnenexamen über Erziehungs- und Unterrichtsgrundsätze befragt werden sollten. In den Privatkursen mußte jetzt ebenfalls die Pädagogik ein obligatorischer Bestandteil der Ausbildung sein.[90]

Die berufspolitischen Forderungen nach einer Anhebung des Qualifikationsniveaus gipfelten im Ruf nach dem Staat, der die Ausbildungsinhalte festlegen und die Qualität der Berufsbildung überwachen und sichern sollte. So erklärte es die 6. Generalversammlung des "Landesvereins Preußischer Technischer Lehrerinnen" "für wünschenswert, daß der Staat die Ausbildung von Turn-, Handarbeits- und Hauswirtschaftslehrerinnen in die Hand nimmt".[91] Die durch die Kontrolle des Staates garantierte Angleichung der Wissens- und Fertigkeitsbestände sowie die Anhebung der Standards dienten dem Zweck, den Berufszugang zu kanalisieren und ein berufliches Monopol gegenüber konkurrierenden Gruppen wie den Volksschullehrerinnen durchzusetzen. Allerdings dürfte die standespolitische Strategie, die Privatkurse abzulehnen, zu erheblichen berufsinternen Konflikten geführt haben, weil manche der aktivsten Turnlehrerinnen, wie z.B. Klara Heßling, selbst private Ausbildungskurse anboten. Die Forderung nach einer Verstaatlichung der Ausbildung konnte vor dem Ersten Weltkrieg nicht durchgesetzt werden.

Sowohl die Unzulänglichkeit der bisherigen Ausbildung als auch die sich wandelnden Inhalte des Mädchenturnunterrichts machten es notwendig, für Turnlehrkräfte im Amt Fortbildungskurse einzurichten. In den Petitionen des LPTL taucht diese Forderung immer wieder auf, bis dann 1907 Fortbildungskurse für Turnlehrerinnen an der Turnlehrerbildungsanstalt in Berlin eingerichtet wurden.[92] Den Teilnehmerinnen wurden sogar die Fahrtkosten erstattet und ein Zuschuß zu den Aufenthaltskosten gewährt.

5.3.2 Einstellungschancen

Auf dem Programm der organisierten Turnlehrerinnen stand als zweiter wichtiger Schwerpunkt die Verbesserung der Anstellungsmöglichkeiten. Dazu mußte nicht nur der Zulauf zum Turnlehrerinnenberuf u.a. durch die Abschaffung der Privatkurse gedrosselt, sondern auch die Zahl der Stellen für Turnlehrerinnen erhöht werden.

Eine Steigerung der Nachfrage nach Turnlehrerinnen ließ sich einmal durch die Verbreitung des Mädchenturnens, darauf wird noch eingegangen, zum anderen durch ein Zuständigkeitsmonopol der Turnlehrerinnen erreichen. Deshalb vertrat die Standesorganisation der Turnlehrerinnen das Fachlehrerinnenprinzip: Der technische Unterricht sollte nur von dafür ausgebildeten und geprüften Lehrkräften erteilt werden. Diese Forderung war deshalb brisant, weil in kleineren Schulen und in Volksschulen, besonders auf dem Land, die Klassenlehrer/innen alle Fächer unterrichten mußten, um die

Kosten einer technischen Lehrerin, die ohnehin nicht voll ausgelastet werden konnte, zu sparen. Die Durchsetzung des Fachlehrerinnenprinzips lag, wie Veröffentlichungen in der "Technischen Lehrerin" andeuten, durchaus auch im Interesse der wissenschaftlichen Lehrerinnen, die sich in technischen Fächern nicht ihrer Qualifikation entsprechend eingesetzt fühlten. 1913 richtete der LPTL eine "Eingabe und Denkschrift" an den Kultusminister mit der Bitte, fachfremde Lehrpersonen vom technischen Unterricht auszuschließen.[93] 1914 wurde die Bitte des LPTL erfüllt. Für die Entscheidung der Unterrichtsbehörde könnten durchaus Kosten-Nutzen-Überlegungen ausschlaggebend gewesen sein: Zwar war es an kleinen Schulen schwierig, eine technische Lehrerin mit voller Stundenzahl zu beschäftigen, an größeren Schulen war es aber in finanzieller Hinsicht von Vorteil, Fachlehrerinnen einzusetzen, da sie weniger verdienten als ihre wissenschaftlichen Kolleginnen.

5.3.3 Besoldung

In Anbetracht der schon geschilderten schlechten materiellen Situation der technischen Lehrerinnen ist es nicht verwunderlich, daß viele Aktivitäten der Standesorganisation um die "Besoldungsfrage" kreisten. Vergleichsmaßstab war die Stellung der für alle Fächer ausgebildeten sogenannten wissenschaftlichen Lehrerinnen (sofern sie an Volksschulen unterrichteten: Volksschullehrerinnen), nicht aber die Situation der männlichen Turnlehrkräfte. Eine Gleichstellung mit ihnen scheinen die Turnlehrerinnen schon wegen der unterschiedlichen Länge der Ausbildung nicht in Betracht gezogen zu haben.
Eine der ersten Amtshandlungen des 1895 gegründeten Vereins preußischer technischer Lehrerinnen war ein Jahr später eine Eingabe an die Behörden mit der Forderung nach Gleichstellung mit den Volksschullehrerinnen.[94] Als das im darauffolgenden Jahr (1897) erlassene Lehrerbesoldungsgesetz nicht zwischen wissenschaftlichen und technischen Lehrerinnen unterschied, richtete der "Landesverein Preußischer Technischer Lehrerinnen" die Aufforderung an alle technischen Lehrerinnen, diese Lücke des Gesetzes zu nutzen und eine Besoldungserhöhung einzuklagen.[95] Anscheinend brachte dieses Vorgehen nicht den gewünschten Erfolg, so daß 1907, 1908 und 1914 erneut Petitionen bezüglich der Besoldungsfrage an den Kultusminister gerichtet wurden.
Auch das Lehrerbesoldungsgesetz von 1909, das für Preußen ein einheitliches Grundgehalt für Lehrer von 1400 Mark, für Lehrerinnen von 1200 Mark im Jahr vorsah und Lehrerinnen darüber hinaus bei Alterszulagen und Mietentschädigungen benachteiligte, brachte den technischen Lehrerinnen nicht die erhoffte Gleichstellung mit den Volksschullehrerinnen, auf die sie aufgrund vergleichbarer Vorbildung und vergleichbarer physischer und intellektueller Anstrengungen Anspruch zu haben glaubten.[96] Einer "Statistik über die Gehaltsverhältnisse der technischen Lehrerinnen in Preußen" von 1913 ist zudem zu entnehmen, daß die Gehaltsverhältnisse in den einzelnen Städten

sehr unterschiedlich waren und auch in Abhängigkeit vom Schultyp differier-
ten.[97] Die Besoldung ließ, trotz der standespolitischen Bemühungen und Aktivitäten einzelner Gruppen von Lehrkräften, eine Hierarchie erkennen: An
der Spitze standen die akademisch ausgebildeten Lehrer an den höheren
Knabenschulen und am Ende der Hierarchie die technischen Lehrerinnen an
Volksschulen.

Ein einigermaßen gesichertes Auskommen und die mit einer Lehrerinnen-
stelle verbundenen Sozialleistungen hatten nur die fest angestellten Lehrkräfte, d.h. diejenigen, die die volle Stundenzahl unterrichteten. Es wurde
schon erwähnt, daß gerade die technischen Lehrerinnen häufig nur stundenweise beschäftigt und honoriert wurden. Dagegen setzten sich z.B. 1897/98
die technischen Lehrerinnen an den Berliner Volksschulen erfolgreich zur
Wehr.[98] Noch 1907 wurde in einer Petition des LPTL beklagt, daß viele technische Lehrerinnen nicht fest angestellt, sondern "nebenbei" mit einer eingeschränkten Stundenzahl beschäftigt würden.[99] Für die höheren Mädchenschulen in Preußen trifft dieser Vorwurf zumindest für die Turnlehrerinnen
nicht zu. "Fast immer gehören die Lehrkräfte für den Turnunterricht zum
Kollegium der Anstalt, nur sehr selten, z.B. in Bunzlau, zu den Kollegien anderer Anstalten", heißt es in der 1908 veröffentlichten "Zweiten Statistik des
Schulturnens in Deutschland".[100]

5.3.4   Initiativen für die Reform des Mädchenturnens

Nachdem über ein halbes Jahrhundert ausschließlich Männer, besonders
Turnlehrer und Ärzte, als Experten für das Mädchenturnen aufgetreten waren, meldeten sich seit den 80er Jahren verstärkt Frauen zu Wort, fast ausschließlich Turnlehrerinnen, die kompetent für die körperliche Erziehung der
Mädchen eintreten konnten. Sie setzten sich sowohl für die Verbreitung als
auch für die Reformierung des Mädchenturnunterrichts ein.

Die Turnlehrerinnen verwandten bei ihrer Werbung für das Mädchenturnen verschiedene Strategien. Verbreitet waren Turnvorführungen, die gleichzeitig auch dazu dienen konnten, die Eignung der Frau als Turnlehrerin zu
demonstrieren. Obwohl das öffentliche Auftreten der Mädchen bei sogenannten "Schauturnen" immer wieder Anlaß zu heftiger Kritik gab, weil dadurch
die Grundsätze der Schicklichkeit und Sittlichkeit zutiefst verletzt würden,
präsentierten Turnlehrerinnen schon seit den 70er Jahren das Mädchenturnen der Öffentlichkeit. Gegen Ende des Jahrhunderts gehörten Turnvorführ-
rungen von Mädchenklassen zu jeder Turnlehrerversammlung, zu jedem
Turn- oder Schulfest. Auch in den Berichten über die Jahresversammlungen
des "Landesvereins Preußischer Technischer Lehrerinnen" finden sich zum
Teil schwärmerische Schilderungen über die Vorführungen, die neben der
Werbung auch der Fortbildung der Zuschauerinnen dienten.

Weiter boten Vorträge, u.a. auf Turnlehrerversammlungen, und Publikationen in Fachzeitschriften der einzelnen Turnlehrerin die Chance, auf die Si-

tuation, die Probleme und Perspektiven innerhalb ihres Berufsfeldes aufmerksam zu machen. Die berufspolitischen Organisationen hatten darüber hinaus die Möglichkeit, ihre Vorstellungen in Form von Denkschriften oder Petitionen den Behörden zu unterbreiten.

Das Engagement für das Mädchenturnen war vor allem wegen der desolaten Situation des Turnunterrichts an den Volksschulen von großer Bedeutung. In der "Zweiten Statistik des Schulturnens" von 1908 wird berichtet, daß das Mädchenturnen nur in wenigen Ortschaften durchgeführt wurde. "Es sind nicht nur die Landschulen und die Volksschulen kleinerer Städte und Ortschaften, sondern auch Schulen größerer Gemeinden und Städte, in denen die Mädchen der Volksschulen ... keinen geregelten Turnunterricht erhalten."[101]

Eine wichtige Voraussetzung für die Erfüllung der standespolitischen Forderungen war also die Einführung des Mädchenturnens an den Volksschulen, an denen rund 90% aller Mädchen unterrichtet wurden. Nur so ließ sich der Beruf der Turnlehrerin etablieren und eine ausreichende Anzahl von Arbeitsplätzen sichern. Der "Landesverein Preußischer Technischer Lehrerinnen" forderte in mehreren Petitionen, z.B. 1903 in einer Eingabe an das preußische "Ministerium für geistige, Medizinal- und Unterrichtsangelegenheiten", die "Einfügung des Turnens als verbindlicher Unterrichtsgegenstand in die Mädchen-Volksschule".[102] Begründet wurde die Forderung der technischen Lehrerinnen mit dem schlechten Gesundheitszustand der Mädchen.[103] Untersuchungen hatten nämlich ergeben, daß über die Hälfte der erfaßten Schülerinnen an Haltungsschäden litt.[104]

Den Behörden scheint allerdings die Gesundheit der Volksschülerinnen nicht so wichtig gewesen zu sein, zumal sich die körperliche Verfassung der Schülerinnen nicht, zumindest nicht direkt, auf die Wehrkraft des Volkes auswirkte. Waren schon die Volksschüler nicht nur in bezug auf den Turnunterricht Schüler zweiter Klasse, so galt die physische und intellektuelle Bildung der Mädchen erst recht als weniger wichtig. Der preußische Minister für Unterrichtsangelegenheiten konnte sich nicht dazu durchringen, den Mädchenturnunterricht an Volksschulen verbindlich einzuführen. 1905 hieß es in einem Erlaß, daß "anzustreben" sei, "daß in den Städten und stadtähnlichen Ortschaften ... auch in den Volks- und, soweit dies nicht bereits geschieht, den Mittelschulen in wöchentlich zwei Stunden verbindlicher Turnunterricht erteilt wird".[105] 1911 wurde der Erlaß von 1905 bestätigt mit dem Zusatz: "Seine Einführung (des Turnunterrichts, d.V.) auch in den übrigen Volksschulen, wo die Verhältnisse es gestatten, ist zur Hebung der Volksgesundheit nach Möglichkeit zu fördern." Dabei blieb allerdings offen, welche Fächer zugunsten des Turnunterrichts gekürzt werden sollten. Die einzige Vorgabe war, daß der Religionsunterricht nicht ausfallen durfte.[106]

Es ging den Turnlehrerinnen aber nicht nur um die quantitative Verbreitung, sondern auch um die Reformierung des Mädchenturnunterrichts. Nur in den ersten Jahrgängen der DTZFr oder der TL finden sich einige Beiträge, in denen recht kritiklos Übungen und Methoden von den "Vätern des Mädchenturnens" übernommen und vor allem Ordnungsübungen und Reigen propagiert wurden. Daß manche Turnlehrerinnen traditionelle, erstarrte Formen des Turnens bevorzugten und, obwohl dies bei dem vorherrschenden "Gliederpuppenturnen" gar nicht zu erreichen war, Grazie und Anmut betonten, ist verständlich, weil sie erst beweisen mußten, daß sie die bestehenden Formen des Mädchenturnens im Griff hatten, d.h. den Turnstoff und die Organisationsformen beherrschten.

Um 1900 setzte dann eine Abkehr vom Hergebrachten und eine intensive Diskussion der Inhalte des Mädchenturnunterrichts ein. Dorothea Meinecke, die 2. Vorsitzende der Turnsektion des LPTL, forderte: "Wir müssen wirklich lernen, einen kühnen Strich durch so viel Hergebrachtes zu machen und zur Natur zurückzukehren."[107] Für Meinecke bedeutete dies, sich vom Geschmack der Öffentlichkeit und von den ästhetisierenden Formen abzuwenden und sich an den Bedürfnissen des Kindes zu orientieren. An die Stelle der Ordnungsübungen und des Taktturnens sollten Spiele treten, weil nicht die Unterordnung der Mädchen, die sich im Leben ja genug unterordnen müßten, sondern ihre Selbständigkeit gefördert werden sollte.[108] Der Turnunterricht müsse sich, so eine weitere Forderung, den veränderten Lebensbedingungen der Frauen anpassen.

Zahlreiche Turnlehrerinnen standen auf der Seite der Spielbewegung, deren Dachorganisation, der "Zentralausschuß für Volks- und Jugendspiele" (seit 1891), Leibesübungen und Spiele im Freien propagierte. Viele Lehrkräfte beteiligten sich an den vom Zentralausschuß organisierten Spielleiterkursen und gaben dann als Spielleiterinnen ihr Wissen im Turnunterricht oder an den in vielen Städten durchgeführten Spielnachmittagen weiter. Martha Thurm organisierte z.B. in Krefeld sogenannte Ferienspiele für bedürftige Mädchen, die an Ferientagen vor die Stadt wanderten und nach einem unentgeltlichen Frühstück mit verschiedenen Turnspielen beschäftigt wurden. Als der Wettkampfgedanke in der Spielbewegung immer mehr an Geltung gewann, setzten sich die Turnlehrerinnen für die Einführung der Wettspiele für Mädchen ein.[109]

Nach der Jahrhundertwende bot die Gymnastik, die sich in verschiedene Formen, die rhythmische, die tänzerische und die gesundheitsorientierte Gymnastik ausdifferenzierte, eine weitere Alternative zum erstarrten Turnen. 1909 begannen die technischen Lehrerinnen, sich auf ihrer Generalversammlung mit der rhythmischen Gymnastik auseinanderzusetzen.[110]

Die Turnlehrerinnen erhielten auch die Gelegenheit, auf der institutionellen Ebene an der Veränderung der Berufsinhalte mitzuwirken. Diese Beteiligung an der Definition und Konzeption des Berufsfeldes war ein wichtiger Schritt in Richtung auf eine Professionalisierung. 1906 wurde eine Kommission eingesetzt, die die Vorschläge zur Neuordnung des höheren Mädchenschulwesens bearbeiten sollte. Das Gremium, das sich mit dem Turnen befaßte, bestand aus zwei Männern, einem Arzt und dem Leiter der Turnlehrerbildungsanstalt, und drei Frauen, zwei Turnlehrerinnen und einer Ärztin.[111] 1913 erschien dann der erste Leitfaden für das Mädchenturnen, der die inhaltlichen Forderungen der Turnlehrerinnen weitgehend verwirklichte.[112]

So wurden Ordnungsübungen und Reigen durch "volkstümliche" Übungen und Bewegungsspiele ersetzt. Etwa gleichzeitig, 1912, wurde die Turnlehrerinnenausbildung "versportlicht", d.h. Schwimmen und Rudern wurden in die Ausbildung integriert.

5.3.5 Engagement für das Frauenturnen

Den Turnlehrerinnen waren entscheidende Fortschritte im Bereich des Frauenturnens zu verdanken. Der Gedanke, daß auch erwachsene Frauen im Turnen oder Sport aktiv sein könnten, galt – auch als gegen Ende des Jahrhunderts die Widerstände gegen die körperliche Erziehung der Mädchen nachgelassen hatten – als abstrus. Die Turnlehrerinnen bewiesen allein schon dadurch, daß es sie gab, daß das Turnen nicht per se eine Domäne der Männer ist. So heißt es bei Euler, dem Leiter der Berliner Turnlehrerbildungsanstalt: "Man muß dem weiblichen Geschlecht nur mehr zutrauen und zumuten. Es kann viel mehr leisten, als wir Männer bisher gedacht haben."[113] An anderer Stelle schreibt Euler: "Diese Erfolge (die Gründung von Turnlehrerinnenvereinen, d.V.) blieben nicht ohne Rückwirkung. Man erkannte, daß auch die Erwachsenen des weiblichen Geschlechts, also Frauen, noch unbeschadet ihrer Gesundheit, ja mit entschiedener Stärkung derselben, ihre körperlichen Kräfte üben, d.h. turnen könnten ..."[114] Dies demonstrierten die Turnlehrerinnen auch bei vielen Vorführungen, z.B. auf dem Deutschen Turnfest 1898, wo sie allerdings nach Ansicht einiger bekannter Turnlehrer, wie z.B. Hermann, der als Experte für das Mädchenturnen galt, die Grenzen der Schicklichkeit weit überschritten.

"Da mußte man mit Entrüstung und Schmerz turnende Frauenabteilungen sehen, welche im Gerätturnen die weibliche Scham, die Sittsamkeit und den Anstand in unverantwortlicher Weise verletzten ... Wenn aus unserer deutschen Schule der Leibesübungen Weiber mit männlichem Auftreten, sogenannte Mannweiber hervorgehen, dann tritt unsere Turnkunst in grellsten Widerspruch zu den ästhetischen Grundsätzen der weiblichen Gymnastik."[115] Obwohl andere Turner darauf hinwiesen, daß es "den Frauen selbst überlassen bleiben sollte zu beurteilen, was angemessen und schicklich für sie sei", wurde beschlossen, das Auftreten von Turnerinnen aus anderen Orten bei deutschen Turnfesten zu verbieten.[116] Die Turnerinnen hatten keine Möglichkeit, sich dagegen zu wehren, da sie als Frauen in der konservativen Dachorganisation der Turner, der Deutschen Turnerschaft (DT), nicht die vollen Mitgliedsrechte besaßen. Der Kampf um das Stimmrecht in der DT wurde vor allem von der Turnlehrerin Martha Thurm, der Vorsitzenden der Turnsektion im LPTL, geführt. Obwohl sie mit der Gründung eines Frauenturnverbandes drohte, gelang es ihr nicht, die Gleichstellung der Turnerinnen mit den Turnern zu erreichen.[117]

Tamburin-Ballspiel des Berliner Lehrerinnen-Turnvereins in Friedenau
(um 1900)

Als Alternative zur DT stand es Frauen offen, eigene Turnvereine zu gründen. Häufig waren es Turnlehrerinnen, die die Initiative ergriffen und Turn-,
Spiel- oder Sportvereine ins Leben riefen, in denen Frauen nicht von männlichen Funktionären bevormundet werden konnten.[118] Die Motive der Turnlehrerinnen für die Gründung eines Frauenturnvereins waren vielfältig: die
Schulung der eigenen Turnfertigkeit, die Aufbesserung des Einkommens oder
auch der Wunsch, soziale Arbeit zu leisten. Wie viele andere Frauen fühlten
sich auch die technischen Lehrerinnen verpflichtet, zum Wohle des Volkes
beizutragen. Dabei wurden sie u.a. von der Vorstellung geleitet, daß sie sich
ihre Stellung in der Gesellschaft erst verdienen müßten. Elisabeth Altmann,
die Vorsitzende des LPTL, ermahnte ihre Kolleginnen: "Unterschätzen Sie
auch ... die spezielle soziale Arbeit unseres Standes nicht, sie bildet bestimmt
einen wesentlichen Faktor zur Hebung und Einbürgerung desselben."[119] Auf
der Generalversammlung des LPTL 1898 wurden dann verschiedene Initiativen vorgeschlagen, auch außerhalb des Unterrichts für die Gesundheit, die
körperliche und sittliche Erziehung und die Charakterschulung junger Mädchen zu sorgen und Spielnachmittage und Wanderungen zu organisieren.
1913 wurde in der "Lehrerin" der "Bericht über die Beteiligung der preußischen technischen Lehrerinnen an der weiblichen Jugendpflege" veröffent-

licht.[120] Zu den dort erwähnten Aktivitäten gehörte auch die Gründung und Betreuung von Frauenturnvereinen.

Ein gutes Beispiel für die Selbstverpflichtung der Lehrkräfte ist das Engagement der Turnvereinigung Berliner Lehrerinnen. Vereinsmitglieder führten regelmäßig Wanderfahrten mit jungen Mädchen durch, gründeten einen Jugendwanderbund und entsandten bedürftige Mädchen in Ferienkolonien.[121]

5.3.6 Berufspolitische Legitimationen, Erfolge und Mißerfolge

In den berufspolitischen Auseinandersetzungen beriefen sich die Turnlehrerinnenorganisationen auf ein Legitimationsmuster, das auf der sozialen Bedeutung des Berufes basierte. Das bedeutete, daß die Vorstellungen, die in der Öffentlichkeit und bei den Behörden über diesen Beruf verbreitet waren, verändert werden mußten. Offen oder versteckt wurden die Benachteiligungen der technischen gegenüber den wissenschaftlichen Lehrerinnen mit der geringen Bedeutung und der fehlenden Wissenschaftlichkeit des Turnunterrichts sowie den damit zusammenhängenden niedrigen Anforderungen an die Lehrkräfte begründet. Der Beruf der Turnlehrerin galt als geeignet für "gebildete junge Mädchen", "welche zwar einer wissenschaftlichen Ausbildung nicht gewachsen, aber für eine technische Lehrstellung vollkommen befähigt sein würden".[122] Die Mädchen könnten in diesem Beruf ihre "weiblichen Qualitäten" einbringen, d.h. Fähigkeiten und Fertigkeiten, die sie ohnehin von zu Hause mitbrächten. Zudem war immer noch die Überzeugung verbreitet, daß es eigentlich ureigenste Aufgabe der Mütter sei, ihre Kinder in den "technischen Fächern" zu unterrichten. "Etwas Flicken und Stopfen, Kochen und das unnütze Turnen lernt ein Menschenkind ... ganz von selbst, und wer es fürs Leben gründlich lernen will, muß es doch zu Hause lernen."[123] Kein Wunder, daß Handarbeits- und Turnunterricht als "Mütterarbeit" kein hohes Ansehen genossen und die Verlagerung dieser Arbeiten in die Schulen eher als Notbehelf geduldet wurde.

Die organisierten Turnlehrerinnen wiesen dagegen in ihren Kampagnen für die Verbesserung der Ausbildung und die Erhöhung der Besoldung immer wieder auf die hohe Bedeutung des Turnunterrichts für die Volksgesundheit und auf die große Verantwortung der Turnlehrerinnen "bezüglich des körperlichen und geistigen Wohles zahlloser Kinder" hin.[124] Martha Thurm, die Vorsitzende der Turnsektion im LPTL, behauptete sogar, daß die Erhaltung der Gesundheit und die körperliche Ertüchtigung wichtiger seien als die Vermittlung von Wissen. Nicht zuletzt deshalb forderte sie gerade für Turnlehrerinnen eine fundierte Ausbildung: "Es ist auf allen Gebieten ein Unding, dem Menschen in 2-3 Monaten einen 'Beruf' beibringen zu wollen, wievielmehr, wenn es sich um die Ausbildung von Turnlehrkräften handelt, also von Leuten, denen die körperliche Wohlfahrt der Blüte des Volkes, der Jugend, ja ganzer Generationen anvertraut werden muß."[125] Es sollte noch Jahrzehnte dauern, bis aufgrund der Akademisierung der Ausbildung das soziale Ansehen des Turnlehrerinnenberufes entscheidend verbessert wurde.

Trotzdem konnten die Turnlehrerinnenorganisationen schon vor dem Ersten Weltkrieg eine ganze Reihe ihrer berufspolitischen Forderungen durchsetzen, und zwar vor allem die Verlängerung und Verbesserung der Ausbildung, die Einführung von Fortbildungskursen, die Erhöhung der Zugangsbarrieren, die Durchsetzung des Fachlehrerinnenprinzips. Nicht erreicht wurde die Verstaatlichung der Ausbildung, die Gleichstellung mit den Volksschullehrerinnen und die verbindliche Einführung des Mädchenturnens an den Volksschulen. Darüber hinaus wirkten Turnlehrerinnen an der Veränderung der Berufsinhalte, d.h. an einer Reform des Mädchenturnunterrichts, sowie über ihr Berufsfeld hinausgehend an der Ausbreitung des Frauenturnens mit.

Obwohl die berufspolitischen Erfolge bewiesen, daß sich Einsatz und Solidarisierung lohnen konnten, engagierten sich die technischen Lehrerinnen nach Ansicht der Funktionärinnen jedoch viel zu wenig für standespolitische Ziele. In der TL wurde immer wieder die fehlende Initiative, der geringe Organisierungsgrad sowie die geringe Bereitschaft der technischen Lehrerinnen, ihre Rechte einzuklagen, kritisiert.[126] Dabei wurde allerdings vergessen, daß gerade die mangelnde Vorbildung, die finanziellen Probleme, die starke Belastung wie auch die gesellschaftliche Stellung der Frau den Turnlehrerinnen wie vielen anderen Frauen das Eintreten für ihre Rechte erschwerten.

6. Turnen und Weiblichkeit

Seit der Jahrhundertwende begannen Turnlehrerinnen und Ärztinnen sich in den öffentlichen Diskurs des Frauenturnens und -sports einzumischen. Dabei steckte hinter allen Argumenten, die um Sittlichkeit, Ästhetik oder Gesundheit kreisten, eine zentrale Frage, nämlich die Frage nach den Auswirkungen des Turnens und Sports auf die Weiblichkeitsmythen, die Frauenrolle und damit auch auf die Gesamtgesellschaft. Euler meinte noch 1896, daß Sportarten wie Rudern und Radfahren an Emanzipation grenzen und deshalb abzulehnen seien.[127] Zwar veränderten sich die Ansichten über einzelne Sportarten, nicht aufgegeben wurden aber die Versuche, Weiblichkeit zu definieren und Frauen den von Männern definierten Normen zu unterwerfen. Frauen wie Dorothea Meinecke und Alice Profé gehörten zu den ersten, die im Bereich der Körperkultur Weiblichkeitsmythen als Fallen entlarvten: "Selbstverständlich ist man sich über die Natur der Frau längst klar. Das Weib sei weiblich. Diese Formel ist wohl in erster Linie von Männern aufgestellt und bedeutet: man erhalte alles das, was das Weib dem Mann angenehm und ... bequem macht ..."[128] Meinecke kritisierte zudem die Ansicht vieler Männer, daß Frauen keine Kraftanstrengungen zugemutet werden dürften. Dabei würden die gleichen Männer von Frauen im Haushalt Kraft und Ausdauer erwarten, diese Leistungen aber nicht anerkennen, da Hausarbeit ja der "natürliche Beruf" der Frau sei.

Noch bissiger karikierte die Berliner Ärztin Profé die Bemühungen der Männer um die weibliche Körperkultur: "Aber man kann sich eines gewissen Lächelns nicht erwehren, wenn man sich jene weisen Pädagogen bei der Arbeit vorstellt, wie sie das schwierige Problem lösen: ein der 'weiblichen' Natur entsprechendes Turnen herauszutüfteln, das nicht nur dem weiblichen Körper, den nur der Anatom kannte, sondern auch dem weiblichen Geiste und dem Gemütsleben, das niemand von den Herren kannte noch kennen konnte, anzupassen ..."[129] Auch wenn derartige Angriffe auf die herrschenden Weiblichkeitsmythen nur vereinzelt öffentlich gewagt wurden, so zeugen sie doch von dem Bemühen, Umdefinitionen von Weiblichkeit vorzunehmen und Selbstbestimmung auch im Hinblick auf den eigenen Körper zu fordern.

7. Konflikte zwischen Turnlehrerinnen und Müttern

Zwischen Turnlehrerinnen und den Müttern ihrer Schülerinnen waren aus mehreren Gründen Konflikte vorprogrammiert. Zum einen genossen die technischen Lehrerinnen nicht zuletzt wegen der Hausarbeitsnähe ihrer Fächer wenig Ansehen und hatten es deshalb z.B. in der Frage der Turnkleidung schwer, sich gegenüber den Müttern durchzusetzen. Wie schon erwähnt, galt die körperliche Erziehung als Sache der Eltern, das bedeutete der Mütter, die diese Aufgabe oft nur widerstrebend der Schule übertrugen und sich, da sie sich hier kompetent fühlten, häufig in die Belange der Turn- und Handarbeitslehrerinnen einmischten.[130] Zum anderen scheinen auch die Turnlehrerinnen den Müttern nicht allzu viel Verständnis entgegengebracht zu haben, denn im Diskurs über Mütter tauchte in stereotyper Form der Vorwurf der Rückständigkeit auf.[131]

Den Müttern und ihrer Sorge um Schicklichkeit und Zierlichkeit war es aus der Sicht der Turnlehrerinnen zu verdanken, daß sich das Mädchenturnen so schleppend weiterentwickelte.[132] Noch 1911 wurden die Bedenken von Müttern folgendermaßen als altmodisch und deplaziert beschrieben: "Und kommt die Schönheit nicht zu kurz, wenn der Körper gestählt wird? fragen noch immer ängstlich besorgte Mütter."[133]

In den Fachzeitschriften wurden die Mütter immer wieder beschuldigt, sich zu wenig um die körperliche Erziehung ihrer Kinder zu sorgen oder gar falsche Maßnahmen zu ergreifen. Vor allem die Verzärtelung und Überbehütung der Töchter aus dem Bürgertum, die artig zu Hause sitzen und handarbeiten oder Klavier spielen sollten, wurde den Müttern zur Last gelegt. Weiter wurden sie für die aus den Lebensgewohnheiten der Mädchen entstehenden Bewegungsmangelkrankheiten und Rückgratverkrümmungen verantwortlich gemacht.[134]

Etwas anders war die Kritik an den proletarischen Müttern gelagert. Hier waren es die häuslichen Verrichtungen und Arbeiten, die Mädchen zu Hause festhielten und u.a. aufgrund des Mangels an frischer Luft zu Gesundheitsschäden führten. Weiter wurde den Müttern der Unterschichten vorgeworfen, daß sie ihre Kinder unterernährt, unsauber und falsch gekleidet in den Unterricht schickten.[135] Bei den Konflikten mit proletarischen Müttern spielte die Herkunft der Turnlehrerinnen aus dem Bürgertum eine entscheidende Rolle. Sie machten nämlich in der Regel die Mütter und nicht die soziale Situation für die schlechte körperliche Konstitution der Kinder verantwortlich.

Aufgabe der Turnlehrerinnen war es nun, zumindest nach dem Verständnis der Standesorganisation, die Mütter z.B. auf Eltern- und Mütterabenden über Fragen der Gesundheit und der körperlichen Erziehung aufzuklären und sie zur Beachtung von Gesundheitsregeln und Hygienevorschriften anzuregen.[136]

Ein Schwerpunkt der Konflikte zwischen Turnlehrerinnen und Müttern war die Turnkleidung, die die Bewegungsmöglichkeiten der Turnerinnen und die Übungsauswahl entscheidend mitbestimmte. Während in den Anfängen des Mädchenturnens ein eigenes Turnkleid, eine Tunika und eine lange Hose, üblich war, setzte sich in der zweiten Hälfte des 19. Jahrhunderts, im Zuge der zunehmenden Prüderie und Sexualfeindschaft, die Ansicht durch, daß Mädchen in der Straßenkleidung turnen sollten und daß alle Übungen, "die eine besondere Turnkleidung erfordern, eben vom Mädchenturnen ausgeschlossen werden müßten".[137] Die Kleidung galt als Garant dafür, daß die Grenzen der Weiblichkeit nicht überschritten wurden. Vor allem die aufkommende Sportbewegung führte drastisch vor Augen, wie hinderlich die übliche Kleidung bei sportlicher Aktivität war. Die Radfahrerinnen gehörten zu den ersten Frauen, die sich vom Diktat der Mode und der Moral befreiten und Hosen trugen.

In den folgenden Auseinandersetzungen über "Rock oder Hose" waren sich die Turnlehrerinnen nicht über die Form, aber über die Funktionalität der Turnkleidung einig; sie forderten eine gesunde und praktische Kleidung, vor allem auch den Wegfall des Korsetts. Während einige Lehrerinnen schon sehr früh die Hose favorisierten, wollten andere den Turnrock vor allem aus Rücksicht auf die öffentliche Meinung beibehalten.[138] Nicht ganz zu Unrecht befürchteten sie, daß ein Verstoß gegen die Schicklichkeit, wie das Tragen von Hosen, die Widerstände gegen das Mädchen- und Frauenturnen verstärken würde, galt doch die Hose als Zeichen der Emanzipation und des Verlustes der Weiblichkeit. Die Befürworterinnen der Turnhose, die nach der Jahrhundertwende immer zahlreicher wurden, gaben dagegen zu bedenken, daß Weiblichkeit nichts mit der Kleidung zu tun habe.[139]

Obwohl die organisierten Turnlehrerinnen seit jeher und einhellig das Tragen der Alltagskleidung im Turnunterricht abgelehnt hatten, war es relativ schwierig, in den Mädchenklassen eine besondere Turnkleidung einzuführen. Die Widerstände der Mütter basierten nämlich nicht nur auf moralischen, sondern in erster Linie auch auf finanziellen Erwägungen. Im Gegensatz zu vielen Männern, die sich in die Auseinandersetzung um die geeignete Mädchenturnkleidung einmischten, waren sich die Turnlehrerinnen über die praktischen Probleme, die auf die Mütter aus den Unterschichten zukamen, durchaus im klaren. Für die Volksschülerinnen, die in der Regel nicht aus wohlhabenden Elternhäusern stammten, sollte die Turnkleidung praktisch, haltbar und vor allem billig sein.[140]

Die Turnlehrerinnen wählten pragmatische Lösungen: "Hierzu (bei der Einführung der Turnkleidung, d.V.) muß durch anatomische Vorträge, Mütterabende, an denen man den Müttern kurz das Wichtige erklärt, ihnen Schnittmuster besorgt und ihnen Anleitungen in der Anfertigung gibt, geholfen werden."[141] Vorbildlich war das Vorgehen des Vereins der technischen Lehrerinnen in Berlin: Nach einem Vortrag der Ärztin A. Profé über die Notwendigkeit geeigneter Turnkleidung wurden den Müttern verschiedene Turnanzüge vorgeführt und anschließend Schnittmuster verkauft.[142] Manche Turnlehrerinnen zeigten noch mehr Engagement: Sie nähten zusammen mit Müttern Turnanzüge oder ließen sie im Handarbeitsunterricht anfertigen.[143] Dabei erwies sich die Fächerkombination der meisten technischen Lehrerinnen – Turnen und Handarbeit – als vorteilhaft.

8. Zusammenfassung

Ende des 19. Jahrhunderts übernahmen die Turnlehrerinnen mit der körperlichen Erziehung der Mädchen ein Arbeitsfeld, das an sie ambivalente Anforderungen stellte. Die schulische Körpererziehung der Mädchen stand einerseits in der Tradition des von Männern konzipierten Turnens, von dem Frauen lange Zeit ausgegrenzt waren. Auch das Mädchenturnen lag zunächst ausschließlich in den Händen von Turnlehrern. Die ersten Turnlehrerinnen mußten also in die Fußstapfen männlicher Turnexperten treten und deren Konzepte und Begründungsmuster übernehmen. Andererseits gehörte die körperliche Erziehung der Töchter zu den genuinen Aufgaben der Mütter und wurde erst mit der steigenden Beachtung, die man aus der Sorge um die Volkskraft der Gesundheit der Mädchen schenkte, aus der Familie in die Schule verlagert. Der Turnunterricht konnte also sowohl als männliches als auch als weibliches Tätigkeitsfeld betrachtet werden, was die Turnlehrerinnen bei der Berufskonstruktion als Chance nutzten. Der männlichen Konkurrenz gegenüber konnten sich Frauen als Expertinnen des weiblichen Körpers, den Müttern gegenüber als Expertinnen des Turnens mit vielfältigen praktischen Fertigkeiten und theoretischen Kenntnissen darstellen. Dies war freilich nicht so einfach, weil die Ausbildung des Körpers im Vergleich zur Vermittlung von Wissen als absolut zweitrangig galt. Trotz der "Wiederkehr des Körpers" um die Jahrhundertwende sollte sich die vor allem im Bildungsbürgertum vorherrschende Mißachtung der körperlichen Erziehung bis in die Gegenwart fortsetzen. Deshalb war die berufspolitische Forderung nach Verbesserung des Ausbildungsniveaus und die Einbeziehung theoretischer Inhalte von zentraler Bedeutung für die Integration der Turnlehrerinnen in die Lehrerschaft, die ein erster Schritt in Richtung auf Professionalisierung war. Daß es im Turnunterricht um die Erziehung des Körpers ging, erschwerte zwar die Aufwertung des Faches, hatte aber auch den Vorteil, daß Männer aufgrund der Tabuisierung des weiblichen Körpers vom Mädchenturnunterricht ausgeschlossen wurden. Der Beruf der Turnlehrerin war damit einer der wenigen Berufe, in denen Frauen nicht mit Männern um Stellen konkurrierten. Deshalb spielten in den Diskussionen der Turnlehrerinnen auch die Abwehrstrategien der wissenschaftlichen Lehrerinnen, z.b. das Konzept des besonderen Erziehungsverhältnisses aufgrund der Gleichgeschlechtlichkeit von Lehrerinnen und Schülerinnen, keine zentrale Rolle. Es waren auch nicht die Turnlehrer, sondern die Volksschullehrerinnen, deren Privilegien im Rahmen der Professionalisierungsbemühungen von den technischen Lehrerinnen angestrebt wurden. Trotz der standespolitischen Aktivitäten blieb die Hierarchie der Lehrkräfte – an der Spitze der akademisch gebildete Lehrer und am Ende die technische Lehrerin an der Volksschule – erhalten, wobei immer Männer mehr galten als Frauen und die Vermittlung von abstraktem Wissen mehr wert war als die Erziehung des Körpers.

An der Wende vom 19. zum 20. Jahrhundert veränderten sich die Ziele und Inhalte des Mädchenturnens entscheidend, wie z.B. ein Vergleich des Lehrbuchs von Klara Heßling von 1894 mit dem ersten Leitfaden für das Mädchenturnen von 1913 deutlich macht. Die Einführung von Spielen und leichtathletischen Übungen ging einher mit stark gewachsenen Anforderungen an Kraft, Ausdauer und Geschicklichkeit; die Leistungsanforderungen nahmen entscheidend zu. Diese Veränderungen sind sicher nur zu einem geringen Teil auf das Wirken der Turnlehrerinnen zurückzuführen. Ihr Verdienst war es, die neuen Trends aufzugreifen und sich mit ihnen auseinanderzusetzen. Entscheidend waren die gesamtgesellschaftlichen Entwicklungen, die das Aufkommen der Spiel- und Sportbewegung begünstigten und damit neue, vielleicht aber nicht unbedingt bessere Körperideale und -techniken mit sich brachten. Vor allem der aus England kommende Sport entsprach mit seinen Prinzipien des Wettkampfs und der Überbietung den herrschenden männlichen Normen und Werten, die in der Folgezeit immer mehr in die Mädchenschule und auch in das Mädchenturnen Eingang finden sollten.

Abkürzungen

DTZFr	Deutsche Turnzeitung für Frauen
LPTL	Landesverband preußischer technischer Lehrerinnen
TL	Die technische Lehrerin bzw. Die Lehrerin, Beiblatt C
ZB	Zentralblatt für die gesamte Unterrichtsverwaltung in Preußen

Anmerkungen

1   Vgl. Gertrud Pfister, Hans Langenfeld: Die Leibesübungen für das weibliche Geschlecht - ein Mittel zur Emanzipation der Frau? In: Horst Ueberhorst (Hg.): Geschichte der Leibesübungen, Bd.3/1. Berlin 1980, S. 485-522; Gertrud Pfister (Hg.): Frau und Sport. Frühe Texte. Frankfurt M. 1980; vgl. auch Auguste Hoffmann: Frau und Leibesübungen im Wandel der Zeit. Schorndorf 1969.

2   Friedrich Klumpp: Das Turnen, ein deutschnationales Entwicklungsmoment. Stuttgart, Tübingen 1842, S. 52.

3   Johann Adolf Ludwig Werner: Zwölf Lebensfragen. Dresden, Leipzig 1836, S. 73. Vgl. auch Adolf Bluemcke: Die Körperschule der Frau im Wandel der Jahrhunderte. Dresden 1928.

4   Eleonore Salomon: Die Entwicklung des Mädchenturnens und die Stellung der Turnlehrerin in Deutschland. Diss. Universität Greifswald, 1969, Bd. II, S. 35.

5   Deutsche Turnzeitung 22 (1876), S. 361.

6   Vgl. Salomon 1969, S. 73 ff.

7   Jahrbuch der Turnkunst 10 (1864), S. 197.

8   DTZFr 1 (1899), S. 62.

9   Justus Carl Lion: Statistik des Schulturnens in Deutschland. Leipzig 1870, S. 203.

10   Vgl. z.B. Pfister, Langenfeld 1980, S. 506 - 510.

11   DTZFr 6 (1904), S. 114.

12   A.a.O., S. 97.

13   Zit. nach Salomon 1969, S. 92. Für die Argumente gegen das Mädchenturnen vgl. auch Pfister, Langenfeld 1980; Gertrud Pfister: Die Anfänge des Frauensports im Spiegel der Sportmedizin, in: Hans Jochen Medau, Paul E. Nowacki (Hg.): Frau und Sport III. Erlangen 1988, S. 39 - 53.

14   Carl Euler: Encyklopädisches Handbuch des gesamten Turnwesens. Bd. II. Wien, Leipzig 1895, S. 92.

15   Euler 1895, S. 95.

16   ZB 1894, S. 459, 582 f.

17   Manfred Stürzebecher: Revisionsbericht über die orthopädischen Anstalten Berlins im Jahre 1853, in: Deutsches Medizinisches Journal 16 (1965), S. 129 - 131.

18   Vgl. die Aussagen über die Qualifikation der Turnlehrer in Lion 1870, pass.

19   A.a.O., S. 304.

20   A.a.O., S. 181.

21   Vgl. die Zusammenstellung der privaten Ausbildungsstätten für Turnlehrerinnen bei Salomon 1969, S. 41.

22   Lion 1870, S. 457 ff.

23   Kl., C. Wildt: Daten zur Sportgeschichte. Teil 2. Schorndorf 1972, S. 95.

24   Lion 1870, S. 385.

25   DTZFr 4 (1902), S. 19 f., 27 f.; Neue Jahrbücher für die Turnkunst 21 (1875), S. 278; Deutsche Turnzeitung 21 (1876), S. 151 .

26   Deutsche Turnzeitung 23 (1878), S. 101. Vgl. zum Konkurrenz-Motiv den Beitrag von Marion Klewitz in diesem Band.

27   Deutsche Turnzeitung 18 (1973), S. 39.

28   Carl Euler: Encyklopädisches Handbuch des gesamten Turnwesens. Bd. III. Wien, Leipzig 1896, S. 270.

29   Zit. nach Salomon 1969, S. 111.

30   Euler 1896, S.226.

31   Die diesbezüglichen Quellen sind von Salomon 1969, S. 59 u. 94, zusammengestellt.

32   Klumpp zit. nach Euler 1896, S. 96.

33   Martha Thurm: Turnleiter oder Turnleiterin, in: DTZFr 1 (1899), S. 156.

34   DTZFr 15 (1913), S. 3.

35   DTZFr 4 (1902), S. 115.

36   Diesterweg zit. nach Euler 1896, S. 229.

37   Euler 1896, S. 231.

38   Zit. nach Salomon 1969, S. 95.

39   Lisette Wilhelmi: Offenes Schreiben an die deutschen Frauen über die körperliche Erziehung. Düsseldorf 1871, S. 11.

40   Zit. nach Salomon 1969, S. 259.

41   ZB 1894, S. 459, 582 f.

42   Carl Rossow: Zweite Statistik des Schulturnens in Deutschland. Gotha 1908, S. 138.

43   Euler 1896, S. 232. Zur Geschichte der Turnlehrerschaft vgl. auch Hans Langenfeld: Die Entstehung der deutschen Turnlehrerschaft. Ein Problemaufriß zur Sozialgeschichte des Turnunterrichts, in: Roland Naul (Hg.): Körperlichkeit und Schulturnen im Kaiserreich. Wuppertal 1985, S. 164 - 207.

44   Euler 1896, S. 232.

45   Moritz Kloß: Vierter Bericht über die Kgl. Turnlehrer-Bildungsanstalt zu Dresden. Dresden 1875.

46   Vgl. die Zusammenstellung in Euler 1896, S. 232 ff.; TL 21 (1904/05), S. 137; Salomon 1969, S. 125 ff.; für die Ausbildung der Turnlehrer vgl. auch Edmund Neuendorff: Die Turnlehrer an den höheren Lehranstalten Preußens und der Geist des Turnlehreramts. Berlin 1905.

47   Monatsschrift für das Turnwesen 7 (1908), S. 26.

48   Euler 1896, S. 235.

49   A.a.O., S. 234. Vgl. Neuendorff 1905.

50   Euler 1896, S. 234.

51   Carl Euler: Uebungsstoff des staatlichen Turnlehrerinnenkurses zu Berlin. Berlin 1895.

52   Euler 1896, S. 235 ff.

53   Salomon 1969, S. 151 ff.

54   DTZFr 1 (1899), S. 51 ff.

55   TL 19 (1902/03), S. 1241; TL 22 (1905/06), S. 756.

56   Vgl. dazu Salomon 1969, S. 128 ff., 158 ff.; vgl. auch die Zusammenstellung in Kathrin Bildat: Ausbildung, Situation und Probleme der Turnlehrerinnen in Preußen im Spiegel der Zeitschrift "Die technische Lehrerin" bis 1918. Staatsexamensarbeit. Freie Universität Berlin, 1987.

57   Salomon 1969, S. 158.

58   Euler 1896, S. 228; vgl. auch Die Gleichheit 8 (1898), S. 52 - 53.

59   Euler 1896, S. 255; ZB 1911, S. 33; Wildt 1972, S. 98.

60   Die Ordnung ist abgedruckt in Euler 1896, S. 255 ff. Von den Turnlehrerinnen wurde des öfteren darauf hingewiesen, daß fast alle Bewerberinnen die Prüfung bestanden, vgl. z.B. DTZFr 14 (1912), S. 73.

61   ZB 1874, S. 340.

62   Die Zahl der Prüfungen nennt Euler in DTZFr 4 (1902), S. 28. Zu den Teilnehmerinnen an den staatlichen Kursen vgl. Salomon 1969, S. 68.

63   DTZFr 13 (1911), S. 137; ZB 1911, S. 326 - 333.

64 Euler 1896, S. 227 f.

65 Rossow 1908, S. 23, 138.

66 A.a.O., S. 159 f.

67 Zit. nach Salomon 1969, S. 253.

68 Die Gleichheit 8 (1898), S. 52 f.

69 Zur Besoldungsfrage siehe Elisabeth Altmann: Das Lehrerbesoldungsgesetz im Hinblick auf die technische Lehrerin, in: Die Lehrerin 13 (1897), S. 554; TL 29 (1912/13), S. 82 ff.; Vgl. auch die Zusammenstellungen bei Salomon 1969, S. 126 f. und Bildat 1987, S. 41 ff.

70 Die Gleichheit 8 (1898), S. 252.

71 Rossow 1908, S. 263.

72 Vgl. z.B. a.a.O., S. 200.

73 A.a.O., S. 140 f.

74 TL 32 (1915/16), S. 55 ff.; Euler 1896, S. 260 ff.; vgl. auch die Zusammenstellung bei Salomon 1969, S. 112.

75 Kreisblatt für den deutschen Turnkreis IIIb, 1881, S. 10.

76 Jahrbuch der Turnkunst 1 (1907), S. 137 f.

77 A.a.O.

78 Auf die Probleme und Strategien der männlichen Turnlehrkräfte, die ebenfalls eine ganze Reihe von standespolitischen Zielen und Interessen verfolgten, kann hier nicht eingegangen werden, vgl. dazu Langenfeld 1985.

79 Zum LPTL vgl. Elisabeth Altmann: Geschichte des Landesvereins Preußischer Technischer Lehrerinnen von 1895 - 1912. Leipzig 1912; Denkschrift zum 25jährigen Jubiläum des Reichsverbandes deutscher Lehrerinnen für Nadelarbeit, Leibesübungen und Hauswirtschaft. (o.O.) 1930, S. 104.

80 TL 12 (1895/96), S. 87 ff. "Die technische Lehrerin" wurde 1896 zum ersten Mal publiziert. Sie erschien zunächst monatlich und ab Oktober 1902 vierzehntägig. Ab 1910 wurde die TL durch das Beiblatt der Sektion für technische Fächer, Beiblatt C, der Zeitschrift "Die Lehrerin" abgelöst, vgl. Denkschrift 1930, S. 11.

81 TL 24 (1907/08), S. 1407 f.

82 TL 32 (1915/16), S. 55 ff.

83 Körper und Geist 16 (1907/08), S. 175.

84 Vgl. z.B. DTZFr 1 (1899), S. 156.

85 TL 18 (1901/02), S. 318 f. Eine weitere Petition folgte 1907, vgl. TL 23 (1906/07), S. 1241.

86 TL 23 (1906/07), S. 612; TL 28 (1911/12), S. 62.

87 DTZFr 9 (1907), S. 105.

88 DTZFr 1 (1899), S. 156; TL 18 (1901/02), S. 318 f.

89 ZB 1908, S. 374.

90 TL 27 (1911/12), S. 100.

91 DTZFr 8 (1906), S. 98; TL 18 (1901/02), S. 318 f.; TL 23 (1906/07), S. 1241 ff.

92 TL 23 (1906/07), S. 1295 ff.; ZB 1913, S. 259.

93 DTZFr 15 (1913), S. 97.; ZB 1914, S. 225.

94 TL 13 (1896/97), S. 295; vgl. auch TL 24 (1907/08), S. 271 f.; TL 25 (1908/09), S. 472.

95 TL 13 (1896/97), S. 557 f.

96 DTZFr 14 (1912), S. 74.

97 Ein ausführlicher Kommentar über die Gehaltsverhältnisse der technischen Lehrerinnen in Preußen findet sich in TL 29 (1911/12), S. 81-83; vgl. auch DTZFr 14 (1912), S. 73-75.

98 TL 13 (1896/97), S. 454.

99 DTZFr 9 (1907), S. 178.

100 Rossow 1908, S. 138. Der LPTL bemühte sich auch, den technischen Lehrerinnen außerschulische Berufsfelder zu eröffnen. Die Frage der Existenzsicherung war eines der zentralen Themen bei der Generalversammlung des LPTL 1906. Allerdings waren die dort diskutierten Alternativen, u.a. die Tätigkeit in Vereinen oder als Heilgymnastinnen, wenig praktikabel oder wenig lukrativ, vgl. DTZFr 8 (1906), S. 98.

101 Rossow 1908, S. 108.

102 DTZFr 5 (1903), S. 1 f.

103 Vgl. zu dieser Argumentation zusammenfassend auch Pfister 1988.

104 Martha Thurm: Über die Notwendigkeit der Einführung pflichtmäßiger Leibesübungen in die Volks-Mädchenschule, in: TL 19 (1902/03), S. 29-33.

105 Abgedruckt in Bluemcke 1928, S. 171-173. Der Erlaß wurde in der TL positiv aufgenommen, vgl. TL 21 (1904/05), S. 959.

106 Abgedruckt in Bluemcke 1928, S. 176.

107 Dorothea Meinecke: Zum Schulturnen, in: TL 20 (1903/04), S. 26, 600 f.; TL 21 (1904/05), S. 83-86; vgl. auch TL 19 (1902/03), S. 473 ff.

108 DTZFr 6 (1904), S. 73 ff.

109 TL 27 (1910/11), S. 15.

110 TL 25 (1908/09), S. 972.

111 TL 22 (1905/06), S. 755. Klara Heßling war Mitglied in diesem Gremium.

112 Leitfaden für das Mädchenturnen in den preußischen Schulen. Berlin 1913. Dazu z.B. DTZFr 16 (1914), S. 41 ff.

113 Euler 1896, S. 229.

114 A.a.O., S. 359.

115 DTZFr 1 (1899), S. 62.

116 A.a.O., S. 533.

117 Vgl. DTZFr. 5 (1903), S. 163 ff.; Bluemcke 1928, S. 250 ff.; Ute Frohn: Die Förderung der Leibesübungen der Frauen und Mädchen durch die Deutsche Turnerschaft und die Arbeitersportbewegung. Diplomarbeit Sporthochschule Köln, 1974.

118 Vgl. die Aufstellung bei Salomon 1969, S. 100 f.

119 TL 15 (1898/99), S. 127.

120 TL 30 (1913/14), S. 40 f.

121 TL 32 (1915/16), S. 55 f.

122 Zit. nach Salomon 1969, S. 268.

123 DTZFr 14 (1912), S. 73.

124 DTZFr 16 (1914), S. 99.

125 DTZFr 4 (1902), S. 67; vgl. auch Martha Thurm: Die körperliche Erziehung unserer Mädchen und Frauen im Hinblick auf die Volkserstarkung und Volksvermehrung, in: TL 32 (1915/16), S. 45-47, 49-51, 53 f.

126 U.a. TL 16 (1899/1900), S. 228 ff.

127 Euler 1896, S. 366.

128 Dorothea Meinecke: Über Turnkleidung und Frauenturnen, in: DTZFr 5 (1903), S. 97 f.

129 Zit. nach Pfister 1980, S. 87.

130 U.a. TL 14 (1897/98), S. 423. Vgl. zum Verhältnis zwischen Lehrerinnen und Müttern den Beitrag von Marion Klewitz in diesem Band.

131 U.a. TL 20 (1903/04), S. 25 ff.

132 DTZFr 6 (1904), S. 73.

133 DTZFr 13 (1911), S. 177.

134 U.a. DTZFr 13 (1911), S. 177 f.; TL 19 (1902/03), S. 33; TL 20 (1903/04), S. 659.

135 TL 16 (1899/1900), S. 680 ff.; TL 25 (1908/09), S. 265.

136 DTZFr 6 (1904), S. 77; DTZFr 13 (1911), S. 177 ff.

137 Zit. nach Salomon 1969, S. 142.

138 TL 16 (1899/1900), S. 452.

139 U.a. TL 26 (1909/10), S. 409 ff.

140 TL 26 (1909/10), S. 413.

141 DTZFr 6 (1904), S.77; TL 26 (1909/10), S. 414; Monatsschrift für das Turnwesen 7 (1908), S. 66.

142 TL 25 (1908/09), S. 1088.

143 TL 25 (1908/09), S. 970.

Beruf versus Heiratskarriere?

Frauenberufstätigkeit und ihre Wirkung auf das Heiratsverhalten in der ersten Hälfte dieses Jahrhunderts

Ruth Federspiel

Vorbemerkung

Der folgende Beitrag ist das Teilergebnis einer größeren Studie zu sozialer Mobilität von Männern und Frauen in der ersten Hälfte des 20. Jahrhunderts. Auf der Grundlage von Heiratseinträgen aus dem Berliner Bezirk Neukölln, die für einzelne Stichprobenjahre zwischen 1905 und 1957 erhoben und anschließend quantitativ ausgewertet wurden, wird das Heiratsverhalten der Neuköllner Frauen in Verbindung mit ihrer Zugehörigkeit zu verschiedenen Berufen und Berufsgruppen betrachtet. Die Ergebnisse werden in Beziehung gesetzt zu Thesen der historischen Mobilitätsforschung wie auch zu Ergebnissen der Frauenforschung und der Arbeitsmarkt - und Berufsforschung.

1. Untersuchungsgegenstand und Fragestellungen

Allgemein – und neutral – ausgedrückt läßt sich "soziale Mobilität " als Bewegung von Individuen zwischen verschiedenen Orten realer oder sozialstatischer Art beschreiben. In der historischen Mobilitätsforschung wird fast ausschließlich die intergenerationale, berufliche Mobilität behandelt. Sie mißt die Veränderung der Berufszugehörigkeit zwischen zwei Generationen. Seltener in der historischen Mobilitätsforschung wird die intragenerationelle Mobilität – auch Verlaufsmobilität genannt – untersucht, ein Umstand, der hauptsächlich in der Quellenlage begründet ist. Da die historische Mobilitätsforschung im allgemeinen mit Heiratseinträgen arbeitet, wird die zentrale Angabe zur Erforschung sozialer Mobilität, die Berufsangabe, nur zum Zeitpunkt der Eheschließung erfaßt. Daher ist es nicht möglich, soziale Mobilität im Verlauf einer Generation zu erfassen, aber es kann aus den Angaben im Heiratseintrag der intergenerationelle Vergleich mit dem Vater vorgenommen werden. Eine weitere Mobilitätsart ist die konnubiale Mobilität oder die Heiratsmobilität. Diese erfaßt Mobilität, die durch die Heirat von Männern und Frauen mit unterschiedlichem sozialen Status entsteht. Auch die konnubiale Mobilität wird meist intergenerationell untersucht, indem die Berufe und die damit verknüpfte soziale Stellung der Väter der Heiratenden verglichen werden. In Studien zum 19. Jahrhundert ermöglicht diese Methode, wenn auch nur indirekt, Aussagen zur Mobilität von Frauen. In einschlägigen Studien wird allerdings die durch den Heiratseintrag vorgenommene Verkoppelung des Sozialstatus der Frau mit Beruf und sozialer Stellung ihres Vaters zu unkritisch übernommen.[1] Auch wenn die im 19. Jahrhundert erst fehlende und später zunächst selten ausgefüllte Kategorie "Beruf der Braut" keine andere Möglichkeit als die soziale Verortung der Frauen über den Beruf des Vaters zuläßt, müssen Aussagen zur sozialen Mobilität von Frauen, die ausschließlich über diese Verknüpfung zustandekommen, in ihrer Aussagekraft eingeschränkt bleiben.

Erst für das 20. Jahrhundert ist es möglich, direkte Angaben zur sozialen Mobilität von Frauen zu erhalten.[2] In dem hier vorliegenden Beitrag, der auf der Grundlage von Heiratseinträgen der Jahre zwischen 1905 und 1957 im Berliner Bezirk Neukölln erarbeitet wurde, werden – Frauen und Männer vergleichend – Ergebnisse zur sozialen Schichtung, zur Verteilung auf Wirtschaftssektoren und verschiedene Berufsgruppen diskutiert werden. Anschließend werden die wichtigsten Linien der Ergebnisse zum Heiratsverhalten und zur konnubialen Mobilität nachgezeichnet, um dann anhand einer Beispieltabelle detaillierter auf das Heiratsverhalten einzugehen. Dies geschieht aus der Blickrichtung der heiratenden Frauen, in einem direkten Vergleich der heiratenden Männer und Frauen.

Die Studie gliedert sich in vier Untersuchungszeitpunkte, welche jeweils drei Jahre umfassen, nämlich die Jahre 1905, 1906 und 1907; 1925,1926 und 1927, dann 1935,1936,1937 und als letzten Zeitraum die Jahre 1955,1956 und 1957. Mit dieser Auswahl sollten konjunkturell vergleichbare Zeiträume erfaßt werden, die innerhalb eines der vier verschiedenen politischen Systeme Deutschlands im Verlauf des 20. Jahrhunderts liegen mußten.

Das Zahlenmaterial wird für den Beitrag auf ein Minimum beschränkt; es dient nicht in erster Linie als Beweismaterial, sondern soll die Aussagen im Text verdeutlichen und Beispiele für die Argumentation bieten. Die Tabellen sind dementsprechend gestaltet. Insbesondere die Tabelle zum Heiratsverhalten zwischen Berufsgruppen wurde in diesem Zusammenhang soweit wie möglich von zusätzlichen Prozentzahlen und leeren Zellen befreit.[3]

2. Zwei Ansätze innerhalb der historischen Mobilitätsforschung

Soziale Mobilität als Indikator für die Flexibilität und die Offenheit von Gesellschaftssystemen ist in der historischen Mobilitätsforschung fast ausschließlich für das 19. Jahrhundert untersucht worden. Da dieses Jahrhundert zumindest in Westeuropa und den USA durch die industrielle Revolution und das enorme Anwachsen der Städte geprägt war, interessierte vor allem die Auswirkung auf gesellschaftliche Zusammenhänge. Beide Prozesse sind in ihrer Wirkung auf die gesellschaftliche Entwicklung nicht unumstritten geblieben und haben auch in der historischen Mobilitätsforschung zu verschiedenen Ansätzen geführt. Die beiden Hauptstränge der Argumentation sollen kurz zusammengefaßt werden:

Zum einen ist die "modernisierungstheoretische Position" zu nennen, die in der Industrialisierung den Promotor für rapiden gesellschaftlichen Wandel mit wachsender Durchlässigkeit der Gesellschaftsstruktur und sprunghaftem Anwachsen der sozialen Mobilität sieht. Für Deutschland sind hier die wichtigen, allerdings schon etwas älteren Arbeiten von Renate Mayntz über Euskirchen und von Hansjürgen Daheim über Köln zu nennen.[4] Beide Studien stellen für die Zeit zwischen 1830 und 1870 ein sprunghaftes Anwachsen der intergenerationellen Mobilität fest, und beide sehen die Ursachen dafür im wirtschaftlichen Wandel. Seit der Arbeit von Hartmut Kaelble zu "Sozialer Mobilität und Chancengleichheit im 19. und 20. Jahrhundert"[5] ist dieser Ansatz jedoch erheblich modifiziert worden, da Kaelble zeigen kann, daß während der industriellen Revolution kein sprunghaftes Anwachsen der beruflichen intergenerationellen Mobilität stattfindet. Er stellt ein Ansteigen der Mobilitätschancen erst für die Zeit des späten 19. Jahrhunderts fest, als sich der durch die industrielle Revolution bewirkte Wandel auf die Struktur der gesamten Wirtschaftsorganisation auszuwirken begann.

Die andere Position, die die frühe Herausbildung einer kaum überwindbaren Klassenlinie zwischen Arbeiterschaft und Bürgertum feststellt, wird hier in Übereinstimmung mit Reinhard Schüren als Position der "sozialen Klassenbildung" benannt. Jürgen Kocka und eine von ihm geleitete Forschergruppe kommen in einer Untersuchung zu "Familie und sozialer Plazierung"[6] zu Ergebnissen, die die These von der Trennlinie zwischen Arbeiterschaft — hier in einem recht weit gefaßten Begriff — und bürgerlichen Schichten eindrucksvoll belegen können. Die genannte Untersuchung endet jedoch im letzten Viertel des 19. Jahrhunderts und kann so die in der Kaelbleschen Untersuchung festgestellten, verspätet einsetzenden Auswirkungen von Industrialisierung und Urbanisierung noch nicht erfassen. Im Zusammenhang mit den hier zu diskutierenden Ergebnissen ist die genannte Studie noch aus einem anderen Grund von Interesse, denn es wurden Heiratseinträge aus Kirchenbüchern ausgewertet. Die Bestimmung weiblichen Heiratsverhaltens erfolgte über die soziale Position des Vaters, da die Studie keine Berufsangaben der heiratenden Frauen zur Verfügung hatte.

Die Gültigkeit der einen oder der anderen "Theorie" konnte bisher nicht bewiesen werden, es scheint viel eher so zu sein, daß je nach regionaler Wirtschaftsstruktur und -entwicklung wie auch nach der Wahl des Untersuchungszeitraumes der Verlauf der sozialen Mobilität besser mit dem modernisierungstheoretischen oder aber mit dem klassenbildenden Ansatz zu erklären ist.

3. Quelle und Methode

Vor Einführung des Personenstandsgesetzes 1874 in Preußen, und ein Jahr später im Deutschen Reich, war es grundsätzlich Aufgabe der Kirchen, Geburt und Tod und gegebenenfalls auch die Eheschließung schriftlich und in standardisierter Form in Kirchenbüchern zu erfassen. In den Einträgen lassen sich anläßlich einer Eheschließung für die heiratenden Frauen nur Angaben feststellen, die sich auf Alter, Wohnort und Familienstand beziehen. Die gleichen Angaben wurden für den Bräutigam aufgezeichnet, jedoch um eine wesentliche Angabe erweitert – den Beruf. Berufsangaben wurden auch für die Väter der Heiratenden gegeben. Für die Frau – so wird hier ganz deutlich – erfolgte die soziale Verortung über den Vater und gleichermaßen als dessen Nachfolger über den Ehemann. Die Ablösung der Kirchenbücher als amtliche Quelle durch die Heiratsbücher der Standesämter veränderte die Inhalte der Angaben nicht wesentlich, abgesehen von der nun vorhandenen Rubrik "Beruf der Braut". Hier erschließt sich die erste Möglichkeit, Frauen ebenso wie Männer als eigenständige, sozialstatistisch erfaßbare Personen zu behandeln. Allerdings fehlen bis zur Jahrhundertwende die Berufsangaben der Frauen teilweise noch, und die genannten Berufe stammen aus einem noch sehr eingeschränkten Tätigkeitsbereich. Diese Feststellung deckt sich auch mit der statistisch faßbaren Verteilung von Frauen auf Berufszweige. Auch spiegelt sich hier Frauenberufstätigkeit zunächst noch als ökonomische Notwendigkeit des Zuverdienens wider, in der proletarisch-offenen Ausprägung ("Arbeiterin") wie auch in der bürgerlich-verdeckten, hausarbeitsnahen Variante ("ohne Beruf").[7] Allein schon die zunehmende Ausdifferenzierung der Berufsangaben in den Untersuchungsjahren zwischen 1905 und 1957 verstärkt den Eindruck des Funktionswandels von Frauenberufstätigkeit. Heiratseinträge enthalten eine ganze Reihe von Informationen, die für die Interpretation sozialer Mobilität wichtig sind: Die Berufsangaben ermöglichen Aussagen zur Berufsstruktur und daraus ableitbar zur Schichtungsstruktur, aber auch zur Mobilität durch Heirat und zu Heiratskreisen. Angaben zu Familienstand und Geburtsdatum geben Aufschluß über Erst- und Zweitheirat und das Heiratsalter. Über zivile Heiratseinträge kann die Mobilität von Frauen erfaßt und damit ein Thema aufgegriffen werden, das in der bisherigen Mobilitätsforschung stark vernachlässigt wurde.[8]

Es sollte nicht unerwähnt bleiben, daß die zentrale Aussagevariable der Heiratseinträge, die Berufsbezeichnung, teilweise zu ungenau ist, um eine Einordnung des genannten Berufs in ein differenziert gegliedertes Schema vorzunehmen. In etlichen Fällen muß unklar bleiben, welche wirtschaftliche Stellung – ob selbständig oder unselbständig – oder welcher wirtschaftliche Sektor – ob Handwerk, Industrie oder Handel – hinter einer Berufsbezeichnung steht. Dies ist jedoch ein Problem, das für die Männer viel stärker zum Tragen kommt als für die Frauen, läßt sich doch aus den in Heiratseinträgen angegebenen Berufen manchmal nur schwer erkennen, wie weit Söhne im Vergleich zu ihren Vätern beruflich mobil und soziale Auf- oder Absteiger waren. Die Töchter, die ebenfalls am Beruf des Vaters gemessen werden, erlauben hier eine meist eindeutigere Zuordnung, da die Berufsvererbung zwischen Vater und Tochter eine marginale Erscheinung bleibt. Die hier angesprochenen Probleme der Zuordnung von Berufsbezeichnungen sind allerdings keine ausschließliche Schwäche von Heiratseinträgen, sondern eher ein grundsätzliches Problem von Arbeiten, die Berufsangaben aus standardisierten Quellen als zentrale Kategorie sozialstatistischer Untersuchungen einsetzen.

In der Neukölln-Studie werden die beiden in Kap. 2 dargestellten Ansätze der historischen Mobilitätsforschung berücksichtigt, da nach beiden Seiten gefragt werden kann. Eine Studie über das 20. Jahrhundert kann die in der Kaelbleschen Modifizierung angewandte modernisierungstheoretische Richtung aufgreifen, um die Verlängerung oder auch den Abbruch des hier festgestellten Trends anwachsender Mobilität zu belegen. Ebenso kann in bezug auf die Fragen nach gegenseitiger Abschottung bestimmter sozialer Klassen gefragt werden, inwieweit in der untersuchten Bevölkerungsgruppe solche Linien (noch) zu erkennen sind, und ob für das 20. Jahrhundert die Untersuchung des Heiratsverhaltens eine Abschließung der Arbeiterklasse erkennen läßt. Gefragt werden kann und muß aber auch, inwieweit solche Linien oder Trends durch die Standortbestimmung von Frauen über ihre eigene Berufsangabe verändert werden. Gerade die Untersuchung des Heiratsverhaltens verspricht hier Aufschluß über Bestand und Stärke solcher Trennlinien und deren geschlechterspezifische Ausprägung zu geben. Die Untersuchung wird zeigen, ob die Berufstätigkeit der Frauen ihr Heiratsverhalten stärker bestimmt oder ob es die soziale Herkunft ist. Damit in engem Zusammenhang steht auch die Frage nach dem Stellenwert der Heirat für den sozialen Aufstieg von Frauen.

4. Beschreibung von Neukölln

Der Beginn der Untersuchungsperiode 1905 fällt in etwa zusammen mit dem Abschluß des Wandlungsprozesses der Gemeinde Rixdorf – wie Neukölln zu dieser Zeit noch hieß – von der ländlich geprägten Dorfgemeinde mit anwachsender Gewerbetätigkeit "zur typischen und zu einer der größten Wohngemeinden der unteren Schichten, deren Arbeitsort in der Hauptsache Berlin war".[9] 1899 war das mit 80 000 Einwohnern größte Dorf des Deutschen Reiches zur Stadt erhoben worden, schon ein Jahr später lag die Einwohnerzahl bei 90 422 und das einstige "Dorf" hatte fast Großstadtgröße erreicht. Die Zahl der Einwohner stieg nun immer schneller.

Für das erste Erhebungsjahr - 1905 - wird die Einwohnerzahl für den Jahresanfang mit 130 624 angegeben, zum Jahresende liegt sie schon bei 153 513 und im Jahr 1907 werden 176 761 Einwohner gezählt. Das rapide Anwachsen der Wohnbevölkerung setzt sich mit etwa gleicher Geschwindigkeit bis in die

20er Jahre fort, es werden nun an die 300 000 Einwohner gezählt. Diese Zahlen erhöhen sich in den 30er Jahren noch etwas, um dann kriegsbedingt in den 50er Jahren unter den Stand von 1925 zurückzufallen.

Die Sozialstruktur der Bevölkerung verändert sich zu Beginn des Jahrhunderts dahingehend, daß durch die Entwicklung Rixdorfs zum Wohnort die mittleren sozialen Schichten anwachsen. Die Berufsstruktur der Einwohner nähert sich der Berlins, auch wenn die Gruppe der Hausangestellten und der in häuslichen Diensten Beschäftigten 1907 mit 4,2% noch fast um die Hälfte hinter den Zahlen für Berlin zurückliegt und auch der Anteil der höheren Verwaltungsbeamten und Angestellten hinter dem der Innenstadt zurückbleibt.[10] Letzteres hat bei Aussagen zur Mobilität von Frauen kaum Bedeutung, während der geringe Anteil der in häuslichen Diensten Beschäftigten Erwähnung finden muß, da gerade in diesem Bereich der hausarbeitsnahen Berufe der Anteil der weiblichen Beschäftigten traditionell besonders hoch ist. Aber schon in den 20er Jahren verliert dieser Aspekt an Bedeutung, denn es nimmt der Anteil an häuslichen Bediensteten auch in Neukölln zu.

Die Gründe dafür liegen in der politisch bedingten Änderung des Dienstbotenstatus. Bis 1919 unterlagen die häuslich Bediensteten noch der Gesindeordnung und waren damit räumlich wie auch in ihren persönlichen Entscheidungen sehr stark an die jeweilige Herrschaft gebunden. Das Ende des Kaiserreichs und die politische Neuordnung nach 1918 brachten für die zahlreichen häuslichen Bediensteten nicht nur eine rechtliche Verbesserung und damit eine Gleichstellung ihres Status mit dem anderer Berufsgruppen, sondern auch eine Veränderung der Arbeitsbedingungen. Waren Dienstmädchen, Hausmädchen, und wie die Berufsbezeichnungen sonst noch lauteten, vor dem Kriege im Haushalt der Arbeitgeber untergebracht, so ist dies in den 20er Jahren nicht mehr durchweg üblich. Das neue Selbstverständnis zeigt sich in veränderten Berufsbezeichnungen. Statt Dienstmädchen oder Hausmädchen wird jetzt überwiegend Hausangestellte oder Stütze, die qualifiziertere Variante dieses Berufszweiges, angegeben. Die Zahl der in diesem Bereich beschäftigten und in Neukölln lebenden Frauen nimmt deutlich zu, was mit der Trennung von Arbeits- und Wohnhaushalt der Frauen erklärt werden kann.[11]

Die Wirtschaftsstruktur Neuköllns ist durch Handel und Kleingewerbe bestimmt, das besonders mit metallverarbeitenden Betrieben wie Schlossereien, Schmieden und mechanischen Werkstätten vertreten ist, aber auch das Textilgewerbe und die Holzverarbeitung sind für die Wirtschaft der Stadt von Bedeutung. Für die Erwerbstätigkeit von Frauen haben die größte Bedeutung das Textilgewerbe, der Handel und die Nahrungs- und Genußmittelherstellung, die in Neukölln ebenfalls in größerer Konzentration ansässig ist.

Fast die Hälfte aller Betriebe sind 1907 Alleinbetriebe (47,6%), die Gehilfenbetriebe mit 2 - 5 Beschäftigten zählen zu den Kleinbetrieben, ihr Anteil liegt etwa bei 46% ; schon die mittlere Betriebsgröße (6 - 10 und 11 - 50 Beschäftigte) stellt nur noch einen Anteil von knapp 8%, und die Großbetriebe bleiben mit weniger als 1% aller Betriebe ohne dominierenden Einfluß auf Wirtschafts- und Beschäftigtenstruktur.[12]

Einige der größeren Betriebe sind beispielsweise das Kabelwerk, eine Gummi- und Guttaperchafabrik, eine Maschinenfabrik, zwei Brauereien und einige Großhandelsunternehmen. Außerdem soll auf das in den 20er Jahren eröffnete Kaufhaus Karstadt, Europas modernstes Kaufhaus, hingewiesen werden, da es als Arbeitsplatz gerade für Frauen von Bedeutung ist.

Aus der Verteilung der Wirtschaftsbetriebe und aus der Sozialstruktur der Einwohner ergibt sich nur eine geringe Korrelation zwischen innergemeindlichem Standort eines Gewerbezweigs und den ihm angehörenden Beschäftigten. Die Gründe dafür liegen in der genannten Entwicklung zum Wohnbezirk der unteren und mittleren Schichten, denn durch das gut ausgebaute Nahverkehrssystem zwischen Berlin und seinen Außenbezirken ist auch in Neukölln eine hohe Anzahl von Pendlern ansässig. Diese Feststellung trifft aber in weit stärkerem Maße auf die Berufstätigkeiten der Männer als auf die der Frauen zu. Die traditionell weiblich besetzten Branchen wie Textilgewerbe, Nahrungs- und Genußmittelfabrikation und der Handel sind die Wirtschaftszweige, die in Neukölln besonders stark vertreten sind.

5. Zur sozialen Mobilität von Männern und Frauen

Zur Überprüfung der Hypothese, daß das Mobilitätsverhalten von Männern und Frauen deutliche Unterschiede aufweise, soll ein Vergleich dienen: Gegenübergestellt werden Tabellen zur Schichtungsmobilität, zur Verteilung von Männern und Frauen auf Berufsgruppen und auf Wirtschaftssektoren, die, jeweils getrennt nach Geschlecht und Erhebungszeitraum, vergleichend ausgewertet werden. Grundlage aller Tabellen sind die Berufsangaben aus den Heiratseinträgen. Diese wurden für die Zuordnung zur sozialen Schicht des Berufs in der am wenigsten tiefgegliederten Form nach sechs Schichten eingruppiert. Die Zuordnung der Berufe zu neun Wirtschaftssektoren ist weiter ausdifferenziert. Die weitestmögliche Differenzierung in der Einordnung einer Berufsangabe bietet die Eingruppierung in eine von 64 Berufsgruppen. Die Aussagen zu sozialer Mobilität in diesem Beitrag beruhen auf der Klassifizierung der Berufsangaben der als Heiratende eingetragenen Männer und Frauen oder, im intergenerationellen Vergleich, von Vätern in bezug auf Töchter bzw. Söhne.

5.1 Sozialer Auf- und Abstieg

Der Vergleich der sozialen Schicht von Männern und Frauen mit der Schicht ihrer Väter wird in der Mobilitätsforschung als Indikator für Auf- und Abstieg angewandt. Wenn die Berufsangabe von Sohn oder Tochter einer anderen Schicht als der Beruf des Vaters zugeordnet werden kann, wird dies als Mobilität und je nach Veränderung als sozialer Auf- oder Abstieg der Kinder, das sind hier die heiratenden Männer und Frauen, gewertet.

Tabelle 1 zeigt den Anteil der mobilen Männer und Frauen des Untersuchungszeitraumes; sie stellt das Konzentrat aus vier Tabellen zur sozialen Schichtung für die Jahre 1905/07 bis 1955/57 dar. Den Tabellen liegt die sechsgliedrige Einteilung zur sozialen Schichtung zugrunde, die im Bereich der Unterschichten drei- und für die Mittelschichten zweigeteilt ist, die wenigen Fälle der sechsten Schichtungsgruppe, der Oberschicht, wurden bei der oberen Mittelschicht mitgezählt.[13]

Für die Männer ergibt sich beim Vergleich der Mobilitätsraten zwischen 1905 und 1957 ein Bild relativer Konstanz, der Anteil der Mobilen (siehe Sp. 1) schwankt zwischen 58% 1905 und 59% 1955, die Rate der Aufstiegsmobilität (siehe Sp. 2) liegt 1905 bei 22% und steigt bis 1925 auf 36%. Von diesem Zeitpunkt bis 1957 verändert sich der prozentuale Anteil der aufwärtsmobilen Männer nur noch geringfügig.

Die Entwicklung des Auf- und Abstiegs bei den Frauen ist zum einen durch die höhere Gesamtmobilität, zum anderen durch deutlichere Veränderungen der Auf- und Abstiegsmobilität gekennzeichnet. 1905 beträgt die Rate der mobilen Frauen 63%, und 1955 erreicht dieser Wert 76%. Die deutlichste Veränderung zeigt hier das Jahr 1925 mit einem Anteil von nunmehr 70%; das bedeutet gegenüber 1905/07 eine Steigerung um 7% in der Gesamtmobilität. Auch bei der Unterscheidung von Auf- und Abstiegsmobilität verändern sich die Raten zunächst, d.h. zwischen 1905 und 1925, dramatischer als bei den Männern.

Eine Erklärung für diesen signifikanten Unterschied ergibt sich aus der Verteilung der Frauen des Heiratszeitraumes 1905 - 1907 auf Berufe und Berufsgruppen (vgl. Tab. 3.2). Die Polarität der Berufsangaben schlägt sich deutlich in der Schichtzuweisung nieder. Zum einen muß der sehr hohe Anteil ungelernter Arbeiterinnen (40%) der unteren Unterschicht zugeordnet werden, und zum anderen fallen gut 20% der Frauen aus der Schichtungspyramide heraus, da sie keinen eigenen Beruf angeben. Ab 1925 schlägt sich dann bereits die qualitative wie auch die quantitative Veränderung bei der Berufsangabe heiratender Frauen in den Ergebnissen nieder.

Tabelle 1: Soziale Mobilität nach Auf- und Absteigern

Zeitraum		Mobile (1)	Aufsteiger (2)	Absteiger (3)
1905 - 1907	Männer	58	22	36
	Frauen	63	13	50
1925 - 1927	Männer	57	36	21
	Frauen	70	38	32
1935 - 1937	Männer	57	39	18
	Frauen	73	43	30
1955 - 1957	Männer	59	38	21
	Frauen	76	46	30

Vergleicht man nun das Verhältnis von Auf- und Abstiegsmobilität zwischen Männern und Frauen, so zeigt sich eine recht interessante Entwicklung: Ab 1925 ist der Anteil der Frauen, die durch die Zuordnung ihres Berufes in eine andere soziale Schicht aufsteigen, immer etwas höher als der Anteil der aufstiegsmobilen Männer. Bei Männern wie bei Frauen läßt sich eine kontinuierliche, wenn auch teilweise gegenläufige Entwicklung der Mobilitätsraten zeigen. Bei beiden Gruppen kann die Zeit um 1925 als Wendemarke gesehen werden, bei den Männern jedoch nur in bezug auf die Anteile der Auf- und Absteiger; die Gesamtmobilität bleibt bei ihnen über den gesamten Untersuchungszeitraum fast auf dem gleichen Niveau. Dieser Vergleich ist vor allem aus geschlechtspezifischer Blickrichtung interessant, da die Ergebnisse dieser Tabellen auf dem Vergleich der heiratenden Söhne und Töchter mit den Berufspositionen ihrer Väter beruhen. Für die Frauen muß also die konstatierte Aufwärtsmobilität eher höher und in der gesellschaftlichen Auswirkung schwerwiegender eingeschätzt werden.[14]

5.2 Die Verteilung auf Sektoren

Die Zuordnung der Berufsangaben von Männern und Frauen zu verschiedenen Wirtschaftssektoren soll eine erweiternde Bestimmung der Tätigkeitsbereiche von Männern und Frauen ermöglichen. Daneben gestattet diese Gruppierung aber auch den Vergleich mit der allgemeinen Statistik und eine weitere Überprüfung der These, daß aus den vielfältiger werdenden Berufsangaben der heiratenden Frauen ein der Frauenarbeit immanenter Funktionswandel abzulesen ist.

Die Verteilung der Männer mit ihren Berufen auf die einzelnen Sektoren ist – erwartungsgemäß – wenig aufregend und liegt auch für die heiratenden Neuköllner auf der Linie der gesamten Entwicklung im Laufe des 20. Jahrhunderts. Bei den Angaben in Tabelle 2.1 soll deshalb auch nur auf zwei Punkte hingewiesen werden, die für die Einordnung der Zahlenangaben von Bedeutung sind. Die Angaben unter 6 – Arbeitsbereich unklar –, die vor allem bei den Männern durch hohe absolute wie prozentuale Angaben auffallen, können in ihrer genauen Zuordnung zu einzelnen Sektoren nur geschätzt werden. Die der Einordnung zugrundeliegenden Berufsangaben, die überwiegend aus dem weiteren Bereich gelernter Handwerksberufe stammen, können über das benutzte Quellenmaterial sektoral nicht genauer zugeordnet werden. So liegt zwar die Vermutung nahe, daß je nach Zeitschnitt zwischen 25% und 60% der Berufe dieser Gruppe zur Industrie bzw. zum Handwerk zu zählen sind, für den Einzelfall kann dies jedoch nicht überprüft werden. Anders verhält es sich dagegen mit der Gruppe – kein Sektor –: Hier wurden in erster Linie Männer eingruppiert, die als Beruf "Arbeiter" ohne weiteren Zusatz angaben. Hinter dieser Zahl verbergen sich daher in hohem Maße unqualifizierte Kräfte. Außerdem ist darin noch eine zweite, wenn auch zahlenmäßig lang nicht so bedeutende Gruppe erfaßt, die wegen ihrer ganz anderen Struktur genannt werden soll. Es sind dies alle die Männer, die als Beruf "Kaufmann" angaben und trotz einer zusätzlichen Überprüfung nicht weitergehend identifiziert werden konnten. Mit 6% aller Fälle hat diese Gruppe aber nur 1925/27 nennenswerte Bedeutung, sonst beträgt ihr Anteil weniger als 3%, 1955/57 sogar nur noch 0,3%.

Die Erklärungen zur überproportional starken Besetzung der Gruppe – kein Sektor – bei den Frauenberufstätigkeiten zielen teils in die gleiche Richtung wie bei den Männern, denn auch bei den Frauen verbergen sich hier vor allem die "Arbeiterinnen". Dies allein kann aber noch nicht das Verschwinden von fast 2/3 aller Berufsangaben seit Beginn des Untersuchungszeitraums in diesem Sektor erklären. Es muß hier berücksichtigt werden, daß auch alle die Frauen , die keinen Beruf angeben und deren Anteil zu Beginn des Jahrhunderts noch bei 22% (vgl. Tab. 3.2) liegt, hier mitgerechnet werden. Zählt man bei den Frauen die Prozentanteile der ungelernten Arbeiterinnen aus Tab. 3.2 mit denen der ohne Berufsangabe Heiratenden zusammen, so erhält man annähernd die Verteilung der Frauen, die über ihre Berufsangabe sektoral nicht zugeordnet werden können. Die Kombination von Ergebnissen aus zwei Tabellen dokumentiert hier für Frauen auf der untersten, der ungelernten Tätigkeitsebene, einen deutlich undifferenzierteren Tätigkeitsbereich als dies bei den Männern der Fall ist.

Für die Diskussion der qualitativen Veränderung von Frauenberufstätigkeit ist der Blick auf die Besetzung von Sektor 4 – Heimarbeit – unabdingbar. Die Zahlen sprechen für sich, zeigen sie doch die noch sehr deutliche Dominanz dieses Sektors zu Beginn des Jahrhunderts; er ist der einzige echte

Tabelle 2.1:

Verteilung auf Sektoren

Männer	1905 /1907		1925 /1927		1935 /1937		1955 /1957	
	abs.	%	abs.	%	abs.	%	abs.	%
1 Landwirtschaft	10	2	8	1	2	0	0	0
2 Pers.Dienstleistungen	10	2	13	1	15	1	17	2
3 Handwerk Bau	13	2	22	2	28	2	51	5
4 Heimarbeit	0	0	0	0	0	0	0	0
5 Industrie	80	12	217	15	206	14	215	21
6 Arbeitsbereich unklar	238	35	487	33	585	39	449	43
7 HBV Transport	55	8	185	12	282	19	114	11
8 Freiberufler	4	1	36	2	19	1	17	2
9 Öffentlicher Dienst	56	8	110	7	139	9	123	12
Kein Sektor	214	32	408	28	224	15	49	5
Zahl der Fälle	680	100	1486	100	1500	100	1035	100

Tabelle 2.2:

Verteilung auf Sektoren

Frauen	1905 /1907		1925 /1927		1935 /1937		1955 /1957	
	abs.	%	abs.	%	abs.	%	abs.	%
1 Landwirtschaft	1	0	0	0	0	0	0	0
2 Pers.Dienstleistungen	9	1	60	4	67	5	34	3
3 Handwerk Bau	2	0	4	0	9	1	89	9
4 Heimarbeit	71	10	8	1	7	1	0	0
5 Industrie	41	6	217	15	202	14	237	23
6 Arbeitsbereich unklar	43	6	149	10	220	15	217	21
7 HBV Transport	23	3	201	14	230	15	118	11
8 Freiberufler	3	0	5	0	11	1	9	1
9 Öffentlicher Dienst	12	2	144	10	317	21	238	23
Kein Sektor	475	70	698	47	437	29	93	9
Zahl der Fälle	680	100	1486	100	1500	100	1035	100

Sektor mit einem Anteil an erwerbstätigen Frauen von etwas mehr als 10%. Doch schon 1925/27 ist der prozentuale Anteil auf marginale 0.5% zurückgefallen. Der drastische Rückgang, der diesem Sektor eindeutig zuzuordnenden Berufsangaben, sollte aber nicht ohne Blick auf die Zunahme der Berufstätigkeiten gesehen werden, die unter Sektor 6 – Arbeitsbereich unklar – wachsende Anteile zeigen. Denn die Handwerksberufe und die angelernten und gelernten gewerblichen Tätigkeiten, die sich hinter dieser Zuordnung verbergen, gehen gerade im Bereich der Frauenberufsarbeit häufig auf den heimarbeitsnahen Textilbereich zurück; als Beispiel sei hier nur die Berufsangabe "Schneiderin" mit 227 Nennungen im Gesamtdatensatz erwähnt. Neben diesen Einschränkungen kann die stetige Zunahme des oben genannten Sektors aber auch mit zunehmender Berufsqualifikation von Frauen erklärt werden, denn auch diese steht hinter der wachsenden Zahl von Handwerksberufen und gelernten Tätigkeiten. Frauenberufsarbeit umfaßt ein immer breiteres Spektrum. Die stärkere Streuung bei der sektoralen Verteilung von Frauenberufsangaben ist ein wichtiger Indikator für die Ausdifferenzierung und qualitative Veränderung von Frauenberufsarbeit. Die Zunahme ist vor allem in den Sektoren besonders deutlich, wo in den 20er Jahren Angestelltentätigkeiten an Bedeutung gewinnen. Ansatzweise kann man bereits 1925/27 die Dominanz der weiblichen Angehörigen des öffentlichen Diensts ablesen.

5.3 Die Verteilung auf Berufsgruppen

Ein Blick auf die Verteilung von Männern und Frauen auf Berufsgruppen, hier in einer Darstellung, die aus der weitest möglichen Differenzierung nach 64 Berufsgruppen auf 15 bzw. 16 Hauptgruppen reduziert wurde, mag das Bild etwas vervollständigen und Hinweise auf Veränderungen geben. Inwieweit diese Veränderungen strukturbedingt sind, wird später zu diskutieren sein.

Die Verteilung der heiratenden Männer auf die einzelnen Berufsgruppen (vgl. Tab. 3.1) zeigt die deutliche Abnahme innerhalb der Gruppe der un- und angelernten Arbeiter mit dem gravierenden Einbruch 1935, als die Quote dieser Gruppe um weitere 10% auf 17% zurückfällt. Dies bleibt auch in den 50er Jahren so. Die Handwerkerberufe zeigen sich, abgesehen von einem leichten Einbruch 1925/27, weiter expansiv. Gelernte Industriearbeiter und gelernte Arbeiter aus dem nicht industriellen Bereich sind etwa gleich stark vertreten. Die mittleren Angestellten und Beamten weisen wachsende Anteile auf, wobei die Zahlen für 1935 - 37 teilweise aus dem Rahmen fallen.

Bei der Verteilung der Frauen (vgl. Tab. 3.2) fällt vor allem auf, daß es eigentlich nur vier stärker besetzte Gruppen gibt. Unter diesen vier Gruppen ragt zunächst die relativ hoch besetzte der un- und angelernten Arbeiterinnen deutlich heraus, ab 1925 zeigt dann auch die Gruppe der mittleren Angestellten und Beamtinnen eine recht starke Besetzung, wobei der Anteil der Beam-

Tabelle 3.1:

Berufsgruppen der Männer	1905/	1907	1925	/1927	1935/	1937	1955/	1957
(Differenzierung nach 15 Berufsgruppen)	abs.	%	abs.	%	abs.	%	abs.	%
1 Ungelernte Arbeiter	196	28,8	350	23,6	198	13,2	111	10,7
2 Landarbeiter	1	0,1	3	0,2	0	0,0	0	0,0
3 Angelernte Industriearbeiter	30	4,4	69	4,6	55	3,7	76	7,3
4 Gelernte Arbeiter	37	5,4	92	6,2	95	6,3	82	7,9
5 Handwerker	234	34,4	454	30,6	552	36,8	428	41,4
6 Gelernte Industriearbeiter	42	6,2	104	7,0	99	6,6	107	10,3
7 Kleine Beamte/Angestellte	20	2,9	35	2,4	27	1,8	25	2,4
8 Kleinbauern	0	0,0	0	0,0	0	0,0	0	0,0
9 Kaufleute	19	2,8	91	6,1	38	2,5	3	0,3
10 Selbständige und Meister	17	2,5	53	3,6	52	3,5	18	1,7
11 Mittlere Beamte/Angestellte	53	7,8	161	10,8	302	20,1	132	12,8
12 Vollbauern	9	1,3	5	0,3	2	0,1	0	0,0
13 Kleine Unternehmer	9	1,3	20	1,3	20	1,3	4	0,4
14 Gehobene Beamte/Angestellte	7	1,0	38	2,6	43	2,9	39	3,8
15 Beruf der Oberschicht	1	0,1	10	0,7	13	0,9	9	0,9
Keine Gruppe	5	0,7	1	0,1	4	0,3	1	0,1
Zahl der Fälle	680	100	1486	100	1500	100	1035	100

Tabelle 3.2:

Berufsgruppen der Frauen	1905/	1907	1925	/1927	1935/	1937	1955/	1957
(Differenzierung nach 15 Berufsgruppen)	abs.	%	abs.	%	abs.	%	abs.	%
1 Ungel.Arbeiterin	401	59	551	37	347	23	162	16
2 Landarbeiterin	1	0	0	0	0	0	0	0
3 Angelernte Industriearbeiterin	31	5	170	11	155	10	199	19
4 Gel.Arbeiterin	13	2	58	4	77	5	21	2
5 Handwerkerin	38	6	126	9	185	12	158	15
6 Gel.Industriearbeiterin	5	1	12	1	16	1	23	2
7 Kleine Beamtin/Angestellte	5	1	19	1	36	2	41	4
8 Kleinbäuerin	0	0	0	0	0	0	0	0
9 Kauffrauen	0	0	0	0	0	0	0	0
10 Selbstaendige oder Meisterin	7	1	10	1	20	1	37	4
11 Mittl.Beamtin/Angestellte	28	4	317	21	499	33	294	28
12 Vollbäuerin	0	0	0	0	0	0	0	0
13 Kleine Unternehmerin	0	0	0	0	2	0	1	0
14 Gehobene Beamtin/Angestellte	1	0	41	3	34	2	27	3
15 Beruf der Oberschicht	0	0	0	0	1	0	2	0
Keine Gruppe	150	22	182	12	128	9	70	7
Zahl der Fälle	680	100	1486	100	1500	100	1035	100

151

tinnen nur zunächst hinter dem der Angestellten liegt. Interessanterweise hat sich das Verhältnis zwischen Beamtinnen und Angestellten aber bereits 1935/ 37 zugunsten der Beamtinnen verändert. Aufmerksamkeit verdient noch die Gruppe der Handwerksberufe, da auch sie kontinuierlich anwächst. Beide der letztgenannten Gruppen umfassen Berufe, die eine intensivere Ausbildung voraussetzen; dies ist als verstärkender Hinweis auf die qualitative Veränderung von Frauenberufstätigkeit zu werten.[15]

Dieser Trend läßt sich auch an den Veränderungen und Verbesserungen der schulischen Ausbildung von Mädchen und dem Einsetzen verstärkter und qualitativ verbesserter Berufsberatung von Schulabgängerinnen ablesen; speziell die Einführung der Berufsschulbildung von Mädchen belegt die Hinwendung zu qualifizierter Berufsausbildung von Frauen und Mädchen.

6. Das Heiratsverhalten der Neuköllner Frauen zwischen 1905 und 1957

Die Heirat stellte für Frauen lange die traditionelle Absicherung ihrer Lebenszusammenhänge in positiver wie negativer Weise dar. Heiratete eine Frau der unteren Schichten, so stammte sie im allgemeinen auch aus dieser Schicht und war auf Erwerbsarbeit wechselnder Form neben Haushaltsführung und Kindererziehung bereits durch Erfahrungen in ihrem Elternhaus eingestellt. Heirateten die Bürgertochter oder auch die Tochter eines Handwerksmeisters, so war es für sie ebenso selbstverständlich, daß mit der Heirat das Verbleiben im eigenen Haushalt gesichert war.

Die zunehmende Bedeutung und Ausdifferenzierung der vorehelichen Berufstätigkeit im 20. Jahrhundert bezeichnet hier einen Wandel. Mit ihr hat die Untersuchung des Heiratsverhaltens von Frauen eine neue Determinante zu berücksichtigen. Neben die Bestimmung durch den sozialen Status des Ehepartners tritt die eigene Berufsposition, die soziale Verortung der heiratenden Frauen über den Status des Vaters rückt dagegen in den Hintergrund. Aussagen über konnubiale Aufstiegsmobilität durch die Wahl eines sozial höher eingestuften Ehemannes müssen kombiniert werden mit dem beruflichen Status der heiratenden Frau und nicht wie bisher mit dem ihres Vaters. Da in der Literatur zur historischen Mobilitätsforschung die selbständige Standortbestimmung der Frau über ihren eigenen Beruf konzeptuell noch nicht behandelt wurde, sondern Heiratsverhalten und Heiratsmobilität von Frauen immer über den Beruf und die damit verbundene soziale Position des Vaters definiert wurde, soll mit den hier vorhandenen Daten nun der Weg eines direkten Vergleichs beschritten werden. Gefragt wird nach der Existenz typischer Heiratsmuster, inwieweit diese schichten- oder geschlechtsspezifisch sind, sowie ob und wann Veränderungen im Heiratsverhalten feststellbar sind.

152

Tabelle 4 zeigt in einem ersten intergenerationell vergleichenden Schritt, in dem die Berufspositionen der Väter als Meßlatte angelegt werden, die Verteilung der konnubialen Mobilitätsraten nach Schichten. Daneben werden in der Tabelle auch die Werte für den direkten Vergleich der Heiratsmobilität der beiden Ehepartner angegeben (Sp. 2). Im intergenerationellen Vergleich fällt zunächst nur auf, daß die Heiratsmobilität der Frauen zunimmt und ein deutliches Absinken der "konnubialen Abstiege" festgestellt werden kann. Anders stellt sich das Ergebnis beim direkten Vergleich der Mobilitätsraten der Ehepartner dar. Es wird ein Rückgang der konnubialen Aufstiegsmobilität bei den Frauen ab 1935/37 sichtbar, während die Rate der Aufstiegsmobilität bei den Männern ebenso deutlich anwächst. Bei den Quoten der Abstiege ist das Verhältnis von Männern und Frauen von der Nivellierung der Werte bis zum Ende des Untersuchungszeitraums geprägt. Die Gesamtmobilität der Heiratenden wächst über die Jahre leicht an; im Vergleich der Geschlechter ist dies aber ohne große Bedeutung.

Tabelle 4: Konnubiale Mobilität nach Schichten

Auf- und Abstiegsraten in Prozent, gemessen an der Schicht:
(1) des Schwiegervaters (2) des Ehepartners

Zeitraum		Aufsteiger (1)	(2)	Absteiger (1)	(2)	Mobile (1)	(2)
1905/ 07	Männer	25	14	29	48	54	62
	Frauen	14	48	55	14	69	
1925/ 27	Männer	46	26	19	49	65	75
	Frauen	33	49	36	26	69	
1935/ 37	Männer	42	29	19	38	61	67
	Frauen	43	38	31	29	74	
1955/ 57	Männer	39	33	20	35	59	68
	Frauen	48	35	30	33	78	

Auf der Ebene der sozialen Schichtung zeigt die Heiratsmobilität von Männern und Frauen nur wenig klare Konturen. Es läßt sich eine starke Schwankung in der Gruppe der Mobilen zwischen 1905 und 1925 feststellen, außerdem sind ein Rückgang der konnubialen Aufstiegsmobilität und das langsame

Anwachsen der Abstiegsraten ab 1935 abzulesen. Da dieser Befund noch nicht besonders aussagekräftig ist, müssen differenziertere Fragen, wie etwa die nach der Heiratsmobilität innerhalb verschiedener Berufsgruppen, gestellt werden.

6.1 Heiratsmobilität nach Berufsgruppen

Aussagen über Bewegung und Persistenz der konnubialen Mobilität, die sich auf einzelne Berufsgruppen beziehen, ermöglichen eine ausgewogenere Beurteilung des Heiratsverhaltens großstädtischer Populationen im Laufe der ersten Hälfte des 20. Jahrhunderts. Das Ergebnis für die Neuköllner Heiratenden wird vor allem auch unter der geschlechtsspezifischen These, derzufolge der Heirat eine zentrale Bedeutung für den sozialen Aufstieg von Frauen zukomme, zu überprüfen sein. Eine Feststellung zur konnubialen Mobilität innerhalb einzelner Berufsgruppen muß dabei nicht unbedingt positiv und auf Aufstiegsmobilität gerichtet sein. Auch die Heirat einer Buchhalterin und eines angelernten Industriearbeiters stellt sich in der Bewertung als Bewegung dar. Mit der konnubialen Mobilität soll vor allem die Offenheit einzelner Berufsgruppen für Heiratsverbindungen mit anderen Statusgruppen überprüft werden. Der Gegensatz dazu ist die Persistenz, die die Abgeschlossenheit einer Berufsgruppe gegenüber Verbindungen mit anderen Gruppen ausdrückt. Auch Persistenz kann nicht direkt wertend eingesetzt werden, denn ebenso wie häufige Heiraten innerhalb der un- und angelernten Arbeiterschaft Persistenz ausdrücken, gilt dies für Ehen, die überwiegend unter Mitgliedern akademischer Berufsgruppen geschlossen werden.

Im ersten Zeitraum 1905/07 fällt die hohe Persistenz der un- und angelernten Arbeiterinnen auf. Diese Gruppe, die mit einem Anteil von 42% annähernd die Hälfte aller berufsangebenden Frauen dieses Zeitschnitts ausmacht, heiratet zu fast der Hälfte Männer, die ebenfalls Berufen der un- oder angelernten Arbeiterschaft angehören. Die Kontrastgruppe der unteren und mittleren Angestellten verheiratet sich zu dieser Zeit auffällig häufig mit einem Mann der un- oder angelernten Arbeiterschaft, etwa ein Drittel der heiratenden Frauen dieser Gruppe geht eine solche Ehe ein. Ein zweites Drittel verbindet sich dagegen mit einem Mann, der einen handwerklichen Beruf ausübt. Das restliche Drittel Frauen geht eheliche Verbindungen ein, die nicht so deutlich interpretierbar sind.

In der Weimarer Republik sind wieder die un- und angelernten Arbeiterinnen die Gruppe mit der höchsten Persistenzrate. Sie heiraten zu 44% Männer aus ihrer eigenen Statusgruppe. Die unteren und mittleren Angestellten gehen zu dieser Zeit schon wesentlich seltener (13%) eine Ehe mit un- oder angelernten Arbeitern ein. Ein Drittel dieser Frauen ehelicht einen Mann, der der gleichen Berufsgruppe zuzurechnen ist wie die Frau selbst. Ein weiteres Drittel der Frauen geht eine Verbindung mit einem Mann ein, der aus der Gruppe der Handwerker stammt oder eine kleine selbständige Existenz hat. Die Männer der letztgenannten Gruppen sind zwar im Schichtungsmodell unterhalb der Berufsgruppe der Frauen eingeordnet, aber das soziale Milieu kann doch als sehr ähnlich eingeschätzt werden.

Bei dem Zeitschnitt im Nationalsozialismus läßt sich die stärkste Veränderung im Heiratsverhalten bei den Arbeiterinnen feststellen. Diese Frauen, die in den Jahren zuvor noch auffällig hohe Persistenzraten zeigten, heiraten nun überwiegend (42%) Männer der Handwerkergruppe; nur noch ein Viertel bleibt durch Ehe der Herkunftsgruppe verbunden.

Die Frauen mit Angestelltentätigkeiten heiraten mittlerweile noch ausschließlicher innerhalb ihrer eigenen Gruppe oder in der benachbarten Gruppe der Handwerker. Die Heirat eines un- oder auch angelernten Arbeiters ist noch für 9% der besser ausgebildeten Frauen ein konnubialer Abstieg. Zusammenfassend läßt sich für diese Zeit festhalten, daß noch immer der Anteil Frauen, der durch Heirat Mitglied einer höheren Statusgruppe wird, mit 39% der größte ist. Immerhin ein Drittel der hier erfaßten Frauen aber steigt durch die Eheschließung konnubial ab. Die Rate der innerhalb ihrer eigenen Gruppe heiratenden Frauen beträgt 28% und liegt damit immer noch bei gut einem Viertel.

Die Fortsetzung des oben beschriebenen Trends kann auch für die Jahre 1955 bis 1957 nachgewiesen werden. Die un- und angelernten Arbeiterinnen "finden"[16], wie aus Gründen des Strukturwandels zu vermuten ist, noch seltener einen Mann ihrer eigenen Berufsgruppe und heiraten nun relativ häufig Männer, die einen handwerklichen Beruf ausüben. Somit springen 42,9% der heiratenden Arbeiterinnen in die nächsthöhere Statusgruppe.

Stabil bleibt weiterhin das Heiratsverhalten der Angestellten, die Zahlen sind denen des Zeitraums 1935/37 sehr ähnlich. Insgesamt ergibt sich für den Gesamttrend der konnubialen Mobilität 1955/57 mit 74% der höchste Wert. Die Frauen, die durch ihre Heirat sozialen Aufstieg erfahren, halten sich mit den Frauen, die eine nicht so günstig einzustufende Ehe schließen, die Waage, in beiden Fällen beträgt der Anteil 38%.

Aus diesen Einzelbefunden lassen sich die wichtigsten Linien der Veränderung im Heiratsverhalten von Frauen folgendermaßen herausarbeiten: Die deutlichste Veränderung im Heiratsverhalten zeigt sich zwischen 1925/27 und 1935/37. Während dieser Zeit wird immer deutlicher, daß nur noch für die Frauen, die als un- oder angelernte Arbeiterinnen tätig waren, eine Eheschließung die Chance des sozialen Aufstiegs oder doch wenigstens der besseren sozialen Absicherung bot. Ein großer Teil der Frauen, die in Angestelltenpositionen oder als Beamtin ihrem Beruf nachgingen, heiratete einen Mann aus den eigenen Reihen oder aus benachbarten Gruppen. Nach der sozialstatistischen Zuordnung werden diese benachbarten Gruppen der Ehemänner häufig unter der Berufsgruppe der Ehefrauen angesiedelt. Da es sich aber sehr oft um Handwerker handelte, die nicht genau einzugruppieren waren, kann vorsichtig von einer statusverwandten Heiratsbeziehung gesprochen werden.

Es scheint problematisch, die Ergebnisse für das 20. Jahrhundert als Abschottung sozialer Klassen zu interpretieren, wie dies in der Mobilitätsforschung zum 19. Jahrhundert getan wurde (vgl. oben Kap. 2 und 3). Denn die Verbindungen von Frauen aus den sogenannten nichtmanuellen Berufen, die häufig der unteren Mittelschicht zugeordnet werden, mit Männern, die manuell ausgerichtete Berufe angeben und dementsprechend der oberen Unterschicht zuzuordnen sind, entsprechen zumindest nicht einer vermuteten Trennung entlang der vielzitierten Kragenlinie: Aus der Sicht der heiratenden Frauen kann von einer Abschottung sozialer Klassen also kaum gesprochen werden. Vor dem Hintergrund der gezeigten Ausdifferenzierung und qualitativen Verbesserung von Frauenberufstätigkeit verstärkt sich vielmehr die Annahme, daß strukturbedingter Wandel Ursache der hier festgestellten Veränderung im Heiratsverhalten gewesen ist, deutlicher gesagt: Frauen mußten sich in ihrer Berufswahl den veränderten Bedingungen des Arbeitsmarktes anpassen, was für sie oft mit dem Erlernen eines Berufs aus dem Bereich der Angestelltentätigkeiten oder der Tätigkeit im beamteten Bereich des öffentlichen Dienstes einherging.

6.2 Die Zäsur im bisherigen Heiratsverhalten

In dem unter 6.1 beschriebenen Überblick zum Heiratsverhalten zwischen 1905 und 1957 wurde der Eindruck einer deutlichen Veränderung zwischen 1925/27 und 1935/37, das heißt einer Zäsur um 1935/37 angesprochen. Die Ausführungen dieses Abschnitts werden mittels Tabelle 5 genauer darauf eingehen.

Zunächst fällt auf, daß die Dominanz der un- und angelernten Arbeiterinnen mit immer noch 36% aller Heiratenden nicht mehr ganz so stark ausgeprägt ist wie in den Jahren zuvor. Bedeutender aber ist die abnehmende Persistenz im Heiratsverhalten dieser Frauen. Jetzt heiraten sie sehr viel häufiger Männer mit Handwerksberufen, die als Gelernte der oberen Unterschicht angehören, und erleben durch ihre Heirat einen zwar nicht sehr großen aber doch schichtenübergreifenden sozialen Aufstieg. Bildlich gesprochen könnte man diese Art sozialen Aufstiegs mit dem Treppenabsatz zwischen zwei Stockwerken vergleichen, da nicht die Klassenlinie zwischen Unter- und Mittelschicht überschritten wird, aber doch ein Aufstieg innerhalb der Stufen der Unterschicht erfolgt. Auch real stellte es für die Frauen sicherlich eine Verbesserung ihres Lebens dar, wenn sie statt eines ungelernten Arbeiters mit unsicherem und auch niedrigerem Einkommen einen gelernten Arbeiter mit sicherem Arbeitsplatz und höherem Einkommen zum Mann nahmen. Die Heirat ungelernter Arbeiterinnen der unteren Unterschicht war daher auch immer mit der Möglichkeit verbunden, durch die richtige Partnerwahl ein Mehr an sozialer Sicherheit zu erlangen.

Im Gegensatz zu den am schlechtesten ausgebildeten Frauen mit monotonen, manuellen Tätigkeiten, zeigen die als Angestellte und Beamtinnen tätigen Frauen eine auffallend gewachsene Persistenz im Heiratsverhalten, wenn jetzt 31% von ihnen Männer der eigenen Statusgruppe ehelichen (Sp. 9) und weiterhin 35% die Ehe mit einem "Handwerker" eingehen. Noch zehn Jahre zuvor hatte zwar ein annähernd gleichgroßer Teil von Frauen (36%) einen Handwerker geheiratet, die Verbindungen mit Männern der gleichen Berufsgruppe aber waren mit knapp einem Fünftel aller Ehen, die Beamtinnen oder Angestellte schlossen, zu diesem Zeitpunkt auffallend weniger häufig als es aus Tabelle 5 für 1935/37 abgelesen werden kann. Im Hinblick darauf, daß gut ein Drittel der 1935/37 heiratenden Frauen der Gruppe der Angestellten und Beamtinnen angehört und damit die Berufsgruppe repräsentiert, in der die meisten Frauen dieser Erhebungsperiode tätig sind, kommt der Persistenz dieser Gruppe besondere Bedeutung zu. Das Ergebnis läßt sich nicht allein mit der auffallend starken Besetzung der gleichen Berufsgruppe bei den Männern dieses Zeitraumes erklären (vgl. Tab. 3.1). Denn auch 1955/57, als der Anteil der Männer aus der Gruppe der mittleren Angestellten und Beamten wieder auf 12,8% zurückfällt (vgl. Tab. 3.1), bleibt die Heirat innerhalb der eigenen Berufsgruppe bei Angestellten und Beamtinnen dominant.

Trotz dieses Ergebnisses kann die These der Klassenbildung durch Heirat aus der Sicht der Frauen auch für die 30er Jahre nicht eindeutig belegt werden, denn neben den persistent heiratenden Frauen gibt es etwa ein Drittel, die nicht klar definierbare Verbindungen mit Männern höherer wie auch niedrigerer Berufsgruppen eingehen.

Liest man Tabelle 5 gegen den Strich und konzentriert sich auf das Heiratsverhalten der Männer dieser Berufsgruppe, so ergibt sich ein Bild mit weit deutlicheren Konturen. Der Vergleich der Gesamtzahl von 282 mit der Zahl der Eheschließungen (156) in der eigenen Gruppe ergibt eine Persistenzrate von fast 55%. Die Überprüfung des Heiratsverhaltens in den anderen Untersuchungsschnitten zeigt ähnlich ausgeprägte Persistenzraten. Aus diesem veränderten Blickwinkel sollte das Ergebnis folgendermaßen formuliert werden: Ab 1935/37 läßt sich am Heiratsverhalten von Frauen zwar zunehmendes Klassenbewußtsein ablesen, verglichen mit den Männern ihrer Berufsgruppe ist dieses Bewußtsein aber viel weniger deutlich ausgeprägt.

Tabelle 5:

Heiratsverhalten von Männern und Frauen 1935/37

(Differenzierung nach 12 Berufsgruppen)

Mann \ Frau	1 Ungelernte Arbeiterin	2 Angelernte Industriearb.	3 Gelernte Arbeiterin	4 Hand- werkerin	5 Gelernte Industriearb.	6 Untere Beamtin
1 Ungelernter Arbeiter	80 (23)	25 (16)	13 (17)	13 (7)	1 (6)	8 (22
2 Angelernter Industriearb.	15 (4)	6 (4)	6 (8)	5 (3)	1 (6)	1 (3)
3 Gelernter Arbeiter	18 (5)	14 (9)	9 (12)	11 (6)	2 (12)	2 (5)
4 Handwerker	139 (40)	68 (44)	26 (34)	80 (44)	5 (31)	9 (25)
5 Gelernter Industriearb.	35 (10)	13 (8)	6 (8)	14 (8)	–	2 (5)
6 Unterer Beamter	6 (2)	–	–	5 (3)	–	2 (5)
7 Kaufmann	4 (1)	–	–	7 (4)	1 (6)	3 (8)
8 Meister,Wirt	9 (3)	3 (2)	3 (4)	6 (3)	–	2 (5)
9 Mitt.Beamter Angestellter	35 (10)	22 (14)	12 (16)	35 (19)	5 (31)	6 817)
10 Mitt/Gehob. Unternehmer	– –	1 –	– –	1 –	1 (6)	–
11 Gehob.Beamter Angestellter	4 (1)	2 (1)	2 (3)	5 (3)	–	1 83)
12 Beruf der Oberschicht	1 –	1 –	– –	1 –	–	–
Zahl der Fälle (Prozent)	346 (25)	155 (11)	77 (6)	183 (13)	16 (1)	36 (3)

Die Prozentwerte beziehen sich: Unter den Zahlen der Berufsgruppen auf die Anteile der Frauen in der Gruppe.

In der waagrechten Reihe "Zahl der Fälle" auf den Gesamtanteil der Gruppe bei den Frauen.

In der senkrechten Spalte "Zahl der Fälle" auf die Verteilung der Männer.

7 Kauffrauen	8 Meisterin, Wirtin	9 Mitt.Beamtin Angestellte	10 Mitt/Gehob. Unternehmerin	11 Gehob.Beamtin Angestellte	12 Beruf der Oberschicht	Zahl der Fälle
–	4 (20)	26 (5)	1 (50)	2 (6)	–	173 (13)
–	–	13 (3)	–	1 (3)	–	48 (3)
–	–	28 (6)	–	4 (12)	–	88 (6)
–	4 (20)	175 (35)	–	10 (29)	–	516 (38)
–	–	27 (5)	–	1 (3)	–	98 (7)
–	1 (5)	10 (2)	–	–	–	24 (2)
–	3 (15)	15 (3)	–	2 (6)	–	35 (2)
–	1 (5)	19 (4)	–	1 (3)	–	44 (3)
–	4 (20)	154 (31)	–	9 (26)	–	282 (21)
–	–	10 (2)	–	1 (3)	–	14 (1)
–	1 (5)	17 (3)	1 (50)	3 (9)	–	36 (3)
–	2 (10)	4 (–)	–	–	1 (100)	10 (–)
–	20 (1)	498 (36)	2 (–)	34 (2)	1 (–)	1368 (100)

7. Zusammenfassung

Abschließend sollen einige der Ergebnisse zu Berufstätigkeit und Heiratsverhalten der Neuköllner Frauen noch einmal hervorgehoben und mit Ergebnissen von Arbeiten aus dem Umfeld dieser Untersuchung verglichen werden. Zuerst muß hier an die im Geschlechtervergleich insgesamt höheren Mobilitätsraten der Frauen und den ab 1925 kontinuierlich wachsenden Anteil ihrer Aufstiegsmobilität erinnert werden. In engem Zusammenhang damit ist zu betonen, daß die Berufstätigkeit von Frauen in immer mehr und zunehmend ausdifferenzierten Erwerbsbereichen anzutreffen ist. Die Veränderung des Stellenwerts von Berufstätigkeit für Frauen wird in den 20er Jahren durch die drastisch sinkende Zahl von Frauen sichtbar, die zum Zeitpunkt ihrer Eheschließung keinen Beruf nennen bzw. "ohne Beruf" eintragen lassen.

Die zunehmende Bedeutung außerhäuslicher Berufstätigkeit für Frauen läßt sich somit auch mit den Zahlen der Neukölln-Studie belegen.[17] Die Verteilung der Frauen auf Berufsgruppen entspricht im Trend den von Angelika Willms für das Deutsche Reich erarbeiteten Ergebnissen zum Strukturwandel der Frauenarbeit.[18] Allerdings gibt die sektorale Verteilung, wie sie die vorliegende Studie belegt, die Veränderung "des weiblichen Erwerbsprofils"[19] noch pointierter wieder, als dies aus der überregionalen Statistik abzulesen ist. Beispielhaft hierfür ist die Verteilung der Frauen auf die Angestelltenberufe: 12,6% aller weiblichen Erwerbstätigen waren in der Berufszählung von 1925 als Angestellte ausgewiesen, in der Neukölln-Studie sind zu diesem Zeitpunkt jedoch gut 20% der heiratenden Frauen mit Angestelltenberufen erfaßt.[20] Diese Abweichung erklärt sich aus der Erhebungsmethode, die nur Frauen bei der Heirat im Alter von durchschnittlich 24 Jahren erfaßt.[21] Damit wird hier die Altersgruppe überrepräsentiert, die gewissermaßen den Prototyp der modernen Frau mit Bubikopf und "neuer Sachlichkeit" verkörperte.[22]

Die Bedeutung dieser Veränderungen für die Wahl des Ehepartners und das hiermit verknüpfte Heiratsverhalten der Neuköllner Frauen war Thema von Kapitel 6. Es zeigte, daß sich das Heiratsverhalten der Frauen langsamer veränderte als die Entscheidungen der Berufswahl. Veränderungen im Heiratsverhalten werden erst in den Untersuchungsjahren 1935/37 erkennbar – nämlich als Tendenz mittlerer Angestellter und Beamtinnen, Ehemänner aus der eigenen Gruppe oder zumindest der nächstgelegenen Statusgruppe zu wählen. Die geschlechterspezifische Betrachtung machte außerdem die sehr viel höhere Persistenz im Heiratsverhalten der Männer aus der Gruppe der mittleren Angestellten und Beamten sichtbar.

Für die Neuköllner Frauen ergibt sich über den gesamten Untersuchungszeitraum gesehen der Eindruck, daß das Heiratsverhalten zunächst wenig klar festgelegt ist. Mit der Etablierung moderner Berufe im Bereich angestellter und beamteter Dienstleistungen erfüllt die Heirat für die in solchen Berufen tätigen Frauen zunehmend die Funktion einer zusätzlichen Statussicherung – zu der durch den eigenen Beruf kommt die durch die soziale Position des Ehemannes noch hinzu. Die Vermutung, daß sozialer Aufstieg von Frauen in erster Linie durch Heirat erfolgt[23], kann mit den Neuköllner Ergebnissen nicht belegt werden. Die vermutete Heiratskarriere von Frauen mag die gesellschaftliche Rezeption wiedergeben; die Heiratsrealität der Neuköllnerinnen aber zeigt eine nicht unbeträchtliche Anzahl von konnubialen Abstiegen. Die Veränderung weiblicher Berufstätigkeit sowie der Wandel im Heiratsverhalten sind Faktoren, die in Untersuchungen zur Frauenarbeit im 20. Jahrhundert stärker berücksichtigt werden sollten. Das Ausbildungsniveau und die damit verbundenen Erfahrungen am Arbeitsplatz prägen das Spannungsfeld zwischen Hausarbeit und Berufsarbeit und damit letztendlich auch die Diskussion um die geschlechterspezifische Arbeitsteilung.

Anmerkungen

1 So z.B. erst jüngst Reinhard Schüren: Soziale Mobilität im Zeitalter der Industrialisierung und Urbanisierung. in:Westfälische Forschungen 37 (1987). S. 1-22.

2 Die Gründe für diese Änderung werden in Kapitel 3 - Quelle und Methode - eingehender erklärt.

3 Vgl. Tab. 5.

4 Renate Mayntz: Soziale Schichtung und sozialer Wandel in einer Industriegemeinde. Stuttgart 1958.
Hansjürgen Daheim: Berufliche Intergenerationen - Mobilität in der komplexen Gesellschaft,in: Kölner Zeitschrift für Soziologie und Sozialpsychologie 16 (1964), S. 92-124.

5 Hartmut Kaelble: Soziale Mobilität und Chancengleichheit im 19. und 20. Jahrhundert. Deutschland im internationalen Vergleich. Göttingen 1983.

6 Jürgen Kocka,Karl Ditt,Josef Mooser, Heinz Reif, Reinhard Schüren: Familie und soziale Plazierung. Studien zum Verhältnis von Familie, sozialer Mobilität und Heiratsverhalten im späten 18. und 19. Jahrhundert. Opladen 1980.

7 Diese Berufsangaben sollen hier stellvertretend für die genannten Ausprägungen von Frauenarbeit stehen.

8 Darauf hat Erika M. Hoerning eindrücklich hingewiesen in ihrem Beitrag: Frauen: Eine vernachlässigte Gruppe in der Mobilitätstheorie und -forschung,in: Karriere oder Kochtopf? Frauen zwischen Beruf und Familie. Opladen 1985.
Die erste umfassendere Monographie zu diesem Thema ist: Johann Handl: Berufschancen und Heiratsmuster von Frauen. Empirische Untersuchungen zu Prozessen sozialer Mobilität. Frankfurt M. 1988. Handl bezieht sich in seiner Untersuchung jedoch in erster Linie auf die Geburtskohorten der Jahre 1920 bis 1940, so daß seine Studie nicht soweit zurückreicht wie die Untersuchung zu Neukölln, die in ihrem ersten Zeitschnitt überwiegend Männer und Frauen der Geburtsjahre um 1880 erfaßt.

9 Ingrid Thienel: Städtewachstum im Industrialisierungsprozeß des 19. Jahrhunderts. Berlin 1973, S. 243.

10 Statistik des Deutschen Reichs, Bd. 207, 1. Die Bevölkerung nach Haupt- und Nebenberuf, S. 29ff.

11 1933 liegt der prozentuale Anteil in Neukölln bei 6%, der Anteil für Gesamtberlin bei 13,6%, vgl.: Statistik des Deutschen Reiches, NF Bd. 454, S. 2, 38f.

12 Thienel 1973, S. 426f.

13 Die ausführliche Beschreibung der Zuordnungsmethode in: Hartmut Kaelble, Ruth Federspiel: Soziale Mobilität in Berlin 1825-1957. (Erscheint in der Reihe "Quellen und Forschungen zur historischen Statistik von Deutschland" als Bd. 10 voraussichtlich 1989.

14 Handl 1988, S. 93ff. untersucht die Auswirkung des segregierten Arbeitsmarktes auf die Mobilität von Frauen und die unterschiedlichen Zugangschancen im Zusammenhang mit dem Vaterberuf.

15 Zu diesem Bereich die umfangreichen Studien von Angelika Willms, besonders in: Walter Müller, Angelika Willms, Johann Handl: Strukturwandel der Frauenarbeit. Frankfurt M., New York 1983 und die Monographie Angelika Willms-Herget: Frauenarbeit. Zur Integration der Frauen in den Arbeitsmarkt. Frankfurt M., New York 1985.

16 Die veränderte Zusammensetzung der männlichen Erwerbstätigen und der rapide Rückgang der als ungelernte Arbeiter beschäftigten Männer.

17 Vgl. Willms 1983, S. 31ff. in dem Sammelband Müller, Willms, Handl 1983, besonders auch Tabelle 1, S. 35.

18 A.a.O., S. 132ff., besonders Tabelle A6 und A7.

19 Ute Frevert: Frauen - Geschichte. Zwischen Bürgerlicher Verbesserung und Neuer Weiblichkeit. Frankfurt M. 1986, S. 172.

20 A.a.O.

21 Das durchschnittliche Heiratsalter der Frauen liegt 1905/07 bei 23 Jahren, 1925/27 bei 24, 1935/37 bei 25 und 1955/57 bei 26 Jahren.

22 Frevert 1986, S. 172.

23 So auch Hoerning 1985, S. 128.

Teil B

Verberuflichung in der Gegenwart

Die Vorklassenleiterin

Spezialisierung in der Sackgasse?

Heidrun Joop

1. Voraussetzungen für das Berufsfeld der Vorklassenleiterin

1.1 Institutionelle Zuordnung

Die Arbeit der Vorklassenleiterin, deren Berufsfeld mit seinen formalen und inhaltlichen Arbeitsanforderungen rekonstruiert werden soll, liegt zwischen außerfamilialer Kleinkindererziehung und schulischer Erziehung und stellt eine Verbindung zwischen Elementar- und Primarbereich dar. Nach der Definition des Bildungsgesamtplans umfaßt der *"Elementarbereich (...) alle Einrichtungen familienergänzender Bildung und Erziehung nach Vollendung des dritten Lebensjahres bis zum Beginn der Schule. Dabei wird der Bereich der Drei- und Vierjährigen vom Bereich der Fünfjährigen unterschieden".*[1] Die Erziehungsarbeit der Vorklassenleiterin kann sich – je nach institutioneller Zuordnung ihres Arbeitsplatzes – auf die Gruppe der fünfjährigen, noch nicht schulpflichtigen Kinder in der Vorklasse oder auf die Gruppe der fünf- und sechsjährigen Kinder in der zweijährigen Eingangsstufe beziehen. Die Betreuung von Vorschulkindern in der Vorklasse einer Grundschule, die den Zugangs- und Rahmenbedingungen des öffentlichen Schulwesens untersteht, ist zu unterscheiden von der Betreuung in Vorschulgruppen der Kindergärten und Kindertagesstätten (Kitas). Seit der vor rund zwanzig Jahren aufgenommenen und inzwischen längst verstummten Diskussion über die Bedeutung einer frühzeitigen Förderung des Vorschulkindes in vorschulischen Institutionen blieb Berlin neben Hamburg das einzige Land, in dem Vorklassen und Eingangsstufen in größerem Umfang eingerichtet bzw. ausgebaut und der Primarstufe der Grundschule zugeordnet wurden. Die Berliner Situation bietet damit ein begrenztes Feld für eine Fallstudie über die ineinandergreifende Ausdifferenzierung und Verberuflichung von Erziehungsarbeit. In dem vorliegenden Beitrag steht die Entwicklung dieses erst vor zwei Jahrzehnten entstandenen Berufsfeldes im Vordergrund der Betrachtung.

1.2 Problemstellungen

Die Berufsarbeit im Bereich der vorschulischen Erziehung ist eine auf die "Lernarbeit" in der Schule hinzielende Vorbereitung von Kindern im Vorschulalter außerhalb des Elternhauses. Inhaltlich liegt Vorklassenarbeit an einer Nahtstelle zwischen der in der Familie stattfindenden vorschulischen Erziehung und der Definitionsmacht Schule, auf die das Kind im Vorschulalter vorbereitet werden soll. Das Berufsfeld der Vorklassenleiterin soll unter dem Gesichtspunkt gesellschaftlicher Anforderungen an die Betreuung und Erziehung des noch nicht schulpflichtigen Kindes sowohl im familialen als auch im Bereich öffentlicher Erziehung analysiert werden. Bezüge zwischen Erziehungsarbeit im beruflichen und familialen Kontext sollen sichtbar gemacht und auf mögliche Wechselwirkungen und Spannungen hin untersucht werden. Die mit dem bildungspolitischen Postulat kollektiver Förderung von fünfjährigen Kindern in Vorklassen verbundenen Arbeitsinhalte werden nicht als Auslagerung von Mütterarbeit angesehen, sondern als Erhöhung der gesellschaftlichen Ansprüche an Erziehungsarbeit durch Ausdifferenzierung von Arbeitsinhalten, die weder in der Familie noch im Kindergarten programmatisch waren (Fördern kognitiver, emotionaler und sozialer Kompetenzen).

Es ist zu fragen, wie die Arbeitsinhalte der Vorklassenleiterin definiert werden, wer diese definiert, und welche Qualifikationsanforderungen gestellt werden. Die Analyse des Anforderungsprofils dient einer Klärung der Frage, welchen Platz die Vorklassenleiterin in der traditionellen Runde von Müttern, Erzieherinnen und Grundschullehrerinnen einnimmt.

Da es für die überwiegend von Frauen geleistete institutionalisierte Erziehungsarbeit im Bereich der Vorklassen und Eingangsstufen kein fest umrissenes Ausbildungsberufsbild gibt, müssen Anforderungen und Arbeitsinhalte dieses Teilbereichs von Erziehungsarbeit indirekt erschlossen werden:

- durch Interpretation gesellschaftlich produzierter Anforderungen an verberuflichte Erziehungsarbeit, die sich auf dem Höhepunkt der Bildungsdiskussion der 60er und 70er Jahre mit vorschulischer Erziehung auseinandersetzten und in Grundsatzerklärungen ihren Niederschlag fanden ("Strukturplan für das Bildungswesen" 1970),
- über Rahmenbedingungen und Richtlinien, die die Berufsarbeit der Vorklassenleiterin im Hinblick auf Zugang, Qualifikation und Qualitätsanforderungen an Erziehungsarbeit definieren,
- über Anforderungen an das Vorschulkind, die in Curricula (Rahmenplänen) festgeschrieben werden,
- durch Sichtbarmachen von Einflüssen und Erwartungen, die sich hinter kommerziellen Produkten, Medien- und Beratungsangeboten für Eltern von Vorschulkindern verbergen und die den Marktgesetzen folgend direkt auf Eltern (Mütter) und indirekt auf Berufsarbeit einwirken.

166

2. Die "Entdeckung" des Vorschulkindes in Bildungsdiskussion und -planung

Etwa ab 1967 spiegelten zahlreiche Fachveröffentlichungen ein offensichtlich von ausländischen Forschungsergebnissen und Erfahrungen angestoßenes Interesse an Problemen der Frühpädagogik.[2] Neue Ansprüche an das Kind im Vorschulalter fanden ihren Niederschlag in zahlreichen Publikationen über das Frühlesen und die frühe Musikerziehung, in Artikeln zur Begabungs- und Intelligenzförderung sowie zum kognitiven und sozialen Lernen von Kleinkindern. Für eine kurze Zeit (1972/73) häuften sich Publikationen zu Problemen der sozialen Ungleichheit durch unterschiedliches Sozialisationsmilieu und zu kompensatorischer Vorschulerziehung. Ab 1974 war ein rascher Rückgang an fach- und populärwissenschaftlichen Publikationen, die sich im weitesten Sinne mit vorschulischer Erziehung beschäftigten, zu beobachten. Es lag nahe, einen Zusammenhang zu der sich ab 1973 ausbreitenden Wirtschaftskrise herzustellen: *"Der ungesicherte institutionelle Rahmen (der Vorschulerziehung, d.Verf.) im Unterschied zur Schule bedingt, daß die Beschäftigung mit den eigentlich pädagogischen Problemen der institutionalisierten und professionalisierten Erziehung von Kleinkindern offensichtlich ein Wohlstandsprodukt, ein Luxus guter ökonomischer Zeiten ist und daß das zur Zeit beobachtbare Abflauen der Vorschul-Publikationsfreudigkeit und der darin zum Ausdruck kommenden Forschung z.t. ein Opfer der weltweiten Wirtschaftskrise seit 1973 sein dürfte. Schließlich ist der Erzieherberuf immer noch fast ausschließlich ein Frauen-, fast nur ein Mädchenberuf, so daß auch hierin das geringe wissenschaftliche Interesse an der Frühpädagogik mitbegründet sein kann."*[3]

Mit dem 1970 veröffentlichten "Strukturplan für das Bildungswesen" als Empfehlung der Bildungskommission des Deutschen Bildungsrates wurden auf dem Höhepunkt der bundesrepublikanischen Bildungsdebatte "offizielle" Vorstellungen zu einer prozeßweisen Reform des gesamten Bildungssystems verbreitet. Das übergeordnete Ziel des Strukturplans, *"die Bundesrepublik im Verhältnis zu vergleichbaren Industrienationen konkurrenzfähig zu halten"*, sollte durch die Wissenschaftsorientierung von Lerngegenständen und -methoden auf jeder Altersstufe erreicht werden. *"Wissenschaftsorientierng der Bildung bedeutet, daß die Bildungsgegenstände, gleich ob sie dem Bereich der Natur, der Technik, der Sprache, der Politik, der Religion, der Kunst oder der Wirtschaft angehören, in ihrer Bedingtheit und Bestimmtheit durch die Wissenschaften erkannt und entsprechend vermittelt werden."*[4] Die gewünschte Anpassung sowohl der Lehrenden als auch der Lernenden – als künftige ArbeitnehmerInnen – an das Tempo der von den Bildungsplanern erkannten gesellschaftlichen, technisch-wissenschaftlichen und wirtschaftlichen Entwicklung und an veränderte Arbeitsverhältnisse wurde über den quantitativen Ausbau des Bildungssystems angestrebt, so daß die auf 10 Jahre konzipierte Planung u.a. den Ausbau der vorschulischen Erziehung für die Drei- und Vierjährigen (Kindergartenplätze für 75 % dieser Altersgruppe innerhalb von 10 Jahren) und eine

Reform der Grundschule in Verbindung mit der Vorverlegung des Einschulungsalters (Einschulung der Fünfjährigen) vorsah.

Konkretisiert und vermittelt werden Anforderungen an institutionalisierte Erziehung in der Regel durch Curricula, die definieren, "*welche Bildungsziele die Gesellschaft verwirklichen möchte und welche Wege zu ihnen führen*".[5] In ihnen soll – bezogen auf die Lernenden – festgelegt werden, welche Kenntnisse, Fertigkeiten, Fähigkeiten, Einstellungen und Verhaltensweisen erworben werden sollen. Auch für die dem Kind im Vorschulalter zugeordnete "Arbeit" werden Normen gesetzt, die sowohl die berufliche Erziehungsarbeit direkt (durch Vermittlung) als auch die private Erziehung indirekt (durch "Mitarbeit", "Zusammenarbeit", "Helfen") zu erfüllen hat. Im Strukturplan indes fehlten inhaltliche Vorstellungen zur Qualität einer zukünftigen Vorschulerziehung, während deren Bedeutsamkeit über den quantitativen Ausbau der Vorschuleinrichtungen betont wurde. Die Mitglieder der Bildungskommission begründeten als meinungsstarke Vertreter aus Wissenschaft, Verwaltung, Wirtschaft und Zweckverbänden die Notwendigkeit institutioneller Vorschulerziehung und der Frühförderung mit Defiziten der familialen Erziehung.

Zusätzlich stellten sie unzureichende Betreuungsangebote im Bereich der Kindergärten fest und machten die nicht ausreichend qualifizierten Erzieherinnen verantwortlich dafür, daß bei vielen Kindern "*geringe analytische Gliederungsfähigkeit, wenig ausgeprägte Lernmotivation, unterentwickelte Sprachfähigkeit, geringer Selbständigkeitsgrad, emotionale und soziale Verhaltensstörungen, Entwicklungsstörungen*"[6] zu beobachten seien. Die auf das Kind im Vorschulalter bezogenen Defizite wurden weder inhaltlich noch quantitativ analysiert und spezifiziert, sondern lediglich als Negativzuschreibungen in verschiedenen Begründungszusammenhängen für eine institutionalisierte Vorschulerziehung aufgeführt.

Insgesamt zogen die Bildungsplaner in Zweifel, ob die Familie als hauptsächliche Sozialisationsinstanz – bislang weitgehend zuständig für Versorgung, Betreuung und Erziehung bis zum Schulbeginn – diesen Aufgaben noch gerecht werden könne:

"*Wenn das Kind in der gesamten Vorschulzeit ausschließlich in der Familie aufwächst, ergeben sich spezifische Begrenzungen für die Entwicklung seines Gefühlslebens, seiner Denk- und Erkenntnisfähigkeit sowie seiner Fähigkeit zum Umgang mit anderen Menschen.*"[7] Im Rahmen des Familienverbandes seien die Möglichkeiten beschränkt, soziale Rollen und Verhaltensmuster zu erwerben. Als Ursachen dafür galten die Berufstätigkeit beider Eltern, beschränkte Wohnverhältnisse, falscher Gebrauch der Massenmedien und dadurch auftretende Kommunikationsschwierigkeiten. Den Eltern fehle es oft an "*Zeit, Interesse und dem notwendigen Wissen, so daß leicht ein Defizit von Entwicklungsanregungen entsteht*".[8] Wurden alle Familien zumindest als informationsbedürftig angesehen, so waren Kinder im Vorschulalter aus "unteren Sozialschichten" eine besondere Zielgruppe institutioneller Förderung. Damit deuteten sich indirekt Erwartungen an die gewünschte berufliche Erziehungsarbeit an, die die festgestellten Defizite der familialen Erziehung ausgleichen sollte.

Trotz der betonten gesellschaftlichen Bedeutung einer frühzeitigen Förderung des Vorschulkindes und des geplanten Ausbaus der Vorschuleinrichtungen vermittelte der Planungsansatz eher den Eindruck, die Vorschularbeit im Verhältnis zum übrigen Bildungssystem sei von untergeordneter Bedeutung. Im Strukturplan waren keinerlei einheitliche Ausbildungs- und Qualifizierungskonzepte für die im Vorschulbereich benötigten Fachkräfte vorgesehen. Während für den Lehrerbereich eine Verwissenschaftlichung der Ausbildung intendiert und eine Berufsbildbeschreibung entworfen wurde, kam die Arbeit der Lehrer der jüngsten Kinder darin nicht vor, obwohl sie "Elementarlehrer" entsprechend der vorgesehenen Stufenlehrerausbildung für 4-6jährige Kinder genannt wurden. Inhaltlich fehlte jeglicher Bezug auf die Arbeit mit Kindern auf der untersten Stufe des schulischen Bildungssystems. Das im Strukturplan entworfene Berufsbild hob als zentralen Inhalt des Lehrerberufs das "Vermitteln von Kenntnissen und Fertigkeiten" hervor, gefolgt von der Erziehungsaufgabe, bei Jugendlichen die Bereitschaft zu wecken, "sich für den freiheitlichen Rechts- und Sozialstaat zu engagieren".[9] Auch in den Aufgaben des Beurteilens, Beratens und Innovierens wurde die Arbeit mit Kindern im Vorschulalter nicht mitbedacht.

Mit dem Strukturplan rückte das Kind im Vorschulalter zwar in den Mittelpunkt einer Bildungsreform, die jedoch vor allem den quantitativen Ausbau der institutionellen Vorschulerziehung in Gang setzte. Qualitätsansprüche an die Arbeit in den zu erweiternden Einrichtungen öffentlicher Erziehung wurden dabei nicht konkretisiert; sie sind nur in Abgrenzung zur Erziehung in der Familie andeutungsweise erkennbar. Diejenigen, die die gewünschten veränderten Erziehungs- und Lernvorstellungen außerhalb der Familie tragen sollten, wurden nicht in eine einheitliche Ausbildung und Qualifizierung einbezogen und kamen nur als statistische Größe (für langfristige Planungen) bzw. als Faktoren zur Beschreibung des damaligen Ist-Zustandes vor. Obwohl die Notwendigkeit einer frühen Lernförderung im Vorschulalter vor allem mit Defiziten der Familienerziehung begründet wurde, unterblieb ein Eingriff in das Elternrecht durch Vorverlegung der Schulpflicht oder Festlegung der institutionellen Zuordnung der Fünfjährigen.

Wenn Eltern bzw. Müttern die Kompetenz zur Förderung ihrer Kinder im vorschulischen Alter abgesprochen wurde und vorhandene Berufserzieherinnen (z.B. im Kindergarten) als nicht ausreichend qualifiziert bezeichnet wurden, ist zu fragen, wer mit welcher Qualifikation eigentlich die neuen Anforderungen an das Vorschulkind umsetzen sollte. Hatte schon der Strukturplan von 1970 den Entwurf eines einheitlichen Berufsbildes für die benötigten Erzieherinnen/Vorklassenleiterinnen ausgespart, so fehlt dieser bis heute. Unzählige Modellversuche zu Vorhaben im Elementar- und Vorschulbereich schickten Kinder in der Folge der Reformplanungen auf eine unübersichtliche Versuchsstrecke. Eltern und Erzieherinnen fanden dabei vor allem unter dem Gesichtspunkt der geforderten Teamarbeit und als Ausführende und

Ausprobierende nicht immer überschaubarer curricularer Vorstellungen Erwähnung. Auf der Grundlage in Erprobung befindlicher oder nach neuesten Wissenschaftserkenntnissen abgewandelter Curricula "durchliefen" Fünfjährige (in der Sprache der Bildungsreformer) im Kindergarten oder in der Vorschule in vorherbestimmten "Lernprozessen" ein didaktisches "Lernprogramm", das auf "operationalisierbare Lernziele" ausgerichtet war.

Die staatliche Auswertung der Modellversuche[10] brachte keine politische Entscheidung über die den Modellversuchen zugrundeliegende Frage, ob die Förderung der Fünfjährigen besser im Elementar- oder im Primarbereich stattfinden sollte. Mit der Kürzung aller Finanzmittel (1977) für Modellversuche im Kindergarten- und Vorschulbereich zeichnete sich ein Abbruch der Reformbemühungen um einen gleitenden Übergang vom Elementar- zum Primarbereich ab. Als der Kindergarten 1980 schließlich zur "Regelform" für die Betreuung der Fünfjährigen erklärt wurde, entfiel die letzte Möglichkeit für einen Diskurs um ein einheitliches Berufsbild, da die meisten Bundesländer Vorklassen- und Eingangsstufenmodelle aufgaben. *"Die vorschulische Förderung der drei- bis fünfjährigen Kinder erfolgt überwiegend in Kindergärten. Ihr Besuch ist freiwillig. Daneben wird in einigen Ländern ein Teil der fünfjährigen Kinder in Vorklassen und Eingangsstufen betreut, die in der Regel Grundschulen angegliedert sind. Alle Länder haben Vorsorge getroffen, den Kindern den Übergang vom Elementarbereich in den Primarbereich durch besondere pädagogische Maßnahmen zu erleichtern. Insbesondere wird eine Zusammenarbeit der Pädagogen beider Bereiche angestrebt."*[11]

In der Bundesrepublik unterblieb damit – anders als in den meisten westeuropäischen Industrienationen (und in der DDR) – die Integration der vorschulischen Erziehung in das allgemeinbildende Schulwesen. So besuchen Kinder, sofern sie nicht innerhalb der Familie oder in Elternselbsthilfegruppen ("Kinderläden") betreut werden, unterschiedliche Einrichtungen: Kindergärten, Kindertagesstätten, Vorschul- und Eingangsstufenklassen. Ihre Versorgung kann altersgemischt oder -homogen, halb- oder ganztägig organisiert sein, wobei die Erziehungsarbeit in den Händen unterschiedlich ausgebildeter, qualifizierter und besoldeter Berufsinhaberinnen liegt.

3. Arbeitsplatz Vorklasse (und Eingangsstufe)

3.1 Berufsfeld der Vorklassenleiterin

Da es kein bundeseinheitliches Ausbildungsberufsbild für ErzieherInnen gibt und weder Tarifverträge noch Vorschriften die jeweiligen Träger der Einrichtungen binden, nur Personen mit einer bestimmten beruflichen Vorbildung einzusetzen, können pädagogische Kräfte "Angestellte in der Tätigkeit von Erziehern" (ohne sozialpädagogische Ausbildung), KinderpflegerInnen, HortnerInnen, KindergärtnerInnen, Kinderkrankenschwestern, SozialarbeiterInnen, SozialpädagogInnen, LehrerInnen und andere sein. Dieser Qualifikationsvielfalt entsprechen höchst unterschiedliche Vergütungsgruppen, die, sofern die Arbeitsverträge nach dem Bundesangestelltentarif (BAT) abgeschlossen werden, von der Vergütungsgruppe BAT IX bis Vb streuen. Die im Bereich der Berliner Schule im Angestelltenverhältnis arbeitenden Vorklassenleiterinnen können die Vergütungsgruppe BAT IVa erreichen und sich damit am dichtesten der Beamtenbesoldung der Grundschullehrkräfte annähern. Die Heterogenität der Erzieherberufsgruppe gibt keinen Aufschluß über die Qualität ihrer Arbeit.

Im folgenden soll das Berufsfeld der Vorklassenleiterin entlang der Entwicklung ihres Arbeitsplatzes "Vorschulklasse und Eingangsstufe" der Berliner Grundschule in seinen Arbeitsanforderungen und -inhalten rekonstruiert werden. Inhalte, Zielvorstellungen und Organisation der vorschulischen Erziehung bilden den Rahmen, durch den die Arbeit der Vorklassenleiterin definiert und organisiert wird (Zugang, Qualifikation, Arbeitszeit und Besoldung). Darüber hinaus sind auch die auf das Vorschulkind bezogenen Anforderungen – wie sie etwa in Rahmenplänen formuliert werden – konstitutive Elemente für die Erziehungsarbeit. Da sich das Kind im Vorschulalter in einem geteilten Sozialisationsraum zwischen der Institution Vorschule und Familie befindet, ist zu klären, inwieweit gesellschaftliche Erwartungen an die Arbeit der Erzieherin Ansprüche an Familienarbeit verändern.

Abweichend von der Entwicklung in den Ländern der Bundesrepublik gab es in Berlin (West) schon vor Beginn der 60er Jahre und der aufkommenden Diskussion um die Frühförderung des noch nicht schulpflichtigen Kindes sogenannte "Schulkindergärten". Sie waren räumlich und organisatorisch dem Schulwesen zugeordnet. In ihnen sollten Kinder in eine größere Gemeinschaft eingeführt und durch gelenkte Aktivitäten auf die Schulreife vorbereitet werden. Die sich ausbreitende Auffassung, daß ein großer Teil der für den Schulerfolg nötigen Fähigkeiten und Verhaltensweisen bereits im Vorschulalter erworben werden könnten und eine Steigerung der Leistungsfähigkeit in der frühen Kindheit zur Ausschöpfung der "Bildungsreserven" wirtschaftlich notwendig sei, führte in Berlin zur Umwandlung der Schulkindergärten (und der ihnen vergleichbaren Vermittlungsgruppen im Kindertagesstättenbereich) in stärker lernorientierte Vorklassen (bzw. Vorschulgruppen). Eine Schulgesetzänderung[12] legte fest, daß bis zu Beginn des Schuljahres 1978/79 an allen öffentlichen Grundschulen Vorklassen einzurichten seien. Nunmehr umfaßte die Grundschule in Berlin die Vorklasse und die Klassen 1-6. Die bei Inkrafttreten des Gesetzes vorhandenen Schulkindergärten wurden zum 1.8.1969 in Vorklassen umgewandelt. Die Schulkindergärtnerinnen wurden als Leiterinnen der Vorklassen übernommen. Die Orientierung der frühkindlichen Förderung an den von der Schule gewünschten Lernprozessen und Arbeitsweisen machte eine Formulierung im Schulgesetz deutlich, nach der das Kind "*auf die weitere Arbeit in der Grundschule vorbereitet*" werden sollte. Die Zielvorstellungen des Schulentwicklungsplanes für das Land Berlin verstärkten dies: "*Im Unterschied zu der bisher im Schulkindergarten geleisteten allgemeinen Förderung besonders der zurückgestellten Kinder, ist die Arbeit der Vorklassen vornehmlich darauf ausgerichtet, schulbezogene Lernprozesse einzuleiten und in entsprechende Arbeitsweisen einzuführen.*"[13] Zum Beginn des Schuljahres 1969/ 70 lag ein Rahmenplan zur Erprobung in Vorklassen der Grundschulen und in Vorschulgruppen der Kindertagesstätten vor. In der vorangegangenen Planungsphase der Umwandlung von Schulkindergärten in Vorklassen legte der damalige Schulsenator Evers im Auftrag des Berliner Abgeordnetenhauses eine Übersicht über Qualifikation und Eingruppierung der Berliner Schulkindergärtnerinnen vor und empfahl ihre Übernahme als Vorklassenleiterinnen.[14] Danach arbeiteten zu Schuljahresbeginn 1967/68 144 Schulkindergärtnerinnen mit 144 Gruppen (mit 3.287 Kindern), die als Schulkindergärten an 99 von 210 Grundschulen eingerichtet waren. 143 von ihnen verfügten über ein Zeugnis als ausgebildete Kindergärtnerin, 137 darüber hinaus über eine staatliche Anerkennung als Kindergärtnerin und Hortnerin, sieben hatten eine Jugendleiterprüfung und vierzehn ein Montessoridiplom. Entsprechend ihrer Ausbildung, aber auch abhängig von der Gruppengröße und der Zahl der zurückgestellten Kinder, wurden sie nach unterschiedlichen Vergütungsgruppen des BAT besoldet.[15] Eine längerfristige Personalbedarfsrechnung ging von durchschnittlich 24.000 Kindern pro Jahrgang und 480 Stellen aus, die durch Pädagogen besetzt werden sollten, "*die mit der Arbeit im Kindergarten vertraut*" sein sollten. In gewissem Widerspruch zu dieser sehr allgemein gehaltenen Formulierung tauchte in derselben Berechnung eine Zielvorstellung auf, die darauf hinwies, daß im Endstadium des Aufbaus von Vorklassen Jugendleiterinnen oder Lehrerinnen für die Vorklassenarbeit vorgesehen wurden.[16]

Tatsächlich erfolgte die Umwandlung der Schulkindergärten in Vorklassen auf der Grundlage einer kostenneutralen Lösung: Die Schulkindergärtnerinnen wurden als Vorklassenleiterinnen übernommen. Da der Besuch der Vorklasse freiwillig blieb, erhielten Kinder, die bereits in Kindertagesstätten betreut wurden, vorläufig nur in Ausnahmefällen einen Platz. Bei mehr als 25 Anmeldungen pro Vorklasse erhielten nur die jeweils ältesten Kinder einen Vorschulplatz. Der Personalbedarf wurde für einen längeren Übergangszeitraum nicht im Umfang der von den Eltern gewünschten Anmeldungen bereitgestellt, und für eine Erzieherstelle wurden zwei Vorklassen eingerichtet, die nacheinander für 2 1/4 Zeitstunden (entsprechend drei Unterrichtsstunden) betreut werden mußten. In begründeten Ausnahmefällen durfte ab dem Schuljahr 1969/70 eine Vorklasse pro Erzieherstelle eingerichtet werden, wobei die Gesamtgruppe ebenfalls für 2 1/4 Stunden anwesend war, während die übrige Zeit für die Förderung und Betreuung von Teilgruppen verwendet wurde und der Vorklassenleiterin differenziertere und individuellere Fördermaßnahmen ermöglichte. In der Regel hatten jedoch eine Vorklassenleiterin vorläufig bis zu 50 Kinder in zwei Vorklassen oder zwei Vorklassenleiterinnen bis zu 100 Kinder in 3-4 Gruppen zu betreuen. Erst 1978 konnte der belastende Zweischichtbetrieb reduziert werden, da nun für 550 Vorklassen 509 Erzieherinnen und 13 Erzieher zur Verfügung standen.[17]

Nach einer fast zehnjährigen Übergangszeit wurden 1980 mit der "Grundschulordnung"[18] Verwaltungsvorschriften erlassen, die den Zugang zur Vorklasse (für die Kinder) und die Organisation des Vorklassenunterrichts regelten. Mit ihrem innovatorischen Ansatz für die Grundschule brachte die Grundschulordnung auch eine Verbesserung für die Vorschularbeit, da nunmehr nur "aus zwingenden personellen und räumlichen Gründen" Vorklassen im Zweischichtbetrieb geführt werden durften. Allerdings kann schon bei Ausbleiben einer Krankheitsvertretung diese verschärfte und belastende Arbeitssituation, die auch mit zusätzlichen organisatorischen Vorkehrungen verbunden ist, eintreten.[19]

Trotz der Freiwilligkeit des Vorklassenbesuchs nahmen Berliner Eltern das neue Angebot für die vorschulische Betreuung ihrer Kinder von Anfang an in breitem Maße an. Waren 1968 nur 15,4 % der Fünfjährigen in Vorschuleinrichtungen an allgemeinbildenden Schulen (die Statistik für Vorschulgruppen an Kindertagesstätten fehlt bis 1976), so waren es 1974 bereits 63 %. 1985 besuchten 44,5 % aller Fünfjährigen Vorklassen der Grundschule, 5,9 % Eingangsstufen und 44 % Vorschulgruppen an Kindertagesstätten und Einrichtungen privater Träger. Nur 5,6 % aller Kinder im Vorschulalter besuchen gegenwärtig keine Vorschuleinrichtung.[20]

Konnten bisher alle nachfragenden Eltern mit einem Vorschulplatz für ihr Kind rechnen, so zeichnet sich seit Januar 1988[21] eine Verengung des Zugangs zur Vorklasse ab. Mit einer Festschreibung der Vorklassenfrequenz auf 15 Kinder und dem Abweisen nachträglicher Anmeldungen (ohne Bereitstellung von Ersatzplätzen in der Kita) kann die Aufnahme verweigert werden. Die Kritik an diesem Verfahren wurde von einem Schulaufsichtsbeamten in einer Dienstbesprechung dahingehend kommentiert, daß Mütter in der gegenwärtigen Arbeitsmarktsituation ihre Kinder ja schließlich zu Hause betreuen könnten.

3.2 Qualifikationsanforderungen und Zugangsvoraussetzungen für die Vorschularbeit

Mit den erhöhten Anforderungen an das Vorschulkind, die in Rahmenplänen ihren Niederschlag fanden, mußten in der Ausbauphase der Vorklassen sowohl Vorklassenleiterinnen als auch Vorschulgruppenleiterinnen der Kitas an Weiterqualifizierungsmaßnahmen teilnehmen, die ab 1973 in Form einer zweisemestrigen berufsbegleitenden Zusatzausbildung stattfanden. Die Anforderungen und Inhalte dieser Zusatzausbildung, die inzwischen alle im Schuldienst stehenden Vorklassenleiterinnen absolviert haben, sind schwer rekonstruierbar, da keine schriftlichen Ausführungsvorschriften darüber existieren. Sie wird durch informellen Konsens in Absprache der Senatsschulbehörde mit den für die Ausbildung benannten Referenten organisiert. Wie die Auswahl derjenigen funktioniert, die für die Arbeit von Vorklassenleiterinnen Ausbildungsanforderungen definieren, wird bei der Senatsschulbehörde auch nach Rückfragen nicht offengelegt, sondern mit der nicht nachvollziehbaren Behauptung umschrieben, daß alle Referenten ein *"breites Spektrum an Erfahrung und Theorie bieten"*.[22] Mit großer Selbstverständlichkeit beansprucht für diesen Frauenarbeitsbereich offensichtlich ein Personenkreis von Verwaltungsbeamten, Lehrern, Rektoren, Hochschullehrern, Seminarleitern – und einer Kindertagesstättenleiterin – die Kompetenz, Ausbildungsstandards zu setzen, die davon ausgehen, daß eine staatliche Prüfung als Erzieherin für die Arbeit in der Vorklasse und Eingangsstufe nicht ausreiche. Als vermeintliche Defizite – bei den in der Vorklasse Arbeitenden –, aus denen sich eine in den Händen berufsfremder oder nur berufsnaher Experten liegende Ergänzungsausbildung zwingend ableitet, werden "fehlende didaktische Qualifikationen" angeführt. Diese nachzuholen und mit der zuerkannten "sozialpädagogischen Kompetenz" zu verbinden, steht als Begründung für die angebotene Zusatzausbildung.[23] Berufsbegleitend finden an 1 1/2 Ausbildungstagen pro Woche (mit Dienstbefreiung für einen Tag) im ersten Semester vier Stunden "Allgemeine Didaktik", zwei Stunden "Mathematik" und zwei Stunden "Hören und Sprechen" statt. Im zweiten Semester sind vier Stunden "Psychologie" und je zwei Stunden "Mathematik", "Sachkunde" und "Lesen und Schreiben" zu absolvieren. Schwerpunkte dieses kursähnlichen Programms sind der kindliche Spracherwerb als Vorbereitung auf die Schule, der Umgang mit mathematischen Grundbegriffen, soziales Handeln, musikalisches und bildnerisches Tun, Umwelt- und Sacherfahrung, Probleme verhaltensgestörter Kinder. Erst seit kurzem gibt es Arbeitsschwerpunkte zur Situation ausländischer Kinder in der Vorklasse und zur Integration behinderter Kinder.

In der Vergangenheit kritisierten vor allem die in der "Gewerkschaft Erziehung und Wissenschaft" (GEW) organisierten Vorklassenleiterinnen die im Zusammenhang mit dieser Zusatzausbildung sichtbar gewordene Segmentierung des Arbeitsfeldes Vorklasse/Eingangsstufe. Obwohl diese Ausbildung auch auf den Arbeitsplatz "Eingangsstufe", den Einsatz in der ersten Klasse der Grundschule und die vom Schulsenat ausdrücklich geforderte Teamarbeit mit den in der Eingangsstufe tätigen LehrerInnen vorbereiten sollte, erfolgte keine Angleichung an die den Grundschullehrkräften angebotene Zusatzqualifikation. Diese erhielten ab 1974 bei einer Stundenermäßigung von zehn Wochenstunden eine viersemestrige Ausbildung zur Vorbereitung auf die ergänzende Staatsprüfung im Fach "Theorie und Praxis der Grundschule" mit dem Schwerpunkt "Vorklassendidaktik", bei deren erfolgreichem Abschluß auch eine Höhergruppierung entsprechend der Besoldung für Lehrer mit zwei Wahlfächern (A 13) verbunden war. Die "Ergänzungsausbildung" der Vorklassenleiterinnen dagegen umfaßte nur zwei Semester bei geringerer Freistellung von der Vorklassenarbeit. Die geforderte Kooperation zwischen Vorklassenleiterin und Lehrerin wurde sowohl durch die räumlich getrennte als auch von Umfang und Inhalt verschiedene Ausbildung schon vom Ansatz her in Frage gestellt.

In der gegenwärtigen Arbeitsmarktsituation bietet das Bestehen der Ergänzungsausbildung, die inzwischen eine Zugangsvoraussetzung für die Arbeit in der Vorklasse geworden ist, keine Gewähr für eine Einstellung in den öffentlichen Dienst. Nach Auskunft der Senatsschulbehörde werden für die wenigen noch freigegebenen Stellen Erzieherinnen mit mindestens dreijähriger Berufserfahrung plus Ergänzungsausbildung oder Sozialpädagogen mit Praxiserfahrung – auch ohne Ergänzungsausbildung – berücksichtigt.

Neben diese durchschaubaren Einstellungskriterien tritt eine weitere Zugangsverengung durch die Handhabung eines inoffiziellen Auswahlverfahrens: Die Zulassung zur Ergänzungsausbildung, für die im Jahr 1987 25 Plätze zur Verfügung standen und um die sich rund 80 Bewerberinnen bemühten, wird von der Teilnahme an einer vorgeschalteten "Weiterbildungsveranstaltung" abhängig gemacht. Der Senator für Schulwesen empfiehlt allen Bewerberinnen, für die nach seiner Einschätzung die Arbeit in der Vorklasse einen "attraktiven Aufstieg" in den öffentlichen Dienst darstellt (Besoldung nach BAT Vb/IVb im Bewährungsaufstieg nach vier Jahren), eine Teilnahme an sogenannten Vorbereitungskursen, die auf die Ergänzungsausbildung vorbereiten sollen. In diesen, im Verzeichnis für Lehrerfort- und -weiterbildung angebotenen Kursen wollen die Dozenten die zukünftigen Bewerberinnen besser kennenlernen und zu eindeutigeren Einschätzungen ihrer Eignung kommen als durch die üblichen Bewerbungsunterlagen.

Dieses "Ausleseverfahren" ist nicht ohne weiteres nachzuvollziehen. Es ist nicht klar, wie sich die jeweiligen Bewerberinnen über dieses Vorgehen informieren bzw. auf diese Zugangsbeschränkung reagieren können. Zusätzliche, von nicht genauer benennbaren Vertretern des öffentlichen Arbeitgebers definierte inoffizielle Anforderungen machen den ohnehin eng gewordenen Zugang in einen Frauenarbeitsbereich von Zufällen abhängig, die bekannte Einstellungskriterien und Qualifikationsanforderungen (Erzieherausbildung, Praxiserfahrung, Ergänzungsausbildung) außer Kraft setzen. Bewerberinnen befinden sich in der Situation, im "richtigen" Vorbereitungskurs die "passende" Beurteilung von einem zumeist männlichen Kurs-Dozenten "erwerben" zu müssen.

3.3 Ohne Fachlehrerstatus zu beruflichem Selbstverständnis

Für das gerade entstandene Berufsfeld, das sich auf die Betreuung und Förderung fünf- und sechsjähriger Kinder spezialisiert hatte, stellt sich die Frage, mit welchem Anspruch Vorklassenleiterinnen berufsbezogene Forderungen und Professionalisierungsstrategien in die Öffentlichkeit brachten, um ihr Berufsverständnis zu verdeutlichen. Ansatzpunkt kann dabei die gescheiterte Auseinandersetzung um die Angleichung an den Status der beamteten GrundschullehrerInnen sein, bei der Vorklassenleiterinnen erstmals in die politische Diskussion eingriffen.

Ursprünglich sollte die bestandene "Ergänzungsausbildung" auch eine Grundlage für die Überleitung der angestellten Vorklassenleiterinnen in den beamteten Fachlehrerstatus[24] sein. Gewerkschaftlich organisierte Vorklassenleiterinnen erinnerten an dieses Versprechen des Schulsenats und forderten gleichzeitig die Übernahme aller Kolleginnen in das Beamtenverhältnis in Verbindung mit einer besoldungsmäßigen Annäherung an den Status des Grundschullehrers. Gleichzeitig warnten sie vor einer weiteren Aufsplitterung ihres Berufsfeldes in Angestellte und Beamte, denn ein bekannt gewordener Entwurf des Senators für Schulwesen zu einer neuen Schullaufbahnverordnung (durch Fristablauf am 1.1.1980 im Abgeordnetenhaus gescheitert) hätte nur eine Teilgruppe der im Schuldienst stehenden Vorklassenleiterinnen berücksichtigt, nämlich diejenigen mit Mittlerer Reife, staatlicher Erzieheranerkennung, Ergänzungsausbildung, vier Berufsjahren als Erzieherin und zweijähriger Tätigkeit im Schuldienst. Die im mittleren Beamtendienst vorgesehene Besoldung nach BesGr A 9 entsprach einer Angestelltenvergütung nach BAT Vb und hätte bei einem Teil der bereits nach BAT IVb eingestuften Erzieherinnen eine Rückstufung bedeutet.

Als Ausgleich für den politisch nicht durchsetzbaren Fachlehrerstatus erhielten die Vorklassenleiterinnen 1982 eine Teilgleichstellung mit den beamteten Lehrkräften durch eine Sonderregelung 2L zum BAT, mit der ihre Urlaubsregelung übernommen wurde (Ferien, Sonderurlaub usw.). Allerdings mußte dieses Zugeständnis mit einer vom Innensenator erzwungenen Nebenabrede zum Arbeitsvertrag erkauft werden: *"Herr/Frau ... erklärt sich damit einverstanden, daß er/sie bei nicht mehr gegebenem Bedarf im Schulbereich auch außerhalb dieses Bereichs im Sozial- und Erziehungsdienst eingesetzt wird und dann auf sein/ihr Arbeitsverhältnis die dort geltenden Arbeitsbedingungen angewendet werden."*[25] Damit wurden rund 500 Vorklassenleiterinnen zur Verfügungsmasse erklärt, die bei möglicherweise sinkenden Schülerzahlen mit teilweise berufsfremden Arbeitszusammenhängen und veränderten Arbeitsbedingungen rechnen mußten, wie etwa Einsatz in der Altenpflege, Ferienbetreuung im Hort u.a.

Der "Verband Bildung und Erziehung" forderte seine Mitglieder auf, diese Nebenabrede zum Arbeitsvertrag zu unterzeichnen, um das, was er seinen Mitgliedern gegenüber als "Vorteilsregelung" anpries, nicht zu gefährden. Aber auch die in der GEW organisierten Vorklassenleiterinnen unterschrieben nach und nach – bei unterschiedlichem Druck durch die Bezirksverwaltungen – diese Nebenabrede, die viele als Nötigung bezeichneten. Die Vereinzelung am Arbeitsplatz und die allgemeine Verunsicherung über die möglichen Folgen bei Verweigerung der Unterschrift verhinderten gemeinsame Strategien zur Abwehr dieser umstrittenen Nebenabrede. Der Ausgang einer von fünf Vorklassenleiterinnen geführten Klage zur Klärung, ob die Sonderregelung 2L zum BAT ausreiche, um einen vergleichbaren Anspruch auf die Ferienregelung und Arbeitszeit der beamteten Lehrer geltend zu machen, machte schließlich auch die letzten beiden Vorklassenleiterinnen, die sich gegen die Nebenabrede gestellt hatten, "bereit" zur Unterschrift. Das Landesarbeitsgericht (LAG) hatte in zweiter Instanz eine Gleichsetzung mit beamteten Lehrern mit der Begründung abgelehnt, daß ein wesentliches Merkmal des Schulbetriebs die Schulpflicht sei, die für die Arbeit in der Vorklasse nicht bestehe. Damit wurde auch festgestellt, daß die von den Vorklassenleiterinnen zu erfüllenden Aufgaben "wesensverschieden" von denen der Lehrer seien, da sich aus dem § 28 des Schulgesetzes "deutlich" ergebe, daß der Unterricht der ersten Klasse mit der Vorklasse nicht vorweggenommen werden dürfe. Die Tatsache, daß Vorklassenleiterinnen organisatorisch der Schule zugeordnet sind und gleiche Rechte und Pflichten wie Lehrer wahrnehmen (Elternarbeit, Aufsicht, Stimmrecht und Anwesenheitspflicht bei Gesamtkonferenzen, Beurteilen von Kindern), wurde als Gleichstellungsgrund nicht anerkannt. Nicht abschließend entschieden wurde durch das LAG, ob die Klägerinnen in ihrer Eigenschaft als Vorklassenleiterinnen Lehrkraft im Sinne der Sonderregelung 2L BAT seien, weil diese seit Beginn ihrer Tätigkeit in gleicher Weise wie beamtete Grundschullehrer ihren Urlaub unter Berücksichtigung der für Beamte geltenden Verordnung erhalten hätten und daher keine Feststellungsnotwendigkeit bestünde.[26]

Verschärfte Erwerbslosigkeit ausgebildeter Erzieherinnen, Zunahme von Teilzeitarbeitsplätzen und Fristverträge ohne längere Berufsperspektive verhinderten vorläufig weitere mit politischen Forderungen verbundene Aktivitäten zur Verbesserung der Berufssituation der Vorklassenleiterinnen. Daß trotzdem Standortbestimmungen und Reflexionen über das Berufsfeld Vorklasse aus der Sicht der Betroffenen vorhanden waren, machten die Berliner Grundschultage von 1985[27] deutlich. Eine Gruppe von Vorklassenleiterinnen trat an die Öffentlichkeit, um einerseits über die Arbeit in der Vorklasse zu informieren und andererseits auf ihre Unzufriedenheit über die weitgehend fehlende Kooperation zwischen Vorschule und Grundschule hinzuweisen. Die Schule stände der Vorschularbeit oft gleichgültig und uninformiert gegenüber und bewerte die pädagogische Arbeit in der Vorklasse lediglich unter dem Aspekt der "Zulieferung". Die Zusammensetzung der Arbeitsgruppe bestätigte diese Feststellungen: Von 30 Teilnehmerinnen, unter ihnen Eltern und Erzieherinnen aus dem Kita-Bereich, waren nur drei Lehrerinnen. Ursachen für die vermißte Kooperation sahen die Diskussionsteilnehmerinnen in der unterschiedlichen rechtlichen Verankerung beider Institutionen (Vorklasse freiwillig, Schule Pflicht), in der gesellschaftlich unterschiedlich bewerteten Ausbildung und in Curriculumansätzen, die nur selten eine Brücke vom vorschulischen zum schulischen Bereich schlügen. Trotz des kritisierten Anpassungsdrucks an die Schule sahen die Vorklassenleiterinnen doch Freiräume für pädagogische Initiativen in ihrer Arbeit, die den Grundschullehrern zur Nachahmung empfohlen wurden. Diese Einschätzungen mündeten in der Forderung, daß der schulische Lernbereich methodische und organisatorische Anregungen aufnehmen müsse, die in der Vorschule bereits mit gutem Erfolg praktiziert würden.

Die selbstbewußte Darstellung der eigenen Arbeit – belegt durch eine Ausstellung – zeugte von einem positiven beruflichen Selbstbild, das in die öffentliche Wahrnehmung gebracht wurde. Anders als die Anforderungen der Rahmenpläne, die hauptsächlich Inhalte und Ziele des vorschulischen Lernens definieren, beschrieben die Vorklassenleiterinnen ihre Arbeit von methodischen und organisatorischen Ansätzen her. Gleitender Schulbeginn und ein flexibler Tagesablauf in Räumen mit Werkstattcharakter und ohne feste Sitzordnung wurden als notwendiger Rahmen für erfolgreiche Vorklassenarbeit empfohlen. Zur Orientierung der Kinder sollte die Absprache eines Tagesplanes und ein gemeinsamer Abschluß des Vormittags dienen. Partner- und Gruppenarbeit, Binnendifferenzierung, umfangreiche freie Spiel- und Lernangebote, die aktive Betätigung aller Kinder und viele Gelegenheiten zum Erzählen und Zuhören wurden als selbstverständliche Bestandteile vorschulischen Lernens vorgestellt und von dem "Gleichschritt-Lernen" der Schule abgegrenzt.

Wenn sich auf den Berliner Grundschultagen auch nur eine Minderheit der Vorklassenleiterinnen zu Wort gemeldet hat und mit konkreten Vorstellungen und Forderungen zur Gestaltung der Vorklasse in die Öffentlichkeit getreten ist, so zeugten die dort formulierten Ansprüche von einem zunehmenden Selbstbewußtsein einer kleinen Berufsgruppe. Die eigene positiv erlebte und eingeschätzte Arbeit führte zu Strategien, die von außen gesetzte Rahmenbedingungen in Frage stellten bzw. durch kreatives Handeln Freiräume für pädagogische Initiativen schufen. Aus dem Selbstverständnis der eigenen Arbeit wurden darüber hinaus Anforderungen und Erwartungen an die berufsnahen Grundschullehrerinnen gestellt und an deren Kooperations- und Lernbereitschaft appelliert.

3.4 Arbeitsinhalte aus der Perspektive der Rahmenplananforderungen

Konnte im vorangegangenen Abschnitt sichtbar gemacht werden, wie Vorklassenleiterinnen ihre Arbeit organisieren und welche methodischen Schwerpunkte sie dabei setzen, so soll im folgenden geklärt werden, welche inhaltlichen Anforderungen an Vorschulerziehung die für die Erstellung von Rahmenplänen zuständigen "Experten" formulieren. Die Arbeitsinhalte der Vorklassenleiterin ergeben sich je nach Einsatzort entweder aus dem "Vorläufigen Rahmenplan für die Vorklasse" oder aus den "Arbeitsgrundlagen für die

Freies Spiel im 3. Vorklassenmonat – Arbeit der Vorklassenleiterin:
Beobachtung – Diagnose – Intervention

Mädchen in der "Wohnecke"

Jungen in der "Bauecke"

Eingangsstufe".[28] Die darin formulierten Anforderungen an das Vorschulkind in der Vorklasse bzw. im ersten Jahr der Eingangsstufe sind vergleichbar. Unterschiede ergeben sich hauptsächlich aus der Organisation der Arbeit. In der Vorklasse ist eine Leiterin allein zuständig, im Idealfall im pädagogischen Austausch mit einer Kollegin einer Parallelgruppe. In der Eingangsstufe bilden je eine Vorklassenleiterin und eine Lehrerin ein Team, das in zwei parallelen Gruppen zu enger Kooperation in Planung, Durchführung und Reflexion des Unterrichts verpflichtet ist.

Zu einer Einführung der zweijährigen Eingangsstufe als "Regelform" ist es trotz zwölfjähriger Laufzeit als Schulversuch nicht gekommen, obwohl noch 1977 in einem Bericht der Senatsschulbehörde über die Erfahrungen in den damaligen Modellgruppen der Eingangsstufe ein deutlicher Vorrang vor der Vorklasse gegeben wurde. Nach damaliger Bewertung trug die zweijährige Eingangsstufe insbesondere für fünf- bis sechsjährige Kinder mit "ungünstigeren Voraussetzungen" zu einer Verbesserung der pädagogischen Förderung in dem entscheidenden Übergang aus dem vorschulischen Bereich in die Schule bei.[29]

Auch der 1986 im Auftrag der Schulsenatorin Laurien angefertigte Ergebnisbericht über den Schulversuch Eingangsstufe bewertete die "*entwicklungserforderlichen Voraussetzungen*" (in der Eingangsstufe) positiver als in den Vorklassen der Grundschulen, in den Vorschulgruppen der Kitas und in anderen Vorschulkonzepten. Besonders "Kinder aus Familien mit weniger bildungsförderlichen Bedingungen profitieren ... wahrscheinlich von der Struktur dieses Angebots mehr als von der schulischen Alternative für Fünfjährige (der Vorklasse)".[30] Trotz dieser Einschätzung gab die Schulsenatorin den Schulen bekannt, daß mit dem erfolgreichen Abschluß des 12jährigen Schulversuchs "Eingangsstufe" (in rund 130 Gruppen an 32 Grundschulen) derzeit nicht an eine Ausweitung der Eingangsstufe gedacht, sondern nur eine Weiterführung im bisherigen Rahmen als "Abweichende Organisationsform" möglich sei.

Vorläufig bestehen beide Organisationsformen nebeneinander, so daß die Arbeitsinhalte der Vorklassenleiterin aus beiden Rahmenplänen ableitbar sind. Während für die Vorklasse betont wird, daß die Aufgaben der Schule nicht vorweggenommen werden dürfen, sind die Grenzen vom vorschulischen zum schulischen Lernen in der zweijährigen Eingangsstufe fließend. Das bedeutet für das Eingangsstufenteam einerseits eine koordinierte Abstimmungsnotwendigkeit, andererseits eine große Entscheidungsfreiheit, wann das einzelne Kind an schulische Lernformen herangeführt werden soll. Obwohl in den geltenden Plänen weder ein Frühlese- noch ein Schreiblehrgang enthalten sind, nähern sich – vor allem durch die Betonung kognitiver und instrumenteller Lernziele im sprachlichen, mathematischen und sachkundlichen Bereich – die Arbeitsinhalte der Lehrerinnenarbeit an. Zusätzlich sind Hausfrauenqualifikationen gefragt: Flexibilität und Abweichenkönnen von eigener Planung. Das ergibt sich aus der Organisation des Vorschulunterrichts. In den ersten Wochen stehen das freie und das "gelenkte" Spiel im Mittelpunkt, anfangs zu mehr als 50 % der Anwesenheitszeit der Kinder. Im Verlaufe des

Schuljahres wird zunehmend fremdbestimmtes Lernen erwartet, dessen Vermittlung in sog. *"didaktischen Schleifen"* (Lerneinheiten) erfolgen soll. *"Für die methodischen Überlegungen der Pädagogen bedeutet dies, daß sie ihren Blick für lernrelevante Situationen schärfen und so flexibel sein müssen, solche Situationen auch unabhängig von ihrer Planung aufzugreifen."*[31]

Die Einführung in eine größere Gruppe und die Vorbereitung auf die Arbeit in der Grundschule als Hauptaufgabe der Vorklasse machen die Förderung des "Sozialverhaltens" (Vorläufiger Rahmenplan) bzw. des "Sozialen Handelns" (Arbeitsgrundlagen für die Eingangsstufe) zu einem zentralen und lernbereichsübergreifenden Unterrichtsprinzip. Dabei wird ausdrücklich betont, daß die angegebenen (45 bzw. 47) Teilziele langfristig zu planen und in der Vorklasse bzw. Eingangsstufe nur in Ansätzen zu erreichen sind, da es sich *"bei der Entwicklung von Ich-Autonomie und umweltbezogener Kompetenz (...) um lebenslange Prozesse handelt"*.[32]

Die ausdifferenzierten Anforderungen an das Vorschulkind, das zu Selbstkontrolle, Selbständigkeit und Kommunikationsbereitschaft erzogen werden soll, verlangen von der Vorklassenleiterin eine umfassende Kompetenz, in der sie als Pädagogin, Psychologin und Therapeutin gefordert ist. Daneben hat sie auch Elemente von materieller Hausarbeit zu leisten, da die Kinder in der Vorklasse u.a. zum Waschen, An- und Ausziehen, Aufräumen und Ordnunghalten, Tischdecken und Einkaufen anzuleiten sind (s. Teilziele "Soziales Handeln").[33]

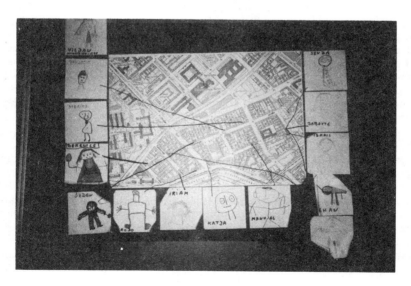

Sich in Schule und Umgebung orientieren können: Hier wohnen wir!

Methodische Überlegungen, wie die gewünschten Lernziele im Bereich des sozialen Handelns erreicht werden könnten, fehlen in den "Arbeitsgrundlagen" für die Eingangsstufe, abgesehen von der Vorgabe, daß von der Erfahrungswelt der Kinder auszugehen sei. Dabei sollen sowohl spontane Situationen, in denen das Kind soziale Erfahrungen sammeln kann, als auch Lernprozesse mit geplanten und gelenkten Inhalten aufgegriffen werden. Im Rahmenplan für die Vorklasse werden den (vergleichbaren) Lernzielen *"Verfahrensweisen"* zugeordnet, aus denen die Erwartungen an die Vorklassenleiterin direkt formuliert werden: Sie soll die beim Kind angestrebten Verhaltensweisen vorleben, damit das Kind diese übernehmen kann. Sie soll aufmerksam, höflich und interessiert zuhören und ruhig, deutlich und nur so viel sprechen, daß das Kind in gleicher Art antworten kann. Geduld gegenüber langsamen Kindern und Gelassenheit bei Ungeschicklichkeiten werden bei ihrer Arbeit vorausgesetzt. In den Funktionen des Belehrens, Informierens, Lenkens, Bestätigens, Lobens und Helfens soll sie sich soweit wie möglich zurücknehmen, um die Selbständigkeit der Kinder nicht zu behindern. Eine Lenkung der zunächst von jedem Kind selbst bestimmten Aktivitäten soll nur stattfinden, wenn gefährliche Situationen verhindert, Aggressionen aufgefangen oder Störungen beseitigt werden müssen.

In diesem Bereich der Vorklassenarbeit steckt eine Arbeitsbelastung, die weder sichtbar noch meßbar ist, da die hierbei geforderten pädagogischen und psychologischen Entscheidungen von einer permanenten Abwägungsleistung und Selbstkontrolle abhängen. Das schnelle Reagieren auf kindliche Wünsche und Aktivitäten, verbunden mit Fragen, wer wen in welcher Situation möglicherweise stört, welcher Eingriff eine Lernsituation fördert bzw. behindert, welche Hilfe notwendig bzw. überflüssig ist, sind wesentliche Elemente der Erziehungsarbeit einer Vorklassenleiterin. In jeder Spiel- und Lernsituation ist sie zur ständigen Beobachtung aller kindlichen Interaktionen (Protokolle, Notizen)[34] und zur Reflexion ihres eigenen Verhaltens angehalten, um differenziert auf die unterschiedlichen Bedürfnisse und Möglichkeiten der einzelnen eingehen zu können, was im Vergleich mit der Grundschullehrerin eine umfassendere Anforderung darstellt.

Anders als im Umgang mit kognitiven oder instrumentellen Lernzielen, die in planbaren Übungsschritten erreichbar und überschaubar sind und zu einem Abschlußergebnis kommen können (ein Lied ist gelernt, ein Bewegungsablauf gesichert, ein Bild fertiggestellt), stellt die Förderung des "Sozialen Handelns" für die Vorklassenleiterin einen nicht endenden Arbeitsinhalt dar, in dem sich ein weiteres Merkmal der Hausarbeitsnähe ihrer beruflichen Erziehungsarbeit verdeutlicht. Vor allem die von ihr erwartete ständige Verfügbarkeit und die Tatsache, daß in Lernprozessen des sozialen Handelns keine abschließenden und meßbaren Ergebnisse erreicht werden können, entsprechen der fortwährenden Wiederholungsnotwendigkeit und dem Nicht-Fertig-Werden häuslicher, vor allem mütterlicher Erziehungsarbeit. Doch trotz der Hausarbeitsnähe einzelner Arbeitsinhalte ist zu vermuten, daß die umfassende pädagogische Kompetenz, die der Vorklassenleiterin mit den auf sie bezogenen Arbeitsanforderungen zuerkannt wird, eine Distanz zur Mütterarbeit schafft. Besonders im Bereich des "Sozialen Handelns" überschneiden sich konkurrierenderweise häusliche und institutionelle Zuständigkeiten, so daß die professionelle Expertin in der Vorklasse u.U. zur Kontroll- und Vorbildinstanz für Mütter werden kann.

4. Vorschulerziehung im Netz von Bildungs- und Beratungsangeboten

Wurde die Arbeit der Vorklassenleiterin in den vorangegangenen Abschnitten auf der Grundlage der Rahmenbedingungen betrachtet, die durch die Zuordnung ihres Berufsfeldes zur Grundschule normgebend und bestimmend sind, so soll im folgenden eine Beziehung hergestellt werden zu Bedingungsfeldern außerhalb der Institution Vorschule, die auf Kinder im Vorschulalter und deren Eltern einwirken und damit indirekt die berufliche Erziehungsarbeit mitbeeinflussen. Untersucht werden "Gegeninstanzen" zu privater und beruflicher Erziehung, die ihr Expertentum zu jeweils anstehenden gesellschaftlich bedeutsamen Fragestellungen entwickeln, um ihre Produkte nach marktwirtschaftlichen Profitgesichtspunkten oder mit dem Anspruch auf Beratung, Belehrung und Kontrolle möglichst wirksam an die gewünschte Zielgruppe zu bringen.

4.1 Zugriff der Spiel- und Lernmittelindustrie

Zu einer Zeit, als die bildungspolitische Debatte um Reform und Neubestimmung der Ziele der Vorschulerziehung in der Bundesrepublik auf dem Höhepunkt war, fand in Hannover 1970 ein Vorschulkongreß statt, auf dem WissenschaftlerInnen, BildungspolitikerInnen, ErzieherInnen, LehrerInnen und Eltern ihre Vorstellungen über die bestmögliche Förderung von Kindern im Vorschulalter entwickelten und diskutierten. Am Rande dieses Kongresses fand eine sog. "Musterschau" von Büchern, Spiel- und Lernzeug, Musikinstrumenten und Sportgeräten statt, die von zahlreichen Firmen für Kinder zwischen drei und acht Jahren konzipiert worden waren. Viele dieser Produkte überschwemmten bereits den Markt, bevor praktische Erfahrungen mit vorschulischer Erziehung vorlagen und theoretische Ansätze für ein basales Ausstattungsprogramm zu Ende gedacht waren. Daß die Bedürfnisse der betroffenen Erzieherinnen "abgefragt" wurden, war ohnehin nicht zu erwarten, da viele der Produzenten günstige Zeichen für das Ausfüllen einer vermeintlich lukrativen Marktlücke vorfanden. Viele der angebotenen Artikel täuschten eine intensive Begabungsförderung vor, ohne daß erkennbar oder für Laien durchschaubar war, was der Verbraucher, das Vorschulkind, eigentlich damit lernen sollte.

PädagogInnen, PsychologInnen und RedakteurInnen der Zeitschrift "Spielen und Lernen" unternahmen den Versuch, aus der Fülle des Angebots das zusammenzustellen, was nach dem damaligen Stand der pädagogischen und psychologischen Erkenntnisse akzeptabel und einsetzbar erschien. Der Auswahlkatalog sollte vor allem dem *"für die Vorschulerziehung engagierten Laien Hilfe für die alltägliche Praxis bieten"*[35] und Eltern als Konsumenten ansprechen.

Hunderte von Einzelartikeln wurden erläutert mit einer Textmischung aus Produktwerbung (wie sie in Katalogen der Spiel- und Lernmittelindustrie zu finden ist), Bedienungsanleitung und interpretierender Bewertung. Jedem der nach Vorschullernbereichen geordneten Artikel war ein an die KäuferInnen gerichteter Text vorangestellt, der die vermeintliche Bedeutsamkeit der Produkte für das Vorschulkind betonte. Wie die Beeinflussung wirken sollte, mögen zwei Beispiele belegen:

"Technik fasziniert Kinder. Manche beklagen das. Sie befürchten, daß die heute übliche Technik-Gläubigkeit die Gemütswerte mindert. Sie möchten, daß Kinder möglichst lange ohne viel Technik leben. Das ist wirklichkeitsfremd! Die Fünfjährigen von heute sind die Mittdreißiger des Jahres 2000 ..." Selbst Puppen wurden nach ihrer Vorschulbedeutsamkeit bewertet: *"Der kleinen Tochter macht es Spaß, im Spiel die Rolle der Mutter zu übernehmen. 'Mutter und Kind' ist bei den meisten Mädchen eines der ersten Rollenspiele. Der Wert von Rollenspielen kann kaum unterschätzt werden. Hier bilden sich soziale Verhaltensformen aus. Hier wird gesprochen und erzählt (Sprachtraining). Hier wird Phantasie geweckt."*[36]

Viele Spiele mit Konkurrenzcharakter und Materialien für das Lese- und Sprachtraining wiesen darauf hin, wie stark auf die Leistungsanforderungen der Schule hingearbeitet wurde. Materialien, die eine kreative und selbsttätige Beschäftigung der Kinder − ohne Anleitung durch Erwachsene bzw. Mütter − zuließen, standen quantitativ hinter denjenigen zurück, die ausdrücklich lernzielorientiert konzipiert waren. Nahezu das gesamte Angebot spiegelte die Zielsetzung wider, Kinder im Vorschulalter rechtzeitig an gesellschaftlich gewünschte Verhaltensweisen anzupassen und in tradierte Rollenerwartungen einzuüben. Dabei sollte offensichtlich häusliche Erziehungsarbeit − durch ständige Betonung der Vorschulbedeutsamkeit − auf die Bemühungen der institutionellen Vorschularbeit ausgerichtet werden.

Wie sehr Angebote der Lernmittel- und Spielwarenindustrie mit einer werbewirksamen Mischung aus Produktanpreisung und Beratung auf Bildungs- und Erziehungsprozesse einwirken und damit einen wesentlichen Teil von Hausarbeit definieren, soll an einem weiteren Beispiel verdeutlicht werden, das die Vermehrung der Mütterarbeit und die Rolle von Müttern als *"Hilfslehrerinnen der Nation"*[37] sichtbar machen kann.

Eine bekannte Schreibwarenfirma bietet seit Jahren neben aufwendigem Prospektmaterial ("Alles für die Schule") auch eine Schrift zur Anleitung beim Schreibenlernen. Darin werden Anforderungen an das Kind in der Schreiblernphase formuliert und Methoden und Techniken des "richtigen"

Umgangs mit der Schrift veranschaulicht, wobei folgerichtig das passende Schreib- und Malgerät der genannten Firma bei der Erreichung der Lernziele helfen soll. Auch für die Vorschule ist mit einer Fülle von Angeboten und Belehrungen gesorgt: Dabei argumentieren die Produzenten wiederum mit der Bedeutsamkeit der Vorschulerziehung und ständig steigenden Anforderungen der Schule, auf die Eltern (sprich Mütter) mit Hilfe des von Pelikan entwickelten "Vorschul-Systems" reagieren sollen, *um bei 2- bis 6jährigen Kindern Begabungen zu wecken und zu fördern, sie aufgeschlossen und lernbereit zu machen*.[38] Die daraus resultierende häusliche Arbeit der Mutter besteht nun darin, entweder dem Kind zu dem den Schreiblehrgang förderlichen Material zu verhelfen, um eine die schulischen Belange unterstützende Instanz zu sein, oder das Angebot zu verwerfen, weil es möglicherweise zu teuer oder bereits anderes Schreib- und Malgerät vorhanden ist. Weitere und wiederkehrende Auseinandersetzungen mit dem Kind, eine Art des Gegensteuerns oder Nachgebens, entstehen dadurch, daß dem Kind als Konsumenten ständig bestimmte Gegenstände ins Bewußtsein gebracht und durch Art und Umfang der Werbung – mit wechselnden Namen und Moden – zum Statussymbol gemacht werden. Der Umgang mit diesen fremdgesteuerten Bedürfnissen bedeutet für Mütter eine zusätzliche Arbeit, die sich nicht nur auf die unmittelbar in der Schule benötigten Gegenstände bezieht, sondern alle Bereiche des Verbrauchs bestimmt.

Möglicherweise wird die Erzieherin in der Vorklasse nützliche Anregungen aus der Fülle vorhandener Vorschulmaterialien entnehmen und zur Grundlage ihrer Vorklassenausstattung machen können. Als Expertin kann sie pädagogische und materielle Maßstäbe zu einer sinnvollen Konsumkontrolle anlegen und sich für Artikel entscheiden, die sie für gut und im Preis angemessen hält. Sie ist weniger als manche Mutter sozialem Druck (etwa durch Miteltern oder Werbung) ausgeliefert und wird deshalb nicht so leicht dem Leistungsdruck unterliegen, diesen oder jenen Artikel erstehen und benutzen zu müssen, ohne von dessen Brauchbarkeit überzeugt zu sein. Für Mütter hingegen, die ihrem Kind ein vermeintlich bildungsförderndes Produkt vorenthalten, führt jeder Konsumverzicht zu einem schlechten Gewissen, nicht "das Beste" getan zu haben.

Inwieweit sich Eltern und Erzieherinnen von diesen und den in Zeitschriften, Elternratgebern, Fernsehsendungen und Werbeträgern praktizierten Einmischungen in Erziehungsarbeit beeinflussen und kontrollieren ließen, kann an dieser Stelle nicht untersucht werden.

4.2 Einflußnahme durch Vorschulprogramme

Eine Instanz, die offensichtlicher als die bisher untersuchten kommerziellen "Miterzieher" in Konkurrenz zu privater und öffentlicher Erziehung tritt, ist in Vorschulprogrammen des Fernsehens zu finden. Schlagworte und Leitthemen der Bildungsreform – wie "Chancengleichheit", "Recht auf Bildung" und "kompensatorische Erziehung" – nutzend, etablierten sich erstmals um 1970 speziell auf Kinder im Vorschulalter gerichtete Sendungen[39] mit pädagogischem Anspruch als "Ersatzvorschule" und in "Nothelferfunktion".[40]

In ihrem Bildungswert vom kulturkritischen Ansatz her[41] in Frage gestellt und von Medienpädagogen in ihrer Wirkung heiß umstritten, haben Vorschulprogramme unabhängig von ihrer Bewertung als Einübung in Mediengebrauch (oder -mißbrauch) einen Zugriff auf Kinder und ihre Familien und damit indirekt auch Einfluß auf die Arbeit in der Vorklasse.

Konträre Auffassungen über die Unvermeidlichkeit des Umgangs mit vorhandenen Medien, über schädliche Einflüsse oder mögliche Nutzwirkungen einzelner Programme, haben zur Etablierung einer sog. "Kommunikationspädagogik" geführt, die für sich in Anspruch nimmt, "Familienbildung" (im Umgang mit Medien) zu betreiben und damit Anforderungen an Hausarbeit zu formulieren. *"Familien gehen nicht als 'black boxes' mit den Medien um. Eine Kommunikationspädagogik, eine Familienbildung hat das ... Alltagsbewußtsein zu begreifen, ernst zu nehmen; hat beispielsweise einzugehen auf die normativen und kulturellen Orientierungen, die nicht selten eine Vielzahl von Alternativen ausschließen. Das Unbehagen, das sich nicht selten an der Art und Weise zeigt, wie mit dem Fernsehen umgegangen wird, stellt sich vor allem als 'weibliches Unbehagen' dar. Es sind die Mütter, die sich mit den Problemen, die aus einem wie auch immer gearteten Fernsehumgang resultieren, auseinandersetzen ('herumschlagen') müssen ..."[42]* Vor allem Mütter haben Entscheidungen zu treffen, in welchem Ausmaß und in welcher Form sie ihre Kinder fernsehen lassen. Ob die Arbeit darin besteht, das Kind mit seinen Eindrücken vor dem Apparat nicht allein zu lassen und sich mit Fragen und Antworten zu dem Gesehenen zu beschäftigen, oder ob eine mit Haus- und Erwerbsarbeit überlastete Mutter das Kind beliebig gewähren läßt, dabei gleichzeitig mit Schuldzuweisungen fertig werden und sich von Experten sagen lassen muß, daß sie das Fernsehen als Kinderbewahrinstrument mißbraucht, in jedem Falle werden allein durch das Vorhandensein moderner Medien Hausarbeitsanteile ausdifferenziert, die "nebenbei" zu erledigen sind. Auch die Auseinandersetzung mit dem Kind, das seinen Fernsehwillen durchsetzen will, bedeutet eine ständig wiederkehrende Beziehungs- und Argumentationsarbeit, die vor allem die Mutter beansprucht. Umgekehrt steht das Fernsehverhalten der erwachsenen Familienmitglieder besonders dann, wenn Kinder in ihren Fernsehwünschen reglementiert werden oder Verweigerung und Strafen ("Fernsehverbot") erfahren, unter kindlicher Beobachtung, Kontrolle und Rechtfertigungszwang.

Der häusliche Umgang mit dem Medium Fernsehen beeinflußt folglich auch die Arbeit von Pädagogen, nicht nur in der Vorklasse. In allen Erziehungsinstitutionen gehören Folgen des häuslichen Fernsehkonsums zu Determinanten der dort stattfindenden Arbeit. Zum einen besteht eine grundsätzliche Konkurrenz zu dem auf Unterhaltung ausgerichteten Medium, das jederzeitiges "Abschalten" oder Umschalten erlaubt, während sowohl in Lern- als auch in Spiel- und Gruppensituationen der Vorklasse das Kind diese Ausweichmöglichkeit in der Regel nicht hat, wenn es den Anforderungen gerecht werden will. Zum anderen produziert eine intensive Nutzung des Fernsehens (und mittlerweile zusätzlicher Kabel- und Videoangebote) ein Verhalten, das von Pädagogen im Umgang mit Kindern und Jugendlichen aller Altersstufen als Phänomen der "Montagskinder" beschrieben und beklagt wird. Besonders nach langen "Medienwochenenden" müssen sie in ihrer Erziehungsarbeit mit verstärkter Aggression, ansteigender Unfallhäufigkeit, Konzentrationsstörungen, depressiven Angstgefühlen und überdrehter Motorik bei den Kindern umgehen. Vor allem aus der Arbeit mit sozial benachteiligten Kindern im Vorschulalter liegen Einschätzungen und Beobachtungen von Vorschulgruppenleiterinnen vor, die besonders in Phasen freien Spiels bei "fernsehgeschädigten" Kindern eine auffällige Anregungsarmut, häufigen Wechsel begonnener Beschäftigungen und stereotype Imitation von Fernsehsequenzen beklagen.[43]

Auch in der Arbeit der Vorklassenleiterinnen sind Inhalte ausdifferenziert worden, die durch ein Auffangen und Gegensteuern der Medienbeeinflussung entstanden sind und die den Kindern zusätzliche, für ihre psychische und körperliche Entwicklung notwendige Anregungen bieten sollen. Gemeinsames Feiern, Besuche an Arbeitsplätzen, Ausflüge, Sport und Spiel haben sicher schon lange einen Platz in der Kindergartenarbeit gehabt, doch heutigen Kindern im Vorschulalter eine Anregungsumwelt zu liefern, ist schon deshalb eine "andere" Arbeit geworden, weil sie mit der Scheinwelt des Fernsehens in ständiger Konkurrenz steht. Die spezielle Arbeit besteht darin, einen Ausgleich zu den Folgen des verbreiteten Fernsehgebrauchs zu finden, um dem langen Stillsitzen, rezeptiven Zuhören und -sehen, den bruchstückhaften, schnell wechselnden Eindrücken entgegenzuarbeiten und Situationen zu schaffen, die das Kind befähigen, eigene Erfahrungen machen und Erlebnisse verarbeiten zu können. Gegen welche Übermacht dabei täglich, ständig wiederholend und nie fertigwerdend anzuarbeiten ist, mag deutlich werden, wenn wahrgenommen wird, daß die Vorklassenleiterin unter Einsatz ihrer gesamten Persönlichkeit ihr "Kapital" entgegensetzt, um einen Teil der Fernsehwirkung und -faszination aufzuheben: als lebendiger Mensch, der dem Kind zuhören und Fragen beantworten, der lachen und schimpfen kann, sich umarmen und ärgern läßt, der Bedürfnisse befriedigen kann, die keiner Maschine zu entlocken sind.

4.3 Belehrung von Eltern durch Eltern – Vorklassenleiterin als Instanz

Als Vermittlungsinstanz zwischen institutioneller und häuslicher Erziehung versteht sich der "Arbeitskreis Neue Erziehung e.V. für Familie, Schule, Gesellschaft" (ANE), der sich in seiner Mitgliederwerbung als ein "Verein von Eltern für Eltern" vorstellt und seine Aufgaben in der Beratung und Information zu Erziehungsfragen des Klein-, Vorschul- und Schulkindes im Grundschulalter sieht. Die speziell für Eltern von Kindern in Vorschulgruppen (der

Kitas) und Vorklassen/Eingangsstufen (der Grundschulen) konzipierten Vorschulbriefe 1-3[44] sollen im folgenden näher untersucht und auf die Arbeit der Vorklassenleiterin bezogen werden. Das Konzept, das hinter den Aktivitäten des ANE steht und seine (schriftliche) Verbreitung vor allem durch die an Eltern gerichteten "Briefe" findet, formuliert Ansprüche an häusliche und berufliche Erziehungsarbeit aus der Sicht von Eltern, die sich selbst zu Experten für Erziehungs- und Bildungsfragen gemacht haben, um andere Eltern zu informieren und zu beraten. Unter den Mitarbeitern sind ÄrztInnen, Kindergärtnerinnen, LehrerInnen, SozialpädagogInnen und PsychologInnen. Alle an Vorschularbeit Beteiligten – die Kinder, ihre Familien, die Erzieherinnen und die Institution Schule (bzw. Kita) – werden in den Vorschulbriefen in Beziehung gesetzt. Aus dem, was Eltern (als Spezialisten) für Eltern (als zu beratende Klientel) formulieren, lassen sich deren Erwartungen an vorschulische Erziehung ablesen. Wie Experteneltern mit ihrer ehrenamtlichen Arbeit in Konkurrenz zur Definitionsmacht "Schule" geraten können, zeigt eine inzwischen mit einem Kompromiß beigelegte Auseinandersetzung um die Verteilung der Schulbriefe: Mit der Begründung, daß die vom ANE aufgegriffenen Themen und Informationen durch senatseigene Rundschreiben den Eltern "offiziell" zugänglich seien und zusätzliche Hilfe von "irgendwelchen Vereinen" unerwünscht sei, untersagte die Senatsschulverwaltung mit Rundschreiben vom 22.2.1987 die Verteilung der Schulbriefe (über Dienstpost an die Vorklassenleiterin und über diese an die Kinder bzw. Eltern). Heftige Proteste von Eltern, Lehrerkollegien und Eltern-Lehrer-Gremien führten am 22.9.1987 zu einer Aufhebung des Verteilungsverbots.[45]

Die Leitthemen der Vorschulbriefe 1-3[46] führen Eltern zu Fragestellungen über Sinn der Vorschulerziehung, Geschehen in Vorklasse und Eingangsstufe, Vorbereitung von Kindern und Eltern, Schwierigkeiten in der Gruppe, häusliche Hilfe, Kontakte zwischen Eltern und Vorklassenleiterin. Obwohl alle Anforderungen und Belehrungen an die "Eltern" gerichtet sind, meint der ANE auch Großeltern, Verwandte und Alleinerziehende als Bezugsgruppe. Trotzdem sind große Anteile der geforderten Arbeit mit Mütterarbeit gleichzusetzen. Vom Liefern der zum Basteln gewünschten Materialreste aus dem Haushalt bis zum Pflegen der Kontakte beim Bringen und Abholen der Kinder ist Arbeitsteilung zwischen den Eltern denkbar, doch die Illustrationen im Vorschulbrief 1 spiegeln eher die Realsituation wider: Zwei Frauen mit ihren Kindern an der Hand gehen mit großen Schritten aufeinander zu, strecken die Hände zur Begrüßung aus, lächeln und kommunizieren miteinander.

Auch die mehrfach betonte Notwendigkeit der Kontakte zwischen den Eltern und zwischen Eltern und Vorklassenleiterin weist auf Vermehrung von Mütterarbeit. Neben dem eventuell erforderlichen Bringen und Abholen der Kinder wird geraten, sich auch nachmittags in wechselseitiger Kinderbetreuung zu unterstützen, um "freie Nachmittage" für sich zu gewinnen. Setzt man diese Anforderung mit der Tatsache in Beziehung, daß Männer nur in geringem Umfang Bereitschaft zeigen, sich an der Kindererziehung zu beteiligen[47], wird erkennbar, daß in erster Linie an Mütter (evtl. Großmütter) bei dieser

Betreuungsarbeit gedacht ist. Das gleiche gilt auch für den Vorschlag, das Kind einmal in der Vorklasse zu erleben und gelegentlich als "Zuschauer und Beobachter" in die Vorschulgruppe zu gehen.[48]

Wenn schließlich unter der Überschrift "Was braucht das Vorklassenkind?" die kindlichen Bedürfnisse in der häuslichen Umgebung behandelt werden, fällt auf den ersten Blick nicht auf, daß wiederum die Mütter verstärkt gefordert sind. Es werden "Eltern" angesprochen und Mütter in die Pflicht genommen. Sie sollen Anteil nehmen und für genügend Spielraum sorgen, einen eigenen "Arbeitsplatz" für das Kind bereitstellen und Störungen fernhalten, damit das Kind die Anregungen, die es aus der Vorklasse mit nach Hause bringt, selbständig weiterentwickeln kann. Sie werden ermahnt, ihre eigenen Ordnungskriterien nicht auf das Kind zu übertragen und es Ordnung nicht als Strafe erleben zu lassen, sondern Eigenverantwortlichkeit für die benötigten Spielzeuge und Materialien zuzulassen.

Ähnlich wie die Institution Schule quasi selbstverständlich Hausaufgaben-Hausarbeit und die Bereitstellung "zweckmäßiger Arbeitsbedingungen" von Müttern einfordert[49], transportieren und verstärken hier Experteneltern – unter Vorwegnahme schulischer Forderungen – dieselben Ansprüche, die wiederum zu Lasten von Müttern gehen.

In nahezu allen angesprochenen Themenschwerpunkten erfährt die institutionelle Vorschulerziehung (und mit ihr die Arbeit der Vorklassenleiterin) eine bestätigende Anerkennung ihrer Bedeutsamkeit und wird den Eltern gegenüber als Maßstab für ihre eigenen Erziehungsbemühungen vor Augen geführt. Viele Formulierungen der Vorschulbriefe erwecken den Eindruck, als ob Elternarbeit eher "Fehlerquelle", berufliche Erziehungsarbeit hingegen "Problemlösungsgarantie" für Erziehungsfragen sei. Gleichzeitig erfahren die Eltern, welche komplexe Arbeit von der Erzieherin erwartet wird. Sie soll in einer Gruppe von 15-20 Kindern durch eigene Beobachtung und Fragen feststellen, welche Erfahrungen bei jedem einzelnen Kind vorliegen, diese individuell und differenziert aufgreifen, erweitern, vertiefen und schließlich zu einem Gruppenganzen zusammenfügen, denn am Ende des Vorschuljahres soll das Kind in eine größere Gruppe "eingeführt" und auf die weitere Arbeit in der Schule "vorbereitet" sein.[50] Mit diesem den Eltern vorgestellten Rahmenplanzitat wird auf institutionelle "Autorität" zurückgegriffen, um die Ziele der Vorklasse in ihrer Bedeutsamkeit zu verstärken.

Mit der Frage, wie sich Kinder und Eltern auf die neue Situation in der Vorklasse vorbereiten können, verbinden sich Vorschläge, die auf Verständnis und Unterstützung für vorschulspezifische Arbeitsformen hinauslaufen: Eltern (Mütter) sollen die Vorklassenräume mit ihren Funktionen in Augenschein nehmen (Spiel-, Mal-, Bilderbuchecken, offene Sitzformen u.a.). Sie sollen rechtzeitig darauf achten, daß ihr Kind selbständig in "alltäglichen Dingen" wird, d.h. sich allein an- und ausziehen, zur Toilette gehen und sich waschen kann. Als Fehler werden "hastige Dressurakte" zu diesen Verrichtungen angesprochen. Weiter werden sie aufgefordert, "geduldig und ausführlich" alle Fragen des Kindes im Hinblick auf den Vorschulbesuch zu beantworten, um

Ängste vor der neuen Situation abzubauen. Jede Gelegenheit zu Gesprächen und Kontakten mit anderen Eltern und mit der Vorklassenleiterin sowie die regelmäßige Teilnahme an Elternversammlungen werden als ausdrückliche Notwendigkeit herausgestellt, da für das Wohlbefinden des Kindes in der Gruppe gegenseitige Unterstützung, Informationsaustausch und offene Gespräche über Unstimmigkeiten unerläßlich seien. Obwohl von gegenseitiger Unterstützung und Anerkennung die Rede ist, scheint in diesem Belehrungszusammenhang die häusliche Erziehung eine Unterstützerrolle für die berufliche Erziehungsarbeit übernehmen zu müssen, wenn angenommen wird, daß sich die pädagogischen Vorstellungen der Erzieherin nur bei ausreichender Kooperation der Familie umsetzen lassen. Auch mögliche Reibungspunkte unterschiedlicher Erziehungsvorstellungen werden den Eltern – mit der Mahnung, nicht "gleich Fronten aufzubauen" – und nicht den Vorschulerzieherinnen angelastet.

Bei der Problematisierung von "Schwierigkeiten" des Vorklassenkindes und den dafür herangezogenen Beispielen verstärkt sich der Eindruck, daß Ursachen dafür eher bei den Eltern, die Behebung hingegen in der Vorklassenarbeit gesehen wird. Es klingt an, daß Eltern versäumt hätten, das kindliche Selbstbewußtsein zu entwickeln oder zu erhalten. Mit der Belehrung über pädagogisch "richtiges" Verhalten (ungeteilte Aufmerksamkeit für Vorschulerlebnisse, Vermeiden von Leistungsdruck) und dem Hinweis auf schädliche Folgen bei Nichtbeachtung kann bei Eltern der Eindruck entstehen, daß die alleinige Verantwortung für Erfolg oder Versagen ihres Kindes in der Vorklasse bei ihnen läge.

Eltern erfahren, daß die Vorklassenleiterin auch im Umgang mit aggressiven, überängstlichen oder geltungssüchtigen Kindern erfolgreich ist: Sie investiert viel Arbeit, um durch ihre konsequente Unterstützung den Kindern in der Vorschulgruppe zu einem unbefangenen selbstbewußten Umgang mit einer größeren Gruppe zu verhelfen. Mögliche Fehler der Berufserzieherin oder ungünstige Gruppensituationen sind kein Thema der Vorschulbriefe. Es wird vielmehr der Eindruck erweckt, daß in der Vorklasse alle Probleme durch die Kompetenz der Vorklassenleiterin lösbar seien. Auch der mehrfach geforderte Besuch in der Vorklasse, bei dem sich Eltern (Mütter) darüber informieren sollen, wie ihre Kinder dort lernen und spielen, vermittelt einen Eindruck vom erfolgreichen Tun der Vorklassenleiterin. *"Nach einem solchen Vormittag werden Sie besser verstehen, was die Kinder beschäftigt. Villeicht werden Sie staunen, was sich die Vorklassenleiterin alles einfallen läßt, um die Kinder fröhlich miteinander umgehen zu lassen.'*[61]

Das Bestreben, die Arbeit der Erzieherin gegenüber den Eltern sichtbar zu machen, kann sicherlich dem Verständnis für die Arbeit des jeweils anderen dienen; doch vor allem Mütter können dadurch in die Lage geraten, sich in Konkurrenz zu der anderen Erziehungsinstanz zu erleben. Durch Wiederholung wird der Eindruck verstärkt, daß berufliche Erziehungsarbeit durchweg erfolgreiche Ergebnisse erzielt und Mütter sich eher in der Zuarbeits- oder

Helferrolle wiederfinden, in der sie darüber hinaus vom Rat der Expertin in der Vorklasse abhängen, um eigene Erziehungsfehler zu vermeiden.

In den hier vorgestellten "Vorschulbriefen" des ANE machen die beratenden Elternexperten das Berufsfeld der Vorklassenleiterin und ihre Berufsarbeit zum Bewertungsmaßstab für häusliche Erziehung. Nahezu alle von ihnen formulierten Anforderungen an den familialen Bereich orientieren sich an den Normen, Regeln und Bedingungen der beruflichen Erziehungsarbeit. Die dem Selbstverständnis des ANE entsprechende Vermittlerrolle zwischen Schule, Elternhaus und Gesellschaft wird hier offensichtlich verstanden als Aufklärung und Belehrung von Eltern, verbunden mit dem Abfragen unbezahlter häuslicher Zuarbeit von Müttern für die Institution (Vor)schule.

Die Vorklassenleiterin erhält damit von seiten der Experteneltern eine Vorbildfunktion zuerkannt, an der sich private Erziehungsarbeit zu messen hat. Ihre Anerkennung als Spezialistin für die Versorgung von fünf- bis sechsjährigen Kindern außerhalb und neben der Familie findet ihre Bestätigung durch die Herausstellung erfolgreicher Arbeit in Zusammenhängen, die in der Familie − so vermitteln es die Vorschulbriefe − nur unvollständig oder erst nach Beratung durch die Expertin in der Vorklasse geleistet wird.

5. Spezialisierung ohne Perspektive?

"Vorklassenleiterin? Dieser Beruf ist nicht mehr vermittelbar. Wir haben ihn deshalb aus unserem Beratungsangebot für Schulabgänger herausgenommen." Die hilfsbereite Berufsberaterin, die 1987 diese Auskunft in Verbindung mit der Bitte um eine Berufsbeschreibung für Vorklassenleiterinnen erteilte, suchte nach einem Ausweg und gab einen "privaten Tip": Die für den Vorschulbereich verpflichtende Ergänzungsausbildung des Senators für Schulwesen sei zwar "geschlossen", doch schließlich gäbe es im Kindertagesstättenbereich auch Vorschulgruppen mit begrenzten Einstiegsmöglichkeiten für ausgebildete ErzieherInnen. Als sie diesen gut gemeinten Rat erteilte, waren in Berlin rund 990 ErzieherInnen arbeitslos gemeldet und seit mehreren Jahren kaum noch freie Stellen ausgeschrieben. Zur gleichen Zeit versuchte die für den Vorklassenbereich zuständige Senatorin − bei hoher Nachfrage nach Vorschulplätzen zum Schuljahr 1987/88 und drohendem Zweischichtbetrieb − dem vorhandenen Bedarf an Vorklassenleiterinnen mit Arbeitsbeschaffungsmaßnahmen zu begegnen, da der Senator für Finanzen zusätzliche Erzieherstellen verweigerte. Da reguläre Pflichtaufgaben des Staates nicht durch ABM-Kräfte ausgeführt werden dürfen, scheiterte ihr Versuch zwar, doch allein das Ansinnen verdeutlicht, daß bereits der Einstieg in das Berufsfeld zur Sackgasse geworden ist.

Die spezialisierte Arbeit der Vorklassenleiterin, die ihre Legitimation vor rund zwanzig Jahren durch die propagierte Förderung von Fünfjährigen in Vorschuleinrichtungen erhielt, als Mütter für den allgemeinen Arbeitsmarkt mobilisiert wurden und die teilweise Vergesellschaftung von Kleinkind- und Vorschulerziehung gesellschaftlich opportun erschien, ist heute gekennzeichnet durch die Verengung ihres Berufsfeldes. Trotz gleichbleibend großer Nachfrage nach Vorschulplätzen durch Berliner Eltern sind Tendenzen erkennbar, daß in Zeiten hoher allgemeiner Arbeitslosigkeit das Interesse des Staates an der Finanzierung eines bedarfsdeckenden Angebots an vorschulischer Erziehung nicht mehr besteht und Müttern eher wieder zugemutet wird, ihre Kinder selbst zu betreuen. Dafür stehen in Berlin die Stagnation der Eingangsstufenplätze, die Festschreibung der Vorklassenfrequenz ohne Schaffung von Ersatzplätzen in anderen Bereichen und schließlich die informellen Zugangsbeschränkungen für die Ergänzungsausbildung.

Auch für Vorklassenleiterinnen, die im Schuldienst stehen[52], hat sich die Spezialisierung auf die kognitive, emotionale und soziale Förderung von fünf- bzw. sechsjährigen Kindern als Sackgasse erwiesen. Fehlende regionale Mobilität durch nicht vorhandene Einsatzmöglichkeiten in anderen Bundesländern binden die Vorklassenleiterin an ihren Berliner Arbeitsplatz. Veränderungsmöglichkeiten mit beruflichem Aufstieg sind innerhalb der Schule nicht vorhanden, der Umstieg in andere Erziehungsbereiche ist kaum möglich. Die angestrebte Angleichung an den Status der mit ihnen in räumlicher und inhaltlicher Nähe arbeitenden LehrerInnen ist gescheitert. Vielmehr müssen Vorklassenleiterinnen sogar mit der Konkurrenz von Grundschullehrkräften rechnen, die – wie im Einzelfall bereits geschehen – auf eigenen Wunsch die Arbeit in der Vorklasse übernehmen können. Jede Vorklassenleiterin in Berlin weiß, daß in ihrem Arbeitsvertrag eine Nebenabrede ihren Einsatz im Bereich des Senators für Schulwesen von vorhandenem Bedarf abhängig macht. Wenn bisher von dieser vertragsmäßig festgelegten Verfügbarkeit von Vorklassenleiterinnen noch kein Gebrauch gemacht wurde und keine gegen ihren Willen in einen anderen Bereich überwechseln mußte, so bleiben bei den Berufsinhaberinnen doch Befürchtungen bestehen, daß "Sachzwänge", d.h. Sparmaßnahmen oder Überhänge im Lehrerbereich, den Bedarf neu interpretieren könnten.

Anmerkungen

1   Bund-Länder-Kommission für Bildungsplanung: Bildungsgesamtplan. Stuttgart 1973, S. 10.

2   Erstmals 1973 tauchte "Vorschulische Erziehung" als Stichwort im Fischer-Lexikon der Pädagogik auf, während bis dahin in allen gängigen Handbüchern selbst Verweise auf den älteren Begriff "Kindergartenerziehung" fehlten.

3   Hellgard Rauh: Vorschulerziehung, in: Hans-Hermann Groothoff (Hg.): Handlungs- und Forschungsfelder der Pädagogik. Königstein 1979, S. 12.

4   Deutscher Bildungsrat: Strukturplan für das Bildungswesen. Empfehlungen der Bildungskommission. Stuttgart 1970, S. 21, 33.

5   A.a.O., S. 58.

6 Die zitierten Zuschreibungen, die sich auf vermeintliche Defizite von Kindern - nicht nur im Vorschulalter - beziehen, treten in verschiedenen Argumentationszusammenhängen des Strukturplans auf, um eine institutionalisierte Erziehung zu begründen.

7 A.a.O., S. 109.

8 A.a.O., S. 43.

9 A.a.O., S. 218.

10 Bund-Länder-Kommission für Bildungsplanung: Fünfjährige in Kindergärten, Vorklassen und Eingangsstufen. Bericht über eine Auswertung von Modellversuchen. Stuttgart 1976.

11 Bund-Länder-Kommission für Bildungsplanung und Forschungsförderung: Fortschreibung des Bildungsgesamtplanes II. Entwurf, 15.12.1980, unveröffentlichtes Manuskript, I A 1, S. 1. - Hierin wird vermerkt, daß 1978/79 bundesweit die meisten Fünfjährigen in Kindergärten betreut werden und nur 6 % Vorklassen und Eingangsstufen im Primarbereich besuchen. In Berlin liegt 1978 der Besuch der Vorklasse bei 58,4 % der Fünfjährigen.

12 Achtes Gesetz zur Änderung des Schulgesetzes von Berlin vom 7. März 1969, in: Gesetz- und Verordnungsblatt für Berlin, 24 (1969).

13 Der Senator für Schulwesen: Schulentwicklungsplan für das Land Berlin I (1970-1975). Berlin 1970, S. 16.

14 Berichterstattung über die Situation und die zukünftige Planung der Berliner Schulkindergärten vom 28. Juli 1968, in: Informationsdienst des Senators für Schulwesen, 1/1973.

15 Als Kindergärtnerin und Hortnerin nach BAT VII, als Leiterin (von Schulkindergärten) mit staatlicher Anerkennung als Kindergärtnerin/Hortnerin oder bei Gruppen von mehr als 50 Kindern nach BAT VIb und als Leiterin von zwei Gruppen und 75 % zurückgestellter Kinder nach BAT Vb.

16 Die jährlichen Personalkosten wurden gegenübergestellt: 480 nach BAT Vb vergütete Jugendleiterinnen wurden mit 8.668.800 DM, 480 Lehrerinnen nach BesGr A 11a mit 9.571.200 DM angesetzt. Angaben aus: Berichterstattung über die Situation und die künftige Planung der Berliner Schulkindergärten vom 28. Juli 1968, abgedruckt im Anhang zum "Vorläufigen Rahmenplan für die Vorklasse".

17 Für die im Schuljahr 1987/88 vorhandenen 629 Vorklassen kann kein Personalschlüssel angegeben werden, da der Senator für Schulwesen gegenwärtig die Herausgabe von Lehrer- und Erzieherpersonaldaten an das Statistische Landesamt Berlin verweigert. Meine telefonische Anfrage beim Statistischen Landesamt wurde als Bürgerbeschwerde aufgenommen, um den Senator für Schulwesen zur Datenherausgabe aufzufordern. Die Anzahl der Vorklassen aus: Statistisches Landesamt Berlin (Hg.): Statistische Berichte: Vorschulerziehung in Berlin (West), Schuljahr 1987/88. Berlin (März) 1988.

18 In: Dienstblatt des Senats von Berlin Teil III, Wissenschaft und Kunst, Schulwesen, Nr. 6 vom 31.7.1980 (geändert 1982 und 1986).

19 Im Schichtbetrieb entfallen die Betreuungszeiten, die Unterrichtszeit für die einzelne Vorklasse reduziert sich auf 17 Stunden, während sich die Anwesenheitszeit der Vorklassenleiterin auf 34 bzw. 33 Wochenstunden erhöht, wenn sonnabends zwei Gruppen für eine Stunde zusammengefaßt werden.

20 Angaben nach: Rolf Hensel: Die Eingangsstufe der Berliner Grundschule. Ergebnisse einer Studie über den Schulversuch Eingangsstufe. Hrsg. vom Senator für Schulwesen, Berufsausbildung und Sport. Berlin 1986.

21 Der Senator für Schulwesen, Berufsausbildung und Sport, III A 4, Anschreiben an alle Grundschulen, vom 21.1.1988. Betr.: Anmeldung zur Vorklasse. Berlin 1988.

22 Auskunft von Oberschulrat Meyer in einem Gespräch am 19.11.1987.

23 Der Senator für Schulwesen: Eingangsstufe der Grundschule. Berlin 1977, S. 25.

24 In Unterrichtsbereichen der Berliner Schule, die durch die Lehrer- oder Studienratsstudiengänge nicht erfaßt sind oder in denen zusätzlicher Bedarf besteht, sind zwei Fachlehrerlaufbahnen (A 10 bzw. A 11) vorgesehen. Als fachliche Voraussetzungen gelten
- die staatliche Prüfung für Lehrer der Kurzschrift und des Maschinenschreibens (Einsatz in diesen Fächern),
- die staatliche Prüfung für Musiklehrer (Einsatz Klasse 1-10),
- das Diplom für Sportlehrer (Einsatz im Fach Leibeserziehung),
- ein abgeschlossenes Studium an einer Ingenieur- oder Fachhochschule (Einsatz Technik/Arbeitslehre),
- die staatliche Anerkennung als Sozialarbeiter (Einsatz 1. und 2. Klasse an Sonderschulen für Lernbehinderte, in Klassen für Geistigbehinderte oder im Fach Spielerziehung an Berufsfachschulen).
Als Einstellungsvoraussetzung gilt eine zweisemestrige pädagogische Zusatzausbildung nach Ausbildungsplänen des Senators für Schulwesen und eine zwei- bzw. vierjährige Berufspraxis an öffentlichen Schulen oder Ersatzschulen. Grundlage ist die Verordnung über die Laufbahnen der Beamten des Schul- und Schulaufsichtsdienstes und des Volkshochschuldienstes (SchulLVO) v. 3. Juli 1980, in: Gesetz- und Verordnungsblatt für Berlin, 35 (1980), S. 1302.

25 Aus dem Arbeitsvertrag einer Vorklassenleiterin.

26 Verband Bildung und Erziehung (Hg.): VBEinformationen, 12 (1983), Heft 1.

27 Gewerkschaft Erziehung und Wissenschaft, Landesverband Berlin (Hg.): Haben unsere Kinder die Schule, die sie brauchen? Bericht über die Berliner Grundschultage 1985. Berlin 1986.

28 Eine Kommission von Lehrern, Kindergärtnerinnen aus dem Schul- und Kindertagesstättenbereich, Schulaufsichtsbeamten, Mitarbeitern der Pädagogischen Hochschule, des Pädagogischen Zentrums und der Senatsverwaltungen für Schulwesen und für Familie, Jugend und Sport erarbeitete 1969 unter Zeitdruck und in arbeitsteiligem Vorgehen den "Vorläufigen Rahmenplan für die Vorklasse", der zum Zeitpunkt der Umwandlung der Schulkindergärten in Vorklassen vorlag, 1972 geringfügig überarbeitet wurde und seither unverändert gilt. In die "Arbeitsgrundlagen für die Eingangsstufe" (1983) flossen Erfahrungen verschiedener Modellversuche ein: Differenzierter Beginn der Lehrgänge im Lesen, Schreiben und in der Mathematik (Senator für Schulwesen), Curriculum Institutionalisierte Elementarerziehung (CIEL/Stiftung Volkswagenwerk), Curriculum Eingangsstufe (PH, Berlin), Interaktion und Kommunikation in der Vorklasse (Pädagogisches Zentrum). In: Der Senator für Schulwesen (Hg.): Eingangsstufe der Grundschule. Bericht über die bisherigen Erfahrungen mit den Modellgruppen und den Stand der Planung zur Einführung der Eingangsstufe in der Grundschule. Berlin 1977.

29 Der Senator für Schulwesen 1977, S. 26.

30 Hensel 1986, S. 4.

31 Der Senator für Schulwesen Schul (II-BG 4): Arbeitsgrundlagen für die Eingangsstufe - Konzeptionelle Grundlagen, S. 14.

32 A.a.O., S. 5.

33 A.a.O., Soziales Handeln, S. 4 ff.

34 Obwohl die Vorklassenleiterin - anders als die Lehrerin in der Grundschule - die Kinder nicht (nach Noten) beurteilt, muß sie ihre Beobachtungsergebnisse während eines Vorklassenjahres mit einem Gutachten abschließen, das in den Schülerbogen als "Empfehlungen zum Schulanfang" eingeht.

35 Vorschulkongreß (Hannover) 1970. Eine Dokumentation vorgelegt von Arbeitskreis Vorschule. Velber 1970, S. 222.

36 A.a.O., S. 270, 273.

37 Uta Enders-Dragässer prägte diesen Begriff im Zusammenhang mit der von ihr aufgedeckten Vereinnahmung von Müttern durch uneingeschränkten Anspruch der Institution Schule auf regelmäßige, umfangreiche, unentgeltliche Zuarbeit, die sie am Beispiel der geforderten Hausaufgaben-Hausarbeit untersuchte und offenlegte. In: Uta Enders-Dra-

gässer: Familienpflicht - ein Faß ohne Boden. Die Erziehungsfunktion im Haushalt - Mütter als Hilfslehrerinnen der Nation, in: Das Parlament, Nr. 35/36 v. 1./8. Sept. 1984. Die in Kap. 4.1 angesprochene Ausweitung der Mütterarbeit wird nicht direkt durch die Institution Schule, sondern von der Lehr- und Lernmittelindustrie unter Berufung auf "Schulvorbereitung" u.ä. verursacht.

38 Pelikan-Katalog: Alles für die Schule. o.J. (ca. 1972).

39 Näheres s. Projektgruppe Kinderfernsehen (Hg.): Wenn Erni mit der Maus ... Weinheim 1975.

40 Hans-Dieter Kübler, Claudia Lipp, Jan-Uwe Rogge: Kinderfernsehsendungen in der BRD und der DDR. Eine vergleichende Analyse. Tübingen 1981, S. 149.

41 Neil Postman: Wir amüsieren uns zu Tode. Urteilsbildungen im Zeitalter der Unterhaltungsindustrie. Frankfurt 1985.

42 Jan-Uwe Rogge: Familienalltag und Medien, in: Arbeitskreis Neue Erziehung (Hg.): Familienleben gestern und heute - Perspektiven für die Eltern- und Familienbildung. Berlin 1988, S. 85 f.

43 Gerd Iben: Erzieheralltag. Hilfen für die Arbeit mit sozial benachteiligten Kindern. Ravensburg 1981.

44 Arbeitskreis Neue Erziehung e.V. (Hg.): Vorschulbriefe. Berlin 1986 ff. Da die Vorschulbriefe keine Seitennumerierung haben, werden alle Zitate im folgenden nur mit der Nr. des Briefes (je vier Seiten) angegeben.

45 Die Verteilung ist von der Zustimmung der Gesamtelternvertretung in Absprache mit der Schulleitung abhängig.

46 Vorwiegend als Fragen formuliert, die Kapitelüberschriften entsprechen.

47 Im Zeitraum vom 1. November 1986 bis Ende Juni 1987 wurde in Berlin für 7.106 Kinder Familiengeld bewilligt. 96 % der Empfänger sind Frauen, nur knapp 4 % Männer. Beim Bundeserziehungsgeld sind knapp 1 % Männer als Empfänger registriert. Angaben nach Pressemitteilungen der Senatorin für Jugend und Familie. Berlin (Senatspressedienst) 1987.

48 Vorschulbrief 2.

49 Uta Enders-Dragässer: Die schulische Sozialisation der Mütter und ihre Folgen, am Beispiel der Hausaufgaben. Basel 1981, S. 205.

50 Vorschulbrief 2.

51 Vorschulbrief 3.

52 Aus der Lehrerindividualdatei (Stichtag 1.10.87) wird ersichtlich, daß 609 Vorklassenvollzeitstellen mit 23 Männern und 586 Frauen besetzt sind. Hinzu kommen 17 von Frauen wahrgenommene Teilzeitstellen. - Den Auszug aus der Datei stellte das Statistische Landesamt Berlin zur Verfügung (s. Anm. 17).

Aufbruch im Erzieherinnenberuf?

Erfahrungen von Erzieherinnen in Kindergartengruppen für behinderte und nichtbehinderte Kinder

Ulrike Schildmann

Aus: Ernst Max Praxmarer: Wenn aus Beton Blumen wachsen ... Ein Versuch, aus den sich verändernden Bildinhalten die Veränderung des eigenen Lebens wahrzunehmen. Serigrafische Bilder 1976-1984. Hochschule der Künste. Berlin 1985, S. 103.

1. Einleitung

Die Diskussion um die gemeinsame Erziehung behinderter und nichtbehinderter Kinder in Kindertagesstätte und Schule setzte in der Bundesrepublik in der zweiten Hälfte der 60er Jahre ein. Ausschlaggebend dafür war zum einen die breite Diskussion um die Einführung der Gesamtschule (in diesem Zusammenhang die Diskussion um Chancengleichheit für alle Kinder); zum anderen wurde die Integration behinderter Kinder zum "gesellschaftsfähigen" Thema durch die 1973 vom Deutschen Bildungsrat verabschiedete Empfehlung "Zur pädagogischen Förderung behinderter und von Behinderung bedrohter Kinder und Jugendlicher"[1]. Erste praktische Integrationsversuche standen unter dem Einfluß skandinavischer Integrationsmodelle. Seit Mitte der 70er Jahre erhielt die Integrationsidee einen neuen Aufschwung durch die Antipsychiatriebewegung in Italien und durch italienische Integrationsversuche (Florenz). Seit 1980 ist in der Bundesrepublik und West-Berlin eine starke Zunahme von Kindergartengruppen für Behinderte und Nichtbehinderte zu verzeichnen[2]. Das beim Deutschen Jugendinstitut angesiedelte Projekt "Integration von Kindern mit besonderen Problemen" zählte 1980 ca. 60, 1985 dagegen über 150 Kindergärten (= 0,4 % aller Kindergärten) mit Integrationsgruppen[3]. Nach Recherchen des Deutschen Jugendinstituts wurden Mitte der 80er Jahre etwa je ein Viertel aller behinderten Kinder im Alter von drei bis sechs Jahren in Regelkindergärten beziehungsweise in Sonderkindergärten betreut. Bei den in Regeleinrichtungen einzelintegrierten Kindern handelte es sich der Tendenz nach um sogenannte leichter Behinderte. Das DJI schätzte, daß ca. 50 % aller behinderten Kinder dieser Altersgruppe keine institutionelle Betreuung erfuhren[4].

Die Umsetzung des Integrationsgedankens in die Praxis ist in den einzelnen Bundesländern unterschiedlich weit vorangeschritten.[5] Da die folgende Analyse auf Datenmaterial aus Berliner Einrichtungen basiert, soll die Berliner Situation hier kurz umrissen werden:

Im Jahre 1986 gab es in Berlin insgesamt 882 Kindergärten mit knapp 35.000 Plätzen.[6] Ca 2.000 der betreuten Kinder waren behindert. Praktische Erfahrungen mit Integrationsmodellen seit Anfang der 70er Jahren haben dazu geführt, daß der Senat von Berlin in einem Beschluß vom Dezember 1986 festlegte, Integrationsgruppen zur Regeleinrichtung werden zu lassen:

> "Der Senator für Jugend und Familie geht von der Einschätzung aus, daß für rund 50 % der gegenwärtig im Sonderbereich betreuten behinderten Kinder Integrationsgruppen von den Eltern gewünscht werden und fachlich angezeigt sein können. Dies beträfe zur Zeit rund 1.000 behinderte Kinder."[7]

Solche Integrationsgruppen gab es nach meinen Recherchen im Herbst 1986, zum Zeitpunkt der Erhebung des empirischen Datenmaterials für die vorliegende Studie, in neun Kindergärten.

Die vorliegende Analyse konzentriert sich im Gegensatz zu bisher veröffentlichten Projektberichten[8] u.ä. nicht auf das Thema der Interaktion zwischen behinderten und nichtbehinderten Kindern oder auf institutionelle Rahmenbedingungen, sondern auf die Personengruppe, auf deren Bereitschaft und Arbeit die Durchsetzung des Integrationsgedankens in der Kindergartenpraxis basiert, nämlich Erzieherinnen:

> "Integrative Kindergärten verdanken ihre Entstehung und ihren Fortbestand in starkem Maße dem besonderen Engagement der beteiligten Erzieher. Häufig führte die Reflexion ihrer Erfahrungen im regulären Kindergartenbetrieb wie in Sondereinrichtungen zu einem integrativen Konzept."[9]

Soweit in den oben genannten Berichten und Analysen die Arbeit der Erzieherinnen angesprochen wird, betrifft dies: Interaktionserfahrungen zwischen Erzieherinnen und Kindern, die Notwendigkeit, mit Eltern und Therapeuten zu kooperieren, damit die gemeinsame Erziehung behinderter und nichtbehinderter Kinder gelingt, sowie die Notwendigkeit von Fortbildungsangeboten im Sinne der Integration der Kinder. Dieser Tenor ist auch dem meines Wissens einzigen Aufsatz zur Integration, in dem die Erzieherin im Mittelpunkt des Interesses steht, von Gisela Dittrich und Lore Miedaner[10] zu entnehmen. Offen bleibt, und hier setzt mein Interesse an, zu fragen: Wer sind die Erzieherinnen, die, vor dem Hintergrund ihrer Erfahrungen in Sondereinrichtungen oder in Regelkindertagesstätten, die Motivation entwickelt haben, Integrationsgruppen zu planen und durchzusetzen? Vor welchem beruflichen Hintergrund und mit welcher Motivation machen sie dies? Wie erleben sie ihre Berufs- und Arbeitserfahrungen in einer Integrationsgruppe im Vergleich zu der Arbeit in Regelgruppen oder in Sondergruppen? Wie charakterisieren sie ihre tägliche Praxis unter dem Gesichtspunkt des Arbeitens, welchen Arbeitsbereich heben sie besonders hervor?

Aus den bereits erwähnten neun Kindertagesstätten, die zum Zeitpunkt meiner Befragung über Integrationsgruppen (ausschließlich oder neben Regel- oder Sondergruppen) verfügten, erklärten sich 28 Erzieherinnen zu einem Interview über ihre Arbeit bereit, das entspricht mindestens 60 % der Erzieherinnen, die zu der Zeit in Integrationsgruppen tätig waren. Anhand eines Gesprächsleitfadens (s. Anhang) wurden offene Interviews geführt, die folgende Themenbereiche berücksichtigten:

Beschreibung der Einrichtung,
Qualifikationen und Berufserfahrungen der Befragten,
Motivation für Integrationsarbeit,
Berufs-/Arbeitserfahrungen in Integrationsgruppen im Vergleich zu Erfahrungen in Regel- und/oder Sondergruppen,
Geschlechtsspezifische Arbeitsteilung, Zusammenarbeit mit männlichen Erziehern,
Beruflicher Status, Berufspolitik,
Forderungen an Erzieherinnenausbildung und -fortbildung,
Wünsche für die Zukunft der Integrationsarbeit,
Fragen zur Person, Statistik.

Fast alle Interviews wurden während der Arbeitszeit geführt; die zeitliche Begrenzung der Gespräche lag bei etwa zwei Stunden. Die Gespräche wurden auf Tonband aufgezeichnet, anschließend transkribiert und den Erzieherinnen zur Information und zu eventuellen Korrekturen vorgelegt.

Die in dieser Aufsatzsammlung vorgelegte Analyse enthält nicht die Ergebnisse aller in die Untersuchung einbezogenen Fragestellungen, sondern konzentriert sich auf solche, die im Zusammenhang mit den anderen Projektbeiträgen als besonders interessant erscheinen.

Aus dem umfangreichen Interviewmaterial wurden drei Themenbereiche ausgewählt, die im folgenden behandelt werden sollen:

- Der berufliche Werdegang der Erzieherinnen und ihre Motivation für Integrationsarbeit
- Ein Vergleich zwischen der Arbeit in Integrationsgruppen und der Arbeit in Sonder- oder Regelgruppen
- Das Verhältnis zwischen Erzieherinnen und Eltern sowie Elternarbeit als Beispiel für Berufs- und Arbeitserfahrungen in Integrationsgruppen

2. Beruflicher Werdegang von Erzieherinnen und ihre Motivation für Integrationsarbeit

In der Einleitung genannt wurde bereits die These, es seien im wesentlichen die in der Regel- oder Sonderkindergartenpraxis tätigen Erzieherinnen gewesen, die die gemeinsame Erziehung behinderter und nichtbehinderter Kinder initiiert hätten. Diese These zu überprüfen und zu differenzieren ist ein Grund dafür, den beruflichen Werdegang und die Motivation zur Integrationsarbeit näher zu betrachten. Ein zweiter Grund liegt in der politischen Entscheidung einiger Bundesländer, Integrationsgruppen zur Regel zu machen. So beabsichtigt der Senat von Berlin, in den nächsten Jahren ca. 300 Integrationsgruppen einzurichten. Es drängt sich die Frage auf, welchen beruflichen Hintergrund die dazu benötigten Erzieherinnen haben und ob sie für diese neue Aufgabe motiviert sind. Die folgende Darstellung der Werdegänge und Motivationen derjenigen, die sich zu diesem Schritt entschlossen haben und Integration praktizieren, kann Hinweise darauf geben, welche Faktoren förderlich oder hinderlich und damit in Entscheidungen einzubeziehen sind.

Ein wichtiger Faktor für berufliche Erfahrungen ist die Länge der Berufstätigkeit und damit das Alter. Von den Befragten waren ca. 40 % bis 30 Jahre alt und je knapp 30 % zwischen 31 und 40 sowie zwischen 41 und 50. Nur eine der 28 Erzieherinnen war über 50 Jahre alt. Die berufliche Laufbahn als Erzieherin (gerechnet vom Beginn der Fachausbildung an) begann für 60 % der Befragten in den 70er Jahren, einem Jahrzehnt, in dem die traditionelle Kindergartenpraxis u.a. durch neue pädagogische Ansätze, die Kinderladen-Bewegung und ähnliches erhebliche Veränderungen erfuhr; nur für

10 % begann sie früher und für die restlichen 30 % erst in den 80er Jahren. Jedoch sind nicht alle, die als Erzieherinnen arbeiten, als solche ausgebildet: Ausnahmen unter den Interviewten bildeten drei Kinderkrankenschwestern, eine Beschäftigungstherapeutin, eine Sozialarbeiterin und eine Psychologin. 30 % der Frauen hatten vor der Erzieherinnenausbildung bereits einen anderen Beruf erlernt und ausgeübt. Diese Frauen haben sich möglicherweise bewußter als die anderen für den Erzieherinnenberuf entschieden.

Der berufliche Werdegang von Frauen verläuft im allgemeinen nicht unabhängig von privaten Entscheidungen über Ehe und Familie. Bei den von mir Befragten fällt auf, daß von ihnen zur Zeit des Interviews ca. 70 % nicht verheiratet und ebenso 70 % kinderlos waren. Dies läßt eine hohe berufliche Offenheit zu, organisatorisch wie auch inhaltlich. Das Berufsleben der Befragten ist durch Flexibilität unterschiedlicher Art gekennzeichnet: Häufig zu beobachten ist der Wechsel zwischen Einrichtungen innerhalb des Erziehungssystems, insbesondere zwischen Kindertagesstätten, Heim, Schule und Jugendfreizeitbereich. Nur ein Drittel der befragten Erzieherinnen hatte – einschließlich des Anerkennungsjahres – zum Zeitpunkt der Befragung lediglich in einer einzigen Einrichtung gearbeitet, ein weiteres Drittel in zwei Einrichtungen und das dritte Drittel in drei oder mehr (bis zu acht) Einrichtungen. Mögen diese Daten zunächst nicht auf hohe Flexibilität hindeuten, so ist doch zu bedenken, daß fast all diejenigen, die nur eine Einrichtung kennengelernt hatten, innerhalb dieser Einrichtung zwischen Krippe, Kindergarten und Hort sowie zwischen Regel- und Sondergruppe und – seit einigen Jahren möglich – zur Integrationsgruppe gewechselt hatten. Die zum beruflichen Werdegang gehörigen Passagen innerhalb der Interviews vermitteln den Eindruck eines hohen Maßes an beruflicher Beweglichkeit.

Ein weiterer Ausdruck von Flexibilität soll untersucht werden: Der Aufstieg in Leitungspositionen. Unter den Befragten waren vier Leiterinnen und eine stellvertretende Leiterin, von denen drei als Erzieherinnen bzw. Kinderkrankenschwestern den Aufstieg gemacht hatten, die anderen zwei als Jugendleiterinnen/Sozialarbeiterinnen.

Die Frage der Aufstiegsmotivation wurde von einigen Erzieherinnen auch im Zusammenhang mit persönlichen Zukunftsperspektiven angesprochen. Als Gesamtbild ergab sich dabei, daß sich – außer einer Gruppe, die sich nicht als aufstiegsorientiert darstellte – einige Erzieherinnen die Leitung einer Kindertagesstätte als berufliches Ziel vorstellten und eine weitere Gruppe – und dies fiel bei der Auswertung des Interviewmaterials besonders ins Auge – aus dem Beruf der Erzieherin hinausstrebte. Bei einigen dieser Frauen war dieses Bestreben im Zuge einer berufsbegleitenden, bereits erworbenen, Zusatzqualifikation in Gestaltpädagogik, Gesprächsführung, psychologisch-technischer Assistenz u.ä. entstanden. Resultat für diese Frauen war, allgemein betrachtet, der Wunsch nach einer Beratungstätigkeit. Bei anderen, nicht nur älteren Erzieherinnen, resultierte das Streben aus dem Erzieherinnenberuf hinaus aus der persönlichen Erfahrung oder Befürchtung, nicht ein Leben lang mit Kindern (möglicherweise immer wieder derselben Altersgruppe) arbeiten zu können oder zu wollen. Während zur Zeit des Interviews gerade zwei der Befragten ihren Ausstieg vorbereiteten, um entweder einen anderen Beruf zu erlernen (Heilpraktikerin) oder einfach durch die Welt zu fahren, fühlten sich andere in ihrer Situation als Erzieherin eingeengt und ohne Perspektive.

Diese Ergebnisse weisen in die Richtung der theoretischen Überlegungen von Ursula Rabe-Kleberg, die sie in dem Sammelband "Qualifikationen für Erziehungsarbeit" ausführt.

> "Die individuell genutzte Möglichkeit, sich höher zu qualifizieren, führt weg von der praktischen Arbeit mit den Kindern und weist damit darauf hin, daß Professionalisierung (was hieße hohe Qualifizierung und praktische Arbeit) nicht zugelassen wird."[11]

Das bedeutet, daß Zusatzqualifikationen, die von vielen zunächst einmal innerhalb des Berufsrahmens gedacht werden, schließlich nicht zu integrieren sind, weil der Rahmen zu eng ist.

Dem Ansatz von Rabe-Kleberg stehen die theoretischen Überlegungen eines anderen Autors desselben Bandes entgegen. Kurt Bader schreibt:

> "Wählt eine Frau den Erzieherberuf, so wählt sie damit eine gleichsam ihr "arteigene" Tätigkeit. Ihr Berufsverständnis ist weiterhin an der privaten Mutterfunktion orientiert. Sie versteht sich als öffentliche Ersatz-Mutter für 8 oder mehr Kinder "ihrer" Gruppe."[12]

Unter dem Gesichtspunkt der Biographie von Müttern und der beruflichen Laufbahn von Erzieherinnen, den der Verfasser an dieser Stelle behandelt, ist allein schon eine formale Differenzierung – unabhängig von inhaltlichen Unterschieden – notwendig: Die Erziehungstätigkeit von Müttern dauert erstens in der Regel nicht ein ganzes Berufsleben lang, zweitens machen Mütter ihre Erziehungserfahrungen entlang des Alters ihrer Kinder; eine Erzieherin begleitet möglicherweise 40 Jahre lang immer wieder Drei- bis Sechsjährige bis zu deren ersten Schultag. Dessen ungeachtet fährt Bader fort:

> "Sie versucht, in der öffentlichen Einrichtung eine private Erziehung zu praktizieren. Der eigentliche Sinn ihres Lebens gilt jedoch meist nach wie vor der eigenen Familie."[13]

Nur wenige der von mir befragten Erzieherinnen bestätigten diese These. Beachtenswert ist die obengenannte Tatsache, daß überdurchschnittlich viele der Interviewten unverheiratet und kinderlos waren. Hier muß offenbleiben, ob solche Erzieherinnen, von denen sich viele durch hohes Engagement für die Integrationsarbeit in ihrem Beruf auszeichnen, überwiegend keine eigenen Kinder haben, sondern nur die Kinder anderer Frauen erziehen. Für die befragte Gruppe wäre dieser Faktor bei einem Vergleich der Reproduktionsarbeit von Müttern und Erzieherinnen eine nicht außer acht zu lassende Grundkonstante.

Um der Motivation für Integrationsarbeit bei den interviewten Frauen näherzukommen und zu untersuchen, ob diese Motivation mit dem Bedürfnis nach Höherqualifizierung und Vielfalt in den Arbeitsinhalten einhergeht, sollen abschließend zwei Fragen zum beruflichen Werdegang behandelt werden:

- Wie viele der jetzt in Integrationsgruppen arbeitenden Erzieherinnen verfügen über Erfahrungen in Regel- und/oder in Sondergruppen?
- Wie kann das Spektrum der wahrgenommenen Fortbildungen charakterisiert werden? Deutet dieses in Richtung Integrationsarbeit?

Von den 28 Interviewten hatten zum Zeitpunkt der Befragung zwölf (d.h. 43 %) Vorerfahrungen sowohl in Regel- als auch in Sonderkindergartengruppen gemacht. Weitere neun waren nur in Sondergruppen und fünf nur in Regelgruppen tätig gewesen. Zwei Erzieherinnen bezogen ihre Berufserfahrungen ausschließlich aus der Arbeit in Integrationsgruppen. Den Wechsel in die Integrationsarbeit hatten knapp zwei Drittel der Erzieherinnen von der Sondergruppenarbeit aus vollzogen.

Bevor dieser Zusammenhang näher beleuchtet wird, ein kurzer Blick auf die markantesten Punkte im Bereich der Fortbildungen dieses Personenkreises: 50 % der Befragten hatten eine umfangreiche Zusatzausbildung (Heilpädagogischer Lehrgang des Senats von Berlin, u.ä.) im Bereich der Behindertenpädagogik durchlaufen. Die Auswertung des Interviews ergab des weiteren, daß viele einzelne Kursangebote zur pädagogischen Arbeit mit Kindern wahrgenommen wurden, ebenfalls Supervision der eigenen Arbeit; dagegen war keine besondere Ausrichtung der Befragten auf Fortbildungsangebote, die sich speziell mit der Integrationsfrage beschäftigen, zu erkennen. Am auffälligsten bei der Betrachtung der beruflichen Vorerfahrungen sowie der wahrgenommenen Fortbildungsangebote ist der Bezug zur Behindertenpädagogik.

Vor diesem Hintergrund stellt sich die Frage, welche Motivation der Entscheidung für die gemeinsame Erziehung behinderter und nichtbehinderter Kinder zugrundeliegt. Vorausgeschickt werden muß, daß die in den ca. zweistündigen Interviews spontan geäußerten Beweggründe hier als Motivation angenommen werden, obwohl damit sicherlich nicht alle wirksam werdenden Motivationsaspekte hervortreten. Aufgezeigt werden sollen hier lediglich unterschiedliche Richtungen, aus denen Erzieherinnen in der Integrationsarbeit zusammentreffen.

Am häufigsten – von zwölf Befragten – als Motivation genannt wurden die vorteilhaften Arbeitsbedingungen in Integrationsgruppen: Sie zeichnen sich gegenüber den Regelkindergartengruppen (Berlin: eine Erzieherin mit fünfzehn Kindern) und gegenüber den Sondergruppen (eine Erzieherin mit ca. sechs Kindern) überwiegend durch Besetzung einer Gruppe von ca. zwölf Kindern – darunter drei Behinderte – mit zwei Erzieherinnen aus. Als positive Arbeitsbedingung wurde des weiteren genannt, daß einige der Integrationskindertagesstätten neu eröffnet wurden und die Erzieherinnen dort eine offene pädagogische Atmosphäre erwarteten; in einigen anderen Fällen waren die Befragten von Freundinnen oder Bekannten, die bereits in einer Integrationseinrichtung arbeiteten, motiviert worden.

Eine weitere große Gruppe – neun Befragte – gab als Motivation die Integration als "Lebensphilosophie" und deren Umsetzung als beruflichen Wunsch an. Diese Frauen führten zumeist eine längere persönliche Geschichte mit Behinderten an. Eine dritte Gruppe setzte sich aus solchen Erzieherinnen zusammen, die – noch ausschließlich auf Behinderte konzentriert – einen neuen Rahmen für die Erziehung behinderter Kinder suchten. Schließlich gab es eine kleine Gruppe, die ihre Motive ganz allgemein umschrieb: "Was Neues, Sinnvolles machen".

Fast allen Interviewbeiträgen zu der Frage der Motivation war Unzufriedenheit mit der Arbeit in Regel- und/oder Sondergruppen zu entnehmen sowie die Hoffnung, einen Ausweg, d.h. mehr Zufriedenheit, in der Integrationsarbeit zu finden.

Dennoch war nicht allen zu der Zeit, als sie sich für diesen pädagogischen Ansatz entschieden hatten, die Integrationsidee als solche näher bekannt gewesen. Zum Zeitpunkt der Interviews hielten dagegen alle die Arbeit in Integrationsgruppen für die bessere pädagogische Lösung im Vergleich zur Arbeit in Regel- und in Sondergruppen. Mit diesem Vergleich beschäftigt sich der nächste Abschnitt des Aufsatzes.

3. Vergleich der Arbeit in Integrationsgruppen mit der Arbeit in Sonder- oder Regelgruppen

Knapp 70 % der Gesamtgruppe reagierten auf meine Frage nach Berufs- und Arbeitserfahrungen in Integrationsgruppen im Vergleich zu Regel- bzw. Sondergruppenarbeit mit einem Vergleich der psychologisch-pädagogischen Situation in der Gruppenarbeit mit den Kindern. Da etwa zwei Drittel der Befragten, wie oben erwähnt, den Wechsel von einer Sondergruppe aus vollzogen hatten, beziehen sich die meisten Aussagen auf Vergleiche zwischen Integrations- und Sondergruppe. Die Interviewten charakterisierten die Verschiedenheit der beiden Varianten in der Weise, wie sie eine Erzieherinnengruppe in dem Band "Integrative Förderung Behinderter in pädagogischen Feldern Berlins" im Jahre 1984[14] thesenartig formuliert hatte:

Sie sieht die Sondergruppenarbeit belastet durch übermäßig erwachsenenbezogenes Kinderverhalten, d.h. durch fehlende Kommunikation unter den Kindern und Schwierigkeiten beim Aufbau einer Gruppensituation. Daraus resultiere ein permanentes Gefordertsein der Erzieherin, welches jedoch trotz ihres hohen Einsatzes nicht zu einem ausgeglichenen Miteinander der Gruppe führe. Die Arbeit in Integrationsgruppen dagegen werde erleichtert durch die Kommunikation unter den Kindern, die auch eine Voraussetzung dafür sei, daß behinderte Kinder auf dem Weg des Nachahmens nichtbehinderter Kinder wichtige neue Lernschritte machten. Die Vorbilder seien in den Gleichaltrigen präsent und müßten nicht in hohem Maße durch Erwachsene und durch pädagogische Programme ersetzt werden.

An Trainings- und ähnlichen pädagogischen Programmen hatten sich die befragten Erzieherinnen in ihrer Sondergruppenarbeit zunächst selbst orientiert. Sie lehnten diese jedoch nun als Reglementierungsinstrumente ab, nicht zuletzt weil diese zumeist übermäßig die Defizite der Kinder hervorhöben, nicht aber deren Gesamtpersönlichkeiten ausreichend respektierten.

Die Erzieherinnen unter den Interviewten, die, wie die oben zitierte Gruppe, die kindliche Gesamtpersönlichkeit stärker fördern wollten, meinten, die Integrationsarbeit habe auch Auswirkungen auf ihr eigenes Selbstverständnis. Sie fühlten sich herausgefordert, ihre Leistungsansprüche an die Kinder zu reflektieren, ihre eigene Persönlichkeit ins Spiel zu bringen und die eigenen Verhaltensmuster zu hinterfragen. Unterstützt sahen sie selbst derartige Prozesse zum einen durch offensichtlich neuartige Erfahrungen, die nichtbehinderte Kinder den nur an behinderte Kinder gewöhnten Erzieherinnen boten. Immer wieder angeführt wurde "phantasievolles, spontanes Handeln" der nichtbehinderten Kinder. Viele hatten zudem Gelegenheit, innerhalb ihrer Einrichtung Supervisionsgruppen zu organisieren; auch dadurch wurden sie mit der Frage ihres eigenen Selbstverständnisses konfrontiert. Außerdem wurden sie durch die neue Erfahrung der Teamarbeit in den Integrationsgruppen zu derartiger Reflexion herausgefordert. Angst vor Kritik durch die zweite Erzieherin in der Gruppe, Konkurrenz um die Gunst der Kinder u.ä. traten bei allen (knapp 50 % der Gesamtgruppe, die die Teamarbeit spontan als für den Vergleich relevant erwähnten) gegenüber der Reflexionsmöglichkeit durch Gespräche sowie gemeinsames Vorbereiten und Handeln in den Hintergrund. Auf die Frage, ob nicht auch in den Sondergruppen ein fachlicher Austausch möglich gewesen sei, insbesondere mit den Therapeutinnen (Krankengymnastinnen, Beschäftigungstherapeutinnen), wurde überwiegend negativ reagiert: Jede Berufsgruppe sehe die Arbeit mit behinderten Kindern aus ihrer berufsspezifischen Sicht. Dies wiederum wurde als Zeichen für Spezialisierung im Sinne von Defizitorientierung und Beschränkung gewertet.

Die Teamarbeit wurde insgesamt positiv beurteilt und in Kombination mit der reduzierten Kinderzahl pro Gruppe als ein wesentlicher Faktor für verbesserte Arbeitsbedingungen angeführt. Sie ist auch ein Faktor, durch den sich die Erzieherinnenarbeit von der gesellschaftlich gängigen Form der Mütterarbeit entfernt und einer Professionalisierung näherkommt. Dabei soll nicht vergessen werden, daß auch Erzieherinnenarbeit – neben gezieltem pädagogischen Handeln – Pflege und Versorgung von Kindern bedeutet. In dem Vergleich von Integrations- und Sondergruppenarbeit wurden jedoch Versorgungsarbeiten nur von 25% der Gesamtgruppe angesprochen, und zwar überwiegend unter dem Gesichtspunkt pflegerischer Tätigkeiten für behinderte Kinder, die sich durch die neue Gruppenzusammensetzung für die meisten Erzieherinnen reduzierten. Ein Teil der befragten Frauen tendierte dazu, Versorgungsarbeiten entweder als unwichtigen Bestandteil der Arbeit abzutun, obwohl diese im allgemeinen einen erwähnenswerten Prozentsatz der Arbeit ausmachen und sogar den Tagesablauf im Kindergarten mehr oder weniger strukturieren: Frühstücken, Zähneputzen, Toilettengang, Mittagessen, Schlafen etc. Die anderen interpretierten sämtliche Versorgungstätigkeiten als pädagogisches Handeln und nur unter erzieherischen Gesichtspunkten.

Beide Haltungen sind m.E. ein Ausdruck dessen, daß die in der Regel von Müttern geleistete Pflege- und Versorgungsarbeit von Kindern wenig gesellschaftliche Anerkennung erfährt und daß Erzieherinnen ihre Arbeit davon abgrenzen wollen, um nicht mit Müttern gleichgestellt zu werden.

Bevor auf das Verhältnis zwischen Erzieherinnen und Müttern im folgenden Abschnitt näher eingegangen wird, soll hier der Vergleich im Hinblick auf eine übergeordnete Frage erörtert werden:

Hat der Wechsel von Sonder- oder Regelgruppenarbeit zur Integrationsarbeit das Berufs- und Selbstverständnis der Befragten verändert? Explizit äußerte sich nur ein Drittel der Gesamtgruppe zu dieser Frage. Hinweise darauf enthält bereits die Darstellung der pädagogischen Arbeit mit den Kindern und die Teamarbeit. In den vielschichtigen Antworten kommen folgende Gesichtspunkte zum Ausdruck:

- Integrationsarbeit ist mit mehr persönlichem Engagement verbunden als Sonder- und Regelgruppenarbeit, insbesondere im Prozeß der Einführung von Integrationsgruppen.
- Die Ansprüche an pädagogisches Können sind höher.
- Die gesellschaftliche Anerkennung ist vergleichsweise hoch.

Die letztgenannte Einschätzung geht mit der Forderung aller Betroffenen einher, keine Aufspaltung der Gesamtberufsgruppe in Regel-, Sonder- und Integrationserzieherinnen zuzulassen. Betont werden die Gemeinsamkeiten der drei Gruppen. Damit könnte das Solidarbewußtsein – und dies bedürfte einer gesonderten Untersuchung – der Möglichkeit entgegenstehen, stärkeres persönliches Engagement, höhere Ansprüche an pädagogisches Können sowie gesellschaftliche Anerkennung berufspolitisch für eine Strukturveränderung des Erzieherinnenberufs im Vergleich zu anderen pädagogischen und sozialen Berufen zu nutzen.

Das Berufsverständnis resultiert jedoch nicht nur aus der Arbeit der Erzieherin mit einer Gruppe von Kindern, obwohl dieser Faktor oftmals als einziger gesehen und als Kriterium für das Maß der gesellschaftlichen Anerkennung herangezogen wird. Gerade Erzieherinnen in Integrationsgruppen haben auf andere, zum Teil neue, Arbeitsbereiche aufmerksam gemacht[15], so auf die Kooperation mit anderen Fachkräften (u.a. im Rahmen der Einschulung der Kinder), Anleitung von Praktikanten, Öffentlichkeitsarbeit (u.a. Hospitationen interessierter Fachleute in der Einrichtung), politische Arbeit zur

Durchsetzung oder zum Erhalt von Integrationsgruppen. Hinzu kommt der Bereich Elternarbeit. Dieser Punkt, die Zusammenarbeit mit Müttern und Vätern, soll im folgenden Abschnitt beleuchtet werden, da das Verhältnis zwischen ihnen und den Erzieherinnen Spannungsfelder aufweist, die bisher bei der Analyse des Erzieherinnenberufs als Frauenberuf zu kurz gekommen sind.

4. Das Verhältnis zwischen Erzieherinnen und Eltern sowie Elternarbeit als Beispiel für Berufs- und Arbeitserfahrungen in Integrationsgruppen

Die Elternarbeit in Kindertagesstätten ist ein umfangreiches, nicht klar abgestecktes Aufgabengebiet. Erziehung im Elternhaus und Erziehung im Kindergarten sind keine voneinander unabhängigen Bereiche; Erzieherinnen mischen sich in Familienangelegenheiten, wenn nicht in das Privatleben der Eltern ein, und Eltern stellen Forderungen an die Qualität der öffentlichen Erziehung. An den Berichten erstaunt zunächst, daß die befragten Erzieherinnen kaum nach Müttern und Vätern differenzierten, sondern sie, mitunter auch Alleinerziehende, als Eltern und den privaten Raum der Kinder als Elternhaus bezeichneten. Eine Erklärung dafür wird der Beschreibung des Verhältnisses zwischen den beiden erziehenden Instanzen folgen.

Im Rahmen ihrer Arbeit mit den Kindern betraten viele der befragten Erzieherinnen, gezielt oder ungezielt, das Terrain der Eltern. Aus ihren Berichten geht hervor, daß sie die Eltern in ihre Arbeit zu integrieren und Elternverhalten zu beeinflussen versuchten. Als Beispiele dafür gaben sie an, daß sie im Rahmen pädagogischer Projekte einzelne Kinder der Gruppe zuhause besuchten, dort frühstückten, die Wohnungen fotografierten, anschließend Bilder malen ließen u.ä. Viele versuchten, die Eltern zu motivieren, daß ihre Kinder sich nach Kindergartenschluß gegenseitig besuchten. Dabei legten sie großen Wert auf die Einbeziehung der behinderten Kinder. Außerdem wurden gemeinschaftliche Gruppenreisen von drei Tagen bis zu drei Wochen veranstaltet. Die Erzieherinnen übernahmen während dieser Zeit die volle Verantwortung für die Kinder. Einzelne Erzieherinnen berichteten von – m.E. einschneidenden – Beeinflussungen elterlicher Verhaltensweisen: Sie holten manche Kinder zuhause ab, weil die Mütter sie nicht in die Tagesstätte brachten oder schickten; sie wiesen Mütter auf Sauberkeitsregeln hin, nahmen Eltern Behördengänge und Arztbesuche ab (im Zusammenhang mit behinderten Kindern) und sie versuchten, bei Einschulungsfragen auf die Eltern einzuwirken. Ein weiteres Beispiel ist die Ernährungsumstellung in einer Kindertagesstätte auf Vollwert- und fleischlose Kost für die Kinder, wodurch manche Eltern verunsichert waren und ärgerlich auf die neuen Wünsche ihrer Kinder reagierten, andere sich durch die Erzieherinnen motivieren ließen, den häuslichen Speiseplan umzustellen.

Umgekehrt fühlte sich ein Großteil der Erzieherinnen erheblichen Forderungen der Eltern ausgesetzt. Dies wird an zwei Konflikten besonders deutlich: an der Auseinandersetzung über Vorschulprogramme und über Therapieprogramme für die behinderten Kinder. Die meisten Erzieherinnen lehnten beides in der traditionellen Weise aus pädagogischen Gründen ab, die Vorschulprogramme, weil diese einseitig kognitiv- und leistungsorientiert seien und Schulstreß vorwegnähmen, die Therapieprogramme, weil sie – ähnlich einseitig – defizitorientiert seien, was dem Integrationsanspruch widerspreche. Die Einzelbehandlung behinderter Kinder isoliere die betroffenen Kinder von den anderen und störe das Gruppengeschehen. In einzelnen Tagesstätten gaben sie jedoch der Forderung der Eltern nach.

Gut ein Drittel der Befragten äußerten sich bewertend über ihr Verhältnis zu den Eltern. Sie beurteilten es als – zumindest zeitweise – konkurrent und von gegenseitiger Kritik gekennzeichnet. Nicht näher eingegangen wird hier auf den Vorwurf, manche Eltern würden die Kindertagesstätte als reine Versorgungseinrichtung benutzen, und auf die Forderung nach mehr Engagement der Eltern für die öffentlich geleistete Erziehung ihrer Kinder. Gewichtiger erscheinen mir zwei andere kritische Argumente:

Eltern kritisierten die Arbeit der Erzieherinnen, ließen sich aber selbst nicht in Frage stellen, und Eltern spielten die Gruppenerzieherinnen gegeneinander aus: Ältere und erfahrenere gegen unerfahrenere, Mütter gegen kinderlose Erzieherinnen, männliche Erzieher gegen weibliche.

Dabei handelte es sich offenbar manchmal um Konkurrenzen zwischen Erzieherinnen und Vätern, überwiegend aber zwischen Erzieherinnen und Müttern – nach dem Motto: Wer ist die bessere Mutter? In dieser Frage bezogen alle Erzieherinnen eine klare Stellung, indem sie den Müttern eine stärkere emotionale Bindung an ihre Kinder zubilligten und andererseits ihre eigene berufliche Qualifikation hervorhoben. Die Interviewaussagen vermittelten somit den Eindruck, daß es primär die Mütter seien, die Abgrenzungsprobleme mit den Erzieherinnen hätten.

Eine weitere Differenz ergab sich aus der Gegebenheit der Integration. Fast jeweils drei von vier Erzieherinnen gaben an, sie sähen große Unterschiede zwischen den Eltern nichtbehinderter und den Eltern behinderter Kinder in einer Gruppe. Die Eltern der Nichtbehinderten zeichneten sich im Vergleich stärker durch eine selbstverständlich fordernde Haltung aus. Die Eltern der Behinderten würden zwar auch fordernd auftreten, die meisten seien jedoch eher verunsichert und durch ihre Situation mit einem behinderten Kind psychisch belastet. Der Kontakt zwischen Erzieherinnen und diesen Eltern sei anders als der zu den Eltern nichtbehinderter Kinder, nämlich entweder distanzierter, was daraus resultiere, daß behinderte Kinder zumeist in Taxis zur Tagesstätte kämen, oder aber intensiver, da die Erziehung der behinderten Kinder durch Beratungen und gemeinsame Überlegungen von Eltern und Erzieherinnen unterstützt werde.

Neben dem sich mehr oder weniger spontan entwickelnden Verhältnis zwischen Erzieherinnen und Eltern aufgrund der abwechselnden Betreuung der

Kinder existiert eine pädagogisch gezielte Elternarbeit in Kindertagesstätten, in Form von Elternabenden, in Sondereinrichtungen ergänzt durch Hausbesuche und Hospitationen der Eltern in der Gruppe.

Aus den Interviewaussagen zu der gezielten Elternarbeit in Einrichtungen mit Integrationsgruppen ergab sich folgendes: Alle 28 Erzieherinnen führten Elternabende durch, manche wöchentlich (Elterninitiativeinrichtungen), andere dagegen nur drei bis vier Mal im Jahr, die meisten etwa sechswöchentlich. Sinn und Zweck der Elternabende wurden unterschiedlich bewertet, da manche die Teilnahme zur Pflicht machten (Initiativeinrichtungen), andere kaum von einem Interesse der Eltern ausgingen, z.b. in Gruppen mit einem Ausländeranteil von 60 % und entsprechenden Schwierigkeiten mit der deutschen Sprache.

Der Stellenwert der Elternabende wurde von den meisten nicht sehr hoch angesetzt: Organisatorische Fragen ständen im Vordergrund. An der Diskussion spezieller Themen bestehe zwar bei den Erzieherinnen großes Interesse, es fehle jedoch unzweifelhaft an Vorbereitungszeit. Hinzu komme, und dies mache die Elternabende zu einer schwierigen Angelegenheit, daß die Eltern sehr unterschiedlich seien und es großen Geschicks bedürfe, sie "unter einen Hut" zu bringen.

Die üblichen Elternabende werden durch andere Aktivitäten in Sachen Elternarbeit ergänzt: An oberster Stelle genannt wurden Elterneinzelgespräche in der Kindertagesstätte und Hausbesuche bei den Eltern. Ein nicht geringes Gewicht haben Kurzgespräche beim Bringen und Abholen der Kinder und in Ergänzung dazu Telefongespräche mit Eltern, deren Kinder in Taxis kommen. Außerdem organisieren die Erzieherinnen einzelner Kindertagesstätten Kaffeenachmittage und initiieren und unterstützen Treffen kleinerer Gruppen von Eltern untereinander.

Neben diesen unterschiedlichen Formen der Elternarbeit gibt es verschiedene Arten der Elternmitarbeit, die ebenfalls von den Erzieherinnen organisiert und begleitet werden müssen: Fünf Erzieherinnen berichteten, daß Eltern für die Kinder kochten, die Einrichtung putzten oder die Kinderarbeit während der wöchentlich stattfindenden Erzieherbesprechung übernähmen. Weitere fünf erzählten, daß Eltern in den Gruppen hospitierten.

Die meisten Erzieherinnen bewerteten die Elternarbeit im Vergleich zur Arbeit mit den Kindern und anderen Tätigkeiten als extrem kompliziert oder sogar als den anstrengendsten Arbeitsbereich überhaupt. Nur drei Erzieherinnen sagten spontan, die Elternarbeit – und damit waren in diesen Fällen wohl die Elternabende gemeint – sei erfolgreich und mache Spaß. Die Mehrzahl der Erzieherinnen beurteilte das Zusammensein mit mehreren Eltern – zumal ohne Vorbereitungszeit – als Überforderung; sie wichen auf Einzelkontakte und -gespräche aus. Die Qualifikation für Elternarbeit hatten sich die meisten durch Erfahrung angeeignet; einzelne bewerteten psychologische Gesprächstechniken als hilfreich. Aus zwei Einrichtungen (sieben der befragten Erzieherinnen) wurde von positiven Erfahrungen mit Supervision berichtet; diese diente in einer der Kindertagesstätten speziell der Vor- und Nachbereitung schwieriger Elterngespräche.

Sowohl bei den regel- oder unregelmäßigen Kontakten als auch bei der gezielten Elternarbeit treffen Erzieherinnen häufiger mit den Müttern als mit den Vätern der Kinder zusammen. Dennoch wurde, wie vorab bemerkt, in den Interviews fast ausschließlich von Eltern anstatt von Müttern oder Vätern gesprochen. Dies ist m.E. als ein weiterer Hinweis darauf zu sehen, daß Erzieherinnen sich und ihre Tätigkeit nicht mit Müttern und deren häuslicher Erziehungsarbeit gleichsetzen. Vielmehr grenzen sie sich aufgrund ihrer Ausbildung und gegebenenfalls Spezialisierung innerhalb des Berufs sowie aufgrund unterschiedlicher Rahmenbedingungen von institutioneller und privater Reproduktionsarbeit ab. Auch ihr − von den Müttern differierendes − Verhältnis zu "ihren" durchschnittlich zwölf Kindern trägt zu der empfundenen Distanz zu den Müttern bei. Diese ist m.E. leichter herzustellen und zu erhalten, wenn die Erzieherin sich nicht in einem Verhältnis "von Frau zu Frau" begreifen muß, sondern ihr Gegenüber als "Familie" oder als "Eltern" − und handele es sich auch nur um eine Person − identifizieren kann. Die versuchte Distanzierung scheint für Erzieherinnen notwendig zu sein, um ihre berufliche Identität zu erhalten. Ob diese Art der Abgrenzung aber wirklich geeignet ist, der vergleichsweise geringen gesellschaftlichen Akzeptanz des Berufes zu entgehen, ist fraglich.

5. Zusammenfassung und weitere Überlegungen

Im Titel der vorliegenden Aufsatzsammlung wird die Frage nach der Hausarbeitsnähe von Versorgungs-, Erziehungs- und Bildungsberufen gestellt. Die Arbeit von Erzieherinnen ist in einem ganz wesentlichen Bereich mit der Arbeit von Müttern vergleichbar, nämlich bei allem kindbezogenen Tun und Handeln. Bisher vorgelegte Analysen zur Erziehungsarbeit im Kindergarten betonen diesen Zusammenhang möglicherweise zu sehr, weil sie andere, die Kinderarbeit ergänzende, Tätigkeitsbereiche übersehen[16]. Gerade am Beispiel der Elternarbeit als einem wichtigen Tätigkeitsfeld, welches manche der von mir interviewten Erzieherinnen sogar als das schwierigste bezeichneten, kann gezeigt werden, daß Erzieherinnen über die hausarbeitsnahen Arbeiten hinaus ergänzende Aufgaben bewältigen müssen, die mit der Mütterarbeit nicht ohne weiteres vergleichbar sind. Mag die Einschätzung der Kindergartenarbeit als hausarbeitsnahe Tätigkeit noch am ehesten für Regelkindergärten (auf diese stützt sich wahrscheinlich Ilona Ostner[17]) zutreffen, so müssen bei der Integrationsarbeit weitere Ansprüche und Arbeitsinhalte − vor allem bedingt durch die Teamarbeit in der Kindergruppe − in die Betrachtung einbezogen werden.

Aus: Ernst Max Praxmarer: Wenn aus Beton Blumen wachsen ... Ein Versuch, aus den sich verändernden Bildinhalten die Veränderung des eigenen Lebens wahrzunehmen. Serigrafische Bilder 1976-1984. Hochschule der Künste. Berlin 1985, S. 51.

Bei der Erörterung der Hausarbeitsnähe eines Berufes sollte auch gefragt werden: Wie definieren sich diejenigen, die den Beruf ausüben? Auffällig ist bei Erzieherinnen, daß sie den Arbeitsbereich, in dem sie der Familienarbeit von Müttern am nächsten kommen, nämlich die Versorgung der Kinder, am wenigsten thematisieren und bei Nachfrage entweder als irrelevant abtun oder aber übermäßig mit pädagogischen Motiven belegen.[18]

Es ist keine Frage: Der Erzieherinnenberuf ist ein hausarbeitsnaher Beruf. Dennoch weisen die Ergebnisse der vorliegenden Befragung darauf hin, daß bei dieser Nähe vor allem auch die Art der Kindergartenerziehung in Regel-, Sonder- und Integrationsgruppe berücksichtigt werden muß, denn es ist ein jeweils unterschiedliches Maß an Hausarbeitsnähe zu finden. Die Untersuchungsergebnisse geben Anlaß zu der Behauptung, daß die Arbeit in Integrationsgruppen in ihrer Gesamtheit weniger Hausarbeitsnähe aufweist als die Arbeit in Regel- oder Sondergruppen.

Ein Vergleich der Arbeit in den drei unterschiedlichen Einrichtungstypen zeigt, daß der Anspruch an eine gemeinsame Erziehung behinderter und nichtbehinderter Kinder eine Ausdifferenzierung von Arbeitsinhalten mit sich bringt: Die meisten der interviewten Erzieherinnen verweisen hierbei auf Ausdifferenzierungen in der Kinderarbeit, z.B. bedingt durch neue Interaktions- und Lernmöglichkeiten für nichtbehinderte sowie behinderte Kinder, aber auch durch die neue Erfahrung der Teamarbeit. Sie verweisen des weiteren auf Ausdifferenzierungen in der Elternarbeit. (Auf Ausdifferenzierungen der Arbeit durch weitere, mit der Integrationsarbeit entstandene Tätigkeitsfelder, z.B. Öffentlichkeitsarbeit u.ä., kann hier nur hingewiesen werden, da ein Teil des erhobenen Datenmaterials noch nicht in die vorliegende Analyse einbezogen werden konnte.)

Die Tätigkeit in Integrationsgruppen bringt veränderte Arbeitsanforderungen mit sich. An der Formulierung von Qualitätsansprüchen an diesen neuen Einrichtungstypus haben Erzieherinnen ganz wesentlich – im Gegensatz zu einzelnen männlichen Unterstützern und Förderern der Integration – hauptsächlich kollektiv, d.h. als gesamte Kindertagesstätte, mitgearbeitet. Insbesondere für die Initiatorinnen kann die Integrationsarbeit als Spezialisierung innerhalb des Erzieherinnenberufs interpretiert werden. Daraus erklärt sich der Titel des vorliegenden Aufsatzes: "Erzieherinnen im Aufbruch?"

Diejenigen, die die Berliner Integrationsgruppen initiiert und durchgesetzt haben, sind nach meinem Eindruck aufgebrochen, haben sich ein neues pädagogisches Feld innerhalb des Berufsrahmens der Erzieherin erobert und eingerichtet und damit auch Arbeits- und Erziehungsbedingungen geschaffen, die den Bedingungen in Regel- oder Sonderkindertagesstätten gegenüber als Verbesserung empfunden werden. Diese Erzieherinnen sind nicht nur aufgebrochen, sie haben auch etwas aufgebrochen, nämlich ein rigides System, welches nur in Regel- und Sonder-Einrichtungen, -Kinder und -Maßnahmen unterteilte. Ein dritter Aspekt von Aufbruch liegt darin, daß einige Erzieherinnen, unter ihnen wiederum vor allem die Initiatorinnen von Integrationseinrichtungen, aufbrechen, um das enge Berufsfeld der Erzieherin zu verlassen.

Nebenberuflich erworbene Zusatzqualifikationen in psychologischer Diagnostik und Beratung u.ä. deuten eine Richtung an, in die diese Gruppe von Erzieherinnen gehen will.

Eine zweite mir aufgefallene Gruppe von Erzieherinnen setzt sich aus denen zusammen, die entweder ohne eine besondere Einstellung zur Integration in eine Integrationsgruppe geraten sind oder aber, was mit der Zunahme von Integrationsgruppen immer mehr möglich wird, die Arbeit in einer Integrationsgruppe bereits von vornherein als eine Wahlmöglichkeit unter dreien kennengelernt haben. Für diese Gruppe bedeuten die Integrationseinrichtungen eine Erweiterung der Arbeitsmöglichkeiten innerhalb der vorgegebenen Berufsgrenzen. Ob diese Erweiterung zu einer Grenzverschiebung bezüglich des Gesamtberufsbildes führen wird, ist fraglich, aber nicht ausgeschlossen.

Die jetzt zwei Jahrzehnte lange Entwicklung der Integrationsidee und -praxis in der Bundesrepublik Deutschland und West-Berlin und die derzeitige Tendenz, Integrationskindergartengruppen zur Regeleinrichtung werden zu lassen, geben Anlaß zu der Hoffnung, daß die für die Integrationsarbeit notwendige Reflexion und Spezialisierung dazu beitragen werden, die gesellschaftliche Akzeptanz des Erzieherinnenberufs zu erhöhen und damit den beruflichen Abstand zwischen Erzieherinnen, Sozialarbeitern/-pädagogen sowie Lehrern, insbesondere Grundschullehrern, zu verringern.

Anmerkungen

1 Deutscher Bildungsrat: Empfehlungen der Bildungskommission. Zur pädagogischen Förderung behinderter und von Behinderung bedrohter Kinder und Jugendlicher. Bonn 1973.

2 Zum Stand der Integrationsdiskussion vgl. insbesondere folgende Aufsatzsammlung: Hans Eberwein (Hg.): Behinderte und Nichtbehinderte lernen gemeinsam. Handbuch der Integrationspädagogik. Weinheim, Basel, 1988. Zur Integrationspraxis unter regionalen Gesichtspunkten vgl. auch: Elisabeth Graf-Franck: Die Betreuung behinderter Kinder in Hamburg. München 1984; Gunter Herzog: Behinderte Vorschulkinder in Bremen. Situation und Perspektiven der Bremer Integrationsgruppen. München 1987; Adrian und Christiane Kniel: Behinderte Kinder in Regelkindergärten. Eine Untersuchung in Kassel. München 1984.

3 Deutsches Jugendinstitut, Projekt "Integration von Kindern mit besonderen Problemen": Gemeinsam leben. Heft 15 (November 1985), S. 4.

4 A.a.O., S. 5, S. 25.

5 Vgl. z.B. Beschluß der Konferenz der Jugendminister und -senatoren der Länder vom 18. September 1985: Integration behinderter und nichtbehinderter Kinder in Kindertagesstätten. Vervielfält. Manuskript.

6 Der Senator für Jugend und Familie: Statistischer Dienst. 1. Halbjahr. Berlin 1987, S. 22 f.

7 Abgeordnetenhaus von Berlin: Nr. 286 des Senats von Berlin über personelle Absicherung von Integrationskitas - Drucksachen Nr. 10/260 und Nr. 10/388 (Schlußbericht). Drucksache 10/1258. Berlin 1987, S. 11 f.

8 Vgl. die Untersuchungen des Projektes "Integration von Kindern mit besonderen Problemen" beim Deutschen Jugendinstitut: Gemeinsam leben. Heft 1 (1980) bis 16 (1986); Georg Feuser: Gemeinsame Erziehung behinderter und nichtbehinderter Kinder im Kindertagesheim. Zwischenbericht. Hrsg. vom Diakonischen Werk Bremen e.V. Bremen

1984; Georg Feuser, Ilse Wehrmann: Informationen zur gemeinsamen Erziehung und Bildung behinderter und nichtbehinderter Kinder (Integration) in Kindergarten, Kindertagesheim und Schule. Hrsg. vom Diakonischen Werk Bremen e.V. Bremen 1985; Gabriele Klein, Gisela Kreie, Marion Krohn, Helmut Reiser: Interaktionsprozesse in integrativen Kindergartengruppen mit behinderten und nichtbehinderten Kindern. Abschlußbericht der wissenschaftlichen Begleitung. Frankfurt M. September 1985; Ulf Preuss-Lausitz, Uwe Richter, Jutta Schöler: Integrative Förderung Behinderter in pädagogischen Feldern Berlins. Erfahrungen - Probleme - Perspektiven. Technische Universität Berlin, Dokumentation Weiterbildung, Heft 12, Berlin 1985; Der Senat von Berlin: Bericht über den Modellversuch Kindertagesstätte Kohlfurter Straße. Berlin 1985; Der Senator für Schulwesen, Jugend und Sport: Einzelintegration behinderter Kinder in Berliner Kindestagesstätten. Berlin (o.J.); Der Senator für Schulwesen, Jugend und Sport: Abschlußbericht der wissenschaftlichen Begleitung des Modellversuchs Kindertagesstätte Adalbertstraße 23 B, Berlin-Kreuzberg. Berlin 1982.

9   Deutsches Jugendinstitut, Projekt "Integration von Kindern mit besonderen Problemen": Gemeinsam leben. Heft 5, März 1983, S. 5.

10   Gisela Dittrich, Lore Miedaner: Integration von behinderten Kindern - Konsequenzen für das Berufsfeld von Erzieherinnen sowie für Aus- und Fortbildung, in: Ursula Rabe-Kleberg, Helga Krüger, Dietrich v. Derschau (Hg.): Qualifikationen für Erzieherarbeit, Bd. 2: Kooperation in Arbeit und Ausbildung. München 1983, S. 32-50.

11   Ursula Rabe-Kleberg: Warum Erzieherarbeit nicht professionalisiert wurde, in: Helga Krüger, Ursula Rabe-Kleberg, Dietrich v. Derschau (Hg.): Qualifikationen für Erzieherarbeit, Bd. 1: Anforderungen, Veränderungen und Kritik. München 1981, S. 341; vgl. dazu auch die anderen Beiträge in Teil 6 dieses Bandes unter der Gesamtüberschrift "Gibt es ein besonderes Arbeitsvermögen der Frauen für die sozialpädagogische Praxis?"

12   Kurt Bader: Institutionalisierte Mütterlichkeit. Fünf Thesen zum Erzieherinnenbewußtsein, in: Helga Krüger, Ursula Rabe-Kleberg, Dietrich v. Derschau, 1981, S. 288.

13   A.a.O., S. 289.

14   Vgl. Kita Spandauer Straße: Integration von Regel-Kindertagesstätte und Sonderkindertagesstätte. Was es heißt, Erzieherin in einer Integrationsgruppe oder in einer Sondergruppe zu sein. Wie ist diese Veränderung für uns als Erzieher? In: Ulf Preuss-Lausitz, Uwe Richter, Jutta Schöler, 1985, S. 49-51.

15   Vgl. Der Senator für Schulwesen, Jugend und Sport: Abschlußbericht ..., 1982.

16   Vgl. Ilona Ostner: Welches "Arbeitsvermögen" braucht die Kindergartenarbeit? In: Helga Krüger, Ursula Rabe-Kleberg, Dietrich v. Derschau, 1981, S. 296 ff.

17   A.a.O.

18   Vgl. dazu die Zusammenfassung in dem Beitrag von Beate Andres in diesem Band, wo die Tendenz zur Trennung der Arbeitsbereiche selbst für die Tagesmütter festgestellt wird.

Anhang

Interview-Leitfaden zur Arbeit von Erzieherinnen in Kindertagesstätten für behinderte und nichtbehinderte Kinder

1. Beschreibung der Einrichtungen

- Wie viele Kinder (behind./nichtbehind.; Mädchen/Jungen) in wie vielen Gruppen?
- Anzahl der Erzieher/innen insgesamt mit/ohne Erzieher/innen-Ausbildung; andere Ausbildungen
- Mit sonderpädagogischer Zusatzqualifikation
- Seit wann besteht die Einrichtung, seit wann die Integrationsgruppe(n)?
- Aufnahmebedingungen für (behinderte) Kinder – Welche Behinderungen kommen vor, welche werden evtl. ausgeschlossen – warum?

2. Qualifikationen und Berufserfahrungen der Befragten

- Ausbildung: Welche, wann, wo?
- Zusatzausbildungen, Spezialisierungen, Fortbildungen (z.B. sonderpäd. Zusatzausbildung): welche, wann, wo?
- Berufserfahrungen im Kita-Bereich: Regel- oder Sondereinrichtungen; Position; Ort; Berufserfahrungen außerhalb des Kitabereichs/Erzieherberufs

3. Motivation für Integrationsarbeit

- Bevor Sie mit der Integrationsarbeit begannen, welche Kenntnisse und welche Vorstellungen hatten Sie von Integration?
- Haben frühere Arbeitserfahrungen (in Regel- bzw. in Sonderkitas) zu Ihrer Entscheidung für die Integrationsarbeit beigetragen – welche?
- Wie war Ihre konkrete Situation, als Sie sich für die Integrationsarbeit entschieden? Haben Sie diese Arbeit
  - bewußt gewählt
  - oder eher zufällig
  - oder hatten Sie gar keine Auswahl?
- Was hat Sie am meisten motiviert?

4. Berufs-/Arbeitserfahrungen in Integrationsgruppen im Vergleich mit Erfahrungen in Regel- und/oder Sondergruppen

- Haben Sie Arbeitserfahrungen im
  - Regelkitabereich
  - Sonderkitabereich
  - in einer oder mehreren Integrationsgruppen?
- Wenn Sie die Arbeit in der Sonder- oder in der Regelkita mit der Integrationsarbeit vergleichen, was hat sich verändert, was ist vergleichbar geblieben?
  - Sind im Vergleich zu vorher Arbeiten hinzugekommen, welche, Ausmaß?
  - Sind im Vergleich zu vorher Arbeiten weggefallen, welche, Ausmaß?
- Welche Arbeitsbereiche sind am meisten betroffen:
  - die eigentliche pädagogische Arbeit mit den Kindern
  - die Versorgungsarbeit/Pflege, Essen, Anziehen etc.
  - Kooperation mit anderen Fachkräften
  - Elternarbeit
  - Praktikantenarbeit
  - politische/Öffentlichkeitsarbeit?
  - Haben in all diesen Bereichen Veränderungen stattgefunden? In welchen weiteren?
- Wie würden Sie diese Veränderungen charakterisieren, worin bestehen sie?
  - z.B.Ausdifferenzierung bekannter Arbeiten oder eher Einarbeitung in ganz neue Bereiche (Öffentlichkeitsarbeit, Dokumentation ...) oder:
  - Schwerpunktverschiebungen zwischen materieller und psychischer Reproduktionsarbeit?
- Was bedeuten solche Veränderungen für Ihre Berufstätigkeit/-ausübung und für Ihr Berufsverständnis?
  - Sind mit der Integrationsarbeit **erhöhte** Arbeitsanforderungen verbunden? Wenn ja, wie beurteilen Sie diese Mehrbelastung?
  - Gibt es evtl. einen Zugewinn an Vielfalt durch die Integrationsarbeit?
  - Führt die Integrationsarbeit zu einer Kompetenzerhöhung (wem gegenüber) und damit zu einem veränderten Berufsverständnis?

5. Geschlechtsspezifische Arbeitsteilung

Der Erzieherinnenberuf ist ein "traditionell weiblicher", hausarbeitsnaher Beruf (Erziehung, Pflege, Versorgung, Haushaltung).
An der Integrationsarbeit sind auch Männer interessiert und mischen sich ein, initiieren, planen, begleiten wissenschaftlich etc.
Welche Erfahrungen haben Sie selbst bezügl. der Arbeitsteilung zwischen Frauen und Männern in Ihrer Arbeit gemacht?

- Sind Männer beteiligt?
- In welchen Positionen/Funktionen?
- Wie sieht die Arbeitsteilung aus?
- Sind Ihre Erfahrungen eher positiv oder negativ (Vorteile und Nachteile)?
- Falls Sie selbst keine Erfahrungen gemacht haben, was denken Sie allgemein zur verstärkten Einbeziehung von Männern in den Erzieherinnenberuf? Welche Vor- und/oder Nachteile sehen Sie?
- Bedeutet diese Entwicklung – Einmischung von Männern in einen traditionellen Frauenarbeitsbereich – eine Veränderung für den Erzieherinnenberuf und seinen gesellschaftlichen Status?

6. Beruflicher Status/Berufspolitik

- Wird die Erzieherinnenarbeit unter dem Gesichtspunkt "traditionell weiblicher Reproduktionsarbeit" überhaupt thematisiert? Wenn ja, wie?
- Erhoffen Sie sich (Erzieherinnen allg. sich) Veränderungen des Berufsstatus der Erzieherin
  - z.b. durch Kompetenzerhöhung, Spezialisierung, erweiterte Handlungsspielräume, oder:
  - durch die Aufweichung der geschlechtlichen Arbeitsteilung, oder erhoffen Sie sich diese Aufweichung, falls noch nicht vorhanden?

7. Forderungen an Erzieherinnenausbildung und -fortbildung

- Welche Vorstellungen und Forderungen bezügl. der Erzieherinnenausbildung und Fortbildung würden Sie auf der Grundlage Ihrer Erfahrungen mit der Integrationsarbeit aufstellen?

8. Wünsche für die Zukunft der Integrationsarbeit

- Welche Wünsche für die Zukunft haben Sie?
- Geben Sie der von Ihrer Einrichtung praktizierten Integrationsarbeit eine langfristige Chance? Was ist gut daran, was schlecht, was fehlt?

9. Fragen zur Person/Statistik

Tagesmütter

Frauen zwischen privater und öffentlicher Mütterlichkeit

Beate Andres

Die Tagespflegestellen stehen im familienergänzenden Betreuungsangebot für Kinder bis zu drei Jahren in der Bundesrepublik Deutschland und in West-Berlin in den sozialpolitischen Konzeptionen der öffentlichen Träger gleichrangig neben den Krippen. In beiden Fällen werden die Kinder für einige Stunden oder ganztags außerhalb ihrer familialen Umgebung von der Familie nicht angehörenden Personen betreut. Im Gegensatz zu den Krippen, in denen in der Regel ausgebildetes Fachpersonal die pädagogische Arbeit leistet, werden in den Tagespflegestellen die Kinder überwiegend von Frauen versorgt, die zwar meist eigene Kinder haben, jedoch nicht über eine pädagogische oder pflegerische Ausbildung verfügen.

Die bisherige Diskussion um die Tagespflege konzentrierte sich fast ausschließlich auf das Wohlergehen der betreuten Kinder, und nur in diesem Kontext sind Fragen der Qualifikation der "Tagesmütter" behandelt worden. Deshalb soll im Mittelpunkt dieses Beitrags die Tätigkeit der "Tagesmütter" stehen, deren spezifischer Charakter durch eine verdeckte Vermischung beruflicher und privater Reproduktionsarbeit gekennzeichnet ist. Eine der Tätigkeitsanalyse vorausgehende Darstellung der familienergänzenden Kleinkindbetreuung soll die zunehmende gesellschaftliche Relevanz dieser Frauenarbeit verdeutlichen. Vor dem Hintergrund der politischen Konzeption der Tagespflege werden dann Anforderungen an die Qualität der Betreuungsarbeit sowie vorliegende Kenntnisse über die pädagogische Qualifikation von "Tagesmüttern" den Ergebnissen eigener empirischer Untersuchungen gegenübergestellt. Diese Untersuchungen erbringen Anhaltspunkte dafür, daß sowohl auf der Verhaltensebene als auch auf der Ebene des subjektiven Erlebens die Arbeit der in der Tagespflege tätigen Frauen keine einfache Fortsetzung familialer Tätigkeiten darstellt, sondern Elemente verberuflichter Arbeit enthält. Dies läßt die konzeptionellen Grenzen der Tagespflege, nach denen diese Betreuungstätigkeit in der Nähe des sozialen Ehrenamtes einzuordnen ist, als ideologisch verkürzt erscheinen.

1. Die familienergänzende Tagesbetreuung von Kleinkindern als ein Tätigkeitsfeld von Frauen

1.1 Hintergründe und Entwicklung

Für Kinder über drei Jahre ist der Besuch eines Kindergartens und später einer Vorschule allgemein gesellschaftlich akzeptiert. Die Einrichtungen staatlicher und freier Träger gelten als Bestandteil des öffentlichen Bildungsangebotes. In Ergänzung zu den Möglichkeiten der Familien sollen im Sinne kompensatorischer Erziehungsideale gleiche Startchancen für Kinder unterschiedlicher Herkunft gewährleistet, die Selbständigkeit der Kinder gefördert und sie auf die Anforderungen der Schule und im weitesten Sinne der Gesellschaft vorbereitet werden. Dieses Konzept der Kindergarten- und Vorschulerziehung gilt unabhängig davon, ob Mütter erwerbstätig sind oder nicht.

Solche Überlegungen, die die Grenzen familialer Sozialisation auch im Hinblick auf die "Normalfamilie" akzeptieren und berücksichtigen, werden für Kleinkinder in der sozialpolitischen Diskussion kaum angestellt. Familienergänzende Betreuung von Kindern unter drei Jahren gilt nicht als Bildungsangebot, sondern als "Maßnahme, die dort eintritt, wo die Familie aus eigener Kraft das Wohl des Kindes nur unter Zurückstellung der Berufstätigkeit eines Elternteils sichern könnte".[1] Dieser – an sich liberalen – Definition, die eine Berufstätigkeit beider Elternteile zu akzeptieren scheint, steht jedoch die Auffassung entgegen, in den ersten Lebensjahren sei die Zuwendung der Eltern fast durch nichts zu ersetzen. Kleinkindbetreuung außerhalb der Familie wird folgerichtig als "Notlösung" angesehen.[2] Diese Definition von außerfamilialer Tagesbetreuung erklärt infolge der normativen Funktionszuschreibung an die Frau[3] und der realen Arbeitsteilung in den Familien[4] die Mutter, die einen Krippen- oder Tagespflegestellenplatz für ihr Kind in Anspruch nimmt (nicht den Vater!), zu einem Nothilfefall. Ungeachtet veränderter Lebensbedingungen von Frauen und Kindern wird damit die, allenfalls durch den Vater unterstützte, ausschließliche Betreuung des Kindes in seinen ersten Lebensjahren durch die leibliche Mutter zur wünschenswerten Normalität erklärt und sanktioniert. Das öffentliche Betreuungsangebot ist folgerichtig auf der Grundlage des Jugendwohlfahrtsgesetzes als Nothilfe konzipiert. Das Ausscheiden der Mutter aus dem Erwerbsleben, zumindest während der ersten Lebensmonate oder -jahre des Kindes, wird familienpolitisch gegenüber einer familienergänzenden Betreuung, in jüngster Zeit durch Erziehungsgeld und Erziehungsurlaub, begünstigt.

Dieser, aus der bürgerlichen Leitidee der "Mütterlichkeit" resultierenden, gesellschaftlichen Wertentscheidung für die Betreuung der Kleinkinder in ihren eigenen Familien entspricht das geringe Ansehen, das Institutionen der familienergänzenden Kleinkindbetreuung genießen.[5] Diese Geringschätzung wirkt auf den Status der Frauen zurück, die als Kinderpflegerinnen, Kinderkrankenschwestern oder Erzieherinnen in solchen Institutionen arbeiten. In der Rangliste der in Erziehungsberufen Tätigen nehmen sie in der BRD und in anderen westeuropäischen Ländern die unterste Stufe ein.[6] Noch unterhalb der genannten Berufsgruppen der Kleinkindbetreuerinnen einzuordnen sind die Tagesmütter, die in der Regel nicht über eine sozialpädagogische Berufsqualifikation verfügen und nicht in die Berufsstruktur des Arbeitsmarktes integriert sind. In Hinsicht auf ihr gesellschaftliches Ansehen dürften sie mit ehrenamtlich tätigen Frauen zu vergleichen sein.[7]

Die geringe Bewertung der beruflichen Kindererziehung durch Frauen – Männer leisten diese Arbeit nur selten und wenn, dann eher bei älteren Kindern[8] – steht dabei in einer komplexen Beziehung zu einem Kulturmuster, das auf der anderen Seite das privat geleistete Reproduktionsarbeit zu einem für die kindliche Entwicklung unersetzlichen Wesensmerkmal von Frauen stilisiert. Die Idealisierung der Betreuung durch die leibliche Mutter geht einher mit der patriarchal geprägten Sichtweise von einer "natürlichen weiblichen Fähigkeit" zur Pflege und Erziehung insbesondere der kleinen Kinder. Das Konstrukt eines "mütterlichen Wesens", das Frauen gegenüber ihren Kindern stets das Richtige tun läßt, macht dabei nicht nur Kenntnisse der frühen kindlichen Lern- und Entwicklungsprozesse im privaten Bereich entbehrlich. Es läßt offensichtlich auch eine fundierte Ausbildung jener, die die Betreuung kleiner Kinder als Erwerbstätigkeit ausüben, nicht unabdingbar notwendig erscheinen. Exemplarischer Ausdruck dieser Sichtweise ist das Tagesmütterkonzept, wonach Frauen ohne Nachweis einer pädagogischen Ausbildung öffentliche Betreuungsarbeit leisten können. Obgleich eine höhere fachliche Qualifizierung des pädagogischen Personals als Teil einer Verbesserung der außerfamilialen Tagesbetreuung von Experten gefordert wird[9], werden in der Praxis spezifische Fähigkeiten, die prinzipiell geschlechtsübergreifend als Möglichkeiten im erwachsenen Menschen angelegt sind, mit geschlechtsspezifischem Arbeitsvermögen gleichgesetzt und als ausreichende Qualifikation angesehen.[10] Die im Rahmen beruflicher Ausbildungsgänge erworbenen Kenntnisse können dann, mit Orientierung am Ideal der privaten Mutter-Kind-Beziehung, nurmehr als die eher technisch verstandene Ergänzung bereits vorhandener "natürlicher weiblicher" Fähigkeiten gelten.

Ungeachtet der letztlich diskriminierenden Auswirkung der Idealisierung der Mütterlichkeit auf die Betreuungsarbeit von Frauen ist die stundenweise außerfamiliale Betreuung von Kleinkindern gesellschaftlich notwendig und wird von den Eltern auch zunehmend gewünscht.[11] Mit der strukturellen Veränderung der Familie und anderer primärer Netze nimmt die Bedeutung der erzieherischen und pflegerischen Arbeitsleistung von Frauen außerhalb der familialen Reproduktionsarbeit, im Rahmen des Berufssystems ebenso wie in teilöffentlichen, nichtberuflichen Bereichen zu, werden die entsprechenden persönlichen und beruflichen Qualifikationen zunehmend unentbehrlich. Zugleich ist jedoch bundesweit ein Stagnieren der Arbeitsmöglichkeiten in öffentlichen Institutionen für qualifizierte Erzieherinnen zu beobachten.[12] Ein bedarfsgerechter Ausbau des Berufsfeldes unterbleibt mit Hinweis auf die fiskalische Krise und infolge veränderter politischer Bewertungen. Im Gegensatz dazu nimmt der Bereich teilöffentlicher, ehrenamtlicher oder privater Kinderbetreuungsregelungen für die Zeit der Erwerbstätigkeit der Eltern unter dem Bedarfsdruck zu. Inzwischen ist diese Form der sozialen Arbeit von Frauen zum festen Bestandteil sozialpolitischer Strategien geworden.[13]

Vor dem Hintergrund dieser Entwicklung können erwerbstätige Mütter mit Kindern unter drei Jahren nur zu einem geringen Teil hinsichtlich der Betreuung ihrer Kinder auf öffentliche Unterstützung rechnen; diesbezügliche Problemlösungen werden dem Bereich ihrer privaten Verantwortung zugerechnet. Es ist anzunehmen, daß Eltern, soweit Verwandte, Freunde oder Nachbarn als Betreuungspersonen nicht zur Verfügung stehen und die finanziellen Ressourcen der Familie es zulassen, auf Angebote des sogenannten "Grauen Marktes" zurückgreifen[14], die von Babysitting ohne spezifische Berufsqualifikation bis zur Betreuung durch Fachkräfte reichen. Wie stark Frauen mit einer Ausbildung in einem sozialen oder pädagogischen Beruf aufgrund von Erwerbslosigkeit über diesen "initiativ-selbstorganisierten Arbeitsmarkt"[15] ihren Lebensunterhalt sichern, ist offen, Zahlenmaterial liegt nicht vor. Es kann jedoch je nach Arbeitsmarktsituation von regionalen Unterschieden ausgegangen werden. So werden im weitesten Sinne soziale Berufsqualifikationen von Frauen durchaus im Rahmen außerfamilialer Reproduktionsbereiche genutzt. Sie bleiben jedoch, da aus dem Berufssystem und dem Arbeitsmarkt ausgegliedert, ebenso unsichtbar wie die familiale Betreuungsarbeit der Mütter.[16]

Die politische Konzeption und die beobachtbare Realität "teilöffentlicher" Betreuungsarbeit von Frauen soll im folgenden am Beispiel der Tagespflege für Kleinkinder in West-Berlin untersucht und daraufhin überprüft werden, inwieweit ideologische Bestimmungen "weiblichen Wesens" sich dort wiederfinden und an der Realität brechen.

1.2 Zur Situation der Tagesbetreuung von Kleinkindern in West-Berlin

Die Situation der öffentlichen familienergänzenden Kleinkindbetreuung in West-Berlin unterscheidet sich, wenn auch nicht in der grundlegenden gesellschaftlichen Bewertung, so doch quantitativ, erheblich von der bundesdeutschen Situation. Bereits 1976 gab es 8.096 Krippenplätze in der Stadt.[17] Bis 1987 wurde das Angebot kontinuierlich auf 11.512 Plätze und somit auf einen Versorgungsgrad von 21,4% ausgebaut.[18] Dieses breite öffentliche Angebot an Betreuungsplätzen ist auf die besondere politische Lage der Stadt zurückzuführen. Hier sind Frauen als Arbeitskräftepotential von besonderer Bedeutung. Nach dem Bau der Mauer, als innerhalb kürzester Frist die Arbeitskräfte aus dem Ostteil der Stadt ersetzt werden mußten, wurden Frauen in verstärktem Umfang auf dem Arbeitsmarkt benötigt. Dem damit entstandenen Bedarf an Betreuungsmöglichkeiten für die Kinder wurde durch den Ausbau von Kindertagesstätten als Einrichtungen, in denen in der Regel in

Krippe, Kindergarten und Hort Kinder zwischen acht Wochen und zwölf Jahren betreut werden können, Rechnung getragen. 1985 waren in West-Berlin, trotz steigender Arbeitslosenzahlen, 80% der Frauen zwischen 30 und 45 Jahren erwerbstätig.[19] 45% der Kinder unter drei Jahren haben hier eine erwerbstätige Mutter.[20] Durch den hohen Anteil traditioneller Frauenarbeitsbereiche, wie z.b. Dienstleistungssektor und verarbeitendes Gewerbe in der Industrie[21], nimmt West-Berlin eine Sonderstellung ein, die wiederum Konsequenzen in der privaten und öffentlichen Kinderbetreuung nach sich zieht.

Deutlich wurde die steigende Müttererwerbsarbeit insbesondere nach Entstehen der großen Neubaugebiete am Rande der Stadt. Einer großen Anzahl von jungen Familien mit Kindern, in denen die Mütter berufstätig sein wollten oder mußten, standen zu wenige Kindertagesstätten gegenüber. Um diesem akuten regionalen Mangel an Betreuungsplätzen zu begegnen, wurden zunächst in begrenztem Umfang Tagespflegestellen geschaffen. Da diese Betreuungsplätze in der Regel in den Wohnungen der Pflegepersonen eingerichtet werden, war die Ergänzung des öffentlichen Angebots in dieser Form, in räumlicher Nähe des Elternhauses, schnell und mit geringem finanziellen Aufwand des Trägers möglich.[22]

2. Die Tagespflege als Teil familienergänzender Kleinkindbetreuung

Eine breite Öffentlichkeit wurde in der BRD 1973 auf die Diskussion um Tagesmütter aufmerksam. Mit dem Hinweis auf ein schwedisches Modell forderten eine Zeitschriften-Kampagne sowie rund 50 engagierte Frauen-Initiativ-Gruppen[23] eine vergleichbare Betreuungsform. Inmitten heftiger wissenschaftlicher und familienpolitischer Kontroversen um die Bedeutung der Mutter in den ersten Lebensjahren des Kindes[24] entschied das damalige Bundesministerium für Jugend, Familie und Gesundheit bereits ein Jahr darauf, die Durchführung eines vierjährigen, wissenschaftlich begleiteten Modellprojekts "Tagesmütter" zu finanzieren. Das Projekt wurde, von kontroversen Diskussionen begleitet, 1975-1979 vom Deutschen Jugendinstitut durchgeführt. Trotz der positiven Ergebnisse der Begleituntersuchung[25] wurde die familienergänzende Betreuung von Kindern durch Tagesmütter, im Sinne der oben erörterten Wertentscheidung, in der BRD nur zögernd ausgebaut.[26] Zu Beginn des Jahres 1985 standen bundesweit, einschließlich West-Berlin, 21.573 Plätze in Tagespflegestellen zur Verfügung[27], die zusammen mit 28.345 Plätzen in Krippen und Krabbelstuben[28] für 2,9% der unter dreijährigen Kinder Tagesbetreuungsmöglichkeiten anboten, wobei regionale Unterschiede bei der Verteilung des Platzangebots festzustellen sind. Außerfamiliale Betreuungsmöglichkeiten finden sich eher in den großen Städten als in ländlichen Gebieten. Unter den Großstädten stellt wiederum West-Berlin eine Ausnahme dar. Hier stehen für 27% der entsprechenden Altersgruppe Krippen-

und Tagespflegeplätze zur Verfügung. Das Kontingent an Tagespflegestellen-plätzen stieg von 1976 bis 1987 von 680 auf 6.000 Plätze an. Das entspricht einer Zuwachsrate von knapp 800%. 1987 wurden in West-Berlin insgesamt 5.057 Kinder, davon 3.305 unter drei Jahren, von Tagesmüttern betreut.[29] Diese Zahlen betreffen die "offiziellen", d.h., die beim jeweils zuständigen Bezirk erfaßten und anerkannten Tagesmütter. Auf diese Gruppe bezieht sich die nachfolgende Darstellung.

Ausschlaggebend für den weiteren Ausbau der Tagespflegestellen in West-Berlin in der zweiten Hälfte der 70er Jahre war für den öffentlichen Träger jedoch wohl weniger eine breite Akzeptanz dieser Betreuungsform auf der administrativen Ebene als der dringende Bedarf an außerfamilialen Betreuungsplätzen, dem man mit einer teilweisen Rückverlagerung öffentlicher Betreuungsangebote in den familialen Wohnbereich kostengünstig und mit geringem Verwaltungsaufwand begegnen konnte. Entsprechend wurden die kostenintensiven Bedingungen des Modellprojekts mit Fortbildungsverpflichtung der Tagesmütter sowie kontinuierlich gewährleisteter Beratung und Anleitung nicht in die gesetzliche Regelung der Tagespflege übernommen.

Auffällig ist, daß trotz der zunehmenden Nachfrage nach familienergänzenden Betreuungsplätzen die bereitgestellten Etatmittel nicht voll genutzt werden können. Die tatsächlich belegten Plätze blieben 1987 um 933 hinter dem Kontingent von 6.000 zurück, ein Sachverhalt, der als Ausdruck der Schwierigkeiten gewertet werden kann, genügend geeignete Frauen zu motivieren, Pflegekinder zu betreuen. Eine Erklärung hierfür bietet die Konzeption der Tagesmuttertätigkeit, die ohne soziale Sicherung, mit geringer Bezahlung und niedrigem Status nahe beim sozialen Ehrenamt angesiedelt ist und selbst bei nachweisbarer fachlicher Qualifikation nicht als Beruf anerkannt wird.

Trotz der Schwierigkeiten der zuständigen Pflegekinderdienste, eine ausreichende Anzahl von Frauen für die Tagesmuttertätigkeit zu gewinnen, ist die sozialpolitische Planung auf einen Zuwachs an Pflegestellen ausgelegt. Auf der Basis der Anmeldelisten wurde ein steigender Bedarf an Betreuungsplätzen in Krippen und Tagespflegestellen errechnet, der zur Zeit bei 42% der Altersgruppe liegt und damit 17% über dem heutigen Richtwert. Den aus der wachsenden Nachfrage abzuleitenden Wünschen der Eltern will man neben dem Ausbau des Krippenangebots auch mit einer Erhöhung des Platzkontingents im Tagespflegestellenbereich begegnen.[30] Die Tagespflege bleibt damit eine kostengünstige, sozialpolitisch jedoch fragwürdige Betreuungsform, mit der der Träger flexibel ggf. auch auf wechselnde Bedürfnisse von Eltern reagieren kann, wobei jedoch offen bleiben muß, inwieweit Frauen im dafür notwendigen Umfang bereit sind, sich unter den gegebenen Bedingungen an der Realisierung dieser Möglichkeit zu beteiligen.

2.1 Die Konzeption der Tagespflege in West-Berlin

Laut Ausführungsvorschriften, die für die Dauerpflege und für die Tagespflege gelten, müssen Pflegepersonen neben anderen folgende Voraussetzungen erfüllen:

"a) körperliche und geistige Gesundheit;
b) Verantwortungsbewußtsein, Fähigkeit zu emotionaler Zuwendung und körperlicher Pflege, emotionale Stabilität und gute soziale Wahrnehmungsfähigkeit sowie die Befähigung, den Bildungsgang der Minderjährigen angemessen zu fördern oder fördern zu lassen;
c) Fähigkeit und Bereitschaft zur Zusammenarbeit und Fortbildung in Erziehungsfragen;"[31]

Diese Vorschriften werden, ganz im Sinne der oben erläuterten traditionellen Sichtweise eines geschlechtsspezifischen Arbeitsvermögens im Tagespflegebereich, von wenigen Ausnahmen abgesehen, auf Frauen angewandt. Entsprechend leisten die Tagesmütter, die vom kommunalen Träger über die zuständigen Pflegekinderdienste eine Erlaubnis zur Betreuung von Tagespflegekindern erhalten haben, eine Arbeit, die in der Regel ausschließlich auf ihren persönlichen Fähigkeiten basiert und nicht durch strukturierte Qualifikationen, die im Rahmen des Berufsbildungssystems erworben wurden, abgesichert ist. Auf die Nähe dieses nichtberuflichen Tätigkeitsfeldes zu privater oder ehrenamtlicher Arbeit verweisen ebenso die kurzfristige Kündbarkeit des Pflegeauftrags durch alle am Vertrag Beteiligte, fehlende sozialrechtliche Absicherung sowie die Ausgliederung der professionellen Selbstreflexion aus der bezahlten Arbeitszeit. Die Teilnahme an Fortbildungsveranstaltungen ist Privatsache der Tagesmütter; sie wird weder finanziert noch über Freizeitausgleich abgegolten. Die Tagespflegekonzeption paßt sich also ein in den allgemeinen sozialpolitischen Trend, notwendige soziale Dienstleistungen aus den vollinstitutionalisierten Bereichen und somit aus dem offiziellen Arbeitsmarkt qualifizierter Ausbildungsberufe auszugliedern und in kostengünstigere teilöffentliche oder private Bereiche zu verlagern. Dabei kommt diese gesamtgesellschaftlich als problematisch zu beurteilende Umverteilung sozialer Aufgaben den individuellen Bedürfnissen eines Teils der als Tagesmutter tätigen Frauen durchaus entgegen und wird von ihnen keineswegs als nur zu ihren Lasten gehend erlebt. (Vgl. Kap. 4 dieses Beitrags)

Die geschlechtsspezifische Arbeitsteilung wird in der Tagespflege gestützt durch die Eingangsvoraussetzungen für die Beantragung einer Pflegeerlaubnis. Zumindest für die am stärksten verbreitete Form, in der pro Pflegestelle maximal drei Kinder betreut werden können (Einzelpflege), gilt, daß die Einkünfte aus der Betreuungsarbeit nicht zur Sicherung der Existenzgrundlage der betreuenden Frauen notwendig sein sollen. In diesem Punkt liegt eine wichtige Parallele zum sozialen Ehrenamt, das ebenfalls eine Arbeitsform darstellt, "die zumindest formal von den Zwängen zur materiellen Reproduktion frei ist/sein soll".[32] Diese Konzeption zielt auf die Anwerbung von

Frauen, die als Hausfrauen in traditionelle Familienhaushalte eingebunden sind.

Anzeige veröffentlicht in: Der Tagesspiegel, 6.12.88

Die Frauenarbeit in der Tagespflege bleibt in zweifacher Hinsicht unsichtbar: Als Arbeit gilt die Erwerbstätigkeit der Eltern der Pflegekinder; die fast ausschließlich von Frauen geleistete Versorgungs- und Erziehungsarbeit in den Pflegestellen wird diffus als "Aufgabe" bezeichnet, die im Aufnehmen von Kindern besteht.

Die politische Tagesmütterkonzeption geht davon aus, daß Mütter, die in der Regel in der Betreuung familienfremder Kinder Laien sind, also über keine pädagogische Berufsqualifikation verfügen, neben ihren eigenen Kindern die Kinder erwerbstätiger Frauen versorgen und erziehen. Als insbesondere für die Kleinkindpädagogik gültiges Qualitätsmerkmal wird dabei vom öffentlichen Träger die individualisierte Betreuung gesehen. Auch die Tagesmütter selbst, soweit sie in Arbeitskreisen oder Vereinen organisiert sind, betonen ausdrücklich den familiennahen Charakter ihrer Tätigkeit und die daraus folgenden positiven Effekte für die Pflegekinder: "Wesentliches Merkmal der Tagespflege ist, daß die Kinder in einer familiären Umgebung aufwachsen. Ihre individuellen Bedürfnisse können hier besonders berücksichtigt werden."[33] Diese Definition wird von vielen Tagesmüttern selbstbewußt in Abgrenzung zu den Krippen benutzt, in denen die Kleinkinder je nach Alter in Gruppen zu acht oder zehn betreut werden.

2.2 Pädagogische Qualifikationen der Tagesmütter

Wenngleich jedoch sowohl der öffentliche Träger als auch Tagesmütterverbände die spezifische familiale Qualität der Betreuungsform hervorheben, läßt sich daraus nicht schließen, daß die allgemeinen persönlichen Fähigkeiten von Müttern uneingeschränkt als ausreichend angesehen werden. Vielmehr fordern Tagespflegeelternvereine in der BRD und West-Berlin die Schaffung eines Berufsbildes und eine Angleichung an den Status von Kinderpflegerinnen und Erzieherinnen, die mit einer Aus- und Weiterbildung der Frauen, die in der Tagespflege tätig sind, einhergeht.[34] Widersprüche bezüglich der Qualifikationsanforderungen sind dabei bereits konzeptionell in der Tagespflege angelegt. Einerseits wird keine fachspezifische Ausbildung als Voraussetzung für eine Pflegetätigkeit gefordert, was die in der weiblichen Sozialisation erworbenen Fähigkeiten als ausreichend impliziert. Andererseits hat sich der Träger verpflichtet, Weiterbildungs- und Beratungsmöglichkeiten anzubieten[35], ein Hinweis darauf, daß die Anforderungen der Tätigkeit eine fachliche Qualifizierung, die über die Ansprüche an private Reproduktionsarbeit hinausreicht, zumindest sinnvoll erscheinen lassen.

In der aktuellen Praxis in Berlin läßt die knappe personelle Besetzung in den zuständigen Verwaltungsbereichen des Trägers eine bedarfsdeckende individuelle Beratung und Anleitung meist nicht zu. Die hohe Fluktuationsrate im Tagespflegebereich, d.h., die durchschnittlich kurze Dauer der Pflegeverhältnisse sowie die zum Teil sehr geringe Verweildauer der betreuenden Frauen in diesem Tätigkeitsbereich[36], hat jedoch einige Berliner Bezirke veranlaßt, angehenden Tagesmüttern die Teilnahme an einer Einführungsveranstaltung zu Beginn ihrer Tätigkeit nahezulegen. In einem Bezirk wird darüber hinaus ein Gesamtfortbildungskonzept für den Tagespflegebereich erarbeitet. Insgesamt stellen diese Bemühungen jedoch Ausnahmen dar und repräsentieren nicht den derzeitigen Stand der Tagespflegekonzeption in der BRD und in West-Berlin.

Bislang stehen die normativen Anforderungen an die pädagogische Arbeit in den Tagespflegestellen[37] meist noch weitgehend unvermittelt neben den Gegebenheiten der familialen Betreuungsumgebung. Die Nutzung prinzipiell positiver alltagsweltlicher Lernmöglichkeiten, die ein Familienhaushalt bietet, wird nur zu oft in einer zu engen Orientierung an der Pädagogik der Kindertagesstätten geradezu untersagt, wie z.B. die Erledigung von Hausarbeiten während der Betreuungszeit. Dabei wird übersehen, daß es umgekehrt in den Kindertagesstätten häufig spezifischer Anstrengungen bedarf, die "Sterilität" der vom alltäglichen Leben ausgeschlossenen Spielwelt aufzubrechen und für die Kinder alltagsweltliche Erkundungsmöglichkeiten zu schaffen. Der Mangel an alternativen Handlungsentwürfen für den Tagespflegebereich führt häufig dazu, daß Tagesmütter tun sollen, was sie nicht gelernt haben und nicht tun dürfen, was ihren gewohnten familialen Arbeitsstrukturen entspricht. Wenn die Vermischung von Hausarbeit und Kinderbetreuung, die den familialen Alltag kennzeichnet, vom Träger nicht gewünscht wird, kann dies die verkrampfte Entmischung des Tuns zur Folge haben. Dann wird vor oder nach der Betreuungszeit gekocht, geputzt und eingekauft, während der Anwesenheit der Pflegekinder herrscht Ratlosigkeit über Beschäftigungsmöglichkeiten.

Deutet man die punktuellen Bemühungen um die Fortbildung von Tagesmüttern als Hinweis auf ein Umdenken seitens des Trägers, so ließe sich davon für die Zukunft ableiten, daß den Tagesmüttern mit gezielten Weiterbildungsangeboten Qualifikationen vermittelt werden, die es ihnen ermöglichen, den Anforderungen nach Anregung und Förderung der Pflegekinder nachzukommen, so daß die Qualität der Tagesbetreuung insgesamt verbessert wird. Konkrete Arbeitsinhalte der Tagesmüttertätigkeit würden sich dann letztlich weiterhin ausdifferenzieren und die verberuflichten Anteile dieser Form der Betreuungsarbeit zunehmen. Derzeitige sozialpolitische Tendenzen lassen jedoch keine gleichzeitige Angleichung des Pflegegeldes an steigende Qualifikationsansprüche erwarten. Ob und wie sich die in dieser Entwicklung angelegte Inkonsequenz aufheben läßt, bleibt abzuwarten.

2.3 Die erlernten Berufe der Tagesmütter

Aus einem zwischen 1985 und 1987 in Berlin durchgeführten Projekt[38] liegen Daten einer Gesamterhebung über Tagespflegestellen vor, die 1984 in fünf Berliner Bezirken bestanden und die einen Einblick in die Berufsqualifikationen der Tagesmütter geben. Erhoben wurden sowohl Angaben zum erlernten Beruf (n=711) als auch zu der zum Zeitpunkt der Antragstellung ausgeübten Tätigkeit (n=938). Nur 17,1% der Bewerberinnen waren bei Antragstellung noch erwerbstätig. 82,9% (778 Frauen) gingen demnach keiner außerhäuslichen Erwerbsarbeit nach, als sie sich um eine Pflegeerlaubnis bewarben. Sie gaben an, Hausfrau zu sein. Daraus läßt sich schließen, daß die Hinwendung zur Tagesmuttertätigkeit eher während der familienzentrierten Lebensphase erfolgt als während einer noch bestehenden Berufstätigkeit, wobei sich nicht ausschließen läßt, daß die Entscheidung für eine Familienphase auf vorangegangene Erwerbslosigkeit zurückzuführen ist. Auffällig ist, daß der Entschluß zur ausschließlichen Familienarbeit in der Mehrzahl der Fälle zeitlich vor dem für die Tagesmuttertätigkeit getroffen wurde. Die Einrichtung einer Tagespflegestelle scheint also für die meisten Frauen keine Alternative zur Berufstätigkeit zu sein, sondern eher als Erweiterung der privaten Lebenssituation angestrebt zu werden. (Vgl. Kap. 4 dieses Beitrags) Ungeachtet der Motive der Bewerberinnen läßt sich bei einem auffällig hohen Anteil ein Zusammenhang zwischen dem erlernten Beruf und der späteren Tagesmuttertätigkeit feststellen. Von 711 Frauen hatten 19,6% einen sozialpädagogischen Beruf erlernt, 13,6% waren im engsten Sinn dem Erzieherinnenberuf zuzurechnen. Der relativ hohe Anteil sozialpädagogisch qualifizierter Tagesmütter mag zum einen mit den, wenn auch regional und je nach Beruf unterschiedlich, geringen Aussichten auf eine ausbildungsadäquate Anstellung zu erklären sein[39]; zum anderen bietet die Tagesmuttertätigkeit mehr Freiheit in der Gestaltung des Tagesablaufs und in der Umsetzung eigener Vorstellungen und Ideen in der Arbeit mit Kindern als die Arbeitsbedingungen in den großen Institutionen des sozialen Bereichs.

3. Der Betreuungsalltag der Tagesmütter – familiale und verberuflichte Reproduktionsarbeit

3.1 Zur Theorie familialer und beruflicher Arbeit

Wenngleich sich im äußeren pädagogischen und pflegerischen Ablauf in der privaten familialen und in der öffentlichen Betreuungsarbeit gleiche Tätigkeiten, wie z.B. Wickeln, Füttern und Spielen mit dem Kind benennen lassen, so bestehen zwischen Familienhaushalt und Berufsleben in der Arbeitsform und in den Arbeitsanforderungen doch deutliche Unterschiede, wie mehrere theoretische und empirische Studien der Frauenforschung zeigen.[40]

Bei Pieper findet sich folgende idealtypische Gegenüberstellung von Berufsarbeit und familialer Hausarbeit:

> "*Beruf* bezeichnet dann eine markt- und geldvermittelte, zeit- und kostenökonomische Form von Arbeit, sei es nun Lohnarbeit oder professionelle Arbeit. *Hausarbeit* stellt eine nicht berufliche, unbezahlte und nicht öffentliche, d.h. nicht allgemein zugängliche (private) Form von Arbeit dar."[41]

Analog dazu läßt sich die Arbeit von Betreuerinnen in öffentlichen Institutionen der Kleinkindbetreuung, bleibt man auf der Ebene arbeitsorganisatorischer formaler Bestimmung, definieren als eine Leistung, die

- nach Abschluß einer Ausbildung,
- zeitlich begrenzt, in den individuellen Phasen der Berufstätigkeit im Rahmen der täglichen Arbeitszeit,
- gegen Entlohnung
- an Kindern erbracht wird, zu denen die Frauen in der Regel keine private familiale oder freundschaftliche Beziehung unterhalten.

Dem gegenüber wird die Betreuungsarbeit der Mutter

- ohne eine spezifische Ausbildung,
- nicht gebunden an eine Bezahlung,
- zeitlich nicht auf bestimmte Stunden des Tages begrenzt (gerade die Notwendigkeit ständiger prinzipieller Verfügbarkeit kennzeichnet ja den Alltag von Müttern)
- an den eigenen Kindern erbracht, zu denen eine spezifische Vertrauens- und Gefühlsbeziehung besteht.

Zwischen diesen beiden Arbeitsformen ist der *teilöffentliche* Bereich der Tagesmuttertätigkeit angesiedelt, auf den sich keine der polarisierenden Arbeitsdefinitionen uneingeschränkt anwenden läßt. Die Betreuung von Kindern in Tagespflegestellen stellt eine Form weiblicher Reproduktionsarbeit dar, in der sich berufliche und private Arbeitsformen vermischen. So weisen einerseits die Auslagerung der Kindbetreuung aus der Ursprungsfamilie, die – wenn auch geringe – Bezahlung der Tätigkeit, die institutionalisierte Kontrolle sowie die zeitliche Begrenzung der Betreuung in Richtung auf eine Verberuflichung. Andererseits werden die nicht verwandten Pflegekinder in der Regel in der privaten Wohnumgebung der Pflegefamilie, zum Teil in Verbindung mit der familialen Arbeit betreut. Die privaten familialen Räume sind als Betreuungsort vor der Öffentlichkeit geschützt und nicht allgemein zugänglich.

Die Unterscheidung der Form von Berufs- und Hausarbeit wird durch die theoretische inhaltliche Bestimmung familialer Arbeit ergänzt[42], die auch eine Grundlage bietet für empirische Untersuchungen zur weiblichen Reproduktionsarbeit. Nach Tatschmurat wird familiale Hausarbeit für "konkrete vertraute Personen"[43] geleistet. Sie ist "schwere mühevolle Anstrengung im Zusammenhang mit der nahezu ununterbrochenen Herstellung von materiellen Produkten des alltäglichen Lebens" sowie "bewahrendes, beschützendes und interpretierendes Verständnishandeln".[44] Diese materielle und psychische Versorgung sowie die Güterherstellung erfolgen als "vermischtes Tun" und sind besonders in einem Haushalt mit kleinen Kindern in ihrem Ablauf nur bedingt planbar und vorhersehbar.[45]

Angewandt auf die Kleinkindbetreuung enthält auch die inhaltliche Bestimmung von familialer Hausarbeit Strukturelemente, die ebenso auf die öffentliche und teilöffentliche Erzieher- und Tagesmuttertätigkeit zutreffen, wie z.B. die Vermischung materieller und psychischer Versorgung und die bedingte Planbarkeit der Arbeit. Da dennoch davon auszugehen ist, daß sich verberuflichte und private Betreuungsarbeit sowohl der Form als auch dem Inhalt nach in Teilen unterscheiden, ist zu fragen, wie sich das Typische der jeweiligen Arbeitsstruktur im Handeln der Betreuerinnen/Tagesmütter und Mütter widerspiegelt.

3.2 Empirische Befunde

Im Bereich der Entwicklungspsychologie liegen aus den USA vergleichende Untersuchungen zur Mutter-Kind-Interaktion einerseits und Betreuerin-Kind-Interaktion andererseits vor. Bei einer dieser Untersuchungen wurden Frauen, die dem "Grauen Markt" der "Family Day Care" zuzurechnen waren und die mit den ungemeldeten, staatlich nicht erfaßten Tagesmüttern in der BRD zu vergleichen sind, in ihrem Betreuungsverhalten Müttern gegenübergestellt. Stith & Davis[46] verglichen die Interaktion berufstätiger und nicht berufstätiger Mütter mit ihren fünf bis sechs Monate alten Kindern mit dem Betreuungsverhalten von Tagesmüttern den Pflegekindern gegenüber. Sie fanden bei den Müttern eine kontingentere Vokalisation, häufigeres Auftreten sozialer Spiele und sozialer Stimulation und insgesamt mehr entwicklungsfördernde Verhaltensweisen. Darüber hinaus zeigten die Mütter ihren eigenen Kindern gegenüber deutlich häufiger positive Gefühle als dies bei den Tagesmüttern den Pflegekindern gegenüber zu beobachten war. Keine Unterschiede zeigten sich im Betreuungsverhalten von berufstätigen und nicht berufstätigen Müttern.

Für die Gegenüberstellung der Betreuungstätigkeit in familialen und außerfamilialen Sozialisationsfeldern ist festzuhalten, daß rein quantitativ der Kontakt der Mütter zu ihren Kindern häufiger war als der der außerfamilialen Betreuungspersonen gegenüber den Pflegekindern. Die Ergebnisse lassen sich dahingehend interpretieren, daß in dem stärkeren Engagement der Mütter eine spezifische familiale Beziehung zum Ausdruck kommt. Die materielle und psychische Versorgung eines vertrauten angehörigen Kindes scheint mit größerem emotionalen und physischen Aufwand erbracht zu werden als die Betreuung eines nicht angehörigen Kindes.

In dieser amerikanischen Untersuchung ließen sich also auf der Ebene konkreten Betreuungsverhaltens Unterschiede zwischen familialer und verberuflichter Reproduktionsarbeit aufzeigen. Damit wird die Hypothese gestützt, daß sich inhaltlich und organisatorisch unterschiedliche Formen von Reproduktionsarbeit im Verhalten der handelnden Personen nachweisen lassen.

Im Rahmen des Forschungsprojekts "Geschichte und Soziologie von Frauenarbeit" wurde in einer 1987 in Berlin durchgeführten Teilstudie die Hypothese überprüft, ob durch die Hereinnahme eines oder mehrerer Pflegekinder in die Familie qualitativ neue Elemente in der Betreuungstätigkeit auftreten, die sich in unterschiedlichem Verhalten der Frauen gegenüber eigenem Kind und Pflegekind zeigen und so auf der sozialisatorischen Handlungsebene in

Richtung einer Ausdifferenzierung der zu leistenden Versorgungs- und Erziehungsarbeit weisen, die über die einfache Fortsetzung der privaten Mutterarbeit hinausgehen.

Insgesamt waren fünfzehn Tagesmütter in das Projekt einbezogen, für dreizehn von ihnen liegen videographierte Verhaltensbeobachtungen vor. Jede dieser dreizehn Frauen hatte mindestens ein eigenes Kind unter drei Jahren und mindestens ein Pflegekind in etwa gleichem Alter. Die Altersdifferenz zwischen dem in die Untersuchung einbezogenen eigenen Kind und dem Pflegekind betrug in acht Fällen bis zu fünf Monaten, in fünf Fällen elf bis vierundzwanzig Monate. Die Mehrzahl der Tagesmütter hatte ein eigenes Kind (n=7), vier hatten zwei, zwei hatten drei eigene Kinder. Zwölf der untersuchten Frauen waren verheiratet oder lebten mit einem Partner zusammen, eine Frau war ledig und lebte allein. Mit Ausnahme zweier Lehrerinnen hatten alle Frauen keinen pädagogischen Beruf erlernt.

Anhand von Zeitstichprobenbeobachtungen wurde das Verhalten der Tagesmütter gegenüber dem eigenen Kind und dem Pflegekind beurteilt. Die aufgezeichneten Situationen[47] aus dem Alltag von Tagespflegestellen sind in Orientierung an der Bestimmung häuslicher Arbeit der "bewahrenden/instandhaltenden Arbeit in Form psychischer Versorgung"[48] zuzuordnen. Bestimmendes Merkmal dieser Arbeitsform ist die 'explizite Zuwendung'. Im vorliegenden Fall bedeutet dies: Die Tagesmutter läßt auf der Handlungsebene den Kindern ungeteilte Aufmerksamkeit zukommen, sonstige Hausarbeiten, die die "materielle Versorgung" der Familie und der Pflegekinder sowie die "Herstellung exklusiver Güter" betreffen[49], wie z.B. Putzen, Waschen, Kochen oder Stricken, werden ausgegrenzt. Die aufgezeichneten und analysierten Betreuungssituationen, je eine Fütter- und zwei Spielsituationen stellen also eine spezifische, in gewisser Weise künstlich entmischte Form des häuslichen Tuns dar. Diese Vorgehensweise wurde jedoch methodisch notwendig, um die Interaktionssequenzen zwischen Tagesmutter, eigenem Kind und Tagespflegekind fallübergreifend vergleichbar zu halten.

Zur Entwicklung des Beobachtungsinstruments wurde aus vorhandenen Instrumenten eine Auswahl herangezogen[50] und in modifizierter Form teilweise übernommen. Die 39 Beobachtungskategorien sind zu fünf Gruppen zusammengefaßt:

1. Allgemeine Aufmerksamkeit gegenüber dem Kind
2. Reaktion auf direkte Aufforderungen des Kindes
3. Eigeninitiierte Hinwendung zum Kind
4. Reaktion im Fall von Konflikten zwischen den Kindern
5. Allgemeines Arbeitsverhalten

Diese Gruppierung der Beobachtungskategorien leitet sich in den ersten drei Gruppen von den normativen Anforderungen an die Tagesmuttertätigkeit ab. Die Kategorien der Gruppe 1 "Allgemeine Aufmerksamkeit gegenüber dem Kind" und Gruppe 2 "Reaktion auf direkte Aufforderungen des Kindes" repräsentieren die "Pflicht" der Tagesmutter, während der Anwesenheit des Pflegekindes "jederzeit für das Kind verfügbar zu sein".[51] Gruppe 3 "Eigeninitiierte Hinwendung zum Kind" deckt den normativen Anspruch an die Tagesmutter ab, dem Kind altersgemäße, anregende Erziehungsangebote zu machen[52] und somit während seiner Anwesenheit in der Tagespflegestelle seine Entwicklung zu fördern. Mit der 4. Gruppe "Reaktion im Fall von Konflikten zwischen den Kindern" wurden die erwarteten Situationen von Eifersucht, Streit und ähnlichem zwischen den Kindern gesondert erfaßt.[53] Die Items der Gruppe 5 stellen einen ersten Versuch dar, das allgemeine Arbeitsverhalten der Frauen auf der Handlungsebene zu erfassen. Dabei werden eher pädagogisch sachliche sowie berufsorientierte arbeitsökonomische Verhaltensweisen gegenüber einer Haltung allgemeiner Verfügbarkeit abgegrenzt.

3.3 Ergebnisse und Diskussion der Zeitstichprobenbeobachtungen

Erste Vergleiche der Verhaltenshäufigkeiten[54] der Tagesmütter gegenüber eigenen Kindern und Pflegekindern auf den einzelnen Beobachtungskategorien (T-Test für abhängige Stichproben) bestätigen die Hypothese, daß sich im Alltag der Tagesmütter, die eigene Kinder und Pflegekinder gemeinsam betreuen, die unterschiedlichen, organisatorisch formalen und inhaltlichen Bestimmungen familialer und verberuflichter Betreuungsarbeit auf der konkreten Handlungsebene im unterschiedlichen Verhalten der Tagesmütter gegenüber eigenen Kindern und Pflegekindern identifizieren lassen.

Die Mittelwertunterschiede lassen differierende Verhaltensweisen der Tagesmütter gegenüber eigenen Kindern und Pflegekindern in 15 der 39 Beobachtungskategorien erkennen, wobei in den drei beobachteten Situationen, dem Füttern und den beiden Spielsituationen, in unterschiedlich starkem Maß Verhaltensunterschiede auftreten. Am geringsten sind die Unterschiede in der Essenssituation, erwartungsgemäß am gravierendsten die in der strukturierten Spielsituation.

Situationsübergreifend gilt, daß die Tagesmütter gegenüber dem eigenen Kind ein deutlich stärker kontrollierendes Verhalten zeigten als gegenüber dem Pflegekind. Beim Spiel forderten sie das eigene Kind häufiger auf, nachzugeben. Da jedoch die von ihnen augenscheinlich erwarteten Konflikte nur äußerst selten auftraten, läßt sich erschließen, daß die Tagesmütter bereits im Vorfeld bemüht waren, Konflikte zu vermeiden, indem sie kontrollierend Einfluß auf das eigene Kind nahmen. Darüber hinaus war die allgemeine Aufmerksamkeit der Tagesmütter (beobachten, sprechen) stärker auf das eigene Kind gerichtet als auf das Pflegekind. Verhaltensweisen, die im weitesten Sinn die intellektuelle Entwicklung fördern, traten nur selten auf, und in diesen seltenen Fällen profitierte häufiger das eigene Kind von diesem Verhalten.

Ebenso wie die amerikanischen AutorInnen Stith und Davis fanden wir, daß den eigenen Kindern mehr allgemeine Aufmerksamkeit entgegengebracht wurde als den Pflegekindern. Entwicklungsfördernde Verhaltensweisen traten bei den von uns untersuchten Tagesmüttern ebenfalls, wenn überhaupt, eher dem eigenen Kind gegenüber auf. Dies betraf in der freien Spielsituation die Anregung zum Spiel, im strukturierten Spiel das aufmerksame und interessierte Beobachten sowie das Benennen und Beschreiben von Handlungen und Gegenständen, die das Kind wahrnehmen kann. Die Beobachtung, daß gegenüber dem eigenen Kind häufiger positive Gefühle gezeigt werden als gegenüber dem Pflegekind, können wir allerdings in dieser allgemeinen Form nicht bestätigen, da Verhaltensweisen, die als Ausdruck positiver Gefühle gewertet werden können, bei den von uns untersuchten Tagesmüttern insgesamt selten auftraten. Signifikante oder tendenziell signifikante Unterschiede ließen sich bei fünf der sechs in Frage kommenden Beobachtungskategorien nicht finden. Die sechste Kategorie "lacht Kind an" wurde häufiger gegenüber dem Pflegekind beobachtet.

Einen Erklärungsansatz für die Unterschiede im Betreuungsverhalten der Tagesmütter gegenüber eigenen Kindern und Pflegekindern bieten die "Bausteine einer Theorie familialer Arbeit" von Pieper. Danach werden die familialen Versorgungsleistungen für bestimmte vertraute Personen erbracht. Da familiale Arbeit "keine Dienstleistung wie jede andere ist"[55], ist sie in der ihr eigenen Besonderheit nicht beliebig auf familienfremde Personen übertragbar. Die für die Familienmitglieder bestehende Notwendigkeit, im Sinne ihrer "gemeinsamen Sache"[56] zu handeln oder diese im Arbeitsprozeß herzustellen, bedeutet, angewandt auf die Betreuungstätigkeit der Tagesmütter, daß die Frauen im Umgang mit den eigenen Kindern bemüht sind, diese familiale Gemeinsamkeit herzustellen oder aufrechtzuerhalten. Das schlösse eine Gleichbehandlung von eigenen Kindern und Pflegekindern geradezu aus. Ein Anspruch an die Tagesmütter, wie er in einem Gütersloher Mustervertrag von 1977 zu finden ist: "Die Tagesmutter verpflichtet sich, das/die Kind(er) so sorgsam und liebevoll wie ihre eigenen Kinder zu betreuen und zu behandeln"[57], muß in Konflikt geraten mit der "gemeinsamen Sache", der sich die Mitglieder der Pflegefamilie verpflichtet fühlen. Anhand der Untersuchungsergebnisse stellt sich jedoch auch die Frage, inwieweit die Pflegekinder nicht dennoch und gerade im Sinne der "gemeinsamen Sache" in einen Teil des Familienalltags integriert werden, und zwar insofern, als sie die Sozialisation der eigenen Kinder im Bereich der Einübung von Sozialverhalten gegenüber Gleichaltrigen schon allein durch ihre Anwesenheit ermöglichen und so insbesondere bei Einzelkindern eine Art von Geschwisterfunktion übernehmen.

Ein überraschendes Ergebnis der bisherigen Untersuchungen ist, daß sich Verberuflichungstendenzen im Erziehungsalltag der Tagespflegestellen auf der Handlungsebene nicht an einer stärkeren Orientierung der Tagesmütter an den normativen Verhaltenserwartungen festmachen lassen, die über die Experten der Entwicklungspsychologie und Frühpädagogik hinsichtlich der Förderung der Kinder an betreuende Frauen herangetragen werden. Wenn solchen Normen überhaupt entsprochen wurde, dann geschah dies gegenüber den eigenen Kindern. Gegenüber dem Pflegekind hingegen wurden die Versorgungsfunktionen betont. Die Pflegekinder wurden in unserer Untersuchung zum Beispiel häufiger gefüttert, während den eigenen Kindern eher Freiräume gewährt wurden, selbständig zu essen.

Unterschiede zwischen privater und teilöffentlicher Betreuungsarbeit lassen sich aus unseren Beobachtungsergebnissen im Bereich des allgemeinen Arbeitsverhaltens der Tagesmütter ableiten. So waren die beteiligten Frauen gegenüber dem eigenen Kind stärker um ein strukturiertes Spiel und um explizite Zuwendung bemüht, während sie sich dem Pflegekind gegenüber deutlich "kräftesparender" verhielten. Eine Orientierung der Tagesmütter an außerfamilialer verberuflichter Betreuungsarbeit zeigt sich in unserer Beobachtungstudie in der Ökonomie des Kräfteeinsatzes.

Diese Ergebnisse bestätigen die Ausgangshypothese der Untersuchung, nach der sich im Verhalten der Tagesmütter gegenüber eigenen Kindern und Pflegekindern systematische Unterschiede aufzeigen lassen. Noch offen ist jedoch, inwieweit die Tagesmütter selbst einen Widerspruch zwischen der politischen Konzeption der Tagespflege und ihrem persönlichen Betreuungsalltag in der subjektiven Einschätzung ihrer Tätigkeit zum Ausdruck bringen, und ob sie selbst qualitative Unterschiede in ihrer Haltung gegenüber Pflegekindern und eigenen Kindern wahrnehmen. Hierüber geben die Interviews Aufschluß.

4. Die subjektive Einschätzung der Betreuungsarbeit durch die Tagesmütter

Anhand von ausführlichen Leitfadeninterviews mit fünfzehn Tagesmüttern sollte im vorliegenden Zusammenhang ermittelt werden, welchen Stellenwert die Tagesmuttertätigkeit im Rahmen der Lebensgestaltung der einzelnen Frauen einnimmt und inwieweit sie eher als öffentliche Erwerbsarbeit, vergleichbar einer Berufstätigkeit, oder als "private" Unterstützung und Hilfeleistung im Sinne von Nachbarschaftshilfe gesehen wird. Die Texte wurden inhaltsanalytisch ausgewertet.

Alle befragten Frauen, es handelte sich dabei um das Sample der Beobachtungsstudie sowie um zwei weitere Tagesmütter, die die gleichen Bedingungen erfüllten wie die oben beschriebenen, hatten mindestens ein eigenes Kind unter drei Jahren zu versorgen. Vor der Geburt ihres Kindes, bzw. der Beantragung der Pflegeerlaubnis, waren alle Frauen erwerbstätig. Mit der Entscheidung gegen eine außerhäusliche Erwerbstätigkeit hatten sich alle für die ausschließliche familiale und somit überwiegend mütterliche Betreuung ihres Kindes entschieden. Sieben der fünfzehn Frauen nannten als Motiv für das Aufgeben der Erwerbstätigkeit sowie den Beginn der Tagesmuttertätigkeit explizit ihre Mutterschaft. Diese Entscheidung ist jedoch nicht unabhängig von der Zufriedenheit der Frauen mit dem erlernten oder ausgeübten Beruf zu sehen. Sieben Frauen wollen nicht oder "eher nicht" in den erlernten Beruf zurück, sollten sie die Tagesmutterarbeit aufgeben.

Dieser Vorbehalt gegen die früher ausgeübte außerhäusliche Erwerbsarbeit läßt bereits vermuten, daß die Entscheidung, Tagesmutter zu werden, nicht allein mit Blick auf die Bedürfnisse des Kindes getroffen wurde, sondern daß in ihr ein Bündel sowohl kind- als auch erwachsenenorientierter Motive mitspielt. So waren fünf der Frauen, die als einen Grund für die Tagesmuttertätigkeit ihre Mutterschaft angaben, auch unzufrieden mit ihrer Erwerbsarbeit.

4.1 Motive für die Tagespflege

Die Hereinnahme eines oder mehrerer Tagespflegekinder in die Familie wurde von sieben Frauen mit dem Wunsch nach Spielgefährt/inn/en für das eigene Kind begründet.

> "... ich wollte im Prinzip einen Spielkameraden für meine Tochter mit haben" (Interview O5, S. 2)
> "und dann dachte ich, naja, damit sie nicht ganz so allein ist, ja, damit sich auch an andere Kinder gewöhnt und so ..." (Interview 11, S. 1)
> "... daß meine Kinder regelmäßig Spielkameraden haben ... und von meiner Tätigkeit als Erzieherin weiß ich, daß das unheimlich wichtig ist, daß Kinder eine Regelmäßigkeit haben, daß sie also regelmäßig jemanden haben, und da fand ich das eigentlich am besten, hab das deswegen gemacht" (Interview 12, S. 1)

Mit diesen Begründungen, die auf der Bewertung beruhen, das Aufwachsen eines Kindes unter seinesgleichen sei günstiger als das Alleinsein in einer Erwachsenenumgebung, scheinen die Mütter in den Vordergrund ihrer Entscheidung das Wohl des eigenen Kindes und nicht ihre eigenen Interessen zu stellen. In sechs von sieben Fällen wurde jedoch neben dem Wunsch, dem eigenen Kind einen Spielgefährten zu geben, stärker das eigene Interesse betont. In zwei Fällen ist die Eröffnung einer Tagespflegestelle ausdrücklich mit dem Bemühen verknüpft, die häusliche Mutter-Kind-Isolation aufzubrechen und über die private Hausarbeit hinaus "etwas zu tun".

> "... weil ich nicht den ganzen Tag mit meinem Kind allein sein wollte, erstens hat sie dann niemand zum Spielen und zweitens ... also ich kann mir's nicht vorstellen, ich bin einfach froh, wenn die Kinder da sind, dann hab ich mehr zu tun." (Interview 01, S. 1)

Im Vordergrund der Motivnennungen stehen jedoch materielle Gründe. In sechs der sieben Fälle treten sie neben dem Motiv "Spielgefährte für das eigene Kind" auf; insgesamt wurde das materielle Motiv am häufigsten, in 12 von 15 Fällen, angeführt. Dabei ist zu unterscheiden zwischen a) dem dominierenden Wunsch, etwas zum Einkommen des Mannes "dazu zu verdienen", um der Familie insgesamt einen größeren finanziellen Spielraum zu ermöglichen, b) dem Wunsch, sich als Frau ein Minimum an finanzieller Unabhängigkeit dem Partner gegenüber zu erarbeiten und c) der Notwendigkeit, über die Tagespflegeeinnahmen das Familieneinkommen auf das Niveau des Lebensnotwendigen anzuheben.

Unabhängig von der unterschiedlichen Bedeutung, die die Frauen dem Einkommen aus ihrer Tagesmuttertätigkeit zuschreiben, gibt allein die Tatsache der mehrheitlichen Nennung finanzieller Gründe als Motiv einen Hinweis darauf, daß die Tagesmuttertätigkeit in der Bewertung der Frauen aus dem privaten, von Bezahlung unabhängigen Reproduktionsbereich ausgelagert und in die Nähe einer öffentlichen, verberuflichten Betreuungsarbeit gerückt wird, die sich unter anderem durch Entlohnung von privater Hausarbeit unterscheidet.

Auch eine Motivation zu ehrenamtlicher Tätigkeit im Sinne von Selbsthilfe, als Leistung von Müttern für Mütter[58], ist in den wenigsten Fällen mitausschlaggebend für den Entschluß, Tagespflegekinder zu betreuen. Nur vier Mütter nennen als ein Motiv neben den anderen den Wunsch, berufstätigen Müttern in ihrer schwierigen Situation zu helfen. Die Tagesmütter selbst scheinen ihre Arbeit also, im Gegensatz zur politischen Konzeption, als Verdienstmöglichkeit, vergleichbar einer außerhäuslichen Erwerbsarbeit, zu nutzen. Kindorientierte oder soziale Gründe, die nur in einem Fall als alleinige Motive genannt werden, könnten möglicherweise als gesellschaftlich akzeptierter Entscheidungshintergrund angeführt worden sein.

4.2 Die Einschätzung der Betreuungsarbeit

In den Beschreibungen und Einschätzungen der Tagesmutterarbeit wird in allen mehrfach genannten Themenbereichen deutlich, daß die Arbeit der Tagesmütter über die familiale Arbeit hinausreicht, ihre Struktur während der Anwesenheit der Pflegekinder verändert wird und sich die organisatorischen Freiräume, die familiale Reproduktionsarbeit im Vergleich zu einer beruflichen bietet, mit der Betreuung der Pflegekinder wieder verengen.

Neun der fünfzehn Befragten bewerten ihre Tätigkeit als berufsnahe Erwerbsarbeit. Als Gründe für diese Einschätzung werden genannt: die zeitliche Gebundenheit, die eingeschränkte Handlungsfreiheit, die große Verantwortung für das Wohlergehen, die Unversehrtheit und die Entwicklung der Pflegekinder, die höhere Gesamtbelastung durch die Betreuung von Pflegekindern sowie die geringere emotionale Nähe zu den Pflegekindern. (Vgl. Kap. 3.1 dieses Beitrags)

Als weiterer objektiver Indikator für eine Veränderung des familialen Betreuungsalltags kann die beschriebene Reduzierung der Hausarbeit während der Betreuungszeit gelten. Diese Entmischung des Tuns wird jedoch von den Frauen selbst nicht in allen Fällen als Ausdruck berufsnaher Tätigkeit genannt. Darüber hinaus wird in fünf Fällen geschildert, wie im Konfliktfall den

Interessen der Tagespflegestelle Vorrang vor den Anliegen und Wünschen der eigenen Familie eingeräumt wird.

Trotz dieser Einschätzung, die die wichtigsten theoretischen Unterscheidungsmerkmale zwischen privater und beruflicher Betreuungsarbeit enthält, sprechen sich nur fünf der befragten Tagesmütter für eine Anerkennung ihrer Tätigkeit als Beruf aus. Noch verwirrender wird das Bild, wenn man die Aussagen der Frauen bezüglich ihrer potentiellen Bereitschaft heranzieht, eine Ausbildung zu absolvieren und somit fachliche Qualifikationen als Voraussetzungen für eine Berufsanerkennung zu erwerben. Drei der Befragten (zwei Lehrerinnen und eine Erzieherin) verfügten bereits über eine pädagogische Ausbildung. In logischer Konsequenz hält die Tagesmutter mit Erzieherausbildung eine zusätzliche Qualifikation nicht für notwendig. Die nicht auf die Betreuung von Kleinkindern vorbereitende Lehrerinnenausbildung wird in einem Fall für ausreichend, im anderen Fall für ergänzungsbedürftig gehalten.

Von den verbleibenden zwölf Tagesmüttern ohne eine fachliche Qualifikation zeigten nur fünf die Neigung, eine Ausbildung, z.B. in Form von Abendkursen, zu absolvieren. Drei dieser Frauen äußerten ihre grundsätzliche Bereitschaft in Übereinstimmung mit ihrem Wunsch nach Anerkennung ihrer Tätigkeit als Beruf. Auch wenn die in einem Interview geäußerten Neigungen keinen zwingenden Schluß auf das Verhalten der Frauen im Falle einer Ausbildungsmöglichkeit zulassen, ist die Diskrepanz zwischen dem Wunsch nach gesellschaftlicher Anerkennung (N=7) und dem persönlichen Schritt, notwendige fachlich qualifizierende Eingangsvoraussetzungen zu erfüllen (N=3), auffällig. Möglicherweise unterscheiden die Tagesmütter in diesen Fällen zwischen Beruf und Erwerbsarbeit, ohne im alltagssprachlichen Gebrauch die beiden Begriffe gegeneinander abzugrenzen, das heißt, sie wünschen sich einerseits eine gesellschaftliche Anerkennung ihrer Tätigkeit und möchten deshalb eine Angleichung an Bedingungen öffentlicher Erwerbsarbeit; andererseits ist die Betreuung von Kleinkindern für sie jedoch kein selbständiges persönliches Berufsziel, das ja auch im Rahmen einer Erzieherinnen- oder Kinderpflegerinnenausbildung realisiert werden könnte. Entsprechend wird nur von einer Befragten die Tagesmuttertätigkeit als Zukunftsperspektive unabhängig vom Alter ihrer Kinder genannt. Alle anderen Frauen sind entweder unentschieden oder haben bereits, mit dem Älterwerden der eigenen Kinder verbunden, die Rückkehr ins außerhäusliche Erwerbsleben geplant.

Von den befragten Frauen wird die Möglichkeit der Tagespflege genutzt, dem persönlichen Bedürfnis oder der gesellschaftlichen Wertentscheidung gemäß die eigenen Kleinkinder selbst zu betreuen, ohne deshalb gänzlich auf ein eigenes Einkommen zu verzichten und ohne familial isoliert zu werden. Da fachliche Qualifikationen als Eingangsvoraussetzungen nicht gefordert sind, steht dieser Weg prinzipiell allen Frauen offen. Er scheint vorzugsweise als vorübergehende Lösung, nicht als längerfristiges Lebenskonzept gewählt zu werden.

238

5. Zusammenfassung

Die befragten Frauen sind sich mehrheitlich darin einig, daß die Tagespflege-
arbeit einer Erwerbstätigkeit durchaus vergleichbar sei. In Übereinstimmung
mit dieser Einschätzung bemühen sie sich, als Gegenwert für die Bezahlung
der Tätigkeit "ordentliche Arbeit" zu leisten und sind deshalb auch bereit, den
häuslichen Tagesablauf zugunsten der expliziten Beschäftigung mit den Kindern umzugestalten. War der vorherige familiale Alltag eher durch Vermischung von Hausarbeit und Kinderbetreuung gekennzeichnet, bemühten sich
die Frauen seit Bestehen der Pflegestelle, beide Bereiche zu entflechten.

Merkmale einer Verberuflichung der Betreuungsarbeit in den Tagespflegestellen zeigten sich bei den Tagesmüttern unserer Stichprobe auch im unterschiedlichen Verhalten den eigenen Kindern und den Pflegekindern gegenüber. Die von der Mehrzahl der Frauen explizit genannte größere emotionale Nähe zum eigenen Kind bietet einen Erklärungsansatz für diesen
Sachverhalt. Die gefühlsmäßig engere Bindung an das eigene Kind führt offenbar zu einer engagierteren Zuwendung mit spezifischer emotionaler Qualität, wobei die größere Nähe zwischen Mutter und eigenem Kind in unserer
Studie zwar zu einer höheren allgemeinen Aufmerksamkeit, jedoch nicht zum
stärkeren Ausdruck positiver Gefühle oder zur Bevorzugung führte. Vielmehr
wird vom eigenen Kind insbesondere in potentiell konfliktträchtigen Situationen häufiger erwartet, nachzugeben und eigene Interessen zurückzustellen.
Die Tagespflegetätigkeit wird von den Frauen möglicherweise als "gemeinsame Sache" der Familie interpretiert, und in diesem Sinne wird von den eigenen Kindern erwartet, daß sie die Regeln dieser Erwerbsarbeit respektie-
ren und während des Pflegealltags mit der Mutter kooperieren.

Insgesamt stellt sich die Tagespflege der politischen Konzeption und der
realen Umsetzung nach in der vorliegenden Studie zwar einerseits als ein soziales Tätigkeitsfeld dar, auf dem Frauen, auch außerhalb des Arbeitsmarktes, potentiell und faktisch als Ressource ausgebeutet werden, indem ihnen
für ihre gesellschaftlich nützliche Arbeit als Gegenwert ein viel zu geringer
Lohn, nur geringe soziale Anerkennung und keine soziale Sicherung geboten
wird. Andererseits bietet diese Betreuungsarbeit jedoch, gerade weil sie teil-
öffentlich ist und nicht den Gesetzen des Arbeitsmarktes unterliegt, den Tagesmüttern unserer Stichprobe Möglichkeiten individueller Lebensgestaltung
zwischen außerhäuslicher Erwerbsarbeit und familialer Hausarbeit. Die Ta-
gespflegearbeit erlaubt es ihnen, ihre Isolation als Hausfrau ein Stück weit
aufzubrechen und sich einen Zugang zum gesellschaftlichen Leben außerhalb
der Familie zu eröffnen.

Die Entscheidung, Pflegekinder zu betreuen, läßt bei den in unsere Untersuchung einbezogenen Tagesmüttern jedoch nicht den Schluß zu, es handle
sich bei ihrer Tätigkeit um den Ausdruck einer emanzipatorischen Entwicklung weg vom Hausfrauendasein hin zu einer Berufstätigkeit. Diesen Schritt
hatten die befragten Frauen schon geleistet; sie waren alle bereits vor Aufnahme der Tagesmuttertätigkeit erwerbstätig und hatten überwiegend eine

abgeschlossene Berufsausbildung, und nur in einem Fall wird die Betreuung von Pflegekindern als längerfristige Zukunftsperspektive erwogen. Unsere Untersuchung zeigt vielmehr, daß das Tagesmütterkonzept für Frauen mit eigenen kleinen Kindern zeitlich begrenzt eine akzeptable Möglichkeit bietet, in einer familienzentrierten Lebensphase die Berufstätigkeit aufzugeben und in den ersten Jahren mit ihren Kindern zu leben, ohne deshalb auf eine über die Familie hinausweisende eigene Tätigkeit verzichten zu müssen.

Anmerkungen

1   Der Senator für Jugend und Familie: Bericht über die Situation der Familien in Berlin. Berlin 1987, S. 36.

2   Vgl. a.a.O., S. 13.

3   Vgl. zusammenfassend Yvonne Schütze: Die gute Mutter. Zur Geschichte des normativen Musters "Mutterliebe". Bielefeld 1986.

4   Vgl. Martina Kuhnt, Wolfgang Speil: Zeit von Kindern - Zeit für Kinder. Ein empirischer Beitrag zur Dokumentation des Betreuungsaufwandes und der Erziehungsleistung für kleine Kinder. Materialien des Instituts für Entwicklungsplanung und Strukturforschung, Bd. 131. Hannover 1986.

5   Vgl. Ludwig Liegle: Private oder öffentliche Kleinkindererziehung? Politische Steuerung und gesellschaftliche Entwicklung im Systemvergleich, in: Oskar Anweiler (Hg.): Staatliche Steuerung und Eigendynamik im Bildungs- und Erziehungswesen osteuropäischer Staaten und der DDR. Berlin 1986, S. 197-232; Leitsätze der Christlich - Demokratischen Arbeitnehmerschaft: Die sanfte Macht der Familie, in: Soziale Ordnung, Christlich - Demokratische Blätter der Arbeit 11 (1981), S. 11.

6   Peter Moss: Child care - A european perspective, in: Nursery World, 11. August 1988, S. 14.

7   Vgl. Gertrud Backes: Frauen und soziales Ehrenamt. Zur Vergesellschaftung weiblicher Selbsthilfe. Augsburg 1987, S. 218.

8   Moss 1988, S. 12.

9   Vgl. Jay Belsky: Two waves of day care research: Developmental effects and conditions of quality, in: Ricardo C. Ainslie (Ed.): The child and the day care setting. New York: Praeger Publishers 1984, S. 1-34; Sandra Scarr: Wenn Mütter arbeiten. Wie Kinder und Beruf sich verbinden lassen. München 1987; Hans-Joachim Laewen: Die Diskussion um die Tagesbetreuung von Kleinkindern: Versuch einer Wiederbelebung. Zur Veröffentlichung eingereicht. Berlin 1989. Hans-Joachim Laewen: Nichtlineare Effekte einer Beteiligung von Eltern am Eingewöhnungsprozeß von Krippenkindern: Die Qualität der Mutter-Kind-Bindung als vermittelnder Faktor, in: Zeitschrift für Psychologie in Erziehung und Unterricht 36 (1989) S. 102-108.

10 Die Nähe zwischen dieser Form konservativer Berufspolitik und dem Konzept des "weiblichen Arbeitsvermögens" (vgl. Ilona Ostner, Elisabeth Beck-Gernsheim: Mitmenschlichkeit als Beruf. Eine Analyse des Alltags in der Krankenpflege. Frankfurt M., New York 1979.) wird unter Frauenforscherinnen als durchaus problematisch diskutiert. Vgl. dazu G.-Axeli Knapp: Eröffnungsrede zum Workshop "Frauenforschung - Frauenpolitik" 1988. Unveröffentlichtes Manuskript.

11 Vgl. Claudia Born, Helga Krüger, Michael Schablow, Witha Winter: Berufstätige Mütter. Zwischen Arbeitsplatz und Kinderkrippe. Zur Situation in der Tagesbetreuung von Kindern zwischen null und drei Jahren in Bremen. Universität Bremen, Forschungsschwerpunkt Arbeit und Bildung 3. Bremen 1985, S. 106 ff.

12 Vgl. Dietrich v. Derschau: Erwerbslose Erzieherinnen - Entwicklung des Arbeitsmarktes und Auswirkungen, in: Ursula Rabe-Kleberg, Helga Krüger, Dietrich v. Derschau (Hg.): Qualifikationen für Erzieherarbeit, Bd. 3: Beruf oder Privatarbeit - eine falsche Alternative. Weinheim, München 1986, S. 145-156.

13 Vgl. Backes 1987, S. 61.

14 Vgl. Brigitte Martin, Rudolf Pettinger: Frühkindliche institutionalisierte Sozialisation, in: Enzyklopädie Erziehungswissenschaft, Bd. 6: Dieter Lenzen (Hg.): Erziehung in früher Kindheit. Stuttgart 1984, S. 239; Born u.a. 1985, S. 99.

15 Marie-Eleonora Karsten: Ausbildung und Arbeitsmarkt - Ein ungeklärtes Verhältnis in den sozialen Berufen, in: Rabe-Kleberg u.a. (Hg.) 1986, S. 307-311.

16 Vgl. Uta Enders-Dragässer: Die Mütterdressur. Eine Untersuchung zur schulischen Sozialisation der Mütter und ihren Folgen, am Beispiel der Hausaufgaben. Basel 1981.

17 Der Senator für Schulwesen, Jugend und Sport: Kindertagesstätten - Entwicklungsplan II. Berlin 1978, S. 21.

18 Der Senator für Jugend und Familie: Statistischer Dienst, 1. Halbjahr 1988. Berlin 1988, S. 3.

19 Statistisches Landesamt Berlin (Hg.): Frauen in Berlin - Informationen der amtlichen Statistik. Berlin (März) 1988.

20 Der Senator für Jugend und Familie 1987, S. 3.

21 A.a.O, S. 9.

22 Martin, Pettinger 1984, S. 241.

23 Arbeitsgruppe Tagesmütter: Das Modellprojekt "Tagesmütter". Abschlußbericht. München 1979, S. 2.

24 Vgl. u.a. Ludwig Liegle: Sozialisationsforschung und Familienpolitik, in: Zeitschrift für Pädagogik 3 (1974), S. 428-445. Bernhard Hassenstein: Das Projekt "Tagesmütter", in: Zeitschrift für Pädagogik 3 (1974), S. 415-426. Bernhard Hassenstein: Kritik an der wissenschaftlichen Begründung des Tagesmütter-Projekts, in: Zeitschrift für Pädagogik 6 (1974), S. 929-945.

25 Vgl. Arbeitsgruppe Tagesmütter 1979.

26 Vgl. Rita Süßmuth: Ansprache im Rahmen des Symposiums "Familie und Selbsthilfe" des Deutschen Jugendinstituts. München, Dezember 1986, in: Jahresbericht des Deutschen Jugendinstituts 1986. München 1987, S. 174-178.

27 Statistisches Bundesamt (Hg.): Sozialleistungen, Fachserie 13, Reihe 6.1., Erzieherische Hilfen und Aufwand für die Jugendhilfe, 1985. Stuttgart und Mainz 1987, S. 16-17.

28 Kindergärten, Kinderhorte, Krippen/Krabbelstuben sowie Sonderkindergärten am 1.1.1985 in den Gemeinden mit 20.000 und mehr Einwohnern, in: Der Städtetag 6 (1986), S. 433.

29 Der Senator für Jugend und Familie: Statistischer Dienst, 2. Halbjahr. Berlin 1988.

30 Der Senator für Jugend und Familie: Bericht über Bedarf und Planung von Kindertagesstätten. Entwurf. Berlin (o.J.), S. 28.

31 Ausführungsvorschriften über die Unterbringung von Minderjährigen in Pflegestellen (Pflegekindervorschriften - PKV) in der vom 1. Oktober 1984 an geltenden Fassung, Berlin 1984, S.12.

32 Backes 1987, S. 214.

33 Arbeitskreis zur Förderung von Pflegekindern e.V.: Tagespflege von A-Z. Berlin 1986, S. 9.

34 Herbert E. Fuchs: 10 Jahre Tagesmütter - Ein Modell familienergänzender Kinderbetreuung hat sich durchgesetzt, in: Sozialer Fortschritt 2 (1984), S. 31-32.

35 Der Senator für Schulwesen, Jugend und Sport: Information Tagespflege. Berlin 1982, S. 21.

36 Hans-Joachim Laewen, Beate Andres, Eva Hedervari: Ausgewählte Statistiken zur Situation von Tagespflegestellen in fünf Berliner Bezirken im Jahr 1984. Unveröffentlichtes Manuskript. Berlin 1987, S. 3-4.

37 Der Senator für Schulwesen, Jugend und Sport 1982, S.10.

38 Es handelt sich dabei um das Projekt: Untersuchung zur Situation der Berliner Tagespflegestellen und Evaluation eines Fortbildungsmodells für diesen Bereich, das von mir gemeinsam mit Hans-Joachim Laewen und Eva Hedervari 1985-1987 im Rahmen der Berlin-Forschung durchgeführt wurde.

39 Vgl. v. Derschau 1986.

40 Vgl. u.a. Ilona Ostner: Beruf und Hausarbeit. Die Arbeit der Frau in unserer Gesellschaft. Frankfurt M., New York 1978. Ilona Ostner: Berufsform und berufliche Sozialisation von Frauen, in: Karl Martin Bolte, Erhard Treutner (Hg.): Subjektorientierte Arbeits- und Berufssoziologie. Frankfurt M., New York 1983, S. 110-140; Barbara Pieper: Subjektorientierung als Forschungsverfahren - vorgestellt am Beispiel häuslicher Arbeit, in: Bolte, Treutner (Hg.) 1983, S. 294-323; Barbara Pieper: Familie im Urteil ihrer Therapeuten. Frankfurt M., New York 1986; Regina Becker-Schmidt, Uta Brandes-Erlhoff, Marva Karrer, G.-Axeli Knapp, Mechthild Rumpf, Beate Schmidt: Nicht wir haben die Minuten, die Minuten haben uns. Zeitprobleme und Zeiterfahrungen von Arbeitermüttern in Fabrik und Familie. Bonn 1982; Carmen Tatschmurat: Beruf als Medium gesellschaftlicher Teilhabe? In: Bolte, Treutner (Hg.) 1983, S. 84-1O9.

41 Pieper 1986, S. 53.

42 Vgl. Tatschmurat 1983 und Pieper 1986.

43 Tatschmurat 1983, S. 85.

44 A.a.O.

45 Pieper 1986, S. 224 f.

46 Sandra M. Stith, Albert J. Davis: Employed mothers and family day-care substitute caregivers: A comparative analysis of infant care, in: Child Development, 55 (1984), S. 1340-1348.

47 Alle Situationen wurden während eines Vormittags in den jeweiligen Pflegestellen aufgezeichnet, pro Situation ca. 20 Minuten. Die Gestaltung einer Spielsituation wurde den Frauen völlig freigestellt. In der strukturierten Spielsituation war ein Konflikt zwischen den Kindern tendenziell angelegt. Es wurde ein Puzzle vorgegeben und die Tagesmutter gebeten, dieses alternativlos anzubieten. Dabei wurde davon ausgegangen, daß Konflikte zwischen Tagesmutter- und Mutterrolle besonders deutlich in Situationen zum Tragen kommen, in denen eigene Kinder und Pflegekinder sich streiten oder aufeinander eifersüchtig sind.

48 Pieper 1983, S. 310. Vgl. zur Erzieherinnenarbeit den Beitrag von Ulrike Schildmann in diesem Band.

49 A.a.O., S. 310.

50 Es handelt sich dabei um das Beobachtungsinstrument von Russo & Owens: The development of an objective observation tool for parent-child interaction, in: Journal of Speech and Hearing Discordes 47(1982), S. 165-173, den Beobachtungsbogen für Konfliktsituationen von Horst Nickel u.a., in: Horst Nickel, Ulrich Schmidt-Denter, Bernd Ungelenk, Petra Wollschläger: Untersuchung zum Erzieher- und Elternverhalten und zum Sozialverhalten von Kindern in Eltern-Initiativ-Gruppen und Kindergärten. Forschungsbericht. Düsseldorf 1980 sowie den Beobachtungsbogen zur Beurteilung von Erzieherverhalten von E. Kuno Beller, in: E. Kuno Beller, Hans-Joachim Laewen, Marita Stahnke, Helmut Lukas: Abschlußbericht des "Krippenprojekts" für den Senator für Familie, Jugend und Sport in Berlin. Unveröffentlichtes Manuskript. Berlin 1978.

51 Der Senator für Schulwesen, Jugend und Sport 1982, S. 11.

52 A.a.O., S. 10.

53 Vgl. Yvonne Schütze: Der Verlauf der Geschwisterbeziehung während der ersten beiden Jahre, in: Praxis der Kinderpsychologie und Kinderpsychiatrie 35 (1986), S. 130-137.

54   Die Kodierung der Beobachtungsintervalle wurde nach intensivem vierwöchigen Training unabhängig von zwei Beobachterinnen durchgeführt. Die Übereinstimmung variierte zwischen 74% und 90%. Die Analysen der Daten beruhen auf den aus beiden Beobachtungsserien gemittelten Beobachtungsergebnissen.

55   Pieper 1986, S. 242.

56   Vgl. a.a.O., S. 208 ff.

57   Michael Dickenberger, Jürgen Zimmer (Red.): Tagesmütter - Notlösung oder Dauerlösung? In: Betrifft: Erziehung 2 (1977), S. 28.

58   Vgl. Backes 1987, S. 90 f.

Anhang

ITEMS DES BEOBACHTUNGSBOGENS

I. Allgemeine Aufmerksamkeit gegenüber dem Kind

Tagesmutter beobachtet, was das Kind tut
sucht Blickkontakt
spricht mit dem Kind
handelt für das Kind

II. Reaktion auf Aufforderungen des Kindes

Tagesmutter antwortet dem Kind
reagiert zustimmend auf Nähesuchen
reagiert empathisch auf Gefühle
ignoriert Gefühle/Nähesuchen
reagiert abwehrend auf Gefühle
reagiert auf sonstige Signale

III. Eigeninitiierte Hinwendung zum Kind

Tagesmutter regt zum Spiel an
beschreibt/benennt
ermöglicht/unterstützt
erkundigt sich nach Wünschen
erweitert
benennt/erklärt Ähnlichkeiten
macht Vorschläge
lobt aktivitätsrelevant
korrigiert sachlich

greift ein/behindert
setzt verbal Grenzen
kontrolliert verbal
kritisiert persönlich
ignoriert Aggression

fordert/bittet um Rücksicht
fordert/bittet um Hilfe

verbalisiert/beschreibt Gefühle
nimmt positiven Körperkontakt auf

spricht Kind mit Koseworten an
lacht Kind an
lobt allgemein

IV. Reaktion im Fall von Konflikten zwischen den Kindern

Tagesmutter   beschwichtigt/ironisiert
reagiert ungeduldig/schimpft
tröstet/bietet Alternativen an
fordert nachzugeben

V. Allgemeines Arbeitsverhalten

Tagesmutter   kontrolliert ihre Reaktionen
ist um strukturiertes Spiel bemüht
ist um explizite Zuwendung bemüht
verhält sich kräftesparend

Literatur

Abgeordnetenhaus von Berlin: Nr. 286 des Senats von Berlin über personelle Absicherung von Integrationskitas – Drucksachen Nr. 10/260 und Nr. 10/388 (Schlußbericht). Drucksache 10/1258. Berlin 1987.

Albisetti, James C.: Could separate be equal? Helene Lange and women's education in Imperial Germany, in: History of Education Quarterly 22 (1982), S. 301-317.

Albisetti, James C.: Frauen und die akademischen Berufe im kaiserlichen Deutschland, in: Ruth-Ellen Joeres, Annette Kuhn (Hg.): Frauen in der Geschichte VI: Frauenbilder und Frauenwirklichkeiten. Düsseldorf 1985 (a), S. 286-303.

Albisetti, James C.: The reform of female education in Prussia, 1899-1908: A study in compromise and containment, in: German Studies Review, Vol. 8, 1985 (b), S. 11-41.

Altmann, Elisabeth: Geschichte des Landesvereins Preußischer Technischer Lehrerinnen von 1895 - 1912. Leipzig 1912.

Apel, Hans-Jürgen: Sonderwege der Mädchen zum Abitur im Deutschen Kaiserreich, in: Zeitschrift für Pädagogik 34 (1988), S. 171-189.

Arbeitsgruppe Tagesmütter: Das Modellprojekt "Tagesmütter". Abschlußbericht. München 1979.

Arbeitsgruppe Vorschulerziehung: Vorschulische Erziehung in der Bundesrepublik. Eine Bestandsaufnahme zur Curriculumentwicklung. München 1974.

Arbeitskreis Neue Erziehung e.V.: Vorschulbriefe 1-3. Berlin 1986 ff.

Arbeitszeit der Fabrikarbeiterinnen, Die. Nach Berichten der Gewerbeaufsichtsbeamten, bearb. im Reichsamt des Innern. Berlin 1905.

Bachmann, Friedrich: Die Königliche Elisabethschule zu Berlin. Entwickelung, Einrichtungen, Bildungsziele. Berlin 1893.

Backes, Gertrud: Frauen und soziales Ehrenamt. Zur Vergesellschaftung weiblicher Selbsthilfe. Augsburg 1987.

Bader, Kurt: Institutionalisierte Mütterlichkeit. Fünf Thesen zum Erzieherinnenbewußtsein, in: Helga Krüger, Ursula Rabe-Kleberg, Dietrich v. Derschau (Hg.): Qualifikationen für Erzieherarbeit, Bd. 1: Anforderungen, Veränderungen und Kritik. München 1981, S. 287-295.

Bäumer, Gertrud: Die Geschichte der Frauenbewegung in Deutschland, in: Helene Lange, Gertrud Bäumer (Hg.): Handbuch der Frauenbewegung, Bd. 1: Die Geschichte der Frauenbewegung in den Kulturländern. Berlin 1901, S. 1-166.

Bäumer, Gertrud: Geschichte und Stand der Frauenbildung in Deutschland, in: Helene Lange, Gertrud Bäumer (Hg.): Handbuch der Frauenbewegung, Bd. 3: Der Stand der Frauenbildung in den Kulturländern. Berlin 1902, S. 1-128.

Bäumer, Gertrud: Geschichte der Gymnasialkurse für Frauen zu Berlin. Berlin 1906 (a).

Bäumer, Gertrud: Lehrerinnenbildung, in: Wilhelm Rein (Hg.): Encyklopädisches Handbuch der Pädagogik, 2. Aufl. Bd. 5. Langensalza 1906 (b), S. 453-487.

Bäumer, Gertrud: Die Bedeutung der Frauenbewegung für die persönliche Kultur, in: Bund deutscher Frauenvereine (Hg.): Deutscher Frauenkongreß. Berlin 1912, S. 275-281.

Bäumer, Gertrud: Die seelischen Geschlechtsunterschiede nach den Ergebnissen der experimentellen Psychologie, in: Die Lehrerin 30 (1913/14), S. 145-148.

Bäumer, Gertrud: Die Lehren des Weltkrieges für die deutsche Pädagogik. Leipzig 1915.

Bäumer, Gertrud: Schulaufbau, Berufsauslese, Berechtigungswesen. Im Auftrage des Reichsministeriums des Innern. Berlin 1930.

Beck, Ulrich, Michael Brater, Eckhart Trammsen: Beruf, Herrschaft und Identität. Ein subjektbezogener Ansatz zum Verhältnis von Bildung und Produktion, in: Soziale Welt 27 (1976), S. 8-44, S. 180-205.

Becker-Schmidt, Regina, Uta Brandes-Erlhoff, Marva Karrer, Gudrun-Axeli Knapp, Mechthild Rumpf, Beate Schmidt: Nicht wir haben die Minuten, die Minuten haben uns. Zeitprobleme und Zeiterfahrungen von Arbeitermüttern in Fabrik und Familie. Bonn 1982.

Beller, E. Kuno, Hans-Joachim Laewen, Marita Stahnke, Helmut Lukas: Abschlußbericht des "Krippenprojekts" für den Senator für Familie, Jugend und Sport in Berlin. Unveröffentlichtes Manuskript. Berlin 1978.

Belsky, Jay: Two waves of day care research: Developmental effects and conditions of quality, in: Ricardo C. Ainslie (Ed.): The child and the day care setting. New York: Praeger Publishers 1984, S. 1-34.

Bergmann, Anna: "Die Rationalisierung der Fortpflanzung": der Rückgang der Geburten und der Aufstieg der Rassenhygiene/Eugenik im Deutschen Kaiserreich 1871-1914. Diss. Freie Universität Berlin, 1988.

Bericht über die Gemeinde-Verwaltung der Stadt Berlin in den Verwaltungsjahren 1895 bis 1900, Teil 2. Berlin 1904.

Berichterstattung über die Situation und die zukünftige Planung der Berliner Schulkindergärten vom 28. Juli 1968, in: Informationsdienst des Senators für Schulwesen, 1/1973.

Bertram, Hans: Berufsorientierung erwerbstätiger Mütter, in: Zeitschrift für Sozialisationsforschung und Erziehungssoziologie 3 (1983), S. 29-40.

Beschäftigung verheiratheter Frauen in Fabriken, Die. Nach den Jahresberichten der Gewerbeaufsichtsbeamten für das Jahr 1899, bearb. im Reichsamt des Innern. Berlin 1901.

Bildat, Kathrin: Ausbildung, Situation und Probleme der Turnlehrerinnen in Preußen im Spiegel der Zeitschrift "Die technische Lehrerin" bis 1918. Staatsexamensarbeit Freie Universität Berlin, 1987.

Bloch, Iwan: Das Sexualleben unserer Zeit in seinen Beziehungen zur modernen Kultur. Berlin 1919 (1. Aufl. 1906).

Bluemcke, Adolf: Die Körperschule der deutschen Frau im Wandel der Zeit. Dresden 1928.

Bock, Gisela: Scholars' wives, textile workers and female scholars' work. Historical perspectives on working women's lives. (European university institute working papers). Florenz 1986.

Boelitz, Otto: Der Aufbau des preußischen Bildungswesens nach der Staatsumwälzung. Leipzig 1924.

Bogerts, Hildegard: Bildung und berufliches Selbstverständnis lehrender Frauen in der Zeit von 1885-1920. Frankfurt M. u.a. 1977.

Born, Claudia, Helga Krüger, Michael Schablow, Witha Winter: Berufstätige Mütter. Zwischen Arbeitsplatz und Kinderkrippe. Zur Situation in der Tagesbetreuung von Kindern zwischen null und drei Jahren in Bremen. Universität Bremen, Forschungsschwerpunkt Arbeit und Bildung 3. Bremen 1985.

Bölling, Rainer: Sozialgeschichte der deutschen Lehrer. Ein Überblick von 1800 bis zur Gegenwart. Göttingen 1983.

Brater, Michael, Ulrich Beck: Berufe als Organisationsformen menschlichen Arbeitsvermögens, in: Wolfgang Littek, Werner Rammert, Günther Wachtler (Hg.): Einführung in die Arbeits- und Industriesoziologie. Frankfurt M., New York 2. Aufl. 1983, S. 208-224.

Braun, Lily: Die Frauenfrage, ihre geschichtliche Entwicklung und wirtschaftliche Seite. Leipzig 1901.

Braun, Lily: Frauenarbeit und Hauswirthschaft. Berlin 1901.

Brehmer, Ilse (Hg.): Lehrerinnen. Zur Geschichte eines Frauenberufes. Texte aus dem Lehrerinnenalltag. München u.a. 1980.

Briel, Rudi: Gesellschaftliche und politische Bestimmungsprozesse im Elementarbereich, in: Enzyklopädie Erziehungswissenschaft, Bd. 6: Jürgen Zimmer (Hg.): Erziehung in früher Kindheit. Stuttgart 1985, S. 114-152.

Bund-Länder-Kommission für Bildungsplanung: Bildungsgesamtplan. Stuttgart 1973.

Bund-Länder-Kommission für Bildungsplanung: Fünfjährige in Kindergärten, Vorklassen und Eingangsstufen. Bericht über eine Auswertung von Modellversuchen. Stuttgart 1976.

Bussemer, Herrad Ulrike: Frauenemanzipation und Bildungsbürgertum. Sozialgeschichte der Frauenbewegung in der Reichsgründungszeit. Weinheim, München 1985.

Bussemer, Herrad Ulrike: Bürgerliche Frauenbewegung und männliches Bildungsbürgertum 1860-1880, in: Ute Frevert (Hg.): Bürgerinnen und Bürger. Geschlechterverhältnisse im 19. Jahrhundert. Göttingen 1988, S. 190-205.

CDA (Christlich-Demokratische Arbeitnehmerschaft)-Leitsätze: Die sanfte Macht der Familie, in: Soziale Ordnung. Christlich-Demokratische Blätter der Arbeit 11 (1981).

Colberg-Schrader, Hedi, Marianne Krug: Erzieher müssen nicht nur erziehen können. Zur Weiterentwicklung von Kindertagesstätten. Welche Kompetenzen brauchen die pädagogischen Mitarbeiter? In: Ursula Rabe-Kleberg, Helga Krüger, Dietrich v. Derschau (Hg.): Qualifikationen für Erzieherarbeit, Bd. 2: Kooperation in Arbeit und Ausbildung. München 1983, S. 10-24.

Croner, Fritz: Soziologie der Angestellten. Köln, Berlin 1962.

Daheim, Hansjürgen: Berufliche Intergenerationen-Mobilität in der komplexen Gesellschaft, in: Kölner Zeitschrift für Soziologie und Sozialpsychologie 16 (1964), S. 92-124.

Den hohen deutschen Staatsregierungen gewidmete Denkschrift der ersten deutschen Hauptversammlung von Dirigenten und Lehrenden der höheren Mädchenschulen, betreffend eine gesetzliche Normierung der Organisation und Stellung des höheren Mädchenschulwesens (1872), in: Monatsschrift für das gesamte Deutsche Mädchenschulwesen 7 (1873), S. 15-33.

Denkschrift zum 25jährigen Jubiläum des Reichsverbandes deutscher Lehrerinnen für Nadelarbeit, Leibesübungen und Hauswirtschaft. (o.O.) 1930.

Der Internationale Kongreß für Frauenwerke und Frauenbestrebungen in Berlin. 19. bis 28. September 1896. Eine Sammlung der auf dem Kongreß gehaltenen Vorträge und Ansprachen. Hrsg. von der Redaktionskommission Rosalie Schoenfliess u.a. Berlin 1897.

Derschau, Dietrich v.: Entwicklungen im Elementarbereich. Fragen und Probleme der qualitativen, quantitativen und rechtlichen Situation. München 1981.

Derschau, Dietrich v.: Die Ausbildung des pädagogischen Personals, in: Enzyklopädie Erziehungswissenschaft, Bd. 6: Jürgen Zimmer (Hg.): Erziehung in früher Kindheit. Stuttgart 1985, S. 169-187.

Derschau, Dietrich v.: Erwerbslose Erzieherinnen – Entwicklung des Arbeitsmarktes und Auswirkungen, in: Ursula Rabe-Kleberg, Helga Krüger, Dietrich v. Derschau (Hg.): Qualifikationen für Erzieherarbeit, Bd. 3: Beruf oder Privatarbeit – eine falsche Alternative. Weinheim, München 1986, S. 145-156.

Deutscher Bildungsrat: Strukturplan für das Bildungswesen. Empfehlungen der Bildungskommission. Stuttgart 1970.

Deutscher Bildungsrat: Empfehlungen der Bildungskommission. Zur pädagogischen Förderung behinderter und von Behinderung bedrohter Kinder und Jugendlicher. Bonn 1973.

Deutscher Bildungsrat: Zur Einrichtung eines Modellprogramms für Curriculum-Entwicklung im Elementarbereich. Stuttgart 1973.

Deutsches Jugendinstitut, Projekt "Integration von Kindern mit besonderen Problemen": Gemeinsam leben. Heft 1 (1980) - 16 (1986).

Die Frau. Monatszeitschrift für das gesamte Frauenleben unserer Zeit. Hrsg. von Helene Lange, Berlin, 1 (1893/94), 2 (1895/96).

Die Gleichheit. Zeitschrift für die Interessen der Arbeiterinnen. Hrsg. von Emma Ihrer, ab 1898 Clara Zetkin, Berlin, Stuttgart, 6 (1896) - 22 (1912). Beilage zur "Gleichheit": Für unsere Mütter und Hausfrauen, 1908 - 1912.

Die Lehrerin in Schule und Haus 1 (1884/85) ff. Ab 27 (1910/11): Die Lehrerin. Organ des Allgemeinen Deutschen Lehrerinnenvereins. Mit dem Beiblatt A: Beiblatt der Sektion für höhere und mittlere Schulen und Korrespondenzblatt des Verbandes akademisch gebildeter und studierender Lehrerinnen.

Diefenbach, Jürgen, Ute Maier, Dorothea Wollweber: Die Eingangsstufe des Primarbereichs. Entwicklung und gegenwärtiger Stand in den Bundesländern. Frankfurt M. 1983.

Dittrich, Gisela, Lore Miedaner: Integration von behinderten Kindern – Konsequenzen für das Berufsfeld von Erzieherinnen sowie für Aus- und Fortbildung, in: Ursula Rabe-Kleberg, Helga Krüger, Dietrich v. Derschau (Hg.): Qualifikationen für Erzieherarbeit, Bd. 2: Kooperation in Arbeit und Ausbildung. München 1983, S. 32-50.

Domscheit, Stefan, Marion Kühn: Die Kindergartenreform. Eine Fallstudie bundesdeutscher Sozialpolitik. (Forschungsberichte des Instituts für Bevölkerungsforschung und Sozialpolitik, Universität Bielefeld, Bd. 7) Frankfurt M. 1984.

Drake, Hans: Frauen in der Sozialarbeit. Sexismus – Die geschlechtsspezifische Diskriminierung. Darmstadt 1980.

Eberwein, Hans (Hg.): Behinderte und Nichtbehinderte lernen gemeinsam. Handbuch der Integrationspädagogik. Weinheim, Basel 1988.

Egerland, Christine: Käthe Schirmacher. Ein Beispiel für die Tendenzen innerhalb der Frauenbewegung in Deutschland 1893-1930. Magisterarbeit Freie Universität Berlin, 1981.

Ehrich, Karin, Friederike Vauth: Kampf um eine bessere Lehrerinnenausbildung, in: Ilse Brehmer (Hg.): Lehrerinnen. Zur Geschichte eines Frauenberufes. Texte aus dem Lehrerinnenalltag. München u.a. 1980, S. 80-105.

Enders-Dragässer, Uta: Die schulische Sozialisation der Mütter und ihre Folgen, am Beispiel der Hausaufgaben. Basel 1981.

Enders-Dragässer, Uta: Familienpflicht – ein Faß ohne Boden. Die Erziehungsfunktion im Haushalt – Mütter als Hilfslehrerinnen der Nation, in: Das Parlament, Nr. 35/36 vom 1./8. Sept. 1984.

Enquête über die Fabrikarbeit der verheirateten Frauen. Zusammengestellt in der Denkschrift des Reichsamts des Innern über die Beschäftigung verheirateter Frauen in Fabriken. Berlin 1901.

Euler, Carl: Encyklopädisches Handbuch des gesamten Turnwesens und der verwandten Gebiete, 3 Bde. Wien, Leipzig 1894-1896.

Euler, Carl: Uebungsstoff des staatlichen Turnlehrerinnenkurses zu Berlin. Berlin 1895.

Feuser, Georg: Gemeinsame Erziehung behinderter und nichtbehinderter Kinder im Kindertagesheim. Zwischenbericht. Hrsg. vom Diakonischen Werk Bremen e.V. Bremen 1984.

Feuser, Georg, Ilse Wehrmann: Informationen zur gemeinsamen Erziehung und Bildung behinderter und nichtbehinderter Kinder (Integration) in Kindergarten, Kindertagesheim und Schule. Hrsg. vom Diakonischen Werk Bremen e.V. Bremen 1985.

Forel, Auguste: Die sexuelle Frage. Eine naturwissenschaftliche, psychologische, hygienische und soziologische Studie für Gebildete. München 1905.

Frevert, Ute: Vom Klavier zur Schreibmaschine. Weiblicher Arbeitsmarkt und Rollenzuweisungen am Beispiel der weiblichen Angestellten in der Weimarer Republik, in: Annette Kuhn, Gerhard Schneider (Hg.): Frauen in der Geschichte. Düsseldorf 1979, S. 82-112.

Frevert, Ute: "Fürsorgliche Belagerung": Hygienebewegung und Arbeiterfrauen im 19. und frühen 20. Jahrhundert, in: Geschichte und Gesellschaft 11 (1985), S. 420-446.

Frevert, Ute: Frauen-Geschichte. Zwischen Bürgerlicher Verbesserung und Neuer Weiblichkeit. Frankfurt M. 1986.

Frohn, Ute: Die Förderung der Leibesübungen der Frauen und Mädchen durch die Deutsche Turnerschaft und die Arbeitersportbewegung. Diplomarbeit Sporthochschule Köln, 1974.

Fuchs, Herbert E.: 10 Jahre Tagesmütter – Ein Modell familienergänzender Kinderbetreuung hat sich durchgesetzt, in: Sozialer Fortschritt 2 (1984), S. 31-32.

Führ, Christoph: Gelehrter Schulmann – Oberlehrer – Studienrat, in: Werner Conze, Jürgen Kocka (Hg.): Bildungsbürgertum im 19. Jahrhundert, Teil 1: Bildungssystem und Professionalisierung in internationalen Vergleichen. Stuttgart 1985, S. 417-457.

Fürth, Henriette: Mutterschutz durch Mutterschaftsversicherung. Mannheim 1907.

Fürth, Henriette: Die Mutterschaftsversicherung. Jena 1911.

Gahlings, Ilse, Elle Moering: Die Volksschullehrerin. Sozialgeschichte und Gegenwartslage. Heidelberg 1961.

Gerhard, Ute: "Bis an die Wurzeln des Übels". Rechtskämpfe und Rechtskritik der Radikalen, in: Feministische Studien 3 (1984), S. 77-79.

Gerhardt, Uta: Frauenrolle und Rollenanalyse, in: Uta Gerhardt, Yvonne Schütze (Hg.): Frauensituation. Frankfurt 1988, S. 45-80.

Gewerkschaft Erziehung und Wissenschaft, Berlin (Hg.): Haben unsere Kinder die Schule, die sie brauchen? Bericht über die Berliner Grundschultage 1985. Berlin 1986.

Giesecke, Hermann: Pädagogik als Beruf. Grundformen pädagogischen Handelns. Weinheim, München 1987.

Goldscheid, Rudolf: Höherentwicklung und Menschenökonomie. Grundlegung der Sozialbiologie. Leipzig 1911.

Graf-Frank, Elisabeth: Die Betreuung behinderter Kinder in Hamburg. München 1984.

Greven-Aschoff, Barbara: Die bürgerliche Frauenbewegung in Deutschland 1894-1933. Göttingen 1981.

Groh, Fritz: Das Kleid der Turnerin im Wandel der Zeit. Stuttgart 1925.

Grossmann, Wilma: Kindergarten – Eine historisch-systematische Einführung in seine Entwicklung und Pädagogik. Weinheim, Basel 1987.

Grothe, Helmut: Drei Jahrzehnte Berliner Grundschule. Innere und äußere Entwicklungen von 1951 - 1981. Berlin 1985.

Grundschulordnung. Vom 7. Juli 1980 – Amtsblatt, S. 1139 – Dienstblatt III/1980, Nr. 6, S. 97, zuletzt geändert am 5. Februar 1986 – Amtsblatt, S. 518 – Dienstblatt III/1986, Nr. 4, S. 71.

Habeth, Stephanie: Die Freiberuflerin und die Beamtin (Ende 19. Jahrhundert bis 1945), in: Hans Pohl (Hg.): Die Frauen in der deutschen Wirtschaft. Stuttgart 1985, S. 155-171.

Haefeli, Kurt: Die Berufsfindung von Mädchen zwischen Familie und Beruf. Bern, Frankfurt M. 1982.

Hahn, Claudia: Der öffentliche Dienst und die Frauen – Beamtinnen in der Weimarer Republik, in: Frauengruppe Faschismusforschung (Hg.): Mutterkreuz und Arbeitsbuch. Zur Geschichte der Frauen in der Weimarer Republik und im Nationalsozialismus. Frankfurt M. 1981, S. 49-78.

Handl, Johann: Berufschancen und Heiratsmuster von Frauen. Empirische Untersuchung zu Prozessen sozialer Mobilität. Frankfurt M., New York 1988.

Harter, Friederike, Marlies Paasche: Weiblichkeit als Beruf, in: Informationsdienst Sozialarbeit 23. Offenbach 1979, S. 15-20.

Hassenstein, Bernhard: Das Projekt "Tagesmütter", in: Zeitschrift für Pädagogik 20 (1974), S. 415-426.

Hassenstein, Bernhard: Kritik an der wissenschaftlichen Begründung des Tagesmütter-Projekts, in: Zeitschrift für Pädagogik 20 (1974), S. 929-945.

Hausen, Karin: "...eine Ulme für das schwanke Efeu". Ehepaare im Bildungsbürgertum, in: Ute Frevert (Hg.): Bürgerinnen und Bürger. Geschlechterverhältnisse im 19. Jahrhundert. Göttingen 1988, S. 85-117.

Hausen, Karin, Helga Nowotny (Hg.): Wie männlich ist die Wissenschaft? Frankfurt M. 1986.

Häntzschel, Günter (Hg.): Bildung und Kultur bürgerlicher Frauen 1850-1918. Eine Quellendokumentation aus Anstandsbüchern und Lebenshilfen für Mädchen und Frauen als Beitrag zur weiblichen literarischen Sozialisation. Tübingen 1986.

Heiliger, Anita, Monika Jaeckel, Greta Tüllmann: Sozialarbeit – ein Spaltpilz für Frauen? In: Beiträge zur feministischen Theorie und Praxis 2. München 1979, S. 74-79.

Heiliger, Anita, Susan Bayliss, Almuth Mangelsdorf: Fortbildung mit Frauen aus sozialen und pädagogischen Berufen: Selbstbetroffenheit. Hrsg. von der Arbeitsgruppe Elternarbeit des Deutschen Jugendinstituts. München 1982.

Heinsohn, Gunnar: Vorschulerziehung in der bürgerlichen Gesellschaft. Geschichte, Funktion, aktuelle Lage. Frankfurt M. 1974.

Hensel, Rolf: Die Eingangsstufe der Berliner Grundschule. Ergebnisse einer Studie über den Schulversuch Eingangsstufe. Hrsg. vom Senator für Schulwesen, Berufsausbildung und Sport. Berlin 1986.

Herbst, Jürgen: Professionalization in public education, 1890-1920: The american high school teacher, in: Conze, Werner, Jürgen Kocka (Hg.): Bildungsbürgertum im 19. Jahrhundert, Teil 1: Bildungssystem und Professionalisierung in internationalen Vergleichen. Stuttgart 1985, S. 495-528.

Herrlitz, Hans-Georg, Hartmut Titze: Überfüllung als bildungspolitische Strategie, in: Die deutsche Schule 68 (1976), S. 348-370.

Herrmann, Emilie: Berufsberatung für Frauen und Mädchen. Berlin 1927.

Herzberg, Irene, Uwe Lülf: Administrative Rahmenbedingungen und quantitative Entwicklungen im Elementarbereich, in: Enzyklopädie Erziehungswissenschaft, Bd. 6: Jürgen Zimmer (Hg.): Erziehung in früher Kindheit. Stuttgart 1985, S. 99-113.

Herzog, Gunter: Behinderte Vorschulkinder in Bremen. Situation und Perspektiven der Bremer Integrationsgruppen. München 1987.

Hessling, Klara: Das Mädchenturnen in der Schule. Berlin 1894.

Hoffmann, Auguste: Frau und Leibesübungen im Wandel der Zeit. Schorndorf 1969.

Hoerning, Erika M.: Frauen: Eine vernachlässigte Gruppe in der Mobilitätstheorie und -forschung, in: Jahrbuch für Sozialökonomie und Gesellschaftstheorie: Karriere oder Kochtopf? Frauen zwischen Beruf und Familie. Veröffentlichung der Hochschule für Wirtschaft und Politik Hamburg. Opladen 1984, S. 114-134.

Hössl, Alfred: Entwicklungen integrativer Erziehung im Elementarbereich, in: Hans Eberwein (Hg.): Behinderte und Nichtbehinderte lernen gemeinsam. Handbuch der Integrationspädagogik. Weinheim, Basel 1988, S. 114-122.

Huerkamp, Claudia: Frauen, Universitäten und Bildungsbürgertum, in: Hannes Siegrist (Hg.): Bürgerliche Berufe. Göttingen 1988, S. 200-222.

Iben, Gerd: Erzieheralltag. Hilfen für die Arbeit mit sozial benachteiligten Kindern. Ravensburg 1981.

Jacobi-Dittrich, Juliane: Gibt es "weibliche Aufgaben" in der Pädagogik? Untersuchung der Konzeption der Geschlechterdifferenz in der Pädagogik Herman Nohls, in: Neue Sammlung 27 (1987), S. 227-241.

Jahresberichte der Kgl. Elisabeth Schule (Berlin) 1892/93; 1901/02. (Pädagogisches Zentrum Berlin, Archiv)

Jarausch, Konrad H.: Frequenz und Struktur. Zur Sozialgeschichte der Studenten im Kaiserreich, in: Peter Baumgart (Hg.): Bildungspolitik in Preußen zur Zeit des Kaiserreichs. Stuttgart 1980, S. 119-149.

Jellinek, Camilla: Die Strafrechtsreform und die §§ 218 und 219 StGB. Heidelberg 1909.

Jugendminister und -senatoren der Länder, Die: Beschluß der Konferenz der Jugendminister und -senatoren der Länder vom 18. September 1985: Integration behinderter und nichtbehinderter Kinder in Kindertagesstätten. Vervielfältigtes Manuskript.

Kaelble, Hartmut: Soziale Mobilität und Chancengleichheit im 19. und 20. Jahrhundert. Göttingen 1983.

Karsten, Marie-Eleonora: Ausbildung und Arbeitsmarkt − Ein ungeklärtes Verhältnis in den sozialen Berufen, in: Ursula Rabe-Kleberg, Helga Krüger, Dietrich v. Derschau (Hg.): Qualifikationen für Erzieherarbeit, Bd. 3: Beruf oder Privatarbeit − eine falsche Alternative. Weinheim, München 1986, S. 307-311.

Kirchhoff, Arthur (Hg.): Die akademische Frau. Gutachten hervorragender Universitätsprofessoren, Frauenlehrer und Schriftsteller über die Befähigung der Frau zum wissenschaftlichen Studium und Berufe. Berlin 1897.

Kita Spandauer Straße: Integration von Regel-Kindertagesstätte und Sonderkindertagesstätte. Was es heißt, Erzieherin in einer Integrationsgruppe oder in einer Sondergruppe zu sein. Wie ist diese Veränderung für uns als Erzieher? In: Ulf Preuss-Lausitz, Uwe Richter, Jutta Schöler: Integrative Förderung Behinderter in pädagogischen Feldern Berlins. Erfahrungen − Probleme − Perspektiven. Technische Universität Berlin Dokumentation Weiterbildung, Heft 12. Berlin 1985, S. 49-51.

Klein, Gabriele, Gisela Kreie, Maria Krohn, Helmut Reiser: Interaktionsprozesse in integrativen Kindergartengruppen mit behinderten und nichtbehinderten Kindern. Abschlußbericht der wissenschaftlichen Begleitung. Frankfurt M. September 1985.

Klewitz, Marion: Lehrerinnenbildung 1890-1925 (in Preußen), in: Jutta Dalhoff, Uschi Frey, Ingrid Schöll (Hg.): Frauenmacht in der Geschichte. Beiträge des Historikerinnentreffens 1985 zur Frauengeschichtsforschung. Düsseldorf 1986, S. 113-124.

Klewitz, Marion: Lehrerinnen in Berlin. Zur Geschichte eines segregierten Arbeitsmarktes, in: Benno Schmoldt (Hg.): Schule in Berlin. Gestern und heute. Berlin 1989, S. 141-162.

Kloss, Moritz: Die weibliche Turnkunst, ein Bildungsmittel zur Förderung der Gesundheit, Kraft und Anmut des weiblichen Geschlechts. Leipzig 1855.

Kloss, Moritz: Vierter Bericht über die Kgl. Turnlehrer-Bildungsanstalt zu Dresden. Dresden 1875.

Klumpp, Friedrich: Das Turnen, ein deutschnationales Entwicklungsmoment. Stuttgart, Tübingen 1842.

Knapp, Ulla: Frauenarbeit in Deutschland, Bd. 2: Hausarbeit und geschlechtsspezifischer Arbeitsmarkt im deutschen Industrialisierungsprozeß. München 1984.

Kniel, Adrian, Christiane Kniel: Behinderte Kinder in Regelkindergärten. Eine Untersuchung in Kassel. München 1984.

Kocka, Jürgen: Einleitung, in: Jürgen Kocka (Hg.): Bürger und Bürgerlichkeit im 19. Jahrhundert. Göttingen 1987, S. 7-20.

Kocka, Jürgen, Karl Ditt, Josef Mooser, Heinz Reif, Reinhard Schüren: Familie und soziale Plazierung. Studien zum Verhältnis von Familie, sozialer Mobilität und Heiratsverhalten an westfälischen Beispielen im späten 18. und 19. Jahrhundert. Opladen 1980.

Kraak, Bernhard, Dietlinde Nord-Rüdiger: Berufliche Motivation und berufliches Verhalten. Zur Frage geschlechtstypischer Unterschiede. Göttingen 1984.

Kron, Maria: Integrative Prozesse in Kindergärten – Theorie und Erfahrungen aus der Praxis, in: Hans Eberwein (Hg.): Behinderte und Nichtbehinderte lernen gemeinsam. Handbuch der Integrationspädagogik. Weinheim, Basel 1988, S. 123-127.

Krüger, Helga: Was lernt man denn in der Familie? – Familiale Sozialisation als Grundlage für die Erzieherausbildung? In: Helga Krüger, Ursula Rabe-Kleberg, Dietrich v. Derschau (Hg.): Qualifikationen für Erzieherarbeit, Bd. 1: Anforderungen, Veränderungen und Kritik. München 1981, S. 314-333.

Krüger, Helga, Ursula Rabe-Kleberg, Dietrich v. Derschau (Hg.): Qualifikationen für Erzieherarbeit, Bd. 1: Anforderungen, Veränderungen und Kritik. München 1981.

Kuhnt, Martina, Wolfgang Speil: Zeit von Kindern – Zeit für Kinder. Ein empirischer Beitrag zur Dokumentation des Betreuungsaufwandes und der Erziehungsleistung für kleine Kinder. Materialien des Instituts für Entwicklungsplanung und Strukturforschung, Bd. 131. Hannover 1986.

Kultusministerkonferenz (KMK): Empfehlungen zur Arbeit an der Grundschule. Beschluß vom 2. Juli 1970. Bonn 1970.

Kurz, Karin, Walter Müller: Class mobility in the industrial world, in: Annual Review of Sociology 13 (1987), S. 417-442.

Kübler, Hans-Dieter, Jan-Uwe Rogge, Claudia Lipp u.a.: Kinderfernsehsendungen in der BRD und der DDR. Eine vergleichende Analyse. Tübingen 1981.

Laewen, Hans-Joachim: Die Diskussion um die Tagesbetreuung von Kleinkindern: Versuch einer Wiederbelebung. Unveröffentlichtes Manuskript. Berlin 1988.

Laewen, Hans-Joachim: Nichtlineare Effekte einer Beteiligung von Eltern am Eingewöhnungsprozeß von Krippenkindern: Die Qualität der Mutter-Kind-Bindung als vermittelnder Faktor, in: Psychologie in Erziehung und Unterricht 36 (1989), S. 102-108.

Laewen, Hans-Joachim, Beate Andres, Eva Hedervari: Ausgewählte Statistiken zur Situation von Tagespflegestellen in fünf Berliner Bezirken im Jahr 1984. Unveröffentlichtes Manuskript. Berlin 1987.

Lage, Bertha v.d.: Lehrerinnenbildung, in: Wilhelm Rein (Hg.): Encyklopädisches Handbuch der Pädagogik, Bd. 4. Langensalza 1897, S. 380-414.

Lang, Conni, Claudia Wieland: Geschichte der Frauenbewegung und Sozialarbeit, in: Informationsdienst Sozialarbeit 23. Offenbach 1979.

Lange, Helene: Bericht über den Stand der dem Kultusministerium ... eingereichten Petition zu Gunsten einer Reform der Mädchen-, bezw. Lehrerinnenbildung, in: Die Lehrerin 4 (1887/88), S. 545-555.

Lange, Helene: Die höhere Mädchenschule und ihre Bestimmung. Begleitschrift zu einer Petition an das preußische Unterrichtsministerium und das preußische Abgeordnetenhaus. Berlin 1888.

Lange, Helene: Rede zur Eröffnung der Realkurse für Frauen, gehalten am 10. Oktober 1889, in: Helene Lange: Kampfzeiten. Aufsätze und Reden aus vier Jahrzehnten, Bd. 1. Berlin 1928, S. 59-71.

Lange, Helene: Rede zur Begründung des Allgemeinen Deutschen Lehrerinnenvereins (1890), in: Helene Lange: Kampfzeiten. Aufsätze und Reden aus vier Jahrzehnten. Bd. 1. Berlin 1928, S. 86-111.

Lange, Helene: Erziehungsfragen. Vortrag, gehalten am 2. März 1893 im Kaufmännischen Verein "Union" in Bremen. Berlin 1893.

Lange, Helene: Was fangen wir mit unseren Töchtern an? In: Die Frau 5 (1897), S. 1-7.

Lange, Helene: Die Lehrerinnenfrage. Leipzig 1906 (a).

Lange, Helene: Die Lehrerinnenfrage auf dem deutschen Lehrertag zu München (1906 b), in: Helene Lange: Kampfzeiten. Aufsätze und Reden aus vier Jahrzehnten, Bd. 1. Berlin 1928, S. 316-324.

Lange, Helene: Lehrerinnenvereine, in: Wilhelm Rein (Hg.): Encyklopädisches Handbuch der Pädagogik, 2. Aufl. Bd. 5. Jena 1906 (c), S. 487-496.

Lange, Helene: Mädchengymnasien, in: Wilhelm Rein (Hg.): Encyklopädisches Handbuch der Pädagogik, 2. Aufl. Bd. 5. Jena 1906 (d), S. 718-724.

Lange, Helene: Die Frauenbewegung in ihren modernen Problemen. Leipzig 1908.

Lange, Helene: Organisches oder mechanisches Prinzip in der Mädchenbildung? Leipzig 1911.

Lange, Helene: Lebenserinnerungen. Berlin 1921.

Lange, Helene: Kampfzeiten. Aufsätze und Reden aus vier Jahrzehnten. 2 Bde. Berlin 1928.

Langenfeld, Hans: Die Entstehung der deutschen Turnlehrerschaft. Ein Problemaufriß zur Sozialgeschichte des Turnunterrichts, in: Roland Naul (Hg.): Körperlichkeit und Schulturnen im Kaiserreich. Wuppertal 1985, S. 164-207.

Liegle, Ludwig: Sozialisationsforschung und Familienpolitik, in: Zeitschrift für Pädagogik 20 (1974), S. 428-445.

Liegle, Ludwig: Private oder öffentliche Kleinkindererziehung? Politische Steuerung und gesellschaftliche Entwicklung im Systemvergleich, in: Oskar Anweiler (Hg.): Staatliche Steuerung und Eigendynamik im Bildungs- und Erziehungswesen osteuropäischer Staaten und der DDR. Berlin 1986, S. 197-232.

Lion, Justus Carl: Statistik des Schulturnens in Deutschland. Leipzig 1873.

Littek, Wolfgang, Werner Rammert, Günther Wachtler (Hg.): Einführung in die Arbeits- und Industriesoziologie. Frankfurt M., New York 2. Aufl. 1983.

Loeper-Housselle, Marie: Die Erziehung der Frau durch die Frau, in: Die Lehrerin 7 (1890/91), S. 195-203, S. 225-238.

Lüders, Else: Das Problem der Mutterschaftsversicherung. Berlin 1905.

Magnus-Hausen, Frances: Ziel und Weg in der deutschen Frauenbewegung des XIX. Jahrhunderts, in: Paul Wentzcke (Hg.): Deutscher Staat und Deutsche Parteien. Beiträge zur deutschen Partei- und Ideengeschichte. Friedrich Meinecke zum 60. Geburtstag dargebracht. Berlin 1922, S. 201-226.

Martin, Brigitte, Rudolf Pettinger: Frühkindliche institutionalisierte Sozialisation, in: Enzyklopädie Erziehungswissenschaft, Bd. 6: Jürgen Zimmer (Hg.): Erziehung in früher Kindheit. Stuttgart 1985, S. 235-251.

Martin, Marie: Die höhere Mädchenschule in Deutschland. Leipzig 1905.

Martin, Marie: Mädchenerziehung und Mädchenunterricht, in: Wilhelm Rein (Hg.): Encyklopädisches Handbuch der Pädagogik, 2. Aufl. Bd. 5. Jena 1906, S. 703-718.

Mayntz, Renate: Soziale Schichtung und sozialer Wandel in einer Industriegemeinde. Eine soziologische Untersuchung der Stadt Euskirchen. Stuttgart 1958.

Meinecke, Dorothea: Über Turnkleidung und Frauenturnen, in: Deutsche Turnzeitung für Frauen 5 (1903), S. 97-98.

Metz-Göckel, Sigrid: "Wir wollen wachsen". Überlegenheit und Unterdrükkung von Frauen, dargestellt an der Diskrepanz zwischen Bildungsansprüchen und beruflicher Realisierung, in: Birgit Cramon-Daiber, Gisela Erler, Karoline Hutzelbrodt u.a.: Was wollen Frauen lernen? Zur selbstbestimmten Entfaltung weiblicher Kompetenzen. Frankfurt M. 1984, S. 19-26.

Meyers, Peter V.: From conflict to cooperation: men and women teachers in the Belle Epoque, in: Historical Reflections, Vol. 7, 1980, S. 493-501.

Mommsen, Wolfgang J., Wolfgang Mock (Hg.): Die Entstehung des modernen Wohlfahrtsstaates in Großbritannien und in Deutschland 1850-1950. Stuttgart 1982.

Moss, Peter: Child care – A european perspective, in: Nursery World, 11. August 1988, S. 12-14.

Mörschner, Marika: Entwicklung und Struktur der Lehrerinnenbildung. Rheinstetten 1977.

Mühl, Heinz: Integration von Kindern und Jugendlichen mit geistiger Behinderung. Gemeinsame Erziehung mit Nichtbehinderten in Kindergarten und Schule. Berlin 1987.

Müller, Detlef K., Bernd Zymek: Sozialgeschichte und Statistik des Schulsystems in den Staaten des Deutschen Reiches 1800-1945. Band 2, Teil 1. Göttingen 1987.

Müller, Sebastian F., Heinz-Elmar Tenorth: Professionalisierung der Lehrertätigkeit, in: Enzyklopädie Erziehungswissenschaft, Bd. 5: Martin Baethge, Knut Nevermann (Hg.): Organisation, Recht und Ökonomie des Bildungswesens. Stuttgart 1984, S. 153-171.

Müller, Walter, Angelika Willms, Johann Handl: Strukturwandel der Frauenarbeit 1880-1980. Frankfurt M., New York 1983.

Nelson, Margaret K.: The meaning of waged labors of love: childcare in institutional settings. Paper presented at AERA Annual Meetings, Chicago, April 4, 1985. Unveröffentlichtes Manuskript.

Neuendorff, Edmund: Die Turnlehrer an den höheren Lehranstalten Preußens und der Geist des Turnlehreramts. Berlin 1905.

Neuendorff, Edmund, Hans Schröer: Verordnungen und amtliche Bekanntmachungen das Turnwesen in Preußen betreffend. Berlin 1912.

Neuordnung des höheren Mädchenschulwesens in Preußen. Denkschrift der preußischen Zweigvereine des Allgemeinen deutschen Lehrerinnenvereins. Berlin 1908.

Nickel, Horst, Ulrich Schmidt-Denter, Bernd Ungelenk, Petra Wollschläger: Untersuchung zum Erzieher- und Elternverhalten und zum Sozialverhalten von Kindern in Eltern-Initiativ-Gruppen und Kindergärten. Forschungsbericht. Düsseldorf 1980.

Nienhaus, Ursula: Von Töchtern und Schwestern. Zur vergessenen Geschichte der weiblichen Angestellten im deutschen Kaiserreich, in: Jürgen Kocka (Hg.): Angestellte im europäischen Vergleich. (Geschichte und Gesellschaft, Sonderheft 7) Göttingen 1981, S. 309-330.

Nosofsky, Horst: Familien- und Tagespflegestellen in der Freien und Hansestadt Hamburg. München 1980.

Nöldeke, Wilhelm: Von Weimar bis Weimar. 1872 bis 1897. Festschrift zur Feier des fünfundzwanzigjährigen Bestehens des Deutschen Vereins für das höhere Mädchenschulwesen. Leipzig 1897.

Opielka, Michael, Ilona Ostner (Hg.): Umbau des Sozialstaats. Essen 1987.

Ostner, Ilona: Beruf und Hausarbeit. Die Arbeit der Frau in unserer Gesellschaft. Frankfurt M., New York 1978.

Ostner, Ilona: Welches "Arbeitsvermögen" braucht die Kindergartenarbeit? In: Krüger, Helga, Ursula Rabe-Kleberg, Dietrich v. Derschau (Hg.): Qualifikationen für Erzieherarbeit, Bd. 1: Anforderungen, Veränderungen und Kritik. München 1981, S. 296-313.

Ostner, Ilona: Berufsform und berufliche Sozialisation von Frauen, in: Karl Martin Bolte, Erhard Treutner (Hg.): Subjektorientierte Arbeits- und Berufssoziologie. Frankfurt M., New York 1983, S. 110-140.

Ostner, Ilona, Elisabeth Beck-Gernsheim: Mitmenschlichkeit als Beruf. Eine Analyse des Alltags in der Krankenpflege. Frankfurt M., New York 1979.

Otto, Rose: Über Fabrikarbeit verheirateter Frauen. Stuttgart, Berlin 1910.

Oubaid, Monika: Schule und Mütter. Zusammenarbeit mit zynischem Unterton, in: Frauen und Schule 5 (1986), H. 13, S. 26-28.

Peters, Dietlinde: Mütterlichkeit im Kaiserreich. Die bürgerliche Frauenbewegung und der soziale Beruf der Frau. Bielefeld 1984.

Petition des Bundes Deutscher Frauenvereine zur Reform des Strafgesetzbuches und der Strafprozeßordnung. Mannheim 1909.

Pfister, Gertrud (Hg.): Frau und Sport. Frühe Texte. Frankfurt 1980.

Pfister, Gertrud: Die Anfänge des Frauensports im Spiegel der Sportmedizin, in: Hans Jochen Medau, Paul E. Nowacki (Hg.): Frau und Sport III. Erlangen 1988, S. 39-53.

Pfister, Gertrud, Hans Langenfeld: Die Leibesübungen für das weibliche Geschlecht – ein Mittel zur Emanzipation der Frau? In: Horst Ueberhorst (Hg.): Geschichte der Leibesübungen, Bd. 3/1. Berlin 1980, S. 485-522.

Pieper, Barbara: Subjektorientierung als Forschungsverfahren – vorgestellt am Beispiel häuslicher Arbeit, in: Karl Martin Bolte, Erhard Treutner (Hg.): Subjektorientierte Arbeits- und Berufssoziologie. Frankfurt M., New York 1983, S. 294-323.

Pieper, Barbara: Familie im Urteil ihrer Therapeuten. Frankfurt M., New York 1986.

Ploetz, Alfred: Grundlinien einer Rassenhygiene, Teil II. Die Tüchtigkeit der Rasse und der Schutz der Schwachen. Berlin 1895.

Poehlmann, Julie (Hg.): Verhandlungen der 14. Generalversammlung (Kriegstagung) des Allgemeinen Deutschen Lehrerinnenvereins in Berlin vom 22. bis zum 25. Mai 1915. Leipzig, Berlin 1915, S. 64-89.

Poehlmann, Julie: Der Anteil der Frauenbewegung an den Schulreformbestrebungen der Gegenwart. Langensalza 1925.

Postman, Neil: Wir amüsieren uns zu Tode. Urteilsbildungen im Zeitalter der Unterhaltungsindustrie. Frankfurt M. 1985.

Preuss-Lausitz, Ulf, Uwe Richter, Jutta Schöler (Hg.): Integrative Förderung Behinderter in pädagogischen Feldern Berlins. Erfahrungen – Probleme – Perspektiven. Technische Universität Berlin, Dokumentation Weiterbildung, Heft 12. Berlin 1985.

Preuss-Lausitz, Ulf: Zum Stand der Integrationsforschung, in: Hans Eberwein (Hg.): Behinderte und Nichtbehinderte lernen gemeinsam. Handbuch der Integrationspädagogik. Weinheim, Basel 1988, S. 241-247.

Preußische Statistik, Bd. 151: Das gesammte niedere Schulwesen im preußischen Staate im Jahre 1896, Teil 1. Berlin 1898.

Preußische Statistik, Bd. 176: Das gesamte niedere Schulwesen im preußischen Staate im Jahre 1901, Teil 1. Berlin 1905.

Preußische Statistik, Bd. 209: Das gesamte niedere Schulwesen im preußischen Staate im Jahre 1906, Teil 1. Berlin 1908.

Protokolle über die im August 1873 im Königlich Preußischen Unterrichts-Ministerium gepflogenen das mittlere und höhere Mädchenschulwesen betreffenden Verhandlungen. Nebst einem Begleitberichte, in: Centralblatt für die gesammte Unterrichts-Verwaltung in Preußen 15 (1873), S. 569-636.

Rabe-Kleberg, Ursula: Warum Erzieherarbeit nicht professionalisiert wurde, in: Helga Krüger, Ursula Rabe-Kleberg, Dietrich v. Derschau (Hg.): Qualifikationen für Erzieherarbeit, Bd. 1: Anforderungen, Veränderungen und Kritik. München 1981, S. 334-342.

Rabe-Kleberg, Ursula: Frauenberufe – Zur Segmentierung der Berufswelt. Bielefeld 1987.

Rabe-Kleberg, Ursula, Helga Krüger, Dietrich v. Derschau (Hg.): Qualifikationen für Erzieherarbeit, Bd. 2: Kooperation in Arbeit und Ausbildung. München 1983.

Rauh, Hellgard: Vorschulerziehung, in: Hans-Hermann Groothoff (Hg.): Handlungs- und Forschungsfelder der Pädagogik. Königstein i.T. 1979.

Reichsarbeitsverwaltung (Hg.): Berufsberatung, Berufsauslese, Berufsausbildung. Berlin 1925.

Riemann, Ilka: Soziale Arbeit als Hausarbeit. Von der Suppendame zur Sozialpädagogin. Frankfurt M. 1985.

Riemann, Ilka: Zur Diskrepanz zwischen der Realität sozialer Arbeit als Frauenberuf und dem Mythos dieser Arbeit als Karriereberuf von Mittelschichtsfrauen, in: Beiträge zur feministischen Theorie und Praxis 5. München 1981, S. 69-77.

Rogge, Jan-Uwe: Familienalltag und Medien, in: Arbeitskreis Neue Erziehung (Hg.): Familienleben gestern und heute – Perspektiven für die Eltern- und Familienbildung. Berlin 1988, S. 75-93.

Rossow, Carl: Zweite Statistik des Schulturnens in Deutschland. Gotha 1908.

Rüschemeyer, Dietrich: Professionalisierung. Theoretische Probleme für die vergleichende Geschichtsforschung, in: Geschichte und Gesellschaft 6 (1980), S. 311-325.

Rüschemeyer, Dietrich: Bourgeoisie, Staat und Bildungsbürgertum, in: Jürgen Kocka (Hg.): Bürger und Bürgerlichkeit im 19. Jahrhundert. Göttingen 1987, S. 101-120.

Russo, J.-A., R. Owens: The development of an objective observation tool for parent-child interaction, in: Journal of Speech and Hearing Discordes 47 (1982), S. 165-173.

Sachße, Christoph: Fremdhilfe als Selbsthilfe – Die bürgerliche Frauenbewegung und die Entstehung beruflicher Sozialarbeit, in: Neue Praxis 13 (1983), H. 1, S. 30-36.

Sachße, Christoph: Mütterlichkeit als Beruf. Sozialarbeit, Sozialreform und Frauenbewegung 1871 - 1929. Frankfurt M. 1986.

Sachße, Christoph, Florian Tennstedt: Geschichte der Armenfürsorge in Deutschland, Bd. 2: Fürsorge und Wohlfahrtspflege 1871-1929. Stuttgart, Berlin, Köln 1988.

Salomon, Alice: Mutterschutz und Mutterschaftsversicherung, in: Schriften des deutschen Vereins für Armenpflege und Wohltätigkeit, Heft 84. Leipzig 1908.

Salomon, Alice: Charakter ist Schicksal. Lebenserinnerungen. Weinheim, Basel 1983.

Salomon, Eleonore: Die Entwicklung des Mädchenturnens und die Stellung der Turnlehrerinnen in Deutschland (1871 bis 1900). Diss. Universität Greifswald, 1969.

Sauerkirsch, Sarah, Moni Mutlos, Mirabelle Mirabo, Hildchen Harmlos: Weiblichkeit als Beruf, in: Beiträge zur feministischen Theorie und Praxis 2. München 1979, S. 63-70.

Scarr, Sandra: Wenn Mütter arbeiten. Wie Kinder und Beruf sich verbinden lassen. München 1987.

Schach, Bernhard: Professionalisierung und Berufsethos. Eine Untersuchung zur Entwicklung des beruflichen Selbstverständnisses, dargestellt am Beispiel des Volksschullehrers. Berlin 1987.

Schäfer, Jürgen: Geschichte der Vorschulerziehung. Frankfurt M. 1987.

Schecker, Margarete: Die Entwicklung der Mädchenberufsschule. Weinheim 1963.

Schirmacher, Käthe: Die englischen Frauenuniversitäten (1891), in: Käthe Schirmacher: Sociales Leben. Paris, Leipzig 1897, S. 28-46.

Schirmacher, Käthe: Die Frauenarbeit im Hause, ihre ökonomische, rechtliche und soziale Wertung. Leipzig 1912. (1. Aufl. 1905).

Schlüter, Anne (Hg.): Quellen und Dokumente zur Geschichte der gewerblichen Berufsbildung von Mädchen. Köln, Wien 1987.

Schlüter, Anne: Neue Hüte – alte Hüte? Gewerbliche Berufsbildung für Mädchen zu Beginn des 20. Jahrhunderts – zur Geschichte ihrer Institutionalisierung. Düsseldorf 1987.

Schmude, Jürgen: Die Feminisierung des Lehrberufs an öffentlichen, allgemeinbildenden Schulen in Baden-Württemberg, eine raum-zeitliche Analyse. Diss. Universität Heidelberg, 1988.

Schneider, Karl: Bildungsziel und Bildungswege für unsere Töchter. Berlin 1888.

Scholl, Petra, Marita Uebbert: Frauenarbeit im Einzelhandel – eine Skizze, in: Renate Wald (Hg.): Verkaufen – eine Dienstleistung im Strukturwandel. Frankfurt M., New York 1985.

Scholz-Zemann, Monika: Professionalisierungsprozesse in der Kleinkindererziehung. Zum Zusammenhang von individueller Vergesellschaftung, Vergesellschaftung der Kleinkindererziehung und Professionalisierung der Erzieherinnen. München 1983.

Schreiber, Adele (Hg.): Mutterschaft. München 1912.

Schulz, Ellen: Die Mädchenbildung in den Schulen für die berufstätige Jugend. Ihre geschichtliche Entwicklung und ihre gegenwärtige Problematik. Diss. Universität Hamburg, 1963.

Schüren, Reinhard: Soziale Mobilität im Zeitalter der Industrialisierung und Urbanisierung, in: Westfälische Forschungen 37 (1987), S. 1-22.

Schütze, Yvonne: Der Verlauf der Geschwisterbeziehung während der ersten beiden Jahre, in: Praxis der Kinderpsychologie und Kinderpsychiatrie 35 (1986), S. 130-137.

Schütze, Yvonne: Die gute Mutter. Zur Geschichte des normativen Musters "Mutterliebe". Bielefeld 1986.

Schütze, Yvonne: Mutterliebe – Vaterliebe. Elternrollen in der bürgerlichen Familie des 19. Jahrhunderts, in: Ute Frevert (Hg.): Bürgerinnen und Bürger. Geschlechterverhältnisse im 19. Jahrhundert. Göttingen 1988, S. 118-133.

Senat von Berlin, Der: Bericht über den Modellversuch Kindertagesstätte Kohlfurter Straße. Berlin 1985.

Senator für Familie, Jugend und Sport, Der: Kindertagesstätten – Entwicklungsplan II. Berlin 1976.

Senator für Jugend und Familie, Der: Bericht über Bedarf und Planung von Kindertagesstätten. Entwurf. Berlin (o.J.).

Senator für Jugend und Familie, Der: Bericht über die Situation der Familien in Berlin. Berlin 1987.

Senator für Jugend und Familie, Der: Statistischer Dienst, 1. Halbjahr 1987. Berlin 1987.

Senator für Jugend und Familie, Der: Statistischer Dienst, 1. Halbjahr 1988. Berlin 1988.

Senator für Jugend und Familie, Der: Statistischer Dienst, 2. Halbjahr 1988. Berlin 1988.

Senator für Schulwesen, Der: Vorläufiger Rahmenplan für die Vorklasse. 2. Fassung. Berlin 1972.

Senator für Schulwesen, Der: Eingangsstufe der Grundschule. Berlin 1977.

Senator für Schulwesen, Der: Schulentwicklungsplan für das Land Berlin I (1970-1975), II (1973-1977), III (1978-1982). Berlin 1970, 1973, 1980.

Senator für Schulwesen, Der: Arbeitsgrundlagen für die Eingangsstufe. Überarbeitete Fassung. Berlin 1983.

Senator für Schulwesen, Jugend und Sport, Der: Abschlußbericht der wissenschaftlichen Begleitung des Modellversuchs Kindertagesstätte Adalbertstraße 23 B, Berlin-Kreuzberg. Berlin 1982.

Senator für Schulwesen, Jugend und Sport, Der: Information Tagespflege. Berlin 1982.

Senator für Schulwesen, Jugend und Sport, Der: Einzelintegration behinderter Kinder in Berliner Kindertagesstätten. Berlin (o.J.).

Sewell, William H., Jr.: Structure and mobility. The men and women of Marseille, 1820 - 1870. Cambridge 1985.

Siegrist, Hannes (Hg.): Bürgerliche Berufe. Zur Sozialgeschichte der freien und akademischen Berufe im internationalen Vergleich. Göttingen 1988.

Simon, Helene: Der Anteil der Frau an der deutschen Industrie nach den Ergebnissen der Berufszählung von 1907. Jena 1910.

Soziale Praxis. Zentralblatt für Sozialpolitik. Zugleich Organ des Verbandes Deutscher Gewerbegerichte. Hrsg. von Joseph Jasprow, Berlin, 5 (1895/96) - 21 (1911/12).

Statistik des Deutschen Reichs, Bde. 207; 406; 438; 458; 506; 545.

Statistisches Bundesamt (Hg.): Statistisches Jahrbuch 1987 für die Bundesrepublik Deutschland. Stuttgart 1987.

Statistisches Jahrbuch für den Preußischen Staat (...Freistaat Preußen) 10 (1913); 24 (1928); 27 (1931).

Statistisches Landesamt Berlin (Hg.): Frauen in Berlin - Informationen der amtlichen Statistik. Berlin (März) 1988.

Statistisches Landesamt Berlin (Hg.): Statistische Berichte: Vorschulerziehung in Berlin (West), Schuljahr 1987/88. Berlin (März) 1988.

Stith, Sandra M., Albert J. Davis: Employed mothers and family day-care substitute caregivers: A comparative analysis of infant care, in: Child Development 55 (1984), S. 1340-1348.

Stockmann, Reinhard, Angelika Willms-Herget: Erwerbsstatistik in Deutschland. Die Berufs- und Arbeitsstättenzählungen seit 1875 als Datenbasis der Sozialstrukturanalyse. Frankfurt M., New York 1985.

Stoehr, Irene: "Organisierte Mütterlichkeit". Zur Politik der deutschen Frauenbewegung um 1900, in: Karin Hausen (Hg.): Frauen suchen ihre Geschichte. 2. Aufl. München 1987, S. 223-249.

Stürzebecher, Manfred: Revisionsbericht über die orthopädischen Anstalten Berlins im Jahre 1853, in: Deutsches Medizinisches Journal 16 (1965), S. 129-131.

Supprian, Karl: Zur Geschichte der Königlichen Augusta-Schule und des Königlichen Lehrerinnen-Seminars zu Berlin. Festschrift zur Feier des fünfzigjährigen Bestehens der Anstalt am 29. April 1882. Berlin 1882.

Süßmuth, Rita (Hg.): Qualifizierung von Erzieherinnen für Elternarbeit vom Elementarbereich aus. (Schriftenreihe des Bundesministeriums für Jugend, Familie, Frauen und Gesundheit, Bd. 191) Stuttgart, Berlin, Köln, Mainz 1986.

Süßmuth, Rita: Ansprache im Rahmen des Symposiums "Familie und Selbst-hilfe" des Deutschen Jugendinstituts. München, Dezember 1986, in: Jahresbericht des Deutschen Jugendinstituts 1986. München 1987, S. 174-178.

Tatschmurat, Carmen: Beruf als Medium gesellschaftlicher Teilhabe? In: Karl Martin Bolte, Erhard Treutner (Hg.): Subjektorientierte Arbeits- und Berufssoziologie. Frankfurt M., New York 1983, S. 84-109.

Tenorth, Heinz-Elmar: "Lehrerberuf s. Dilettantismus". Wie die Lehrprofession ihr Geschäft verstand, in: Niklas Luhmann, Karl Eberhard Schorr (Hg.): Zwischen Intransparenz und Verstehen. Frankfurt M. 1986, S. 275-322.

Tenorth, Heinz-Elmar: Professionen und Professionalisierung, in: Manfred Heinemann (Hg.): Der Lehrer und seine Organisation. Stuttgart 1977, S. 457-475.

Thienel, Ingrid: Städtewachstum im Industrialisierungsprozeß des 19. Jahrhunderts. Das Berliner Beispiel. Berlin, New York 1973.

Thurm, Martha: Turnleiter oder Turnleiterin, in: Deutsche Turnzeitung für Frauen 1 (1899), S. 156-158.

Thurm, Martha: Über die Notwendigkeit der Einführung pflichtmäßiger Leibesübungen in die Volks-Mädchenschule, in: Die technische Lehrerin 19 (1902/03), S. 29-33.

Thurm, Martha: Die körperliche Erziehung unserer Mädchen und Frauen im Hinblick auf die Volkserstarkung und Volksvermehrung, in: Die technische Lehrerin 33 (1915/16), S. 45-47, 49-51, 53-54.

Titze, Hartmut: Die soziale und geistige Umbildung des preußischen Oberlehrerstandes von 1870-1914, in: Zeitschrift für Pädagogik, 14. Beiheft (1977), S. 107-128.

Titze, Hartmut: Die zyklische Überproduktion von Akademikern im 19. und 20. Jahrhundert, in: Geschichte und Gesellschaft 10 (1984), S. 92-121.

Titze, Hartmut, Axel Nath, Volker Müller-Benedict: Der Lehrerzyklus. Zur Wiederkehr von Überfüllung und Mangel im höheren Lehramt in Preußen, in: Zeitschrift für Pädagogik 31 (1985), S. 97-126.

Twellmann, Margrit: Die Deutsche Frauenbewegung. Ihre Anfänge und erste Entwicklung. Quellen 1843-1889. Meisenheim am Glan 1972.

Verzeichnis der Rektoren, Lehrer und Lehrerinnen an den Berliner Gemeindeschulen für das Jahr 1912 (Jg. 68). Berlin 1912.

Vieweger, Georg: Zur altersgemäßen Einschulung. Weinheim 1966.

Vorschulkonkreß (Hannover) 1970. Eine Dokumentation vorgelegt vom Arbeitskreis Vorschule. Velber 1970.

Walser, Karin: Frauenrolle und soziale Berufe – am Beispiel von Sozialarbeit und Sozialpädagogik, in: Neue Praxis 6 (1976), S. 3-12.

Weber, Marianne: Frauenfragen und Frauengedanken. Ges. Aufsätze. Tübingen 1919.

Wegehaupt-Schneider, Ingeborg: Frauenindustriearbeit in Deutschland von 1850 - 1945, in: Sektion Frauenforschung in den Sozialwissenschaften in der Deutschen Gesellschaft für Soziologie (Hg.): Frauenforschung. Beiträge zum 22. Deutschen Soziologentag, Dortmund 1984. Frankfurt M., New York 1985, S. 53-63.

Werner, Johann Adolf Ludwig: Gymnastik für die weibliche Jugend oder weibliche Körperbildung für Gesundheit, Kraft und Anmuth. Meissen 1834.

Werner, Johann Adolf Ludwig: Zwölf Lebensfragen. Dresden, Leipzig 1836.

Wildt, Kl.C.: Daten zur Sportgeschichte. Teil 2. Schorndorf 1972.

Wilhelmi, Lisette: Offenes Schreiben an die deutschen Frauen über die körperliche Erziehung. Düsseldorf 1871.

Willms, Angelika: Modernisierung durch Frauenarbeit? Zum Zusammenhang von wirtschaftlichem Strukturwandel und weiblicher Arbeitsmarktlage in Deutschland, 1882 - 1939, in: Pierenkemper, Toni, Richard Tilly (Hg.): Historische Arbeitsmarktforschung. Entstehung, Entwicklung und Probleme der Vermarktung von Arbeitskraft. Göttingen 1982, S. 31-71.

Willms-Herget, Angelika: Frauenarbeit. Zur Integration der Frauen in den Arbeitsmarkt. Frankfurt M., New York 1985.

Wobbe, Theresa: "Die Frauenbewegung ist keine Parteiensache", in: Feministische Studien 3 (1984), S. 77-79.

Wobbe, Theresa: Gleichheit und Differenz. Politische Strategien der Frauenbewegungen im Deutschen Kaiserreich. Diss. Freie Universität Berlin, 1988 (Veröffentlichung 1989).

Wolf, Julius: Der Geburtenrückgang. Die Rationalisierung des Geschlechtslebens unserer Zeit. Jena 1912.

Zahn-Harnack, Agnes v.: Die Frauenbewegung. Geschichte, Probleme, Ziele. Berlin 1928.

Zeller, Susanne: Volksmütter – mit staatlicher Anerkennung. Frauen im Wohlfahrtswesen der zwanziger Jahre. Düsseldorf 1987.

Zentralblatt für die gesamte Unterrichtsverwaltung in Preußen. [Centralblatt für die gesammte Unterrichts-Verwaltung in Preußen. Hrsg. in dem Ministerium der geistlichen, Unterrichts- und Medicinal-Angelegenheiten] 1 (1859) - 62 (1920).

Zentralinstitut für Erziehung und Unterricht (Hg.): Die Schule im Dienste der Berufserziehung und Berufsberatung. Berlin 1927.

Zetkin, Clara: Nur mit der proletarischen Frau wird der Sozialismus siegen. Rede auf dem Parteitag der Sozialdemokratischen Partei Deutschlands zu Gotha 16. Oktober 1896, in: Clara Zetkin: Ausgewählte Reden und Schriften. Berlin 1957, S. 95-111.

Zymek, Bernd: Der Strukturwandel des Mädchenschulwesens in Preußen, 1908-1941, in: Zeitschrift für Pädagogik 34 (1988), S. 191-203.

Die Autorinnen

Beate Andres, geb. 1953. M.A. (Erziehungswissenschaft). Wissenschaftliche Mitarbeiterin im Forschungsprojekt "Berufliche Situation Berliner Krippenbetreuerinnen", Freie Universität Berlin. Forschungsschwerpunkte: Frühpädagogik und Frauenarbeit in Familie und Beruf.

Ruth Federspiel, geb. 1952. M.A. (Geschichte). Wissenschaftliche Mitarbeiterin im Bereich Historische Statistik an der Freien Universität Berlin. Arbeitsschwerpunkt: Soziale Mobilität von Frauen.

Heidrun Joop, geb. 1945. Lehrerin. Gewerkschaftliche Gremien- und Personalratsarbeit, Mitwirkung in Schulverfassungsgremien (Schwerpunkt: Kooperation mit Eltern ausländischer Kinder). Zur Zeit an der Freien Universität Berlin Wissenschaftliche Mitarbeiterin in der Geschichtsdidaktik. Arbeitsschwerpunkte: Entdeckendes Lernen in regionalgeschichtlichen Zusammenhängen; Möglichkeiten antifaschistischer Erziehung in Institutionen struktureller Gewalt.

Marion Klewitz, geb. 1940. Dr. phil., Lehrerin. Seit 1980 Professorin für Geschichtsdidaktik an der Freien Universität Berlin. Arbeitsschwerpunkte: Mündliche Geschichtsüberlieferung, Erziehungs- und Bildungsgeschichte, historische Frauenforschung.

Gertrud Pfister, geb. 1945. Dr. phil., Dr. rer.soc., Staatsexamen (Sportwissenschaft, lateinische Philologie). Seit 1981 Professorin für Sportwissenschaft an der Freien Universität Berlin. Habilitation im Bereich Sportwissenschaft/Sportsoziologie. Arbeitsschwerpunkte: Frauensport, geschlechtsspezifisches Sportengagement, Sport im Systemvergleich.

Ulrike Schildmann, geb. 1950. Dr. phil., Dipl.-Päd. Arbeitsschwerpunkte: Behindertenpädagogik und -politik; Medizinsoziologie. Wissenschaftliche Mitarbeiterin an der Freien Universität Berlin und an der Universität von Island. Seit 1987 Wissenschaftliche Mitarbeiterin beim Wissenschaftsrat, Köln.

Theresa Wobbe, geb. 1952. Staatsexamen (Geschichte, Germanistik). Lehrtätigkeit in der Erwachsenenbildung. Promotion zum Dr. phil. in Soziologie 1988. Seit 1985 Wissenschaftliche Mitarbeiterin an der Freien Universität Berlin mit dem Aufgabengebiet: Geschichte der bürgerlichen Gesellschaft und geschlechterspezifische Differenzierung, Theorien der Frauenarbeit.

Frauen in Geschichte und Gesellschaft

Herausgegeben von Annette Kuhn und Valentine Rothe

Gertrud Pfister (Hrsg.)
Zurück zur Mädchenschule?
Beiträge zur Koedukation
1988. Ca. 240 Seiten, br., zahlreiche Quellen,
ISBN 3-89085-226-2, 38,- DM

Bärbel Clemens
'Menschenrechte haben kein Geschlecht!'
Zum Politikverständnis der bürgerlichen Frauenbewegung
1988. 214 Seiten, br., ISBN 3-89085-227-0, 38,- DM

Elke Harten/Hans-Christian Harten
Frauen - Kultur - Revolution 1789-1799
Feminismus und Politik in der Französischen Revolution
1989. Ca. 250 Seiten, br., zahlreiche Abbildungen und Quellen, ISBN 3-89085-257-2, 36,- DM

Ilse Brehmer (Hrsg.)
Mütterlichkeit als Profession?
Lebensläufe von deutschen Pädagoginnen in der ersten Hälfte dieses Jahrhunderts
1989. Ca. 250 Seiten, br., ISBN 3-89085-258-0, 32,- DM

Ilse Brehmer/Karin Ehrich
Mütterlichkeit als Profession?
- Biographien -
1989. Ca. 250 Seiten, br., ISBN 3-89085-259-9, 32,- DM

Leonore Siegele-Wenschkewitz/ Gerda Stuchlik (Hrsg.)
Frauen und Faschismus in Europa
Der faschistische Körper
1989. Ca. 240 Seiten, br., zahlreiche Abbildungen, ISBN 3-89085-254-8, 38,- DM

Irmgard Klönne
Mädchen und Frauen in der deutschen Jugendbewegung
Weibliche Selbstbefreiung von den Weiblichkeitsbildern
1989. Ca. 200 Seiten, br., ISBN 3-89085-264-5, ca. 28,- DM

Régine Pernoud
Leben der Frauen im Hoch- und Spätmittelalter
aus dem Französischen von Claudia Opitz-Belakhal/ Roswitha Schmid
1989. Ca. 250 Seiten, br., ISBN 3-89085-265-3, ca. 38,- DM

Ursula Aumüller-Roske (Hrsg.)
Frauenleben - Frauenbilder - Frauengeschichte
1988. Ca. 250 Seiten, br., ISBN 3-89085-277-7, 28,- DM

Ute Weinmann
Frauenbewegungen im Mittelalter
1989. Ca. 300 Seiten, br., ISBN 3-89085-278-5, 38,- DM

Marion Klewitz/Ulrike Schildmann/ Theresa Wobbe (Hrsg.)
Frauenberufe - hausarbeitsnah?
Zur Erziehungs-, Bildungs- und Versorgungsarbeit von Frauen
1989. Ca. 300 Seiten, zahlreiche Abbildungen, br., ISBN 3-89085-325-0, ca. 28,- DM

Irmgard Roebling (Hrsg.)
Lulu, Lilith, Mona Lisa ...
Frauenbilder der Jahrhundertwende
1989. Ca. 250 Seiten, zahlreiche Abbildungen, br., ISBN 3-89085-318-8, 28,- DM

Arbeitsgemeinschaft interdisziplinäre Frauenforschung und -studien (Hrsg.)
Frauenforschung und Kunst von Frauen
Feministische Beiträge zu einer Erneuerung von Wissenschaft und Kunst

Teilband 1: "Das Verhältnis der Geschlechter", Katalog zur Ausstellung im BONNER KUNSTVEREIN, 1989. 148 Seiten, 11 Farb-, 87 s/w-Abbildungen, ISBN 3-89085-319-6, 28,- DM

Teilband 2: Wissenschaftliche Ergebnisse des gleichnamigen Symposiums, 1989.
Ca. 250 Seiten, ISBN 3-89885-320-X, 38,- DM

(Beide Teilbände zusammen zum Vorzugspreis von 56,- DM, ISBN 3-89085-332-3)

Centaurus-Verlagsgesellschaft · Pfaffenweiler

Feministische Theorie und Politik

Hrsg. von Prof. Dr. Barbara Schaeffer-Hegel

Christine Kulke (Hrsg.)

Rationalität und sinnliche Vernunft

Frauen in der patriarchalen Realität

Feministische Theorie und Politik, Vorband, 1988. 231 Seiten, br., 20,- DM, ISBN 3-89085-235-1
(ehemals publica-Verlag)

In diesem Band wird aus den Erfahrungen und der Perspektive von Frauen die Rationalität, die der Beherrschung von Gesellschaft und Natur zugrunde liegt, nach ihren Widersprüchen und ihren zerstörerischen Folgen befragt. In welcher Weise sind Frauen als Teilhabende und Vereinnahmte, als Einbezogene und gleichzeitig Ausgeschlossene von den Folgen patriarchaler Logik besonders betroffen? Eine Kritik der Rationalität vermeintlichen Fortschritts fordert gerade Frauen dazu heraus, neue und eigene Sichtweisen des Zusammenhangs von Politik, Natur und Lebenswirklichkeit zu entwickeln und zu erproben.

Barbara Schaeffer-Hegel/Barbara Watson-Franke (Hrsg.)

Männer Mythos Wissenschaft

Grundlagentexte zur feministischen Wissenschaftskritik

Feministische Theorie und Politik, Band 1, 1989. 276 Seiten, br., 38,- DM, ISBN 3-89085-214-9

Die Herausgeberinnen stellen hier grundlegende Beiträge anglo-amerikanischer Sozialwissenschaftlerinnen vor, die sich kritisch mit ihren Disziplinen auseinandergesetzt haben. Erkenntnistheoretische Abhandlungen und praktische Beispiele feministischer Wissenschaftskritik veranschaulichen die Einäugigkeit des patriarchalen Denkens und seiner Wissenschaften.

Barbara Schaeffer-Hegel (Hrsg.)

Frauen und Macht

Der alltägliche Beitrag der Frauen zur Politik des Patriarchats

Feministische Theorie und Politik, Band 2, 2. Auflage, 1988. 376 Seiten, br., zahlreiche Abbildungen
32,- DM, ISBN 3-89085-238-6

Die Forderungen der Frauen stellen ein ganzes Gefüge von Macht- und Herrschaftsbeziehungen in Frage, die für die gegebene Gesellschaft grundlegend sind und deren Wurzeln die sogenannte Arbeitsteilung der Geschlechter ist. Die konstitutive Bedeutung der weiblichen Arbeit und der weiblichen Sexualität für die Politik des Patriarchats führt zu der Frage: Was machen Frauen mit ihrer Macht? - Dieser Band vereint die wesentlichen Beiträge eines Symposions, das an der TU Berlin stattgefunden hat.

Centaurus-Verlagsgesellschaft · Pfaffenweiler